Gottfried Adam

Bildungsverantwortung wahrnehmen

Gottfried Adam

Bildungsverantwortung wahrnehmen

Beiträge zur Religionspädagogik III

Stephans-Buchhandlung Matthias Mittelstädt KG
Würzburg 1999

Studien zur Theologie

Herausgegeben von
Gottfried Adam – Universität Wien
Rainer Lachmann – Universität Bamberg

Band 15

Die Deutsche Bibliothek – CIP-Einheitsaufnahme

Gottfried Adam:
Bildungsverantwortung wahrnehmen: Beiträge zur Religionspädagogik III / Gottfried Adam. -
Würzburg: Stephans-Buchhandlung Matthias Mittelstädt KG, 1999
(Studien zur Theologie; Bd. 15)
ISBN: 3-929734-07-9
NE: GT

Herstellung: CityDruck, Würzburg
Satz: Ing.-Büro Geier, Hettstadt

Inhalt

Vorwort ... 9

I. Bildungsverantwortung wahrnehmen ... 11

... im Blick auf den Gesamthorizont

Bildungsverantwortung wahrnehmen im ausgehenden 20. Jahrhundert ... 13
1. Die Frage nach Bildung und Erziehung im Spiegel von Synoden ... 13
2. Präzisierungen des Bildungsbegriffes ... 18
3. Auf dem Weg zu einer Theorie evangelischer Bildungsverantwortung ... 21
4. Religiöse Bildung und die Grundaufgabe der Kirche ... 23
5. Zum Profil des evangelischen Religionsunterrichts ... 24

Evangelische Bildungsverantwortung wahrnehmen in Gemeinde, Schule und Gesellschaft ... 29
1. Reformatorisches Bildungsdenken ... 29
2. Religionspädagogik - Gemeindepädagogik - Theorie evangelischer Bildungsverantwortung ... 31
3. Bildung – Was ist das? ... 34
4. Gottebenbildlichkeit des Menschen und die Bildungsfrage ... 36
5. Mitverantwortung für das öffentliche Bildungswesen ... 40
6. Zum Nachdenken und Bedenken ... 41

Religiöse Bildung der Individuen im Spannungsfeld von Gesellschaft, Schule und Kirche ... 43
0. Vorbemerkung ... 43
1. Die Individuen im Spannungsfeld von Gesellschaft, Schule und Kirche ... 44
2. Religiöse Bildung als Lebensbegleitung ... 50
3. Zukünftige Aufgaben und Perspektiven der Religionspädagogik ... 57
4. Konkretionen: Religionsunterricht und Erwachsenenbildung ... 61
5. Ausblick ... 62

... im Blick auf das öffentliche Schulwesen

„Freier Dienst an einer freien Schule“ – Oskar Hammelsbecks Wahrnehmung evangelischer Bildungsverantwortung 65
1. Der Querdenker Oskar Hammelsbeck 65
2. Der Mensch Oskar Hammelsbeck und seine Zeit 67
3. Zur Aufgabe von Bildung und Erziehung 69
4. Evangelische Verantwortung für das öffentliche Schulwesen 72
5. Würdigung 77

Schulen als „Werkstätten der Menschlichkeit“ – Vom Beitrag des Religionsunterrichts zur schulischen Bildungsaufgabe 79
1. Religiöse Bildung im schulischen Kontext 80
2. Religionsunterricht: Ort des Dialoges und Dienst an der Gesellschaft 81
3. Das schulische Profil: Denkender Glaube 85

Ethische Bildung als Herausforderung für die Schule 87
1. Zur Einführung 87
2. Neue Entwicklungen um die Fächer Religion und Ethik 89
3. „Identität und Verständigung“ - Eine Denkschrift der Evangelischen Kirche in Deutschland 92
4. Erwartungen - Herausforderungen - Aufgaben 94
5. Bescheidenheit tut not! 98

Ethische Bildung im Spannungsfeld von Tugendlehre und Verantwortungsethik 99
1. Soll die Schule ethisch erziehen? 99
2. Die Wiederkehr der Tugenden 103
3. Verantwortungsethik und Tugendlehre 107
4. Ethische Bildung als Ermöglichung von ethisch-moralischer Kompetenz . 109

... im Blick auf das evangelische Schulwesen

Schule gestalten im Spielraum der Freiheit 111
1. Fragestellung und Zugang zum Thema 111
2. Zu Profil und Proprium einer evangelischen Schule 114
3. Schule gestalten I: Kriterien und Konkretionen 116
4. Schule gestalten II: Vernetzung der Fächer 119
5. Das „Evangelische“ als Inhalt und als Suchbewegung 125

Die religiöse Dimension im Unterricht der Schulfächer wahrnehmen und reflektieren 129
1. Religion und Pädagogik 129
2. Religiöse Dimension - Was ist das? 131
3. Religion - theologisch buchstabiert 133
4. Dimensionen der Religiosität - soziologisch reflektiert 134
5. Religiöse Gestaltungen des Christentums 137
6. Auf der Spur der religiösen Dimension 140

II. UNTERSUCHUNGEN ZU EINZELFRAGEN 147

... IM BLICK AUF DIE GESCHICHTE DER RELIGIONSPÄDAGOGIK

Die Katechismen von Martin Luther und Petrus Canisius – Konvergenz und Divergenz der Konfessionen 149
1. Katechismus: Begriff und Sache 149
2. Die Katechismusfrage in der Reformationszeit 151
3. Die Katechismen des Petrus Canisius 156
4. Konvergenzen und Divergenzen 160

„Erziehung um der Freiheit des Menschen willen“ – Zu Oskar Hammelsbecks Leben und Vermächtnis 165
1. Zugänge 165
2. Frühe Jahre 167
3. Der „Schulmann der Bekennenden Kirche“ 170
4. Der Professor für Allgemeine Pädagogik 175
5. Hammelsbecks Vermächtnis 181

Jörg Erb als Autor religiöser Literatur 183
1. Frömmigkeit und Biblische Geschichtenbücher 183
2. Jörg Erb - Leben und schriftstellerisches Wirken 184
3. Wie entstand der „Schild des Glaubens“? 190
4. Zur Geschichte der Bearbeitung 192
5. „Schild des Glaubens“ - eine Biblische Geschichte von Rang 194

... IM BLICK AUF GEGENWÄRTIGE HERAUSFORDERUNGEN

Das christliche Menschenverständnis und die Arbeit mit Menschen mit Behinderungen 201
1. Ein Blick zurück 201

2 Menschliche Bedürfnisse und der Bedarf nach Anerkennung 204
3. Aspekte des christlichen Menschenbildes 207
4. Christliches Menschenverständnis und die Arbeit mit Menschen mit Behinderungen 210
5. Der Blick nach vorn 213

Der Geist und die Geister – Die Rede vom Heiligen Geist in Luthers Katechismen und ihre gemeindepädagogische Relevanz 215
1. Woran denken wir bei der Rede vom „Geist"? 216
2. Heiliger Geist - das heißt: Gott ist in Bewegung 218
3. Weitere Aspekte einer Kriteriologie des Heiligen Geistes 225
4. Bildung der theologischen Urteilskraft als gemeindepädagogische Aufgabe 229

Zur Frauenfrage in der Kirchengeschichte – Einführende Bemerkungen und nachdenklich stimmende Texte 235
1. Warum und wozu (Kirchen-)Geschichte im Unterricht? 235
2. Didaktik der Frauengeschichte – Eine kritische Analyse 236
3. Beispiel: Frauenfrage und Reformation 240
4. Impulse zur Revisionsarbeit 245

Wahrnehmung des Anderen – Zu Theorie und Praxis interreligiösen Lernens 247
1. Zur Zielsetzung interreligiösen Lernens 248
2. Wege und Formen interreligiösen Lernens 250
3. Impulse für die Begegnung Christen - Juden 253
4. Zum Lernprozeß Christen - Muslime sowie Christentum - Fernöstliche Religionen 255
5. Zeiten gestalten – Den Lebenszyklus begleiten 258
6. Toleranz und Wahrheitsgewißheit 262

III. ANHANG 265
Abkürzungsverzeichnis 267
Quellennachweise 268
Namenregister 271
Sachregister 277

Vorwort

Der Titel dieses Bandes „Bildungsverantwortung wahrnehmen“ signalisiert, daß die Religionspädagogik erneut die Aufgabe hat, die grundlegenden Fragen der Disziplin zu reflektieren. Im Gefolge der politischen Veränderungen seit 1989, die sich deutlich in der deutschen Wiedervereinigung manifestiert haben, stellt sich die Frage nach einer tragfähigen Theorie des schulischen Religionsunterrichts erneut.

Insbesondere die Herausforderung des Brandenburger Weges (Installierung eines staatlichen Faches Lebensgestaltung – Ethik – Religionskunde) hat die Diskussion angefacht. Darin zeigen sich freilich tieferliegende Probleme. Ich nenne nur drei: der rapide voranschreitende gesellschaftliche Modernisierungsprozeß (mit den Tendenzen zur Individualisierung und Pluralisierung der Lebenslagen), die Notwendigkeit der Bearbeitung des Aufklärungserbes (Subjektsein des Menschen und die Frage religiöser Bildung) und der erkennbare gesellschaftliche Relevanzverlust des christlichen Glaubens. Neben der Erörterung von Einzelfragen stehen daher gegenwärtig für die Religionspädagogik die übergreifenderen Fragestellungen verstärkt im Blickpunkt des Interesses.

Die veränderte Situation und die neuen Herausforderungen der Religionspädagogik zeigen sich auch darin, daß das von Rainer Lachmann und mir herausgegebene „Religionspädagogische Kompendium“ in seiner 5. Auflage 1997 in einer grundlegenden Neubearbeitung erschienen ist.

Die Beiträge des vorliegenden Bandes sind bis auf eine Veröffentlichung ausnahmslos in den letzten fünf Jahren entstanden. Im ersten Teil des Bandes geht es in neun Beiträgen um *Fragen der Bildungsverantwortung* im Blick auf den Gesamthorizont, das öffentliche Schulwesen sowie das evangelische Schulwesen. Die Fragen der Bildungsverantwortung im Blick auf den Gesamthorizont werden in einer *ersten Gruppe* von drei Aufsätzen erörtert. Dabei hat der zweite Beitrag seinen Ort in der gesamtkirchlichen Diskussion zur Vorbereitung der Bildungssynode der Evangelischen Kirche in Österreich, die im Jahr 1996 stattfand. In einer *zweiten Gruppe* von Aufsätzen geht es um Fragen der Wahrnehmung evangelischer Bildungsverantwortung im Blick auf das öffentliche Schulwesen: um die Mitverantwortung allgemein, um den Beitrag des Religionsunterrichts zum Bildungsauftrag der Schule und um Fragen im Umkreis vom ethischer Bildung und Erziehung. Eine *dritte Gruppe* wendet sich den Fragen nach Profil und Gestaltung evangelischer Schulen zu.

Die sieben Beiträge des zweiten Teiles wenden sich *Untersuchungen zu Einzelfragen* zu. In einer *ersten Gruppe* von Veröffentlichungen geht es um die *Geschichte der Religionspädagogik*: Oskar Hammelsbeck, Jörg Erb und Martin Luther sind hier Gegenstand der Untersuchung. In der zweiten Gruppe geht es um *gegenwärtige Herausforderungen* im Blick auf die Behindertenpädagogik, die Frage theologischer Elementarisierung am Beispiel der Rede vom Heiligen Geist, die Frauenfrage im Blick auf die Kirchengeschichte und die Thematik des interreligiösen Lernens.

Dieser dritte Band mit Beiträgen zur Religionspädagogik ergänzt mit seiner Thematik die beiden ersten Bände „Glaube und Bildung" (1992, 2. erweiterte Auflage 1994) sowie „Religiöse Bildung und Lebensgeschichte" (1994, 2. durchgesehene Auflage 1999).

Die Aufsätze wurden für den Druck durchgesehen und in ihrer formalen Gestalt vereinheitlicht. Sie wurden in inhaltlicher Hinsicht durchgesehen und teilweise in erheblichem Maße überarbeitet. An einigen wenigen Stellen wurden parallel verlaufende Textpassagen bewußt stehen gelassen. Sie wären nur zum Schaden des jeweiligen Gedankenganges gestrichen worden. - Die Orte der Erstveröffentlichung sind im Anhangsteil des Buches verzeichnet.

Meinen Mitarbeiterinnen Frau *Edeltraud Kratochwil* und Frau *Helga Mack* sowie Herrn Univ.-Dozent *Dr. Robert Schelander* habe ich für die bewährte Zusammenarbeit bei der Vorbereitung der Drucklegung auch dieses Bandes wiederum herzlich zu danken.

Wien, im September 1998

Gottfried Adam

I. Bildungsverantwortung wahrnehmen

Bildungsverantwortung wahrnehmen im ausgehenden 20. Jahrhundert

Überlegungen aus der Sicht der evangelischen Religionspädagogik

Im Institutsgebäude am Wittelsbacher Platz, das den größten Teil der Lehrstühle und Institute der Philosophischen Fakultät III der Universität Würzburg beherbergt, lagen in der Zeit meiner Würzburger Tätigkeit das Arbeitszimmer von Kollegen Hubert Henz und mein eigenes Arbeitszimmer auf dem gleichen Flur - nur wenige Meter voneinander entfernt. So begegneten wir uns oft auf dem Gang. Dabei kam es zu vielen denkwürdigen Gesprächen über die Fragen von Pädagogik und Theologie, Menschsein und Personsein, Glauben und Handeln, Leben und Grenzen des Lebens.

Mit meinem Beitrag knüpfe ich an diese Gespräche an. Ich schaue zunächst zurück und lege dar, wie sich die Thematik im Kontext von Synoden auf der Ebene der Evangelischen Kirche in Deutschland nach 1945 darstellt, um mich sodann den grundsätzlichen Fragen einer religionspädagogischen Bildungstheorie und einer Theorie evangelischer Bildungsverantwortung zuzuwenden. Schließlich exemplifiziere ich die gewonnenen Einsichten an einem konkreten Handlungsfeld, der Frage nach dem Profil des evangelischen Religionsunterrichts, und welcher Gewinn daraus für das Schulwesen allgemein erwachsen kann.

1. Die Frage nach Bildung und Erziehung im Spiegel von Synoden

In früheren Zeiten war Religion als ein Bereich von Bildung und Erziehung in den Reflexionen der Allgemeinen Pädagogik präsent und wurde explizit thematisiert[1], wozu H. Henz nicht zuletzt mit seinem „Lehrbuch der Systematischen Pädagogik“[2] einen wichtigen Beitrag geleistet hat. Dieser breite Dialog zwischen Theologie sowie Religionspädagogik auf der einen und der Päd-

---

1 Vgl. z.B. *W. Flitner,* Allgemeine Pädagogik, Stuttgart 1950 = ^{14}1974.
2 Freiburg/Brsg. ^{4}1975.

agogik auf der anderen Seite ist in den letzten beiden Jahrzehnten bedauerlicherweise sehr zurückgetreten[3]. Seitens der evangelischen Religionspädagogik wurde gleichwohl das Gespräch und der Kontakt immer wieder bewußt gesucht[4].

Die Diskussion um Fragen von Bildung und Mitverantwortung für die Aufgaben von Bildung und Erziehung seitens evangelischer Theologie und Kirche ist in den letzten Jahren zunehmend intensiver geworden. Dies wird deutlich, wenn man auf das sog. Schulwort der Synode der EKD von 1958 zurückblickt. Dies „Wort der EKD-Synode zur Schulfrage" sprach davon, daß die Kirche zu „einem freien Dienst an einer freien Schule" bereit sei und daß Erziehung „nur in Freiheit und Wahrhaftigkeit geschehen kann"[5]. Freilich entsprach diesem erfreulichen Votum der Synode in den folgenden Jahren keine dementsprechende Praxis. Aus heutiger Sicht wird man urteilen müssen, daß es eher die fatale Konsequenz hatte, daß die Schule sich selbst überlassen wurde und man sich kirchlicherseits um andere Fragen kümmerte. Der innere Grund für die Wirkungslosigkeit liegt wohl darin, daß man sich zwar kritisch abzugrenzen wußte, darüber aber nicht zu einer wirklich konstruktiven Aufgabenbestimmung vorangeschritten ist.

Diese Beschränkung der Bildungsthematik auf den Schulhorizont wurde auf der nächsten Bildungssynode im Jahre 1971 erweitert, als man sich dem Thema „Die Kirche vor den Antagonismen der Bildungsplanung"[6] zuwandte. Die Synode der EKD befaßte sich in Frankfurt mit den Fragen des quantitativen Bildungsausbaues und forderte ein entschiedenes, bildungsplanerisches Handeln der verantwortlichen staatlichen Institutionen. Gegenüber dem Jahre 1958 war neu, daß man aus dem theologischen Motiv, daß das Evangelium universal auf alle Lebensbereiche bezogen sein will, zu einer kritisch-konstruktiven Einmischung in die öffentliche Bildungspolitik ermunterte: „Zu einer umfassenden, über die eigenen pädagogischen Aufgaben hinaus auch das allgemeine Erziehungs- und Bildungswesen betreffenden Bildungsverantwortung wird diese jedoch nicht nur auf Grund der faktischen institutionellen Teilhabe der Kirche am Bildungssystem. Bedeutungsvoller ist, daß *die Ver-*

---

3 Zur Gesamtsituation siehe *K. Goßmann,* Haupttendenzen in der gegenwärtigen Diskussion der Erziehungswissenschaft, in: CL 43, 1990, S. 163-181.

4 Siehe *K.E. Nipkow,* Religion in der Pädagogik, in: ZP 38, 1992, S. 239ff.

5 Abgedruckt in: *Kirchenamt der EKD* (Hrsg.), Die Denkschriften der EKD, Bd. IV/1. Bildung und Erziehung, Gütersloh 1987, S. 37-39. - Zur Sache vgl. auch *A. Flitner,* Die Kirche vor den Aufgaben der Erziehung, Heidelberg 1959, S.19ff. sowie u. S. 73ff.

6 *EKD-Kirchenkanzlei* (Hrsg.), Die evangelische Kirche und die Bildungsplanung, Gütersloh 1972, S. 15-68.

antwortung für den Menschen, den das Evangelium meint, *unteilbar ist* und daher für alle Lebenszusammenhänge gilt, auch dort, wo die Kirche im Bildungssystem institutionell nicht vertreten ist."[7] Dementsprechend heißt es in der Synodenentschließung: „Die Mitverantwortung der Kirche für den Menschen und seine Zukunft im Rahmen der Bildungsplanung ist in der ihr aufgetragenen Botschaft begründet."[8]

Als auf der sieben Jahre später stattfindenden dritten Bildungssynode im Jahre 1978 in Bethel die Erziehungsfrage erneut verhandelt wurde, geschah dies unter dem bemerkenswerten Generalthema „Leben und Erziehen - wozu?" Hier wandte man sich stärker von der schulpolitischen Perspektive zu grundsätzlichen Erwägungen über Bildung, vom Bildungsplanerischen zum Erzieherischen hin. Erziehungsfragen wurden im Zusammenhang von Lebensfragen thematisiert. Es ist ein Kennzeichen der Betheler Synodaltagung, daß Erziehung und Bildung mit dem Thema des Lebens in Verbindung gebracht wurden. Das ist nicht neu in prinzipieller Hinsicht - und doch ist es nicht selbstverständlich, daß im Zusammenhang des Fragens nach Bildung und Erziehung explizit darauf rekurriert wird.

War beim Schulwort der EKD-Synode von 1958 Freiheit das Schlüsselwort[9], das eine Entsprechung zwischen einem pädagogischen Verständnis von Freiheit und Freiheit im evangelischen Verständnis ermöglichte, so wurde bei der EKD-Synode in Bethel im Jahre 1978 das Thema des Lebens zum entscheidenden Bezugspunkt des Nachdenkens. Das ist gewiß nicht zufällig so, sondern steht im Zusammenhang damit, daß das Lebens-Thema seit Mitte der 70er Jahre zunehmend Aufmerksamkeit auf sich zog. Dies hängt gewiß auch damit zusammen, daß in Krisenzeiten die Frage nach dem Leben wie nach dem Sinn des Lebens virulenter wird. Diese Synode hat damit, daß sie die Erziehungsfragen ausdrücklich unter der Frage nach dem Leben und Lebenssinn verhandelt hat, tatsächlich einen besonderen Stellenwert, weil zum ersten Mal nicht die Schulperspektive primär im Blick ist, sondern die grundsätzlichen Fragen nach den Aufgaben von Erziehung und Bildung angesprochen wurde. Damit werden die didaktischen und methodischen sowie administrativen Gesichtspunkte nicht ausgeblendet, aber doch weit überholt.

In der Entschließung „Erziehung zum Leben" hat die Synode darum herausgestellt: „Erziehungsfragen sind Lebensfragen. Bildung und Erziehung sind eng mit der Weitergabe des Lebens von einer Generation zur anderen ver-

---

7 So im Einführungsreferat *K.E. Nipkow,* Die Kirche vor den Antagonismen der Bildungsplanung, in: *EKD-Kirchenkanzlei* (Hrsg.), Die evangelische Kirche und die Bildungsplanung, Gütersloh/Heidelberg 1972, S. 40.

8 Ebd., S. 96.

9 S. u. S. 65ff. den Beitrag „Freier Dienst an einer freien Schule".

bunden. Menschliches Leben schließt Sinnerfahrungen ein, die nur durch eine den ganzen Menschen ansprechende Bildung vermittelt werden können. In dem umfassenden Verständnis dieser Aufgabe weiß die Synode sich bestimmt durch Gottes Wort. Hier wird unserem Leben Sinn, Geborgenheit und Hoffnung geschenkt."[10] Von der biblischen Grundsicht her, daß Gott Mensch geworden ist, unser Leben angenommen und durch Hingabe vollendet hat, wird die Perspektive des Glaubens in folgender Weise eingebracht: „Das gibt uns Zuversicht und Gelassenheit zum Leben und zur Erziehung im Miteinander der Generationen. Es ermutigt uns, die Fragen nach Grund und Ziel des Lebens aufzunehmen." Von daher werden Erziehung und Bildung entlastet in dem Sinne, daß wir durch sie nicht den Sinn des Lebens schaffen müssen, sondern es gilt: „Wir lernen und erziehen im Vertrauen auf Gottes Zusage."[11] Von daher werden schwerpunktmäßig folgende drei Aufgaben hervorgehoben:

„1. Erziehung verlangt den Erfahrungsraum menschlicher Zuwendung, wie ihn die Familie bietet ...
2. Die Anforderungen der Arbeitswelt wirken immer stärker auch auf das Bildungswesen ein. Die Vielfalt der Bildungsaufgaben tritt hinter der Vermittlung technischen Wissens zurück. Es ist zu fragen, ob unser Verständnis von Arbeit dem Leben dient.
3. Die Schule hat eine zentrale Aufgabe in unserem Erziehungs- und Bildungswesen. Die Frage nach dem Sinn des Lebens und der rechte Umgang miteinander gehören zu ihren unverzichtbaren Aufgaben."[12]

Im Referat K.E. Nipkows, das die Beschlußvorlage im ganzen erläutert und begründet, wird herausgestellt: „Die rechte Erziehung und Bildung, um die es uns aus Glauben gehen soll, ist sodann nichts anderes als die rechte, nämlich die *menschlich förderliche* Erziehung und Bildung, der auch der rechte Staat in seiner Pädagogik dienen soll. Dies muß gesagt werden, weil Erziehung ein '*weltlich Ding*' ist (Martin Luther), nicht zu verwechseln mit dem Evangelium, wenn auch *gleichnisfähig für die Menschlichkeit, die das Evangelium als Gottes Menschlichkeit uns zuspricht.*"[13]

Von daher wird die Aufgabe von Erziehung und Bildung näher bestimmt als eine Erziehung in der Liebe zum Leben und als Einführung ins Menschliche. Im „Wort der Synode an Lehrer und Ausbilder, Eltern und Erzieher"

---

[10] *EKD-Kirchenkanzlei* (Hrsg.), Leben und Erziehen - wozu?, Eine Dokumentation, Gütersloh 1979, S. 67.
[11] Ebd., S. 68.
[12] Ebd., S. 68f.
[13] Ebd., S. 34.

wird besonders hervorgehoben, „daß es in der *Erziehung* um eine *grundlegende Lebensbeziehung* zwischen den Erwachsenen und der nachwachsenden Generation geht, aus der heraus *Hilfe* zum Menschsein und zur Lebensbewältigung gegeben und erfahren werden soll.“[14] Hinsichtlich der pädagogischen Zielsetzung von Bildung und Schule wird noch einmal deutlich unterstrichen, daß die evangelische Kirche für die Bildung des Menschen als Person und als verantwortliches Glied der Gesellschaft nach den Möglichkeiten, Bedürfnissen und Aufgaben eines jeden eintrete. Sie fordere daher eine ganzheitliche Bildung, in der sich neben den intellektuellen auch die emotionalen und sozialen Anlagen des Menschen angemessen entwickeln könnten. Auf den Erwerb von humanen und sozialen Fähigkeiten, die über das unmittelbar fachliche Können hinausgehen, wird besonderer Wert gelegt. Es seien Einsichten und Werte zu vermitteln, die den Menschen den Weg ebnen, Sinn und Aufgabe ihres Lebens in seinen Zusammenhängen zu erkennen[15].

Diesem Weg, der mit den Schlüsselbegriffen (1) Freiheit, (3) Bildung im Rahmen der Bildungsplanung und (3) Bildung im Blick auf die pädagogische Gesamtverantwortung zu kennzeichnen ist, entsprechen konsequenterweise Bemühungen um die Rekonstruktion des Bildungsbegriffes, die Ausformulierung einer religionspädagogischen Bildungstheorie und die Entfaltung einer Theorie evangelischer Bildungsverantwortung. Im Rahmen der Bemühungen auf der EKD-Ebene sei noch verwiesen auf eine Zwischenbilanz der Kammer der EKD für Bildung und Erziehung zum Thema „Bildungs- und Schulpolitik aus christlicher Sicht“[16], in welcher der Ertrag der bisherigen Bemühungen in dieser Frage zusammenfassend gesichtet und festgehalten wurde.

Das gleiche Gremium hat einen weiteren Beitrag zum Thema „Evangelisches Bildungsverständnis in einer sich wandelnden Arbeitsgesellschaft“[17] vorgelegt, in dem weitergehende Perspektiven eines zukunftsorientierten Bildungsverständnisses herausgearbeitet werden. Die darin formulierten „Leitlinien evangelischer Bildungsverantwortung“ schließen mit dem bemerkenswerten Satz: „Bildung ist ein lebensbegleitender und selbstreflexiver Erfahrungsprozeß. Auf dem Weg der Bildung sind Selbständigkeit und Eigenverantwortlichkeit in einem kommunikativen Miteinander einzuüben und ist Bereitschaft zu demokratisch-politischer Beteiligung zu wecken. Alle Bildungshilfen, nicht zuletzt die aus dem christlichen Glauben heraus entwickelten, sind als Hilfen zur Selbstbildung zu gestalten.“[18]

[14] Ebd., S. 80.
[15] Ebd., S. 98.
[16] (EKD-Texte 34), Hannover o.J. (1990).
[17] (EKD-Texte 37), Hannover o.J. (1991).
[18] Ebd., S. 36.

2. Präzisierungen des Bildungsbegriffes

Mit den letzten Ausführungen haben wir das zentrale Thema des Bildungsverständnisses erreicht, dem wir uns jetzt weiter zuwenden wollen. Das Thema der Bildung ist in der evangelischen Religionspädagogik seit 1945 durchgängig präsent gewesen und erörtert worden. Zu keinem Zeitpunkt wurde - aufs Ganze gesehen - der Bildungsbegriff zugunsten des Erziehungsbegriffes aufgegeben. Im Gegenteil, es wurde bewußt an ihm festgehalten. Dazu sei exemplarisch auf die Studien von Reiner Preul, „Religion - Bildung - Sozialisation. Studien zur Grundlegung einer religionspädagogischen Bildungstheorie“[19], auf die Reflexionen um Bildungstheorie und Bildungsbegriff, wie sie in der breit gefächerten Festschrift für Karl Ernst Nipkow aus Anlaß seines 60. Geburtstages „Bildung - Glaube - Aufklärung. Zur Wiedergewinnung des Bildungsbegriffes“[20] zu finden sind, sowie auf die vielfältigen Aktivitäten des Comenius-Institutes in Münster, der zentralen evangelischen Arbeitsstätte für Erziehungswissenschaft in Deutschland, hingewiesen. Es ist ein Kennzeichen der Diskussion innerhalb der evangelischen Religionspädagogik im deutschsprachigen Raum, daß die Fragen der Bildung und der Bildungstheorie entschieden zum Gegenstand der Reflexion gemacht wurden und weiterhin gemacht werden.

Ausdruck dessen ist z.B. die Erörterung des Themas durch Peter Biehl. Seine Veröffentlichung „Erfahrung, Glaube und Bildung. Studien zu einer erfahrungsbezogenen Religionspädagogik“[21] enthält eine umfangreiche Studie über „Die Gottebenbildlichkeit des Menschen und das Problem der Bildung“[22]. Hier werden aus religionspädagogischer Perspektive Überlegungen zur Neufassung des Bildungsbegriffes entfaltet, die deswegen so aufschlußreich sind, weil damit deutlich wird, daß den rein bildungskritischen Konzepten im Gefolge dialektisch-theologischer Positionen nun endgültig der Abschied erteilt worden ist. Biehl fragt zunächst - im Gespräch mit Wolfgang Klafki und Helmut Peukert - nach einem pädagogischen Bildungsverständnis, das den Herausforderungen der Zukunft gerecht werden kann. Sodann analysiert er drei unterschiedliche Positionen der Systematischen Theologie zur Gottebenbildlichkeit und zum Problem der Bildung: Emil Brunner, Karl Barth und Wolfhart Pannenberg.

---

[19] Gütersloh 1980.
[20] Hrsg. von *R. Preul u.a.*, Gütersloh 1989.
[21] Gütersloh 1991.
[22] Ebd., S. 124-223.

Am Streit um das Freiheitsverständnis und am Zusammenhang von rechtfertigendem Glauben und Bildung wird sodann die Frage der theologischen Interpretation des Bildungsprozesses zugeschärft, um schließlich Gespräch, Erfahrung und Handeln als zusammenfassende Bestimmung des Bildungsverständnisses herauszuarbeiten. Für Biehl gilt, daß „der Bildungsprozeß unter den fundamentalanthropologischen Kategorien Sprache, Erfahrung und Handlung zu entfalten ist, wenn er theologisch sachgemäß ausgelegt werden soll“[23]. Mit Bezug auf Luthers Anthropologie wird herausgestellt, daß der Mensch als Gottes Ebenbild ein sprach-, erfahrungs- und handlungsfähiges Wesen ist, das als solches vor Gott verantwortlich ist.

„- Er (sc. der Mensch) ist als Person anzusprechen, da er sein Personsein im Glauben empfängt; diese Mitteilung erreicht ihn in, mit und unter menschlicher Rede. Die *Sprache* ist daher das Medium, in dem wir uns selbst erfahren und die Welt in Erfahrung bringen;
- der Glaube ist eine neue '*Erfahrung mit der Erfahrung*' (E. Jüngel)[24];
- im Handeln vollzieht der Mensch das nach, was er im Glauben empfangen hat und als Person schon ist.“[25]

Für das reformatorische Freiheitsverständnis ist die Rechtfertigung allein aus Glauben der Angelpunkt. Schaut man auf das Autonomiepostulat der neuzeitlichen Bildungstheorien, so trifft sich die Rechtfertigungslehre damit und darin, daß das Wesen des Menschen „jeder Fremdbestimmung entzogen sein soll. Sie trennt sich von dem Autonomiepostulat jedoch in der Beurteilung der Tatsache, daß die Selbstkonstitution des Menschen im Prozeß seines Handelns scheitert.“[26] Das Sein des Menschen ist Gabe des Evangeliums. Zweifellos bleibt die Rechtfertigung nicht ohne Folgen, aber Gottes Zuwendung zum Menschen geschieht immer grundlos und bedingungslos. Das Personsein des Menschen wird also nicht im Vollzug ethischer Verwirklichung gewonnen, sondern wird eben im Glauben an die Verheißung zuteil.

Peter Biehl unterscheidet darum zwischen dem Personsein und dem Subjektwerden. Eine solche Unterscheidung könnte freilich dahingehend (miß-)verstanden werden, daß nun der Glaube außerhalb der Bildung zu stehen kommt und jeweils nur kritisch auf diese einwirkt. Aber es geht Biehl gerade darum, daß der Glaube auch als Moment der Bildung begriffen werden kann. „Erst unter der Voraussetzung eines solchen Wechselverhältnisses läßt sich eine umfassende religionspädagogische Bildungstheorie gewinnen.“[27]

---

[23] Ebd., S. 197 (im Original kursiviert).

[24] Dazu s. *B. Schröder*, Erfahrung mit der Erfahrung – Schlüsselbegriff erfahrungsbezogener Religionspädagogik?, in: ZThK 95, 1998, S. 277-294.

[25] *P. Biehl*, aaO., S. 197.

[26] *W. Huber/H.E. Tödt,* Menschenrechte, München ^{3}1988, S. 182.

Passivität und Aktivität stehen im menschlichen Leben in einem dialektischen Zusammenhang. Dies gilt auch für den Bildungsprozeß. Die Verhältnisbestimmung von Glaube und Bildung kann von dem Verständnis des Glaubens als einer neuen „Erfahrung mit der Erfahrung" (Jüngel) ausgehen. So meint Glaube eine neue Erfahrung mit aller bisherigen Lebenserfahrung, wozu auch die Erfahrung des religiösen Lebens mit seinen Stadien gehört. Das religiöse Leben macht Wandlungen durch, es kennt Höhepunkte, radikale Umbrüche, aber auch die Stagnation und den kontinuierlichen Verlauf. Die Gestaltwerdung des religiösen Lebens vollzieht sich in Symbolen und Ritualen. Aber auch hier gilt, daß die Symbole und Bilder, in denen sich religiöse Erfahrungen ausdrücken, zerbrechen oder sich wandeln können, weiter entwickelt werden und überboten werden können. Auch das Selbst- und Weltverständnis des christlichen Glaubens verändert sich im Fortschreiten der Zeit und aufgrund von Begebenheiten. Hier gilt Luthers Satz, daß das Sein des Christen im Werden besteht.

Biehl faßt den Bildungsaspekt des Glaubens unter den Gesichtspunkt der Heiligung und kann darum sagen: „Der Erfahrungs- und Erkenntniszuwachs, die Erweiterung des Selbst- und Weltverständnisses sind eine Folge von Bildungsprozessen. Insofern sind Glaube und religiöses Leben elementar auf Bildung angewiesen. Die Bildung des Glaubens umfaßt das 'Fortschreiben' der Symbole und Bilder. Die Gottesbilder wachsen gleichsam mit der Lebensgeschichte mit; indem sie zerbrechen, verweisen sie über sich hinaus auf den wirklichen Gott, dessen Gleichnis Jesus von Nazareth ist. Es gehört zur Bildung des Glaubens, daß seine 'Bildgeschichte' offengehalten wird für neue Erfahrungen und entsprechende Sprachbilder, daß infantile Bilder in einem Prozeß des Trauerns losgelassen werden können, daß die Frage nach der *Wahrheit* des Glaubens wach bleibt und die Lebensgeschichte über die jeweils erreichten 'Stufen' hinaustreibt."[28] Auf der anderen Seite stellt Biehl heraus, daß die Bildung des Glaubens bedürfe, weil dadurch eine Befreiung vom Zwang zur Selbstverwirklichung ermöglicht werde und weil für die Entwicklung eines Selbst- und Weltverständnisses das Angebot religiöser Inhalte von entscheidender Bedeutung sei. Bildung gehört somit zum heiligenden Glauben, der aber - wie gesagt - nicht auf das ethische Verhältnis zu beschränken ist, sondern die gesamte Lebensgeschichte des Glaubens umfaßt.

Im Blick darauf, daß der Glaube der Bildung bedarf, ergibt sich daher der Bezug des Glaubens, seine lebendige und kritische Beziehung zur religiösen Dimension der Bildung. Das Verhältnis von Glaube und Bildung wird von

---

27 *P. Biehl*, aaO., S. 166.
28 Ebd., S. 168.

Biehl in der Doppelthese zusammengefaßt: „1. *Der Glaube ist ohne Bildung nicht lebbar*; denn Bildung ist eine notwendige Vollzugsform des Glaubens. 2. *Der Glaube ist das Kriterium der Bildung*; denn mit Hinblick auf den Bildungsprozeß ist zwischen der Zueignung des Personseins und der Aufgabe der Subjektwerdung zu unterscheiden."[29]

Diese grundlegende Verhältnisbestimmung ist im Blick auf eine Reihe offener Fragen in der religionspädagogischen Diskussion von weiterführender Natur. Es ist Aufgabe der Religionspädagogik, die Konsequenzen im einzelnen weiter zu bedenken sowohl im Blick auf die eher innerreligiöse Frage der Glaubensentwicklung als auch im Blick auf die Relevanz für das Subjektsein heutiger Educanden im Bildungsprozeß und das neuzeitliche Autonomiepostulat.

3. Auf dem Weg zu einer Theorie evangelischer Bildungsverantwortung

Am Ende des 1. Abschnittes hatte ich darauf hingewiesen, daß in den Stellungnahmen der EKD-Synoden ein zunehmendes Bewußtsein für eine bildungspolitische Mitverantwortung erkennbar wurde. Die hier sichtbar werdende Aufgabe, eine solche Mitverantwortung auch konzeptionell durchzureflektieren, hat der Tübinger Religionspädagoge Karl Ernst Nipkow geleistet und mit seinem Werk „Bildung als Lebensbegleitung und Erneuerung"[30] ein umfassendes Gesamtkonzept einer Theorie kirchlicher Bildungsverantwortung im Blick auf Gemeinde, Schule und Gesellschaft zur Diskussion vorgelegt.

In der Einleitung stellt Nipkow heraus, daß es ihm darum geht, die relativ stark verselbständigten pädagogischen Aufgabenfelder aufeinander zu beziehen. Angesichts der Versäulung der vorhandenen Arbeitsfelder stellt sich bereits in der Gemeinde selbst die Integrationsaufgabe. Darüber hinausgehend will das Werk dazu beitragen, die gemeindepädagogischen Praxisfelder und den Religionsunterricht der Schule einander zuzuordnen. Als drittes Motiv für eine Zusammenschau wird schließlich die pädagogische Mitverantwortung der Kirchen für die Ziele und Wege von Erziehung und Bildung in unserer Gesellschaft ganz allgemein genannt. Dies ist dem Autor sogar das wichtigste Motiv.

---

29 Ebd., S. 169.
30 Gütersloh 1990 = ^{2}1992.

Am Beispiel der Schule macht Nipkow deutlich, daß die pädagogische Mitverantwortung sich nicht nur auf das Fach Religionsunterricht beschränken darf: „Unsere hier entwickelte Theorie betrifft nicht nur die Religionslehrer, sondern auch christlich verantwortungsbewußt unterrichtende und erziehende Lehrer in anderen Unterrichtsfächern, ferner jene, die in Schulpolitik und Schulverwaltung Verantwortung mittragen."[31] Weil für ein solches Vorhaben die Begriffe „Religionspädagogik" und „Gemeindepädagogik", auch wenn man sie zusammennehmen würde, zu eng seien, will Nipkow lieber von einer „Theorie kirchlicher Bildungsverantwortung" bzw. „Theorie evangelischer Bildungsverantwortung" sprechen. Der Versuch, zur Integration beizutragen, möchte nicht integralistisch im Sinne einer „evangelischen Pädagogik" verstanden werden, ist jedenfalls so nicht gemeint. Das Ziel, integrierend zu wirken, ohne integralistisch zu sein, soll vor allem dadurch ermöglicht werden, daß der Bildungsbegriff als Leitkategorie gewählt wird und der kirchlich-gemeindliche Ansatz, das neuzeitliche Christentum und der Ansatz bei den gesellschaftlichen Herausforderungen als drei wesentliche Voraussetzungshorizonte herausgearbeitet werden.

Bei der Erörterung des Bildungsbegriffes ist die Sorge um das Leben in der dreifachen Hinsicht als Sorge um das Überleben, als Sorge um die Lebensgrundlagen und als Sorge um den Lebenssinn der umfassende Horizont, innerhalb dessen Nipkow seine Überlegungen ansetzt. Dabei geht es ihm darum, Bildung als „Lebensform" und als „Reflexion" zu begreifen und gerade auch als kritischen Begriff festzuhalten. Mit dem Bildungsbegriff bezieht ein pädagogischer Entwurf Position. Denn: „Er wird Anwalt für die Kinder, Jugendlichen und Erwachsenen als individuelle und selbständige Personen, die in Freiheit und Selbstverantwortung ihren Weg finden sollen. Es ist eine Grundüberzeugung für unseren Aufriß, daß das evangelische Glaubensverständnis und ein im genannten Sinn subjektorientiertes Bildungsverständnis im Lichte unserer eigenen evangelischen Bildungstradition zusammengehören."[32] Gegenüber einem ordnungstheologisch-ordnungspädagogischen Modell auf der einen und einem liberalistisch-idealistischen Bildungsverständnis auf der anderen Seite will Nipkow den „dritten Weg" eines *kritisch-reflexiven Bildungsverständnisses* gehen. „Der 'dritte Weg' ist ein Weg, der die 'unselige Polarisierung', den Streit zwischen 'Emanzipation und Affirmation', die 'Sackgassen linker oder rechter Schlagwörter' hinter sich läßt."[33]

---

[31] Ebd., S. 16.
[32] Ebd., S. 20.
[33] Ebd., S. 49.

Dieser umfassendste Entwurf einer Theorie evangelischer Bildungsverantwortung seit 1945 ist anschlußfähig nach verschiedenen Seiten hin. Im Blick auf den Prozeß der deutschen Vereinigung kommt in inhaltlicher Hinsicht der Bildung eine entscheidende Rolle in konstruktiver wie kritischer Hinsicht zu. Den Kirchen und der Religionspädagogik wächst angesichts der im politischen Bereich zunehmend unter rein ökonomischen und administrativen Gesichtspunkten verhandelten Bildungsfrage eine wichtige Aufgabe im Sinne eines kritischen Wächteramtes zu.

4. Religiöse Bildung und die Grundaufgabe der Kirche

M.E. stellt die Wendung „Kommunikation des Evangeliums“[34] für das religionspädagogische Handeln wie für die Grundaufgabe von Kirche eine angemessene Leitformel dar. Der Begriff der Kommunikation ist im allgemeinen deutschen Sprachgebrauch relativ jung, auch wenn die Sache selbst keineswegs neu. Dabei ist deutlich, daß Kommunikation sich sowohl auf den Vorgang der Mitteilung wie auf das wechselseitige Verhältnis der Menschen bezieht. Der Vorgang der Kommunikation ist in der zweifachen Zielrichtung von Verstehen und Verständigung zu sehen. Der Zusammenhang von Überlieferung, Verstehen und Verständigung ist für den Kommunikationsprozeß grundlegend.

Wenn man von der „Kommunikation des Evangeliums“ spricht, so werden einerseits der Ursprung der Kommunikation im Evangelium selbst und andererseits der Adressat bzw. die Adressatin grundsätzlich einbezogen, weil eine echte Kommunikation immer ein dialogischer Vorgang ist, wie Ernst Lange zu Recht herausgestellt hat, „weil der Begriff das prinzipiell Dialogische des gemeinten Vorgangs akzentuiert“ und alle Funktionen der Gemeinde, in der es um die Interpretation des biblischen Zeugnisses geht, als Aspekte ein und desselben Prozesses sichtbar macht[35].

Deshalb sind für die Kommunikation des Evangeliums gerade das Variable in der menschlichen Situation vor Gott und in der Welt, ihre Geschichtlichkeit, ihre Veränderlichkeit, ihre Jeweiligkeit ernst zu nehmen[36]. Dies

---

[34] Zum folgenden vgl. *G. Adam/R. Lachmann,* Was ist Gemeindepädagogik?, in: *dies.* (Hrsg.), Gemeindepädagogisches Kompendium, Göttingen ^{2}1994, S. 24-29. - Ferner: *K. Liedtke,* Wirklichkeit im Licht der Verheißung (StTh 1), Würzburg 1987, S. 93ff., 122f.

[35] *E. Lange,* Aus der „Bilanz 65“, in: *ders.,* Kirche für die Welt, München/Gelnhausen 1981, S. 101-129. Zitat: S. 101.

[36] Ebd., S. 102.

schließt in sich die Bemühung um Verständigung in zwei Richtungen: nach rückwärts und in die Breite. „'Nach rückwärts' geht es um das kontinuierliche Gespräch mit der biblischen Überlieferung und mit der Glaubenstradition, um die Auslegung und Aneignung ihrer Wahrheit im Horizont der gegenwärtigen Lebenswirklichkeit, ihrer Gegebenheiten und Probleme. In der anderen Richtung, im Zusammenhang der Gegenwart, geht es um die kontinuierliche Kommunikation 'in die Breite': um wechselseitige Verständigung und Vergewisserung in der christlichen Wahrheit."[37]

Mit diesen Aspekten wird dem Umstand Rechnung getragen, daß es in den Fragen des christlichen Glaubens nicht um „einfache" Weitergabe, sondern um Vermittlung und Dialog von Bibel und Leben, Gott und Mensch, Glaube und Welt geht[38]. Was bedeuten diese Überlegungen im Blick auf die religiöse Bildung? Im folgenden gehe ich primär auf den Lernort Schule ein, obwohl die bisherigen Überlegungen natürlich im Blick auf die unterschiedlichen Lernorte des Glaubens ihre Gültigkeit haben und zu reflektieren sind[39].

5. Zum Profil des evangelischen Religionsunterrichts

Der christliche Glaube, zumal in seiner reformatorischen Ausprägung, ist vor allem dadurch gekennzeichnet, daß er denkender Glaube ist[40]. Dies hat Vorzüge und zieht Begrenzungen nach sich. Im Blick auf die schulische Situation darf man diesen Punkt aber nicht gering einschätzen. So sehr es darum geht, die religiöse Dimension wahrzunehmen, zu entdecken, dafür sensibilisiert zu werden, so geht es zugleich doch auch darum zu reflektieren, was mit der religiösen Dimension in den Blick kommt, zu bedenken, was die Sache Jesu Christi ist und was davon zu unterscheiden ist. Insofern ist die Schule ein Ort, an dem die Beschäftigung mit dem Christentum durchaus am Platze ist, sofern

---

[37] *J. Hanselmann u.a.* (Hrsg.), Was wird aus der Kirche? Ergebnisse der zweiten EKD-Umfrage über Kirchenmitgliedschaft, Gütersloh 1984, S. 77.

[38] Ausführlicher dazu *G. Adam,* Weitergabe des Glaubens - eine neue religionspädagogische Leitformel?, in: *ders.,* Glaube und Bildung. Beiträge zur Religionspädagogik I (StTh 6), Würzburg ²1994, S. 52-58.

[39] Zum Lernort Gemeinde s. *G. Adam,* Glaube und Lernen in Schule und Gemeinde - Eine Verhältnisbestimmung, in: *ders.,* Glaube und Bildung, aaO., S. 150-157; zum Lernort Kindergarten siehe *G. Adam,* Religiöse Elementarerziehung im ausgehenden 20. Jahrhundert, in: Lernort Gemeinde o.J., 1993, H. 3, S. 33-39 = *ders.*, Religiöse Bildung und Lebensgeschichte. Beiträge zur Religionspädagogik, Bd. 2 (StTh 10), Würzburg ²1999, S. 13-28.

[40] Darauf hat *C.H. Ratschow* immer wieder hingewiesen (siehe z.B. Art. Konfession, Konfessionalität, in: TRE Bd. 19, Berlin 1990, S. 425).

der Schwerpunkt in der Wissensvermittlung, in der reflektierenden Unterscheidung, in der kritischen Aufarbeitung von Tradition und in der Reflexion von Leben und Welt im Lichte des christlichen Glaubens liegt.

Allerdings ist immer wieder neu zu reflektieren und zu bestimmen, was die Ziele religiöser Bildung im Rahmen der Schule allgemein und des Religionsunterrichts im besonderen sein sollen und realistischerweise sein können[41]. Wir haben es in unseren öffentlichen Schulen heute mit Schülern und Schülerinnen zu tun, deren Leben in besonderem Maße charakterisiert ist durch (1) ein großes Maß an Individualisierung in ihren Lebensentwürfen, (2) die Pluralisierung ihrer Lebenslagen und (3) den Wandel von der vorgegebenen Normalbiographie zur Wahlbiographie, um die wesentlichsten Theoreme zur Charakterisierung heutigen Jugendlebens namhaft zu machen. Darum ressortiert auch die Religion unter dem Aspekt der eigenen Wahl, nicht mehr der unhinterfragten Übernahme[42].

Ohne Anspruch auf Vollständigkeit seien einige Gesichtspunkte für die weitere Diskussion um Aufgabe und Zielbestimmung religiöser Bildung in einer offenen, pluralen Gesellschaft wie der unseren aufgeführt[43]. Wie soll der künftige Religionsunterricht aussehen angesichts dessen, daß Schülerinnen und Schüler in einer zunehmend pluralen und multikulturellen Gesellschaft leben?

- Religionsunterricht hat auch künftig die Aufgabe, der Kommunikation zwischen Evangelium und Schülerinnen und Schülern zu dienen. Dies geschieht unter den Bedingungen der Schule und unserer gegenwärtigen Wirklichkeit. Das heißt, Evangelium und christlicher Glaube sind im Horizont heutigen Denkens auszulegen.
- Damit ist aber der Zusammenhang mit der biblischen Überlieferung konstitutiv, weil ja nur im Dialog mit diesen grundlegenden Texten des Christentums zu erarbeiten ist, was christlicher Glaube ist und wie sich daraus ergebende religiöse Gestaltungen des Lebens dazu verhalten.
- Religionsunterricht will helfen, zu einem eigenen Selbstverständnis und einer eigenen Weltsicht zu finden. Dies geschieht im Dialog mit anderen Weltsichten und Weltanschauungen. Hier trägt der Religionsunterricht

---

[41] Die gegenwärtige Diskussion wird dokumentiert in: *K. Goßmann u.a.* (Bearb.), Religionsunterricht in der Diskussion (Im Blickpunkt 11), Münster 1993 und *Ch.Th. Scheilke* (Hrsg.), Religionsunterricht in schwieriger Zeit. Ein Lesebuch zu aktuellen Kontroversen, Münster: Comenius-Institut 1997.

[42] Dazu *G. Adam,* Zur Lebenssituation der zehn- bis sechzehnjährigen Schülerinnen und Schüler, in: CL 47, 1993, S. 3-15, bes. S. 5-7 = *ders.*, Glaube und Bildung, aaO., S. 263-286, bes. S. 268-273.

[43] S. dazu auch die Ausführungen unten auf S. 81-84.

zum Aufbrechen einseitig-einliniger Weltauslegungen, etwa im Sinne eines empirisch verengten Wissenschaftsverständnisses, bei.

- Angesichts der Individualisierung als einer wesentlichen Signatur des heutigen Lebens ist es wesentlich, daß der Religionsunterricht auch biographisch orientiert ist und darum auch auf Lebens- und Glaubensgeschichten, einschließlich der eigenen, bezogen sein kann und sein darf.
- Für die künftige Gestaltung des Religionsunterrichts ist es wesentlich, daß er als theologisch und pädagogisch klar profilierter Unterricht erteilt wird und eine Konfessionsbezogenheit aufzuweisen hat. Aber: Konfessionsbezogener Unterricht heißt nicht konfessionalistischer Unterricht! Der Unterricht ist so offen zu konzipieren, daß er prinzipiell für alle Schülerinnen und Schüler, die Interesse an Fragen von Religion und Glauben haben, zugänglich ist. Man kann in der Zukunft didaktisch nicht mehr von einer Situation des vorweg vollzogenen bzw. vorweg vorhandenen Einverständnisses in der Sache ausgehen.
- Wenn in den einzelnen Schulfächern die unterschiedlichen Zugangs- und Sichtweisen thematisch werden und zur Geltung kommen, besteht Aussicht, daß wir eine neue Denkkultur gewinnen, die für unser Bildungswesen von zentraler Bedeutung ist. Das Denken in unserer gegenwärtigen Gesellschaft ist weitgehend ein reduziertes Denken, weil es oft nur einlinig und faktenorientiert ist. Die Beschäftigung mit der religiösen Dimension kann dazu führen, daß nicht nur die Wahrnehmung der Schülerinnen und Schüler eine Sensibilisierung erfährt, sondern daß auch ihr Denken insgesamt eine Bereicherung erfährt, indem es differenzierter wird und so zu einer neuen Kultur des Denkens in unseren Schulen beitragen kann: weg von einer Faktenbefangenheit - hin zu einer Orientierung an der Vielfalt der Aspekte des menschlichen Lebens.

Der Deutsche Katecheten-Verein, ein Zusammenschluß von katholischen Religionslehrerinnen und Religionslehrern, hat ein beachtenswertes Plädoyer für den „Religionsunterricht in der Schule“ vorgelegt. Dort wird gefragt, ob die Kirchen bereit seien, in der Weise eines uneigennützigen Dienstes in Schule und Unterricht mitzuarbeiten. Nur wenn Religionsunterricht sich vom Bildungsauftrag der Schulen her verstehe, sei er in Zukunft zu rechtfertigen. Aber eben deshalb dürften sich die Kirchen nicht aus den öffentlichen Schulen zurückziehen. Mit der Verantwortung für den Religionsunterricht übernähmen sie eine bedeutsame Aufgabe in der Gesellschaft. „Sie leisten ihren Beitrag zur kulturellen und sozialen Entwicklung junger Menschen. Sie eröffnen auch jenen Kindern und Jugendlichen, die ohne christliche Erziehung aufwachsen, eine Chance, mit den wichtigsten Impulsen und Überlieferungen des christlichen Glaubens und seinen geschichtlichen Auswirkungen vertraut zu werden. Sie tragen dazu bei, daß die jungen Menschen lernen, gesellschaftliche Entwicklungen perspektivisch-kritisch zu durchschauen und angesichts dringender Zukunftsprobleme bewußt Optionen zu treffen."[44]

Die Grenzen eines solcherart verstandenen Religionsunterrichts liegen dort, wo ihm als Ziel abgefordert wird, in den Glauben einzuüben und zum Leben der Kirchengemeinde hinzuführen. Hier darf man den Religionsunterricht der Schule nicht überfordern. Es gibt schließlich noch andere Lernorte des Glaubens. Darum macht der Religionsunterricht auch die Aktivitäten der Gemeinde für die Kinder und die Jugendlichen keineswegs überflüssig.

Die verschiedenen Lernorte des Glaubens haben unterschiedliche Schwerpunktsetzungen und Zieldimensionen. Einige Aspekte seien skizziert[45]. In der Familie, im Kindergarten und im Kindergottesdienst geht es z.B. stärker um den Aspekt gemeinschaftlicher Erfahrungen, gemeinschaftlichen Tuns. Hier vollzieht sich religiöses Lernen primär im Modus der Partizipation am Umgangs- und Lebensstil christlich orientierter Menschen und Gruppen. Für diese „erste Phase" des Glauben-Lernens ist die Erweiterung der Wahrnehmungs- und Erfahrungsfähigkeit charakteristisch: Dafür steht das Stichwort „Sensibilität".

In der „zweiten Phase" des Glauben-Lernens (vornehmlich während der Schulzeit) geht es stärker um religiöses Lernen unter schulischen oder quasischulischen Bedingungen. Das Stichwort lautet hier „Plausibilität". Es geht dabei um die denkerische Bearbeitung des christlichen Glaubens, wobei durchaus auch kritisch zu thematisieren ist, was Vernunft meint. Aber vorbei an der denkerischen Verantwortung ist christlicher Glaube nicht zu haben. Diese Aufgabe der Bildung von theologischer Urteilsfähigkeit ist im Religionsunterricht der Schule mit wachsendem Alter zunehmend wahrzunehmen.

In der „dritten Phase" des Glauben-Lernens (im Erwachsenenalter) geht es um die Ermutigung zu einer neuen Unmittelbarkeit, einer Naivität zweiten Grades (im Sinne von P. Ricoeur), wofür das Stichwort „Identität" steht. Hier spielt die Orientierung an glaubensgeschichtlichen Modellen eine wichtige Rolle.

In der Schule nehmen also die Kirchen eine primär diakonische Aufgabe wahr: Lebenshilfe aus den Impulsen des christlichen Glaubens. Ein so ver-

---

44 *Deutscher Katecheten-Verein,* Religionsunterricht in der Schule, München September 1992, S. 1.

45 Die folgenden Ausführungen unter Bezug auf *R. Englert*, Glaubensgeschichte und Bildungsprozeß, München 1985, S. 381ff.

standener Religionsunterricht kann allen Schülerinnen und Schülern gerecht werden, weil hier das authentische Sinn-Angebot der Religion in einem offenen Lernprozeß einer redlichen Überprüfung ausgesetzt werden kann und somit profilierte Inhaltlichkeit und Offenheit der Lernprozesse miteinander verbunden werden.

**

Die aufgeworfenen Fragestellungen lassen sich noch einmal bündeln in der Frage nach dem Menschenbild, und damit zugleich nach dem christlichen Menschenbild und seiner Bedeutung für die Bildungs- und Erziehungsprozesse.

Mit dem christlichen Verständnis des Menschen ist eine Perspektive gegeben, die für unser gesamtes pädagogisches Handeln wie für die religiöse Bildung nicht nur hilfreich, sondern grundlegend ist. Wenn wir davon sprechen, dab der Mensch Person ist, besagt dies ja nicht, dab auf ein fest umrissenes Menschenbild hin erzogen werden soll, sondern eine solche Aussage zielt darauf, dab es Aufgabe von Bildung und Erziehung ist, die Bedingungen dafür bereit zu stellen, dab der Schüler bzw. die Schülerin seine bzw. ihre Personalität gewinnen *kann*.

Das spezifisch Christliche ist eine Sinnaussage, kein empirischer Befund. Das christliche Verständnis vom Menschen, das die Menschwerdung des Menschen im Sinne und im Zusammenhang der Geschichte Gottes mit uns Menschen begreift, wird so nicht ein für allemal in eine überzeitlich fixierte Definition gefabt, sondern ist im Sinne eines christlichen Sinnhorizontes des Menschseins zu verstehen. Ich denke, daß diese Fragestellung im ausgehenden 20. Jahrhundert evangelische und katholische Religionspädagoginnen und Religionspädagogen einerseits und Allgemeinpädagoginnen und Allgemeinpädagogen andererseits noch einmal neu zu intensivem Gespräch zusammenzubringen vermöchte.

Evangelische Bildungsverantwortung wahrnehmen in Gemeinde, Schule und Gesellschaft

In diesem Beitrag geht es um die Klärung von Grundfragen. Er handelt von Begründung, Aufgabe und Umfang evangelischer Bildungsverantwortung - im Blick auf die Ortsgemeinde und die Gesamtkirche, das öffentliche Schulwesen sowie die Gesellschaft[1]. Freilich erhebt sich sogleich die Frage: Darf man überhaupt von so etwas wie „Bildung" im Blick auf das Evangelium und gar von „evangelischer Bildungsverantwortung" sprechen[2]?

1. Reformatorisches Bildungsdenken

Werden hier nicht Dinge zusammengespannt, die ganz unterschiedlichen Bereichen angehören: evangelisch und Bildungsverantwortung? Freilich: Für das Vorhaben, sich Fragen der Bildung zuzuwenden, kann man sich mit guten Gründen auf die Reformation berufen. Die Reformation war auch in pädagogischer Hinsicht von erheblicher Bedeutung - und zwar in einer doppelten Hinsicht: sowohl im Blick auf die innerkirchlichen Bildungserfordernisse als auch im Blick auf die schulischen und gesellschaftlich-politischen Aspekte dieser Frage.

Es sei erinnert an Luthers sog. Schulschriften: „An die Ratsherren aller Städte deutschen Landes, daß sie christliche Schulen aufrichten und halten

---

1 Dieser Aufsatz steht im Zusammenhang der Grazer „Bildungssynode" der Evangelischen Kirche in Österreich. Am 12. November 1994 wurden die Überlegungen vor der Generalsynode der Evangelischen Kirche in Österreich vorgetragen. Das Referat bildete den „Auftakt" zu dem breiten zweijährigen Diskussionsprozeß, der in den Gemeinden, unter den Mitgliedern der Synode auf Diözesanebene sowie anläßlich einer öffentlichen Enquete zur Bildungsfrage im April 1996 geführt wurde. Im November 1996 kam es dann durch die Synode zur Verabschiedung einer Reihe von Stellungnahmen zu Bildungsfragen (s. u. Anm. 14).

2 Der vorliegende Text stammt aus: saat. evangelisch-lutherische kirchenzeitung für Österreich. sondernummer „bildungs-synode" Wien Oktober 1995, S. 9-15. Er wurde hier um die erläuternden Anmerkungen 1, 2 und 14 erweitert. Er stellt eine überarbeitete und um die ausführlichen Verfahrensvorschläge für den Diskussionsprozeß gekürzte Fassung des Referates vor der Synode, das am 12. November 1994 gehalten wurde, dar. Der Text des Vortrages vor der Synode ist in vollem Wortlaut zugänglich in: AuG 46, 1994, S. 129-141.

sollen (1524)" sowie „Eine Predigt, daß man Kinder zur Schule halten solle (1530)". Luther zeigt hier, wie sich evangelischer Glaube und die Anliegen einer Bildungsreform miteinander verbinden können. Ihm ging es immer um beides: einerseits um Bildung zum Zwecke des sachgemäßen Verstehens der Bibel (denkender Glaube) und um selbständige Reflexion und persönliche, theologische Urteilsbildung des einzelnen Christen (Prinzip des allgemeinen Priestertums) und andererseits um Bildung zum Zwecke der Gewinnung beruflicher Qualifikationen. Daher erinnert er die zuständigen staatlichen Stellen an ihre Pflicht, durch die Einrichtung von Schulen gute Bildungschancen (übrigens auch für Mädchen!) zu eröffnen.

Ich nenne weiterhin Philipp Melanchthon, Luthers engsten Mitstreiter und Freund, der für die europäische Bildungsgeschichte eine überaus bedeutsame Rolle gespielt hat. Er steht für den Zusammenhang von Reformation und Humanismus. Es ist ebenso auf die vielfältigen pädagogischen Wirkungen zu verweisen, die für den reformierten Strang der Reformation kennzeichnend sind. Aus dem 17. Jahrhundert ist auf das von reformierter Denkweise geprägte Konzept einer christlichen Erziehungslehre hinzuweisen, das Johann Amos Comenius entwickelt hat. Mit Recht findet dies heute erneut starkes Interesse. Ziel der Menschenbildung ist für Comenius, den Menschen wiederherzustellen zum Ebenbild Gottes. Die Menschen sollen lernen, „das Wahre zu wissen, das Gute zu wollen und das Notwendige zu tun".

Für das Vorhaben einer Bildungssynode darf man sich ebenso mit guten Gründen auf die Bildungstradition unseres österreichischen Protestantismus berufen. In der vor zehn Jahren von der Evangelischen Akademie Wien herausgegebenen Veröffentlichung „Bildungsexplosion. Eine Herausforderung für die Kirche" steht zu lesen: „Der österreichische Protestantismus weist historisch gesehen eine besondere Affinität zum Bildungsgedanken auf. Diese Affinität wurzelt einerseits im reformatorischen Menschenbild selbst, andererseits in den historischen Entwicklungsbedingungen der evangelischen Gemeinden in Österreich."[3] Freilich wird in der gleichen Veröffentlichung auch darauf aufmerksam gemacht, daß die historischen Bildungsimpulse für die heutige kirchliche Bildungsarbeit nicht mehr als Bonus nachwirken.

Wenn wir uns der gegenwärtigen Diskussion zuwenden, so sind es zunächst die drei Begriffe Religionspädagogik, Gemeindepädagogik und Theorie evangelischer Bildungsverantwortung die unsere Aufmerksamkeit erfordern und einer Klärung bedürfen.

---

[3] Wien 1984, S. 47.

2. Religionspädagogik - Gemeindepädagogik - Theorie evangelischer Bildungsverantwortung

Worum geht es bei diesen Begriffen? „Religionspädagogik" und „Gemeindepädagogik" sind zunächst geläufiger als der Begriff der Bildungsverantwortung. Die Älteren erinnern sich gewiß noch an den Begriff der Katechetik, der inzwischen außer Gebrauch gekommen ist - zumindest im evangelischen Bereich. Das hat seinen sachlichen Grund darin, daß mit der geistigen Umbruchphase, die sich Ende der 60er Jahre in unserem Jahrhundert vollzog, die Religionspädagogik als praktische Aufgabenbezeichnung wie als wissenschaft-liche Disziplin an der Hochschule die Katechetik beerbt hat[4].

2.1 Religionspädagogik

Dieser Umbruch wird bereits sprachlich daran erkennbar, daß vor diesem Zeitpunkt kaum jemand von Religionspädagogik, alle jedoch von Katechetik sprachen. Darunter wurde vor allem die Lehre vom sachgemäßen Aufbau und Verlauf einer einzelnen Unterrichtsstunde verstanden. Es wurde also der enge Bereich der Unterrichtslehre damit bezeichnet.

Mit dem Wechsel der Begrifflichkeit von Katechetik zur Religionspädagogik ist auch ein inhaltlicher Wandel ausgesagt: nämlich daß Theologie und Pädagogik als Partner in einen Dialog eintreten (wollen), bei dem nicht von vornherein die Theologie als die dominante Wissenschaft festlegt, was zu gelten hat und der Pädagogik (im Verständnis einer Wissenschaft der Methodik) lediglich das „Wie" der Vermittlung zufällt. Daß bei einem solchen Dialog die Theologie gleichfalls nicht zur „Magd der Pädagogik" wird, liegt im Wesen eines echten Dialoges begründet. Diese Neukonstitution war zugleich eine Wendung zu den Kindern, zu den Jugendlichen, zu den Erwachsenen, d.h. eine Wendung zur Person und zum Individuum, kurzum zum Subjekt.

Diese Gesamtentwicklung belegen auch neuere institutionelle Entwicklungen der 80er Jahre. An der Evangelisch-Theologischen Fakultät der Universität Wien wurde ein Institut für Religionspädagogik gegründet. Im Rahmen der Evangelischen Kirche in Österreich kam es zur Errichtung eines Evangelischen Religionspädagogischen Institutes (= ERPI) für die Lehrerfortbildung sowie zur Gründung einer Evangelischen Religionspädagogischen Akademie (= ERPA) für die Aus- und Weiterbildung von Lehrkräften für Unterricht und Gemeindearbeit.

---

[4] Weiteres siehe bei *G. Adam*, „Religionspädagogik als kritisch-konstruktive Theorie" sowie „Gemeindepädagogik", in: *ders.*, Glaube und Bildung (StTh 6), Würzburg ²1994, S. 105ff., 115ff.

2.2 Gemeindepädagogik

Im Laufe der Zeit wurde zunehmend neben den Begriff der Religionspädagogik der Begriff der Gemeindepädagogik gestellt. Dies stellt im Grunde eine abgekürzte Redeweise für „Religionspädagogische Theorie und Praxis im Blick auf den Lernort Gemeinde“ dar. Dadurch sollte darauf aufmerksam gemacht werden, daß das pädagogische Handeln am Lernort Gemeinde nicht einfach, d.h. unbesehen, vom pädagogischen Handeln am Lernort Schule und den entsprechenden Kriterien und Wegen der Vermittlung her konzipiert werden sollte, sondern daß zu bedenken ist, welches besondere Profil zur pädagogischen Arbeit in der Gemeinde gehört.

In diesem Zusammenhang ist auch noch die Familie als weiterer Lernort zu bedenken. Sie hat primär mit der Kategorie des Umgangs zu tun. In ihr wird der Umgangsstil ausgeprägt, in ihr werden konkrete Erfahrungen gemacht. Natürlich werden auch Informationen gegeben, aber die entscheidende Bedeutung der Familie liegt in der Unmittelbarkeit gelebten Lebens und der Vermittlung eines spezifischen Umgangsstils. Daß dem so ist, wird deutlich, wenn wir uns vorstellen, wir würden unsere Familien im Sinne eines schulischen Lernbetriebes gestalten. Das wäre schlicht eine Katastrophe.

Bei solchen Überlegungen geht es nicht um exklusive Zuschreibungen, sondern um die schwerpunktmäßige Wahrnehmung von Aufgaben. Die Schule ist primär gefordert im Blick auf die Vermittlung von Informationen und die Interpretation der biblischen Überlieferung, im Blick auf die Interpretation von Erfahrungen allgemeiner Art oder von solchen Erfahrungen, die an anderer Stelle gemacht werden konnten. Die Aufgabenstellungen am Lernort Gemeinde werden demgegenüber stärker von der Kategorie des gemeinsamen Feierns, des konkreten Handelns, des gemeinsamen Tuns und Erprobens zu sehen und zu bestimmen sein. Das hat Konsequenzen für die jeweiligen Zielvorstellungen und reicht bis hinein in die methodischen Gestaltungen.

In diesem Sinne ist es sinnvoll, sich über den jeweiligen didaktischen Ort und die damit gegebenen institutionellen Rahmenbedingungen und praktischen Möglichkeiten Rechenschaft zu geben. Dabei sind die Lernorte nicht gegeneinander auszuspielen, sondern in ihren jeweiligen Stärken zu profilieren und einander konstruktiv zuzuordnen. Alle Bereiche verbindet, daß sie Anteil haben an der gemeinsamen Grundaufgabe: der Kommunikation des Evangeliums.

Von daher stellt sich auch die Frage, wie eine gute Nachbarschaft von Schule und Gemeinde gelingen kann. Es ist wichtig, daß das in unserer Kirche vorhandene Bewußtsein, daß der Religionsunterricht der Schule zum genuinen Verantwortungsbereich von Kirche gehört, nicht dadurch verloren geht, daß man nun alles von der gemeindepädagogischen Arbeit erwartet. Zu einer guten Nachbarschaft von Schule und Gemeinde gehört sicher auch, daß man den Religionsunterricht nicht überfordert mit Erwartungen, denen er nicht entsprechen kann[5].

2.3 Theorie evangelischer Bildungsverantwortung

Ein neuer und weiterer Schritt war nun notwendig geworden, damit Theorie und Praxis von Religionspädagogik und Gemeindepädagogik nicht unverbunden nebeneinander stehen, sondern in einen umfassenderen Gesamthorizont integriert werden. Diesen Schritt vollziehen wir, wenn wir uns auf den Weg zu einer Theorie kirchlicher bzw. evangelischer Bildungsverantwortung im Blick auf Gemeinde, Schule und Gesellschaft begeben. Hier werden einerseits die Anliegen von Religionspädagogik und Gemeindepädagogik unverkürzt aufgenommen und andererseits noch um den Aspekt der Verantwortung für das Bildungswesen überhaupt erweitert. Eine solche Theorie evangelischer Bildungsverantwortung ist in dreierlei Hinsicht notwendig und zu entfalten:

(1) Sie ist einmal erforderlich aufgrund des Grundauftrages der Kirche zur „Kommunikation des Evangeliums“. Wollen Kirche und Theologie sich nicht aus dem Zeitgespräch abmelden und wollen sie als Bildungsfaktor in der Öffentlichkeit ernstgenommen werden, ist es unausweichlich, sich auf die Verständigungskategorie Bildung zu beziehen und nicht nur eine Verkündigungstheorie, sondern auch eine Bildungstheorie zu erarbeiten. Das geschieht im Abschnitt: Was ist unter Bildung zu verstehen?

(2) Sie ist zum andern notwendig um der Wandlungen und Lebensvollzüge des christlichen Glaubens willen, d.h. aufgrund der Tatsache, daß der Glaube in seiner Gestaltwerdung als Christentum und als religiöse Lebensform vor die Bildungsaufgabe stellt, die Unterschiedlichkeit und den Wandel der Formen des Christentums zu bewältigen. In biblischer Sprache heißt das: „Wachstum des Glaubens“ und „Zunehmen in der Erkenntnis Gottes“. Dem gelten die Ausführungen unter „Gottebenbildlichkeit des Menschen und die Bildungsfrage“.

(3) Sie ist zum dritten notwendig im Blick auf die gesellschaftlichen Herausforderungen, weil das Evangelium den ganzen Menschen meint und es somit grundsätzlich keinen Lebensbereich geben kann, von dem das Evangelium ausgeschlossen bleibt. Insbesondere geht es hier um die Mitverantwortung für das öffentliche Schulwesen, die Teilnahme am öffentlichen

---

5 Weitere Ausführungen zu „Glaube und Lernen in Schule und Gemeinde“ finden sich bei *G. Adam,* Glaube und Bildung, aaO., S. 139-160.

Bildungsdiskurs und die Beteiligung an der Erwachsenenbildung. Darauf gehen wir kurz unter „Mitverantwortung für das öffentliche Bildungswesen“ ein.

Zunächst wenden wir uns der Verständigungskategorie Bildung zu.

3. Bildung – Was ist das?

Der Bildungsbegriff hat von seiner Herkunftsgeschichte her eine gewisse Nähe zu Religion und Glaube. Eine seiner Wurzeln liegt in der Mystik (z.B. bei Meister Eckart). Doch für den heutigen allgemeinen Sprachgebrauch ist maßgebend, was in den klassischen Bildungstheorien vor knapp zweihundert Jahren entfaltet wurde. Zu den klassischen Bildungstheoretikern zählen z.B. Wilhelm v. Humboldt, Johann H. Pestalozzi und Friedrich D.E. Schleiermacher. Da ist die Rede von „Mündigkeit“ und „Gebildet-Sein“. Beide Begriffe sind von vornherein keineswegs eindeutig.

3.1 Vier Charakteristika von Bildung

Die klassischen Bildungstheorien weisen aber bei aller Unterschiedlichkeit vier Charakteristika auf, die ihnen weitgehend gemeinsam sind[6].

(1) Bildung zielt auf die *Befähigung zu vernünftiger Selbstbestimmung*. Dabei bezeichnet Bildung einerseits die Bildung, die jemand erworben hat (also den Bildungsinhalt) und andererseits den Weg dazu (also den Bildungsprozeß, in dem jemand sich bildet). Selbstbestimmung, Freiheit, Autonomie und Mündigkeit sind Begriffe, die bei der Beschreibung dieses Sachverhaltes verwendet werden.

(2) Bildung wird im *Zusammenhang der jeweiligen Lebensgegebenheiten und kulturellen Situation erworben*. Sie kann nur in der aktiven Auseinandersetzung mit der Welt, in der wir leben, erworben werden. Die Klassiker sprechen bei diesem Charakteristikum der Bildung von Humanität, Menschlichkeit, Welt und Allgemeinem. Heute fragt man in der pädagogischen Diskussion an dieser Stelle nach „Schlüsselproblemen“ und „allgemeiner Bildung“.

(3) Bildung kann *jeder Mensch nur für sich selbst erwerben*. Dieses kann einem niemand abnehmen, sonst wäre es ja Fremdbestimmung. Der einzelne bzw. die einzelne ist unvertretbar. Er bzw. sie ist ein Individuum. Jede Person muß diesen Prozeß selbst durchlaufen, der im gelingenden Falle ein Leben in Freiheit ermöglicht. Bildung ist Aufgabe und Werk eines je-

---

6 Vgl. *W. Jank/H. Meyer*, Didaktische Modelle, Frankfurt a.M. 1991, S. 137ff.

den Menschen selbst.

(4) Der Bildungsprozeß vollzieht sich in Gemeinschaft. Der individuelle Bildungsprozeß geschieht nicht im luftleeren Raume, sondern ist angewiesen auf die Begegnung, die Auseinandersetzung und den Dialog mit anderen Menschen.

Wenn bei diesen Überlegungen von *Bildung* und nicht von Erziehung gesprochen wird, so ist das nicht zufällig so, sondern es wird ganz bewußt *nicht* der Begriff der Erziehung verwendet. Der Begriff der Erziehung zielt auf Anpassung und Einpassung. Er bezeichnet die - gewiß auch notwendige - Aufgabe der Einordnung, die einübenden Seiten des Eingliederungsprozesses des einzelnen in die menschliche Gesellschaft. Demgegenüber geht es beim Bildungsbegriff darum, was eigentlich den Maßstab der Personwerdung des Menschen ausmacht. Bildung ist damit ein kritischer Begriff, durch den die Freiheit der Kinder, Jugendlichen und Erwachsenen gewahrt und ihr Menschsein ernst genommen werden soll. Damit wird festgehalten und unterstrichen: Das Individuum bildet sich selber.

Ich *bündele* die getroffenen Bestimmungen von Bildung noch einmal:

(1) Bildung zielt auf Personwerdung, die Menschwerdung des Menschen, sein Leben in Freiheit;

(2) Bildung ist etwas Allgemeines;

(3) Bildung kann nur jede und jeder für sich selbst erwerben: Das Individuum bildet sich selber;

(4) Bildung vollzieht sich in Gemeinschaft.

3.2 Nähe zu christlichen Grundaussagen

Für die aufmerksame Leserin bzw. den aufmerksamen Leser wird die Nähe eines solchen Bildungsverständnisses zu den zentralen Grundaussagen des christlichen Glaubens erkennbar. Menschwerdung des Menschen, Unvertretbarkeit der einzelnen Person, Leben in Freiheit, einzelner und Gemeinschaft - das sind zentrale Themen des christlichen Glaubens. Damit sind vielfältige Möglichkeiten der Korrespondenz und der gegenseitigen Abbildbarkeit von christlichem Glaubensverständnis und pädagogischer Bildungstheorie vorhanden.

Die Fruchtbarkeit einer solchen Zuordnung ist ja nur dann gegeben, wenn der Begriff der Bildung, der uns zunächst als Grundbegriff der Pädagogik begegnet, sich so fassen läßt, daß man sich theologisch auf ihn beziehen kann, indem dabei Raum vorhanden ist, daß die eigenen theologischen Anliegen zur Geltung gebracht werden können. Eine solche Zuordnung muß sich als hilfreich erweisen im Blick auf die Grundaufgabe der Kirche, die darin besteht, daß sie die Kommunikation zwischen dem lebensförderlichen Evangelium und den Menschen unserer Tage befördert und voranbringt. Das führt aber zum nächsten Punkt, wie sich Glaube und Bildung zueinander verhalten.

4. Gottebenbildlichkeit des Menschen und die Bildungsfrage

Der evangelische Religionspädagoge *Peter Biehl* hat in einer Studie über „Die Gottebenbildlichkeit des Menschen und das Problem der Bildung"[7] Überlegungen zur Neufassung des Bildungsbegriffes vorgelegt.

4.1 Peter Biehls Bildungsverständnis

Ihm geht es dabei um ein zukunftsfähiges Bildungsverständnis. Am Streit um das Freiheitsverständnis und am Zusammenhang von rechtfertigendem Glauben und Bildungsfrage wird die Frage der theologischen Interpretation des Bildungsprozesses zugeschärft. Unter Bezug auf Luthers Auffassung vom Menschen wird herausgestellt, daß der Mensch als Gottes Ebenbild ein sprach-, erfahrungs- und handlungsfähiges Wesen ist, das als solches vor Gott verantwortlich ist:

„- Er (sc. der Mensch) ist als Person anzusprechen, da er sein Personsein im Glauben empfängt; diese Mitteilung erreicht ihn in, mit und unter menschlicher Rede. Die Sprache ist daher das Medium, in dem wir uns selbst erfahren und die Welt in Erfahrung bringen;
- der Glaube ist eine neue ‘Erfahrung mit der Erfahrung' (*E. Jüngel*);
- im Handeln vollzieht der Mensch das nach, was er im Glauben empfangen hat und als Person schon ist."[8]

4.2 Reformatorische Rechtfertigungstheologie und Bildungstheorie

Für das reformatorische Freiheitsverständnis ist die Rechtfertigung allein aus Glauben der entscheidende Bezugspunkt. Darum kann der Christ als ein freier, unabhängiger Mensch in der Glaubensfrage und als eine zum Dienst verpflichtete Person im Blick auf das Liebesgebot bezeichnet werden, wie Martin Luther das in seiner Doppelthese von der „Freiheit eines Christenmenschen" im Jahre 1520 formuliert hat: „Ein Christenmensch ist ein freier Herr und niemandem untertan (im Glauben)" und „Ein Christenmensch ist ein dienstbarer

---

7 In: *P. Biehl,* Erfahrung, Glaube und Bildung, Gütersloh 1991, S. 124-223.
8 Ebd., S. 197.

Knecht und jedermann untertan (in der Liebe)". Auch für die klassischen Bildungstheorien ist das Freiheitsthema zentral. So liegt hier eine wesentliche Gemeinsamkeit von reformatorischem Ansatz und allgemeinpädagogischer Bildungstheorie vor.

Schauen wir uns weiterhin das Postulat der Autonomie (Selbstbestimmung) der Bildungstheorien an, so trifft sich die Rechtfertigungslehre mit diesem in dem Punkt, daß das Wesen des Menschen jeder Fremdbestimmung entzogen sein soll. Doch wird man auch jenen Punkt markieren müssen, an dem eine Differenz zwischen Glaube und Bildung, Rechtfertigungslehre und Bildungstheorie herauszustellen ist. Die Rechtfertigungsaussage „trennt sich von dem Autonomiepostulat jedoch in der Beurteilung der Tatsache, daß die Selbstkonstitution des Menschen im Prozeß seines Handelns scheitert."[9]

Anders formuliert: Das Sein des Menschen ist Gabe des Evangeliums. Dies gilt es festzuhalten. Dabei darf man nicht außer acht lassen, daß die Rechtfertigung nicht ohne Folgen bleibt, aber Gottes Zuwendung zum Menschen geschieht immer grundlos und bedingungslos. Das Personsein des Menschen wird also nicht im Vollzug ethischer Verwirklichung gewonnen, sondern wird im Glauben an die Verheißung ergriffen. Zugleich bleibt der gerechtfertigte Mensch auch weiterhin Sünder.

Es ist hilfreich, zwischen dem Personsein und dem Subjektwerden des Menschen zu unterscheiden. Eine solche Unterscheidung darf nicht dahingehend mißverstanden werden, daß nun der Glaube außerhalb der Bildung zu stehen kommt und jeweils nur von außen kritisch auf diesen einwirkt. Es geht vielmehr darum, daß der Glaube *auch* als Moment der Bildung begriffen werden kann. Erst unter der Voraussetzung eines derartigen Wechselverhältnisses ist es möglich, eine umfassende religionspädagogische Bildungstheorie zu gewinnen[10].

4.3 Glaube und religiöses Leben sind auf Bildung angewiesen

Die Verhältnisbestimmung von Glaube und Bildung kann vom Verständnis des Glaubens als einer neuen „Erfahrung mit der Erfahrung" (E. Jüngel) ausgehen. Glaube meint dabei eine neue Erfahrung mit aller bisherigen Lebenserfahrung. Darin ist auch die Erfahrung des religiösen Lebens mit seinen Stadien eingeschlossen. Das religiöse Leben macht Wandlungen durch, es kennt Höhepunkte, radikale Umbrüche, aber auch die Stagnation und den kontinuierlichen Verlauf. Die Gestaltwerdung des religiösen Lebens vollzieht sich u.a. in Symbolen und Ritualen.

---

9 So *W. Huber/H.E. Tödt,* Menschenrechte, München [3]1988, S. 182.
10 *P. Biehl,* aaO., S. 166.

Aber auch hier gilt, daß die Symbole und Bilder, in denen sich religiöse Erfahrungen ausdrücken, zerbrechen können, sich wandeln können, überboten werden können. Auch das Selbst- und Weltverständnis dessen, der glaubt, verändert sich im Fortschreiten der Zeit und aufgrund von Erfahrungen. Luther hat diesen Sachverhalt in der Aussage zum Ausdruck gebracht, daß das christliche Leben nicht im Sein, sondern im Werden, nicht in der Gerechtigkeit, sondern in der Rechtfertigung besteht[11]. Hier sind die Unabgeschlossenheit und Prozeßhaftigkeit festgehalten, die für die Bildungsprozesse ebenso kennzeichnend sind wie für das christliche Leben und seine Gestaltungen im Lebenslauf.

Auf diese Weise wird der Bildungsaspekt des Glaubens unter den Gesichtspunkt der Heiligung gerückt. So kann man sagen, daß der Erfahrungs- und Erkenntniszuwachs, die Erweiterung des Selbst- und Weltverständnisses eine Folge von Bildungsprozessen sind. „Insofern sind Glaube und religiöses Leben elementar auf Bildung angewiesen. Die Bildung des Glaubens umfaßt das 'Fortschreiben' der Symbole und Bilder. Die Gottesbilder wachsen gleichsam mit der Lebensgeschichte mit; indem sie zerbrechen, verweisen sie über sich hinaus auf den wirklichen Gott, dessen Gleichnis Jesus von Nazareth ist."[12] Das heißt konkret, daß es zur Bildung des Glaubens gehört, daß seine „Bildgeschichte" für neue Erfahrungen offengehalten wird, daß infantile, überholte Bilder losgelassen werden können und daß die Lebensgeschichte nicht bei einmal erreichten „Stufen" stehenbleibt, sondern darüber hinausstrebt. Ich nenne nur als Beispiel die sich erweiternden Gottesvorstellungen. Für einen Volksschüler der ersten Klasse ist es durchaus nicht ungewöhnlich, ja sogar angemessen, sich Gott in anthropomorpher Weise vorzustellen. Für einen 16jährigen Jugendlichen ist der gleiche Vorstellungshorizont nicht akzeptabel, sondern als dem Alter nicht angemessen zu bezeichnen. Hier sind durchaus symbolische Verstehensweisen altersspezifisch.

4.4 Glaube und Bildung - eine Doppelthese

Die Bildung bedarf aber auch des Glaubens, weil dadurch eine Befreiung vom Zwang zur Selbstverwirklichung ermöglicht wird und weil für die Entwicklung eines Selbst- und Weltverständnisses das Angebot religiöser Inhalte von entscheidender Bedeutung ist. Bildung gehört somit zum heiligenden Glauben, der aber die gesamte Lebensgeschichte des Glaubens umfaßt. Das Verhältnis von Glaube und Bildung kann in der Doppelthese beschrieben werden:

---

[11] WA Bd. 57, S. 102.
[12] *P. Biehl,* aaO, S. 168.

„(1) Der Glaube ist ohne Bildung nicht lebbar; denn Bildung ist eine notwendige Vollzugsform des Glaubens.

(2) Der Glaube ist das Kriterium der Bildung; denn mit Hinblick auf den Bildungsprozeß ist zwischen der Zueignung des Personseins und der Aufgabe der Subjektwerdung zu unterscheiden."[13]

Auf diese Weise sind Glaube und Bildung eng miteinander verbunden. Ich versuche diesen Zusammenhang noch einmal von einer anderen Seite her zu formulieren. Christlicher Glaube ist Glaube an Jesus Christus. Dieser Glaube, dessen grundlegende Struktur als Vertrauen zu beschreiben ist, hat einen ganz bestimmten Inhalt. Wenn ein Mensch an Jesus Christus glaubt, weiß er auch, was er glaubt. Dieser Glaube bestimmt ihn in seinem Sein, in seinem Selbstverständnis und in seinem Lebenshorizont auf entscheidende Weise.

Wenn gilt, daß der glaubende Mensch auch weiß, was Inhalt des Glaubens ist, geht es im Glauben einerseits um einen Bildungsinhalt und andererseits um einen Bildungsprozeß, bei dem jemand sich bildet. Dabei sei erinnert an die Bestimmung, daß es für einen Bildungsprozeß grundlegend ist, daß jemand dabei nicht vertreten werden kann, sondern Bildung jede und jeder nur für sich selber erwerben kann - als individuelle und selbständige Person, die in Freiheit und eigener Verantwortung ihren Weg geht. Dem korrespondiert der Sachverhalt, daß auch in Fragen des christlichen Glaubens jede Person individuell gefragt ist. Um einem möglichen Mißverständnis vorzubeugen, sei darauf verwiesen, daß es dabei nicht um Individualisierung im Sinne von Vereinzelung, sondern um Individualität im Sinne der Einzigartigkeit und Unvertretbarkeit der Person geht.

4.5 Ertrag: Persönliche Aneignung ist der Weg

Damit ist deutlich, daß die Bildungsfrage im Kern des christlichen Glaubens selbst angesiedelt ist. Die bisherigen Überlegungen haben weitreichende Konsequenzen für die Art und Weise unserer kirchlichen Angebote. In unserer Situation, die durch das Phänomen des Traditionsabbruches charakterisiert ist, führen nur der Weg über die individuelle Konzentration und der Weg der persönlichen Aneignung des Evangeliums weiter. Die Konsequenzen sind im Blick auf die einzelnen Handlungsfelder bzw. Lernorte des Glaubens wie Elementarerziehung, Konfirmandenunterricht, Jugendarbeit, Religionsunterricht usw. durchzubuchstabieren. Dabei ist die Frage beständig im Blick zu behalten, was die beschriebene Selbsttätigkeit, das Subjektsein der Personen, für die konkreten Aneignungsvorgänge bedeutet.

---

[13] Ebd., S. 169.

Für ein zukunftsorientiertes evangelisches Bildungsverständnis ist festzuhalten, daß Bildung einen lebensbegleitenden und selbstreflexiven Erfahrungsprozeß darstellt. Dabei sind Selbständigkeit und Eigenverantwortlichkeit in einem kommunikativen Miteinander einzuüben. Alle bildungsunterstützenden Maßnahmen sind als Hilfen zur Selbstbildung zu gestalten.

5. Mitverantwortung für das öffentliche Bildungswesen

Als weiterer Aspekt des Themas ist zu bedenken, was evangelische Bildungsverantwortung im Blick auf die Schule und die Gesellschaft bedeutet. Konkret geht es also um die pädagogische Mitverantwortung der Kirche für die Ziele und Wege von Bildung und Erziehung in unserer Gesellschaft im ganzen, d.h. auch für die Bereiche, in denen die Kirche institutionell nicht vertreten ist. Dabei ist das öffentliche Schulwesen zweifellos ein besonderer Brennpunkt, aber grundsätzlich geht es um alle Bildungsaktivitäten unter Einschluß der Erwachsenenbildung.

Aus dem theologischen Motiv, daß das Evangelium universal auf alle Lebensbereiche bezogen ist, ergibt sich als Konsequenz, daß die Verantwortung für den Menschen unteilbar ist und daher für alle Lebenszusammenhänge gilt. Die Mitverantwortung der Kirche für den Menschen und seine Zukunft wird aus der ihr aufgetragenen Botschaft begründet. Hinsichtlich der Zielsetzung von Bildung und Schule ist zu unterstreichen, daß aus der Perspektive einer evangelischen Mitverantwortung die Bildung des Menschen als Person und als verantwortliches Glied der Gesellschaft gemäß den jeweiligen Möglichkeiten und Bedürfnissen wichtig ist.

Weiterhin ist eine ganzheitliche Bildung zu fordern, in der mit und neben den intellektuellen auch die emotionalen und sozialen Anlagen und Fähigkeiten des Menschen zur Entfaltung kommen können. Neben dem fachlichen Können ist der Erwerb von humanen, kommunikativen und sozialen Fähigkeiten von besonderem Gewicht. Es ist auch Aufgabe der Schule im ganzen, Horizonte und Einsichten zu vermitteln, welche die Menschen zu einem Leben in Freiheit und mit Sinnerfüllung befähigen.

Die Weckung der Bereitschaft zu demokratisch-politischer Beteiligung ist als Wesensmerkmal eines heute angemessenen Bildungsverständnisses anzusprechen. Dies ist weiter dahingehend zu präzisieren, daß bei der Erörterung des Bildungsbegriffes die Frage der Zukunft und das Leben in der Zukunft nicht unbedacht bleiben können. Literarische und ästhetische Bildung allein genügen nicht mehr. Die Sorge um das Leben ist in dreifacher Hinsicht wesentlicher Horizont heutigen Nachdenkens über Bildung: Neben die Sorge um den Lebenssinn treten die Sorge um das Überleben und die Sorge um die Lebensgrundlagen. Bildung ist so der Prozeß der Verständigung der Menschen über ihr Leben und ihre Welt. Die vielfältigen ethischen Fragestellungen, vor die wir heute gestellt sind, sind hier zu nennen. Die Evangelische Erwachsenenbildung ist auch an dieser Stelle in hohem Maße gefragt und gefordert.

6. Zum Nachdenken und Bedenken

In diesem Beitrag wurde eine Reihe von zentralen Gesichtspunkten eines heutigen Bildungsverständnisses dargelegt. Es ist hoffentlich deutlich geworden, daß man damit, daß man den Bildungsbegriff verwendet, Position bezieht: nämlich Anwalt zu sein für die Kinder, Heranwachsenden und Erwachsenen als individuelle und selbständige Personen, die in Freiheit und Selbst-verantwortung in Fragen des Glaubens ihren Weg finden sollen und können.

Dabei wurde versucht zu zeigen, daß ein evangelisches Glaubensverständnis und ein subjektorientiertes Bildungsverständnis durchaus zusammenpassen können und auch von unserer evangelischen Bildungstradition her zusammengehören, wobei das Wirken des Heiligen Geistes nicht überflüssig wird, weil nicht Bildung, sondern der Glaube rechtfertigt. Von der Reformation können wir lernen, daß wir im Blick auf die Bildungsfrage keinen Anlaß zu Ängstlichkeit und daraus sich ergebender Engstirnigkeit zu haben brauchen.

Da die Kirche und ihr Auftrag weder vom wirtschaftlichen Produktionsbereich noch vom gesellschaftlichen Berechtigungswesen (z.B. Berufsabschlüsse) definiert werden, dürfte hier am ehesten der Ort in unserer Gesellschaft scin, an dcm cinc freie Kommunikation über den Grundsinn des menschlichen Lebens möglich ist. Darum können uns die Kriterien eines Bildungsverständnisses, wie es hier dargelegt wurde, nur recht sein.

Es ist unter uns zu diskutieren, ob wir darüber zu einem Konsens kommen und diesen auch auf der Synode in einer Grundsatzerklärung formulieren können, daß christlicher Glaube und Bildung in dieser Weise prinzipiell zusammengehören. Es ist weiterhin zu bedenken, was die Überlegungen für die verschiedenen Bereiche der Wahrnehmung von Bildungsverantwortung bedeuten.

Was bedeutet das im Blick

- auf die religionspädagogischen Handlungsfelder (Lernorte Kindergarten, Religionsunterricht usw.),
- auf die gemeindepädagogischen Handlungsfelder (Lernorte Familie, Kinderarbeit, Konfirmandenunterricht, Jugendarbeit usw.),
- auf die Mitverantwortung für das öffentliche Bildungswesen (Schule, Erwachsenenbildung usw.)[14]?

---

[14] Die Generalsynode der EKiÖ hat im November 1996 auf ihrer Tagung in Graz die Bildungsfrage behandelt und vier Stellungnahmen beschlossen. Es handelt sich je um eine Stellungnahme

- zur Evangelischen Bildungsverantwortung in Gemeinde, Schule und Gesellschaft,
- zur Erwachsenenbildung,
- zum Religionsunterricht und
- zur Situation und Aufgabe Evangelischer Schulen.

Diese Stellungnahmen dienen gemäß Synodenbeschluß als „Arbeitsunterlagen für die künftige Bildungsarbeit in der Evangelischen Kirche in Österreich". Der Wortlaut der Texte ist zugänglich in: Schulfach Religion - Sondernummer 1997: „Bildungssynode 1996 der Evangelischen Kirche in Österreich" (Wien 1997).
Nachdem zunächst die Diskussion innerhalb der Kirche geführt wurde, sind die Überlegungen in einer öffentlichen Bildungsenquete am 26. April 1996 mit einer Reihe von Experten „von außen" diskutiert worden. Die Referate und Ausschnitte aus der Diskussion sind dokumentiert in: *Th. Krobath* (Hrsg.), Kirchliche Bildungsarbeit gefragt? Dokumentation der Bildungsenquete vom 26. April 1996 (akademie report 2/96), Wien: Evangelische Akademie 1996.

Religiöse Bildung der Individuen im Spannungsfeld von Gesellschaft, Schule und Kirche

Es ist für das Zuhören hilfreich, wenn man weiß, von woher der Vortragende sein Thema angeht. Ich spreche zu Ihnen als Religionspädagoge.

0. Vorbemerkung

Mit Religionspädagogik ist die Theorie evangelischer Bildungsverantwortung im Blick auf Gemeinde, Schule und Gesellschaft gemeint[1]. Dabei differenziert sich diese Theorie in dreifacher Weise. *Zum einen* betrifft sie die Fragen schulischer Religionspädagogik, damit ist der engere Begriff von Religionspädagogik im Blick. *Zum anderen* umgreift sie das, was man als Gemeindepädagogik bezeichnet[2]. Hierbei ist die Bearbeitung all jener Aspekte im Blick, die das pädagogische Handeln am Lernort Gemeinde betreffen. Und *zum dritten* ist der Aspekt der Religionspädagogik zu nennen, der sich auf gesamtgesellschaftliche Fragestellungen bezieht. Dabei geht es um die öffentliche Schule, die Erwachsenenbildung und die weiteren pädagogischen Institutionen der Gesellschaft, d.h., hier ist die Mitverantwortung im Blick auf das öffentliche Schul- und Bildungswesen überhaupt gemeint. Diese Mitverantwortung gilt es wahrzunehmen, unabhängig von den legitimen Eigeninteressen der Kirche. Das meint: Es geht um die Mitverantwortung in der Schulfrage allgemein, jenseits der speziellen Frage nach dem eigenständigen pädagogischen und theologischen Profil und der rechtlichen und organisatorischen Sicherung des Religionsunterrichts als einer schulischen Veranstaltung.

---

1 Weiteres s. *G. Adam,* Evangelische Bildungsverantwortung wahrnehmen, in: AuG 45, 1994, S. 129-141 sowie *ders.,* Glaube und Lernen in Schule und Gemeinde - Eine Verhältnisbestimmung, in: *ders.,* Glaube und Bildung. Beiträge zur Religionspädagogik I (StTh 6), Würzburg ²1994, S. 139ff. Ferner: *K.E. Nipkow,* Religiöse Bildung als Lebensbegleitung und Erneuerung, Gütersloh ²1992.

2 S. dazu *G. Adam/R. Lachmann,* Was ist Gemeindepädagogik?, in: *dies.* (Hrsg.), Gemeindepädagogisches Kompendium, Göttingen ²1994, S. 13-54.

In inhaltlicher Hinsicht orientiert sich die Religionspädagogik einerseits an der Sache Jesu Christi, d.h. am Evangelium von der Menschenfreundlichkeit Gottes, und andererseits am Personsein des Menschen. Ich verstehe Religionspädagogik als eine kritisch-konstruktive Theorie religiös-christlicher Bildung und Erziehung in Gemeinde und Schule, in Kirche und Gesellschaft[3]. Sie ist in der wissenschaftlichen Denkbemühung, die wir Theologie nennen, als eine praktisch-theologische Disziplin anzusprechen, die durch die kritische Kooperation von Theologie und Pädagogik konstituiert wird. Ich sage bewußt *kritische* Kooperation, um dem Verdacht einer einseitig pädagogischen Dominanz ebenso vorzubeugen wie dem einer einseitig theologischen Dominanz. Im Blick auf den Fächerkanon der Theologie besteht zudem eine besondere Nähe zur Systematischen Theologie, wenn es denn gilt, daß Theologie formulieren soll, was heute und morgen unter uns gelten soll. - Kennzeichnend für die Entwicklung der Disziplin der Religionspädagogik ist in den letzten beiden Jahrzehnten die Aufnahme der lebensgeschichtlichen Fragestellung gewesen und damit einhergehend die Rezeption des Entwicklungsaspektes, wie er in der allgemeinen Entwicklungspsychologie, speziell der Jugendforschung und den einschlägigen Theorien der Glaubensentwicklung und des religiösen Urteils, ausgearbeitet wurde. So wende ich mich zunächst den Subjekten religiöser Bildung zu.

1. Die Individuen im Spannungsfeld von Gesellschaft, Schule und Kirche

Wenn wir eine Schulklasse betreten, wenn wir mit einer Jugendgruppe arbeiten, stellt sich die Frage, welchen Formen von Religiosität wir begegnen werden. Die Religionspädagogik hat in der Frage der Wahrnehmung der Kinder und Jugendlichen und ihrer Situtation in den letzte Jahren Erhebliches geleistet. Für unseren Zusammenhang genügt es, eine holzschnittartige phänomenologische Charakterisierung vorzunehmen. Es sind vornehmlich fünf Gruppen von Schülerinnen und Schülern bzw. Jugendlichen, mit denen wir es bei den religiösen Bildungsprozessen in Schule und Gemeinde zu tun haben[4].

---

3 Dazu *G. Adam,* Religionspädagogik als kritisch-konstruktive Theorie, in: *ders.,* Glaube und Bildung, aaO., S. 91ff.

4 Für diesen Abschnitt verdanke ich manche Anregung einem unveröffentlichten Vortrag von *H.-J. Fraas* zum Thema „Religionsunterricht und Religiosität heute", der im Januar 1994 bei einem Symposium an der Universität Regensburg gehalten wurde.

Da ist *erstens* die Form *traditionaler Religiosität*. Hierbei handelt es sich keineswegs um eine homogene Gruppe, sondern um verschiedene Gruppierungen. Da ist zum einen der volkskirchliche Typ zu nennen, der eher eine bewahrende Grundhaltung erkennen läßt. Da sind *zum anderen* die kritisch engagierten Schüler und Schülerinnen, die sich aktiv ökologischen Problemstellungen zuwenden, sich für soziale Probleme einsetzen und Interesse zeigen für die Dritte - Welt - Problematik. Da sind zum dritten diejenigen, die durch die pietistische Tradition geprägt sind. Der Pietismus stellt im Blick auf die Ausbildung des neuzeitlichen Subjektivismus ein wesentliches Traditionselement dar, das in großem Maße persönliche Frömmigkeitsstile geprägt hat. Und da ist schließlich die Gruppe der Jugendlichen, die sich mehr oder minder gelangweilt geben, aber gleichwohl ansprechbar sind.

Zweitens ist auf die *fundamentalistische Religiosität* in ihren verschiedenen Spielarten hinzuweisen. Sie ist sicher eine Antwort auf die große Verunsicherung und die Schocks, die die Entwicklung der Moderne hervorgerufen hat.

Drittens ist die *christlich-spirituelle Gruppierung* zu nennen. Hier sind zum einen jene Schülerinnen und Schüler zu nennen, die von einem neuen Interesse an christlicher Spiritualität bestimmt sind. Dies wird etwa in der Bewegung von Taizé, bei den Zusammenkünften des Deutschen Kirchentages und in der Praktizierung von neuen Formen von Osternacht-Gottesdiensten greifbar. Diese Gruppe steht - unter inhaltlichem Aspekt gesehen - relativ nahe bei der zuerst genannten Gruppe. Sie legt vor allem Wert auf den Erfahrungsaspekt des Glaubens.

Viertens ist eine weitere spirituelle *Gruppierung esoterischer Art* vorhanden. Hierbei handelt es sich um jene Jugendlichen, die sich von der neuen Esoterik angesprochen fühlen und ihren substantiellen Bezugspunkt vor allem in Elementen fernöstlicher Religiosität finden. Davon muß man aber deutlich jene Jugendlichen unterscheiden, die sich von der Esoterik in ihren mancherlei skurrilen Formen ansprechen lassen. Man braucht nur in einen beliebigen Buchladen mit religiöser Literatur zu gehen, so ist nach wie vor deutlich, daß diese Welle der Esoterik weiterhin ungebrochen ist und ihr interessiertes Publikum findet.

Fünftens ist die Gruppe derjenigen zu nennen, die sich von jeder Form von Religiosität verabschiedet zu haben scheint. Sie sei als die Gruppe der *„voll säkularisierten Zeitgenossen"* bezeichnet. Hier wird man zwei Gruppen unterscheiden können. Zum einen geht es um jene Menschen, deren Säkularität Ergebnis atheistischer Erziehung und Propaganda darstellt. Zum anderen ist auf jene Jugendlichen zu verweisen, die auf das Stellen und die Erörterung der

Sinnfrage grundsätzlich verzichten und trotz aller Angebote in ihrer Umwelt der Religiosität den Abschied gegeben zu haben scheinen.

Es ist notwendig, sich diese religiöse Gesamtsituation zu vergegenwärtigen, weil eine Vielfalt erkennbar wird, der wir uns unwiderruflich gegenüberfinden. Dies zieht im Einzelfall jeweils sehr unterschiedliche Konsequenzen nach sich hinsichtlich der Bearbeitung in den religiösen Bildungsprozessen. Dabei macht uns jene letztgenannte Gruppe von Menschen, die das Christentum durchaus kennt, aber nichts mit ihm oder mit Religion überhaupt anfangen kann bzw. möchte, ratlos. Für ein solches Verhalten haben wir noch keinen Vorläufer in der Geschichte. Hier werden wir wohl nur im Aufzeigen von Lebensalternativen in unaufdringlicher Weise die eigene Position einbringen können. Von dieser Gesamtausgangslage her differenziert sich das religionspädagogische Handeln mit seinen Zielen und Inhalten gegenüber der Vergangenheit ganz erheblich.

1.2 Aufwachsen in schwieriger Zeit: Kindheit und Jugend in heutiger Gesellschaft

Um die veränderte Situation von Kindern und Jugendlichen in unserer Gesellschaft sachgemäß wahrzunehmen, haben die evangelische und die katholische Religionspädagogik in den letzten fünfzehn Jahren in einem bislang nicht gekannten Ausmaße die Jugendforschung rezipiert[5]. Ich nenne exemplarisch einige Aspekte[6].

---

[5] Zur Thematik im Ganzen sei verwiesen auf: *Bundesministerium für Jugend, Familie, Frauen und Gesundheit* (Hrsg.), Achter Jugendbericht, Bonn 1990; *H. Fend,* Vom Kind zum Jugendlichen. Der Übergang und seine Risiken (Entwicklungspsychologie der Adoleszenz in der Moderne 1), Bern 1990; *D. Baacke,* Jugend und Jugendkulturen. Darstellung und Deutung, Weinheim/München 1987; *H.-H. Wiebe* (Hrsg.), Jugend in Europa. Ihre Situation in den zentraleuropäischen Gesellschaften und der Stand der Forschung, Opladen 1988; *M. Baethge u.a.,* Jugend: Arbeit und Identität, Opladen ^{2}1989; *W. Ferchhoff,* Jugendkulturen im 20. Jahrhundert Von den sozial-milieuspezifischen Jugendsubkulturen zu den individualitätsbezogenen Jugendkulturen, Frankfurt u.a. 1991; *A. Feige,* Jugend und Religion, in: *H.-H. Krüger* (Hrsg.), Handbuch der Jugendforschung, 2. erw. Auflage, Opladen 1992 (Lit.); für die österreichische Situation s. *I. Kromer u.a.,* Abschied von der Kindheit? Die Lebenswelten der 11- bis 14jährigen Kids (Studien zur Jugendforschung 95/2), Wien 1995; zur religionspädagogischen Rezeption s. *G. Adam,* Zur Lebenssituation der zehn- bis sechzehnjährigen Schülerinnen und Schüler, in: *ders.,* Glaube und Bildung, aaO., S. 263-286 (Lit.); *F. Schweitzer,* Auf der Suche nach eigenem Glauben, Gütersloh 1996 (Lit.).

[6] Aus Raumgründen beschränke ich mich auf die Jugendzeit. Zur Kindheit vgl. etwa *EKD-Kirchenamt* (Hrsg.), Aufwachsen in schwieriger Zeit. Kinder in Gemeinde und Gesellschaft, Gütersloh 1995 sowie *G. Adam,* Religiöse Bildung und Lebensgeschichte. Beiträge zur Religionspädagogik, Bd. 2 (StTh 10), Würzburg ^{2}1999, S. 11ff.

Der niedersächsische Religionspädagoge Wilfried Bergau sichtete Mitte der 80er Jahre die neuen Schüler. Er schreibt: „Es besteht keine Bereitschaft, Gottesvorstellungen auf ihre ‚Rationalität' hin zu prüfen, ihre Wirkung im heutigen pluralistischen Denken aufzuspüren, d.h. also eigene Voreinstellungen zu hinterfragen, sie in einem größeren Rahmen zu reflektieren, eben die persönliche Einstellung auf eine allgemeine Ebene zu heben, damit sie überhaupt kommunikabel wird ... So werden religiöse Fragen ... grundsätzlich als Privatprobleme angesehen, über die nicht weiter nachgedacht werden muß ... Es herrscht eine völlige Beliebigkeit in den Ansichten."[7] Der Bielefelder Jugendforscher Dieter Baacke signalisiert auf der Jugendburg Gemen im Oktober 1988 „Jugend ist anders."[8] Der Schulpädagoge Fritz Bohnsack fragt 1991 nach „Veränderte Jugend - veränderte Schule?"[9] Was drückt sich in solchen Beobachtungen aus?

(1) *Das Individualisierungstheorem.* In den Materialien zum 8. Jugendbericht in der Bundesrepublik Deutschland „Lebensverhältnisse Jugendlicher"[10] tauchen im Untertitel „Zur Pluralisierung und Individualisierung der Jugendphase" zwei Schlüsselbegriffe auf, die als „Signaturen des Jugendalters" in der Religionspädagogik rezipiert und breit diskutiert worden sind. Das Individualisierungstheorem erklärt in einem umgreifenden Sinne den Vorgang, der für moderne funktional differenzierte Gesellschaften ab einem bestimmten Stadium der Entwicklung die typische Form darstellt, in welcher sich der Vorgang der Vergesellschaftung vollzieht. Der Soziologe Ulrich Beck spricht von drei Dimensionen der Individualisierung: (1) Freisetzung, (2) Entzauberung und (3) Kontrolle bzw. Reintegration[11]. Die Individualisierung erweist sich im ganzen als ambivalent.

Man muß die gegenwärtige Entwicklung auf dem Hintergrund jener hohen Erwartungen sehen, die sich Anfang der 70er Jahre an die Ideen von Freiheit, Emanzipation und Fortschritt geknüpft hatten. In der Jugendforschung haben wir seit Mitte der 80er Jahre einen Wechsel der Begrifflichkeit, indem der schillernde und vieldeutige Begriff der Individualisierung eingeführt wurde. Das Ganze liest sich auf einmal anders. Statt Befreiung aus Unmündigkeit kommt es zur Freisetzung aus herkömmlichen sozialen Bindungen. Dabei ist

---

7 W. *Bergau,* Die neuen Schüler. Beobachtungen und Reflexionen, in: EvErz 39, 1987, S. 636-654, hier: S. 638.

8 *D. Baacke,* Jugend ist anders! Jugendarbeit auch?, Köln ^{2}1990.

9 In: *F. Bohnsack/K.E. Nipkow,* Verfehlt die Schule die Jugendlichen und die allgemeine Bildung?, Münster 1991, S. 9-55.

10 *Sachverständigenkommission 8. Jugendbericht* (Hrsg.), Lebensverhältnisse Jugendlicher. Zur Pluralisierung und Individualisierung der Jugendphase, München 1990.

11 *U. Beck,* Risikogesellschaft, Frankfurt 1986, S. 206.

zugleich der Gedanke enthalten, daß man auch Verluste erleidet. „Wie Freiheit zur Freisetzung, so wird unter den neuen Auspizien des Individualisierungsbegriffs aus Aufklärung Entzauberung. Einerseits läßt die Individualisierung den Zauber herkömmlicher Deutungen der Welt und des Lebens verblassen und gibt die Chance, sich selbst einen Reim darauf zu machen. Auf der anderen Seite schafft sie Unsicherheit und einen kaum zu stillenden Bedarf an Orientierungen."[12]

Aus Autonomie wird im Individualisierungskonzept die Bastelbiographie. Freisetzung und Entzauberung führen nicht geradewegs ins Reich der Freiheit, sondern in die Chance wie den Zwang, sich eine eigene Biographie zusammenbasteln zu können bzw. zu müssen. In einem Resümee der Diskussion der letzten Jahre um die Individualisierung drücken Ulrich Beck und Elisabeth Beck-Gernsheim die offen zutage liegende Ambivalenz folgendermaßen aus: „Individualisierung beruht also nicht auf der freien Entscheidung der Individuen. Um es mit Jean-Paul Sartre zu sagen: Die Menschen sind zur Individualisierung verdammt. Individualisierung ist ein Zwang, ein paradoxer Zwang allerdings, zur Herstellung, zur Selbstgestaltung, Selbstinszenierung nicht nur der eigenen Biographie, auch ihrer Einbindung und Netzwerke."[13] Wenden wir uns dem zweiten Schlüsselbegriff zu.

(2) *Pluralisierung der Lebenslagen.* Hatte man traditionellerweise zur Unterscheidung von Lebenslagen von Kindern, Jugendlichen und Familien vor allem die Unterschiede im Einkommen, der Bildung und in den Berufspositionen der Eltern herangezogen, so spielen heute dafür zusätzliche Bedingungen eine Rolle wie etwa die demographische Entwicklung, die darauf reagierende Sozialpolitik (Kindergeld/Familienbeihilfe, Wohngeld, Erziehungsgeld usw.), die Unterschiede, wie Jungen und Mädchen an gesellschaftlichen Entwicklungen partizipieren, sowie die regionale Zugehörigkeit, insbesondere die Stadt-Land-Differenz.

Die Lebenssituation von Kindern und Jugendlichen wird von der demographischen Entwicklung, den unterschiedlichen ökonomischen Entwicklungen in den einzelnen Regionen (in Deutschland das Nord-Süd-Gefälle sowie die hohe Arbeitslosigkeit, besonders im Osten, in Österreich ebenso das wirtschaftliche Gefälle zwischen den Regionen), den soziokulturellen Ausdifferenzierungen in urbane und ländliche Räume, der Zugehörigkeit zu ethni-

---

[12] *K. Gabriel,* In der Krise der Moderne. Auf der Suche nach Orientierung in einer posttraditionalisierten Welt, in: *Bundesarbeitsgemeinschaft für Katholische Erwachsenenbildung in Österreich* (Hrsg.), BAKEB-Informationen 1994, H. 4, S. 4-10, hier: S. 6. - Vgl. auch *ders.,* Zwischen Tradition und Postmoderne, Wien u.a. [4]1995.

[13] *U. Beck/E. Beck-Gernsheim,* Nicht Autonomie, sondern Bastelbiographie, in: Zeitschrift für Soziologie 22, 1993, S. 179.

schen Gruppen, Herkunft aus bestimmten Schichten etc. mitbestimmt. Eine wesentliche Frage ist auch, wie man seine Zeit gestaltet, konsumtiv und/oder partizipativ. Weiterhin ist kennzeichnend, daß nicht mehr Bindungen auf „ewig" eingegangen werden, sondern das Eingehen von begrenzten, überschaubaren Beteiligungen ist das, was praktiziert wird. Das Leben der Heranwachsenden ist zweifellos pluraler geworden. Die Dechronologisierung der Lebensphasen ist eines der auffälligsten Phänomene. Die Situation der Familien ändert sich in deutlich erkennbarem Maße. Der Wertewandel hat auch die Lebensform der Familie voll ergriffen. Die Kernfamilie als Lebensgemeinschaft, die aus einem verheirateten Elternpaar mit Kindern besteht, ist nicht mehr die übliche „Normalform" von Familie. Seit Jahren ist mehr als ein Drittel der Schulkinder Einzelkinder. Die Berufstätigkeit beider Elternteile und die große Zahl alleinerziehender Eltern tragen zur weiteren Veränderung der Familie bei. Dies sind wesentliche Aspekte, die zur Pluralisierung der Lebenslagen beitragen. Die Frage, wie man mit den Modernisierungsprozessen umgeht, ist das große Problem.

(3) *Umgang mit Modernisierungsprozessen.* Die Gleichzeitigkeit des Ungleichzeitigen und das Gefühl der Unübersichtlichkeit, das durch das Aufeinanderprallen gegensätzlicher Tendenzen ausgelöst wird, gehören ebenfalls zu unserer gegenwärtigen Situation. Imbke Behnken und Jürgen Zinnecker haben anhand von Fallstudien im Siegerland konkretisiert, was Stadt-Land-Differenz bedeuten kann[14]. Zugleich haben sie darauf aufmerksam gemacht, daß die Jugendforschung der letzten Jahre im Mainstream sich vor allem an dem Berliner Kind, dem Frankfurter Kind etc., kurz: dem Kind in der Großstadt orientiert habe. An Fallstudien haben sie gezeigt, daß in urbanen Zentren zur Normalität gewordene sozialräumliche Mobilität für das Leben in der Provinz nur eingeschränkt gilt. In den eher ländlich geprägten Wohngebieten wachsen Kinder oft in Einfamilienhäusern auf, die sich im Familienbesitz befinden. Häufig sind bereits die Mütter im selben Haus erzogen worden. Sie sind der Frage nachgegangen, wie man in dieser Situation als Gruppe die modernisierungsbedingten Freisetzungsprozesse für die Erwachsenen und Kinder abfedert und ausbalanciert. Somit kehren sie die Fragestellung um und betrachten Religion und Kirche im Dienst von familialen Bewältigungsstrategien als Teil der sozialen Stützungssysteme. Welche Qualitäten sind es also, die Religion und Kirche zu wirksamen Stützen für die Herausbildung eines familieneigenen Stils des Umgangs mit Modernisierungsprozessen und den damit ver-

[14] *I. Behnken/J. Zinnecker,* Kirchlich-religiöse Sozialisation in der Familie, in: *G. Hilger/ G. Reilly* (Hrsg.), Religionsunterricht im Abseits? Das Spannungsfeld Jugend - Schule - Religion, München 1993, S. 147ff.

knüpften Bedrohungen werden lassen? Die beiden Forscher meinen, eine solche Fragestellung würde dem „kulturkritischen Zerrbild“ des vereinzelten Einzelnen, der individualisiert, d.h. traditions- und ressourcenlos einer voranschreitenden Modernisierung gegenübertritt, ein Bild von Kleingruppen, Subkulturen und Netzwerken gegenüberstellen, die in dieser sozialen Formation Strategien des Umgangs mit gesellschaftlichem Wandel erproben und tradieren. Ich denke, daß durch diese Forschungsergebnisse die Komplexität unserer gesellschaftlichen Situation noch einmal deutlich wird.

Was bedeutet die skizzierte Situation nun praktisch? In welcher Weise hat die Religionspädagogik auf die Herausforderungen reagiert? Sie hat darauf so geantwortet, daß sie erstens die Frage der Religion in der Lebensgeschichte aufgenommen und bearbeitet hat, daß sie zweitens das Konzept einer lebensbegleitenden Bildung ausgearbeitet hat und daß sie jüngst und sicher erst anfangsweise begonnen hat, die Ambivalenz der Moderne für das religionspädagogische Handeln intensiver zu bedenken.

2. Religiöse Bildung als Lebensbegleitung

Was ist mit dem Konzept der religiösen Bildung als Lebensbegleitung gemeint? Werfen wir zunächst einen Blick auf die erste EKD-Erhebung zur Kirchenmitgliedschaft „Wie stabil ist die Kirche?“[15]

2.1 Lebenszyklus und religiöse Bildung

Diese Studie erbrachte als eine wesentliche Einsicht, daß für die evangelischen Christen in der alten Bundesrepublik der Lebenszyklus einen entscheidender Bezugsrahmen für die Teilnahme am Gottesdienst der Kirche und darüber hinaus am Leben der Gemeinde überhaupt darstellt. Ganz offenbar ist für zwei Drittel aller Evangelischen die Kirchenmitgliedschaft auch die Gewährleistung einer religiösen Akzentuierung und Gestaltung, Orientierung und Begleitung des Lebenszyklus. Dieser Zusammenhang mit dem Lebenszyklus macht deutlich, daß die Frage der Religion wesentlich auch als Frage nach der Identität aufbricht. Ernst Lange hat diesen Zusammenhang als grundlegend für das pädagogische Handeln der Kirche herausgestellt, wenn er formuliert[16]:

---

[15] Gelnhausen/Berlin 1974. – Vgl. den Kommentar von *J. Matthes,* Volkskirchliche Amtshandlungen, Lebenszyklus und Lebensgeschichte, in: *ders. (Hrsg.),* Stabilität als Chance?, Gelnhausen/Berlin 1975, S. 83ff.

„Ich vermute, die Kirche sollte den Lebenszyklus als eine religiöse Aufgabe, eine zusammenhängende religiöse Aufgabe ernstnehmen und zu verstehen versuchen ..., als eine pädagogische Aufgabe allerhöchster Dringlichkeit, d.h. als eine religiöse Aufgabe im Medium von Bildungsvorgängen ... Im Identitätsproblem gibt es eine wirkliche Korrespondenz, eine Korrelation von Frage und Antwort, von Bedürfnis und Angebot, hier spitzt sich das Evangelium in seinem zentralen Inhalt zu auf ein Kernproblem der Existenz. Und natürlich gibt es hier eine Differenz von réligion civile und Christusbotschaft, aber diese Differenz nicht zu bearbeiten, einfach volkskirchlich weiterzumachen wie bisher, das könnte hinauslaufen auf einen ungeheuren Verrat der Kirche an ihrem Mandat und an ihren Mitgliedern."

Von daher ergibt sich für Lange ein Katechumenatszyklus, der seine Gliederung von den Existenzkrisen und Lebensübergängen her gewinnt, durch die ein Mensch zu gehen hat. In der Entwicklungspsychologie hatte man schon längst von solchen Zusammenhängen gesprochen: von Entwicklungsaufgaben, beständigen Lebenssituationen oder kontinuierlichen Lebensaufgaben. Bildung als Vorgang der Lebensbegleitung ist eine sinnvolle Konsequenz aus den Überlegungen E. Langes[17]. Da in diesem Zusammenhang nicht von Erziehung, sondern von Bildung gesprochen wird, gilt es zunächst kurz auf diesen Begriff einzugehen.

Wenn wir heute von Bildung reden, so bewegen wir uns im Kontext jenes Verständnisses, das im Gefolge von Humanismus und Aufklärung Bildung definiert als eigenverantwortlichen Selbstwerdungsprozeß des Menschen. Darin ist zugleich eingeschlossen, daß Bildung ein Angebot für alle Menschen ist. In diesem Sinne zielt der Bildungsbegriff der Klassik auf die allgemeine Menschenbildung in dem Sinne, daß die Idee der Menschheit in jedem einzelnen zu verwirklichen ist und umgekehrt. Dies hat zur Konzeption der allgemeinbildenden Schulen wie zur Erneuerung der Universität im 19. Jahrhundert wesentlich beigetragen.

Damit ist ein anderer Horizont im Blick als der der griechischen „Paideia", in der die Musik, die Dichtung, die Naturspekulationen und die Sprachlehren der Sophisten eine Rolle spielten. Diese Bildung galt als Beschäftigung mit der Muse. Sie war der persönlichen Initiative des einzelnen freien Bürgers anheimgestellt. Auch die systematische Grundlegung der menschlichen Bildung bei Platon hat zunächst daran nichts geändert. Gleichwohl wurden die Grund-

[16] *E. Lange,* Bildung als Problem und als Funktion der Kirche, in: *ders.*, Sprachschule für die Freiheit, München 1980, S. 190f.

[17] *K.E. Nipkow* hat nicht zuletzt unter Bezug auf *E. Langes* Überlegungen seinen Entwurf einer „Bildung als Lebensbegleitung und Erneuerung", Gütersloh [2]1992, vorgelegt.

lagen der griechischen Paideia zu einer Art Lehrplan kanonisiert. Es sei nur an die „septem artes liberales" erinnert. Das Verhältnis von Christentum und antikem Bildungsverständnis gestaltete sich so, daß schließlich das antike Bildungsverständnis als Propädeutik der christlichen Lebensdeutung zugeordnet wurde. Ein erster zentraler Beleg dafür ist etwa der Mönch Alkuin. Man wird freilich sagen müssen, daß Bildung für den Heilsweg des Menschen im Mittelalter nicht von herausgehobener Bedeutung war. Auszunehmen ist davon die Mystik Meister Eckharts, der das deutsche Wort Bildung prägte, bei dem die Bildung als eine Verähnlichung mit Gott bis hin zur Unio verstanden wurde[18].

Für unseren heutigen Sprachgebrauch ist vor allem maßgebend, was in den klassischen Bildungstheorien vor knapp zweihundert Jahren entfaltet wurde[19]. Wenn bei unseren Überlegungen von Bildung und nicht von Erziehung gesprochen wird, so ist das kein Zufall. Der Begriff der Erziehung zielt eher auf Anpassung und Einpassung. Er bezeichnet die - gewiß auch notwendige - Aufgabe der Einordnung des einzelnen in die menschliche Gesellschaft. Demgegenüber geht es beim Bildungsbegriff darum, was den Maßstab der Personwerdung des Menschen ausmacht. Bildung ist damit ein kritischer Begriff, durch den die Freiheit von Kindern, Jugendlichen und Ewachsenen gewahrt und ihr Menschsein ernstgenommen werden soll. Damit wird festgehalten und unterstrichen: Das Individuum bildet sich selber.

Es sind vor allem vier Charakteristika zu benennen im Blick darauf, was der Bildungsbegriff beinhaltet: (1) Bildung zielt auf Personwerdung, die Menschwerdung des Menschen, sein Leben in Freiheit; (2) Bildung ist etwas Allgemeines; (3) Bildung kann nur jede und jeder für sich selbst erwerben; (4) Bildung vollzieht sich in Gemeinschaft[20].

2.2 Schlüsselqualifikationen statt des Bildungsbegriffes?

Nun macht seit einiger Zeit ein neues Wort die Runde: Schlüsselqualifikation oder auch Metaqualifikation. Dieter Mertens hat erstmals im Jahre 1974 den Begriff der Schlüsselqualifikation als eine „These zur Schulung für eine moderne Gesellschaft" in die Diskussion eingebracht[21]. Sein Ausgangspunkt ist

---

[18] Dazu *H.F. Rupp,* Religion - Bildung - Schule. Studien zur Geschichte und Theorie einer komplexen Beziehung, Weinheim 1994, S. 29f.

[19] Vgl. dazu *W. Jank/H. Meyer,* Didaktische Modelle, Frankfurt a.M. 1991, S. 137ff. sowie *W. Klafki,* Neue Studien zur Bildungstheorie und Didaktik, Weinheim/Basel ^{4}1994, S. 15ff., 43ff.

[20] Zum Bildungsbegriff s. auch oben S. 18-20, 34f. und 36-39.

[21] *D. Mertens,* Schlüsselqualifikationen - Thesen zur Schulung für eine moderne Gesellschaft, in: Mitteilungen aus der Arbeitsmarkt- und Berufsforschung 7, 1974, S. 36ff.

nicht eine Bildungstheorie und auch nicht die Frage nach dem Verständnis von Menschsein in Humanität, sondern seine Fragestellung ist, welche Konsequenzen der Modernisierungsschub in unseren westeuropäischen Gesellschaften für Schule und Ausbildung hat. Den Flexibilisierungserfordernissen der sich rapide wandelnden Arbeitswelt kann nach seinen Vorstellungen nicht durch Differenzierung und Spezialisierung entsprochen werden, sondern dies macht eher Verallgemeinerung und Entspezialisierung erforderlich.

Darum werden „Schlüsselqualifikationen“ definiert als jene Kenntnisse, Fähigkeiten und Fertigkeiten, welche nicht einen begrenzten Bezug zu bestimmten Tätigkeiten erbringen, sondern „vielmehr die Eignung für eine große Zahl von Positionen und Funktionen als alternative Optionen zum gleichen Zeitpunkt und die Eignung für die Bewältigung einer Sequenz von (meist unvorhersehbaren) Änderungen von Anforderungen im Laufe des Lebens ausweisen.“ Dies hat Mertens weiter differenziert in Basisqualifikationen, Horizontalqualifikationen und Breitenelemente (fachliche Kenntnisse und Fähigkeiten).

Die Rede von den Schlüsselqualifikationen hat weite Verbreitung gefunden im Bereich der beruflichen Bildung, vor allem in der sozialen Managementfortbildung. In der konkreten Umsetzung werden etwa seitens einer Industrie- und Handelskammer im Blick auf den europäischen Binnenmarkt folgende Schlüsselqualifikationen als erforderlich herausgestellt: Selbständigkeit, Belastbarkeit, Lernfähigkeit, Kreativität und Kooperationsfähigkeit. Vermehrte Anforderungen an Schlüsselqualifikationen ergeben sich lt. Umfrage bei Betrieben durch die folgenden Arbeitsformen: Arbeit im Team (39,5 %), Entscheidungskompetenz (20,5 %), selbständiges Arbeiten (32,8 %), Gesprächsrunden (7,3 %)[22].

Auch im schulpädagogischen Bereich findet der Ansatz Befürworter. Vom Landesschulrat für die Steiermark/Österreich wurde „TQMS. Ein Handbuch zur Selbstbewertung von Schulen nach dem Modell der European Foundation for Quality Management EFQM“[23] herausgegeben, das von der Arbeitsgruppe Total Quality Management in der Schule „mit Unterstützung der Industri-

---

[22] Nach *K. Giebeler*, Zauberformel Schlüsselqualifikation, in: das baugerüst 1994, H. 1, S. 56. - Vgl. auch das Votum von *G. Riemer* anläßlich der Bildungsenquete der Evangelischen Kirche in Österreich am 26. April 1996 „Qualifikation 2010. Bildungsanforderungen der Wirtschaft“. Dort heißt es, daß künftiger Führungserfolg auf neuen Qualifikationen, den Metaqualifikationen, basiere. Dazu werden u.a. gezählt: Mitmenschlichkeit, Fairness, Verantwortungsbewußtsein, Konfliktbereitschaft, psychologische Datenerkennung (*Th. Krobath* [Hrsg.], Kirchliche Bildungsarbeit gefragt? Dokumentation der Bildungsenquete vom 26. April 1996 [akademie report 2/96], Wien 1996, S. 9-14, hier: S. 12).

[23] Graz: Landesschulrat für die Steiermark o.J (1995).

ellenvereinigung Steiermark und der Steirischen Volkswirtschaftlichen Gesellschaft“ erstellt wurde. Schule wird hier unter den Kriterien von Qualitätsmanagement betrachtet. So wird u.a. nach Schulführung, Mitarbeiterorientierung, Image und der Kundenzufriedenheit von Schülern, Absolventen und Eltern gefragt.

Das Kriterium „Prozesse“ wird definiert als das „Management aller umfassenden Aktivitäten einer Schule, die notwendig sind, um die Vermittlung und Erhaltung der angestrebten Fertigkeiten der Schüler zu gewährleisten.“ Ein Prozeß wird als eine Folge von Schritten definiert, „die aus einer Reihe von Inputs (Unterricht u.a.) einen Output (Wissen) erzeugt. In jeder einzelnen Schule gibt es ein Netzwerk von Prozessen, die alle geführt und verbessert werden müssen. Unter den Prozessen gibt es einige, die für die erfolgreiche Tätigkeit einer Schule ausschlaggebend sind. Diese Prozesse müssen identifiziert werden. Sie überschreiten häufig Abteilungs- und Funktionsgrenzen und erfordern besondere Beachtung.“[24] Hier wird eine Terminologie angewendet, die von Hause aus nicht pädagogisch ist. Es wird ausdrücklich auf Systemnormen, wie z.B. ISO 9000, verwiesen[25].

Zu den „Schlüsselprozessen einer Schule“ gehören zumindest (1) alle Schritte, die der Vermittlung von Wissen dienen, (2) alle Schritte, die der Entwicklung von Fähigkeiten und Fertigkeiten dienen und (3) alle Schritte, die der Persönlichkeitsentfaltung des Schülers dienen[26]. Es wird hier zwar von Schlüsselprozessen, nicht von Schlüsselqualifikationen gesprochen, freilich ist vom Gesamtkontext und der Gesamtanlage des Handbuches das Gefälle zum Konzept der Schlüsselqualifikationen deutlich. Der Verweis auf die Euronorm ISO 9000 ist dafür ein zusätzliches Indiz. Erfreulich ist der Umstand, daß die Persönlichkeitsentfaltung als ein zentraler Bereich der Schule benannt wird. Angesichts der Betonung der empirisch angesetzten Evaluierungsprozesse stellt sich aber die Frage, inwieweit die Persönlichkeitsentfaltung den Kriterien der empirischen Meßbarkeit und Evaluierung unterwerfbar ist. Wissen, Fähigkeiten und Fertigkeiten sind Qualifikationen, die leichter evaluierbar sind als der komplexe Vorgang der Persönlichkeitsentfaltung. Liegt hier

---

[24] Ebd., S. 18.

[25] ISO steht für „International Organization for Standardization“. Bei ISO 9000 handelt es sich um ein System der Qualitätssicherung im Blick auf jede denkbare Organisation. Diese Normen wurden vom Europäischen Komitee für Normen (ECN) erarbeitet und sind inzwischen von 50 Ländern unverändert übernommen worden. Sie sollen in gleicher Weise Verwendung finden bei Krankenhäusern wie der Zulieferindustrie, bei Feuerwehr wie Hochschule/Schule. Es geht um ein Qualitätsmanagementsystem, das am Kunden und seiner Zufriedenheit orientiert ist.

[26] Ebd., S. 19.

nicht das innere Problem solcher Top-Quality-Management-Ansätze? Die Überlegungen zu den Aufgaben von Schule sind m.E. deutlich zu erweitern im Blick auf solche Bereiche, die nicht im Sinne der Managementkriterien evaluierbar sind.

Die ausschließliche Orientierung an den Markterfordernissen wäre ein falscher Weg, da die Bildung auch die Aufgabe hat, eine soziale Verpflichtung im Blick zu haben. Natürlich weist Bildung Elemente einer Ware auf. Sie hat ihren Preis, sie verursacht Kosten. Sie hat sich auch dem Vergleich von Qualität, Effizienz, Flexibilität und der Kosten-Nutzenrechnung zu stellen. Aber der Zielkonflikt zwischen Wirtschaftlichkeit und Sozialverpflichtung verpflichtet zu einer ständigen Diskussion darüber, in welcher Weise Bildung verantwortbar ist.

Die Diskussion um die Schlüsselqualifikationen als die „Schulung für eine moderne Gesellschaft“ muß weitergehen, denn der Modernisierungsbedarf der Schule liegt auf der Hand. Man kann sehen, daß die Rezeption der Schlüsselqualifikationen vor allem dort passiert, wo den Anforderungen einer dynamisch sich ständig wechselnden Arbeitswelt Rechnung getragen werden muß. Das heißt, die Schlüsselqualifikationen sind primär zu sehen als Anpassungs- und Flexibilisierungsinstrumente.

Karl H. Geißler und Frank M. Orthey haben in einer kritischen Analyse des Begriffes Schlüsselqualifikation und der entsprechenden Diskussion herausgestellt, daß der Begriff der Schlüsselqualifikation das Ergebnis einer auf maximale Geschwindigkeit hinauslaufenden Modernisierungsdynamik sei[27]. Er ist nicht nur dessen Resultat, sondern vermag diesen Beschleunigungsprozeß selbst wieder zu beschleunigen. Der Begriff der Schlüsselqualifikation habe deswegen Karriere machen können, weil er verspreche, von den täglich neuen Wort-Karrieren zu erlösen. Er lebe von der Vorstellung eines von der beschleunigten Bewegung unabhängigen, quasi absoluten Ortes. Dies geschehe aber um den Preis der Entleerung, d.h. der Ortlosigkeit. Diese Formel, die ohne den Begriff Bildung auskomme, suggeriere, man habe den universellen Lernschlüssel für sich beschleunigt verändernde Wirklichkeiten gefunden. „Richtig ist jedoch lediglich, daß es den Begriff gibt, der dies verheißt. Und der hat eine Hoffnungsträgerfunktion, deren Gründe nicht nur in den skizzierten Modernisierungsdynamiken des Marktes liegen.“[28]

Die große Zahl von Optionen, die in der relativen Offenheit der Schlüsselqualifikation als Chance der Person angepriesen werde, erhöhe dessen Risi-

---

[27] Schlüsselqualifikationen. Paradoxe Konjunktur eines Suchbegriffs der Modernisierung, in: Grundlagen der Weiterbildung 4, 1993, H. 3, S. 154-156.
[28] Ebd., S. 155.

ken. Denn das schlüsselqualifizierte Subjekt kann auf dem Arbeitsmarkt keine konkreten, nur allgemeine Qualifikationsansprüche einbringen. „Wenn jemand beispielsweise behauptet, er könne gut kommunizieren, dann bekommt er dafür nichts. Er muß seine Kommunikationsfähigkeit spezialisiert ins Wirtschaftssystem einbringen, das heißt, er muß z.B. gut verkaufen können. Erst die Spezialqualifikation (das Verkaufen-Können) bringt die Chance für Einkommen und Ansehen. Damit aber stellt sich die wichtige Frage: Wer definiert eigentlich jene konkreten Qualifikationen, die dann den Arbeitsplatz, die Karriere ermöglichen bzw. garantieren? ... Die Paradoxie unserer verschärften Moderne findet im Konzept der Schlüsselqualifikationen ihren deutlichen Ausdruck. Der Schlüssel allein verspricht viel, nutzt aber wenig, wenn man nicht auch die Verfügungsgewalt über das Schloß hat.“[29]

W. Stark macht darauf aufmerksam, daß bereits der Begriff „Qualifikation“ gegenüber „Bildung“ eine Reduktion darstelle. Qualifikation (von lateinisch: qualis facere, soviel wie: Beschaffenheit herstellen) gehört zur Vorstellungswelt des Machbaren bzw. der Produktion und steht immer in der Gefahr, die (Aus-)Bildung eben der Produktion unterzuordnen[30].

Die Forderung nach Konzentration auf die Schlüsselqualifikationen bedarf also der Ergänzung, nein des umgreifenden Horizontes einer Bildungsdimension, deren Inhalte und Lernformen nicht oder nicht primär durch ihren Beitrag zur Auseinandersetzung mit zentralen Zeitproblemen (etwa wirtschaftlichen Anpassungsprozessen) gerechtfertigt werden, sondern die auf die Mehrdimensionalität menschlichen Lebens und die Vielfalt menschlicher Lebensgestaltung abzielen, auf eine breite ganzheitliche Entwicklung der kognitiven, emotionalen, ästhetischen, sozialen, praktisch-technischen Fähigkeiten und das Angebot an die Kinder und Jugendlichen, das eigene Leben an ethischen und/oder religiösen Lebensdeutungen zu orientieren. Oskar Hammelsbeck hat seinerzeit formuliert, daß Humanität der gemeinsame Schnittpunkt von Pädagogik und Theologie sei und daß Erziehung um der Freiheit des Menschen willen geschieht[31]. Diese Aussage scheint mir auch heute noch gültig zu sein.

---

[29] Ebd., S. 156.

[30] Schlüsselqualifikationen: Um welches Menschen- und Gesellschaftsbild geht es?, in: *G. Birk/U. Gerber* (Hrsg.), Schlüsselqualifikationen im theologischen Diskurs, Alsbach/Bergstraße 1991, S. 62-69, hier: S. 67.

[31] S. *G. Adam,* Oskar Hammelsbeck (1899-1975), in: *H. Schröer/D. Zilleßen* (Hrsg.), Klassiker der Religionspädagogik, Frankfurt a.M. 1989, S. 236-249 = s. u. S. 165ff.

3. Zukünftige Aufgaben und Perspektiven der Religionspädagogik

3.1 Notwendigkeit eines ganzheitlichen Bildungsverständnisses

Aus den bisherigen Überlegungen ergibt sich, daß wir heute vor der Aufgabe stehen, die Trennung zwischen allgemeiner Bildung und beruflicher Weiterbildung in dem Sinne aufzuheben, daß beide aufeinander bezogen werden. Die Aspekte der Allgemeinbildung und der Persönlichkeitsbildung müssen hinreichend zur Geltung kommen, wenn wir wirklich ein ganzheitliches Konzept von Bildung anstreben. Die soziale Dimension, die kulturelle Dimension und die personale Dimension dürfen nicht der wirtschaftlichen Interessenlage untergeordnet werden. Eine Engführung auf den Qualifikationsbedarf, der durch den Modernitätsschub und die technische Entwicklung unserer Gesellschaft erforderlich wird, würde das Bildungssystem auf die Aneignung von Kompetenz- und Qualifikationsprofilen des Beschäftigungssystems reduzieren.

Eine solche Engführung übersieht, daß wir in einer Welt globaler Umbrüche und Gefährdungen und in einer Gesellschaft, die einen enormen Bedarf an moralischer Orientierung hat, leben. Die Gesellschaft wird noch einmal neu nach dem Gemeinwesen und den gemeinsamen Aufgaben und dem notwendigen Maß Solidarität wird fragen müssen, soll es nicht zum Kampf aller gegen alle kommen. Ein Bildungsverständnis, das nur in Kategorien beruflicher Weiterbildung denkt und den Menschen nur von seinem „Marktwert" im Beschäftigungssystem in den Blick bringt, ist m. E. als nicht ausreichend abzulehnen. Damit wird die freie Entfaltung der Persönlichkeit gemindert, ja schlicht behindert.

Um kein Mißverständnis aufkommen zu lassen: Es geht nicht darum, die Notwendigkeit des Nachdenkens über Schlüsselqualifikationen und berufliche Anforderungsprofile in Frage zu stellen, sondern es geht um die Frage des Stellenwertes, ob solche Überlegungen der alles entscheidende Gesichtspunkt für das allgemeinbildende Schulwesen sein können. Die Synode der EKD hat in einer Empfehlung zur Frage von Bildung und Ausbildung darauf hingewiesen, daß eine ganzheitliche Bildung erforderlich sei, in der sich nicht nur die intellektuellen, sondern auch die emotionalen und sozialen Anlagen der Menschen angemessen entwickeln können:

„Der Erwerb von humanen und sozialen Fähigkeiten, die über unmittelbar fachliches Können hinausgehen, ist dabei besonders zu betonen. Es sind Einsichten und Werte zu vermitteln, die Menschen den Weg ebnen, Sinn und Aufgabe des Lebens in seinen Zusammenhängen zu erkennen - nicht zuletzt im Bereich von Arbeit und Beruf. Dazu gehört auch die Sorge um Mitmenschlichkeit in unserer Umwelt bis hin zur Arbeitswelt. Die Kirche hat den Auftrag, den Menschen zu zeigen, welche Bestimmung ihnen aufgrund des biblischen Zeugnisses gegeben ist und worin ihre Freiheit und Verantwortung liegen. Ganzheitliche Bildung verlangt eine entsprechende Schulbildung: Elemente emotionaler, moralischer und sozialer Entwicklung wie auch Einübung in mitmenschlichem Umgang müssen verstärkt zur Geltung kommen ... Die Berufsbildung in Schule und Betrieb muß in entsprechender Weise auf die Erfordernisse ganzheitlicher Bildung eingehen."[32]

Zeitgemäß ist ein Bildungsverständnis, in dem berufliche Qualifikation und Bildung im Sinne der Vermittlung von Orientierungswissen miteinander verknüpft sind. Die Frage des Orientierungswissens stellt die Religionspädagogik vor drei Grundaufgaben.

3.2 Drei religionspädagogische Grundaufgaben

Es sei noch einmal an das zuvor wiedergegebene Zitat von Ernst Lange erinnert, der davon sprach, daß der Lebenszyklus eine pädagogische Aufgabe allerhöchster Dringlichkeit sei, die eine religiöse Aufgabe im Medium von Bildungsvorgängen darstelle und im Identitätsproblem die Möglichkeit der Korrespondenz von Lebensgeschichte und Evangelium ermögliche. Es sei zugleich daran erinnert, daß im Blick auf den Bildungsbegriff herausgearbeitet wurde, daß der Bildungsbegriff ein kritischer Begriff sei, dem es um den Maßstab der Personwerdung gehe. Die Religionspädagogik zielt auf ein humanes Leben: die Menschwerdung des Menschen oder anders formuliert: die *Subjektwerdung in Solidarität.*

Das religionspädagogische Handeln erstreckt sich einerseits auf das Personsein des einzelnen/der einzelnen (personale Dimension), zum anderen auf die Beziehung zu anderen Personen und Gruppen sowie den Umgang mit Natur, Kultur und Gesellschaft (ethische Dimension) und zum dritten auf die elementartheologische Reflexion (Dimension theologischer Urteilsbildung). Von daher formuliere ich drei grundlegende religionspädagogische Aufgaben, die zwar im konkreten Falle in der Praxis miteinander verschränkt sind, aber gleichwohl akzentuierend gegeneinander abgehoben werden können[33].

---

[32] Zukunftsorientierte Bildung und Ausbildung im Zusammenhang des Bildungs- und Beschäftigungssystems, in: *EKD-Kirchenkanzlei* (Hrsg.), Leben und Erziehen - wozu? Eine Dokumentation über Entschließungen der Synode der EKD vom 9. und 10. November 1978, Gütersloh 1979, S. 8.

[33] Vgl. dazu *G. Adam,* Der Unterricht der Kirche (GTA 15), Göttingen ^{3}1984, S. 184ff. - Inhaltlich parallel laufend hat jetzt auch *P. Biehl,* Didaktische Strukturen des Religionsunterrichts, in: JRP 12/1995, Neukirchen-Vluyn 1996, S. 218f., religionspädagogische Grundaufgaben formuliert.

(1) *Erste Grundaufgabe:* Die Religionspädagogik hat erstens die Aufgabe, Kinder, Jugendliche und Erwachsene im Sinne einer lebensbegleitenden Bildung dabei zu begleiten, daß sie aufgrund der ihnen zugeeigneten Identität als Person das eigene Subjektwerden im Blick auf die eigene Ich-Identität realisieren und eine eigene Identität, was zwar immer nur im fragmentarischen Entwurf möglich ist, entwickeln. Bei dieser Dimension des Glaubens geht es um den „Seins-Wert" menschlichen Lebens, um die Wirklichkeit der Freiheit eines Christenmenschen, die mehr ist als die angesichts von realer Bedrükkung notwendige Stabilisierungsfunktion des christlichen Glaubens.

(2) *Zweite Grundaufgabe:* Die Religionspädagogik hat zweitens die Aufgabe, Kinder, Jugendliche und Erwachsene zu unterstützen, daß sie für sich Kompetenzen des Verhaltens und Urteilens aufbauen können im Blick auf den Umgang mit anderen Personen und Gruppen sowie im Blick auf die Verantwortung in Natur, Kultur und Gesellschaft[34]. Diese Aufgabe ist u.a. weiter zu differenzieren hinsichtlich der Bildung und Erziehung zu sozialer Gerechtigkeit, zu Verantwortung für den Frieden und zu einem sachgerechten Verhältnis zur Natur als Schöpfung Gottes.

Klaus Westphalen[35] faßt seine schulpädagogischen Überlegungen zur Frage der Verantwortlichkeit in folgende acht Punkte zusammen:

„(1)Die Verantwortung gegenüber sich selbst (z.B. die Verpflichtung, sich zu bilden),
(2) die Verantwortung gegenüber dem Nächsten (z.B. wenn es um die Sicherheit von Ausländern geht),
(3) die Verantwortung gegenüber der Menschheit als Ganzes (z.B. der sparsame Umgang mit nicht ersetzbaren Energien),
(4) die Verantwortung gegenüber der Natur (z.B. die Erhaltung bisher unberührter Landschaften),
(5) die Verantwortung gegenüber der Kultur (z.B. die Wiederherstellung verfallener Baukunstwerke im deutschen Osten),
(6) die Verantwortung gegenüber der Sprache, (z.B. durch Vermeidung des Alltagsjargons in Zeitungen),
(7) die Verantwortung gegenüber Gott (z.B. in die der gläubige Mensch alle bisher genannten Verantwortungen einschließt)."

---

34 Zur Konkretisierung dieser Aufgabe s. *G. Adam/F. Schweitzer* (Hrsg.), Ethisch erziehen in der Schule, Göttingen 1996.

35 Lerngesellschaft ohne Grenzen?, in: *N. Seibert/H.J. Serve* (Hrsg.), Bildung und Erziehung an der Schwelle zum dritten Jahrtausend, München 1994, S. 1343-1363, hier: S. 1362f.

Während in den beiden ersten Grundaufgaben Theologie stärker implizit enthalten ist, geht es bei der dritten Grundaufgabe um theologischen Unterricht, die Anleitung zu theologischer Reflexion im expliziten Sinn.

(3) *Dritte Grundaufgabe:* Die Religionspädagogik hat drittens die Aufgabe, Kindern, Jugendlichen und Erwachsenen Angebote zu machen, daß die Genannten sich theologische Urteilsbildung erwerben können. Es geht dabei um die Thematisierung dessen, was das Christliche des christlichen Glaubens ist. Es sei erinnert an Martin Luthers elementartheologische Anleitung „Ein kleiner Unterricht, was man in den Evangeliis suchen und gewarten soll", die er seiner Kirchenpostille 1522 beigefügt hat:

„Christus als eine Gabe nähret deinen Glauben und macht dich zum Christen. Aber Christus als dein Vorbild (= exemplum) übet deine Werke, die machen dich nicht zum Christen, sondern gehen von dir aus, der du schon vorher zum Christen gemacht bist. Wie sehr nun Gabe und Vorbild sich voneinander unterscheiden, so sehr unterscheiden sich auch Glaube und Werke. Der Glaube hat nichts Eigenes, sondern nur Christi Werk und Leben. Die Werke haben etwas Eigenes von dir, sollen aber nicht dein Eigen, sondern des Nächsten sein."[36]

Quer zu diesen drei Grundaufgaben liegt eine weitere Dimension: das ökumenische Gespräch und der interreligiöse Dialog. Dabei kommt dieser Bezug stärker im Blick auf die zweite und dritte Grundaufgabe zum Tragen[37]. Angesichts der Entwicklungen in Europa zu multikulturellen und multireligiösen Gesellschaften kommt dieser Aufgabe in Zukunft eine wachsende Bedeutung zu.

---

[36] WA Bd. 10/I,1, S. 12 f. (modernisierte Schreibweise.)

[37] Zu den grundlegenden Fragen s. *G. Adam,* Interreligiöses Lernen, in: DtPfBl 96, 1996, S. 359-363; zu unterrichtlichen Konkretionen s. *G. Adam,* Wahrnehmung des Anderen. Religionspädagogische Perspektiven und Materialien zum interreligiösen Dialog und zu konstruktiver Toleranz, in: GluL 11, 1996, S. 83-96 = erweiterte Fassung s. u. S. 247ff.

4. Konkretionen: Religionsunterricht und Erwachsenenbildung

Die genannten Grundaufgaben sind in den Prozessen religiöser Bildung zu konkretisieren. Dabei ist in der zuletzt genannten Dimension des interreligiösen Lernens noch ein Aspekt enthalten, der für die Religionspädagogik ebenfalls eine Aufgabe neuer Art darstellt. Ich meine die Wahrnehmung der religiösen Situation. Das führt zugleich noch einmal zum Anfang zurück, wo die differenzierte religiös-christliche Lage im Blick auf heutige Jugendliche skizziert wurde. Von daher legt es sich für das *religiöse Lernen in der Schulzeit* nahe, in besonderem Maße die denkerische Bearbeitung und Aneignung von Religion und Glaube in den Mittelpunkt zu stellen. Eine denkerische Beschäftigung mit den Fragen des Lebens aus der Perspektive des christlichen Glaubens, die als offener Lernprozeß inszeniert wird, kann allen Schülerinnen und Schülern gerecht werden.

In einem solchen Religionsunterricht kann das authentische Sinnangebot der Religion in einem offenen Lernprozeß einer denkerischen Überprüfung ausgesetzt werden, wobei die jeweiligen Varietäten, die in der Klasse präsent sind, hinreichend zu berücksichtigen sind. - Bei einem solchen Vorgehen sind zumindest die Voraussetzungen gegeben, daß der Religionsunterricht an den öffentlichen Schulen, um mit Johann Amos Comenius zu sprechen, zu einer „officina humanitatis“ - einer „Werkstätte der Menschlichkeit“ werden kann.

Neben dem schulischen Religionsunterricht, der auch in Zukunft eine wichtige Rolle für die religiöse Bildung spielen wird, gewinnt die *Erwachsenenbildung*[38] zunehmend an Bedeutung. Auch für sie bilden die drei genannten Grundaufgaben den Rahmen. So seien sie im Blick auf die Erwachsenenbildung unter Bezug auf den Inhalt des Evangeliums als der Botschaft von der Menschenfreundlichkeit Gottes und der darin enthaltenen Freiheitszusage durchdekliniert.

Die Freiheitszusage ist in der Erwachsenenbildung zu buchstabieren und zu konkretisieren als lebensbegleitende Bildung im Sinne *der Ermutigung des Individuums im Blick auf die eigene Lebensgeschichte und Glaubensbiographie* (Identitätsarbeit). Dabei ist noch einmal zu erinnern an das, was Ernst Lange formuliert hat: „Gesucht ist heute mehr denn je eine Kirche, die um das Erwachsenwerden der Menschen im religiösen und im gesellschaftlichen Sinne besorgt ist. Gesucht ist eine ‚Kirche der Wachsenden‘.“[39]

---

[38] Zur Thematik insgesamt vgl. *G. Adam,* Evangelische Erwachsenenbildung. Überlegungen zum Gesamtprofil und zur Aufgabe theologischer Bildung am Lernort Gemeinde, in: Lernort Gemeinde o.J., 1996, H. 1, S. 34-45 (Lit.).

[39] *E. Lange,* Sprachschule für die Freiheit, München 1980, S. 132.

Die Freiheitszusage ist in der Erwachsenenbildung zu buchstabieren und zu konkretisieren als Bildung zum Erwachsensein im Sinne eines Beitrages zur Vernunftfähigkeit der Gesellschaft und als *diakonisch-solidarisches Dasein und Mitsein für und mit anderen* (Gesellschaftsdiakonie). Solches Erwachsenwerden im gesellschaftlichen Sinne zielt auf „Autonomie, emotionale Reife, Urteils- und Entscheidungsfähigkeit, soziale Kreativität, Verantwortlichkeit.“[40]

Die Freiheitszusage ist in der Erwachsenenbildung schließlich zu buchstabieren und zu konkretisieren als *ökumenischer und interreligiöser Bildungsprozeß* im Blick auf Religion, Kirche und Christentum. Solch bildender Umgang will zur klärenden Unterscheidung und Vertiefung des je eigenen Glaubens und der je eigenen Glaubens- und Frömmigkeitsgestalt verhelfen. - Ich komme zum Schluß.

5. Ausblick

Wir haben keinen Anlaß zum Jubeln in dem Sinne, daß die gesellschaftliche Situation mit ihren Prozessen von Individualisierung und Pluralisierung der Lebenslagen besonders geeignet sei zur Kommunikation des Evangeliums. Diese Situation ist eine der uns vorgegebenen Konstitutionsbedingungen unseres Arbeitsfeldes, der wir in angemessener Weise Rechnung zu tragen haben. Dabei sei angesichts von Resignationserscheinung freilich auch darauf hingewiesen, daß die Realität ener modernen Gesellschaft und eine lebendige Religiosität sich keineswegs ausschließen müssen. Man kann dies zum Beispiel der amerikanischen Gesellschaft in den Vereinigten Staaten sehen. Diese Gesellschaft ist kaum als „nicht-modern“ zu bezeichnen, gleichwohl ist Religion in ihr in einem erstaunlichen Maße präsent.

Die religionspädagogische Arbeit wird sich künftig stärker jenen Fragen zuwenden müssen, die mit den Bedingungen und der Gestalt und Gestaltung religiöser Sozialisation in der modernen Gesellschaft zu tun haben. Damit ist verbunden die Ambivalenz der Moderne und die Realität religiöser Vielfalt sowohl im Blick auf die eigene Konfession wie die religiöse Lage überhaupt. Hier reichen rein methodische Überlegungen, so wichtig sie an ihrem Platze sind, nicht mehr aus. Wir müssen noch einmal grundsätzlicher ansetzen.

Zur Bewältigung der anstehenden Aufgaben stellt sich angesichts der gesellschaftlichen Prozesse der funktionalen Differenzierung und des modernen Pluralismus mit dem Verlust der Selbstverständlichkeiten die Frage, wie das

[40] Ebd., S. 135.

Christentum und die Kirchen ihre Präsenz wahrnehmen und gestalten können und wollen. Offenbar ist die Zeit der großen Institutionen vorbei und eine Zeit der intermediären Institutionen angesagt. Das bedeutet konkret, daß die Ortsgemeinden und die regionalen Einheiten der Kirche hinsichtlich der Weitergabe und des Wirksamwerdens der religiösen Überlieferungen und als die Orte religiöser Lebenspraxis gefragt sind und sozusagen die Hoffnungsträger der Zukunft darstellen.

In diesem Sinne machen Peter L. Berger und Thomas Luckmann geltend: „Nur wenn intermediäre Institutionen dazu beitragen, daß die subjektiven Erfahrungs- und Handlungsmuster der Individuen in die gesellschaftliche Aushandlung und Etablierung von Sinn mit einfließen, wird verhindert werden, daß die einzelnen sich in der modernen Welt als gänzlich Fremde wiederfinden; und nur dann wird vermieden werden können, daß die Identität der einzelnen Personen und der intersubjektive Zusammenhalt der Gesellschaften von der Krisenhaftigkeit der Moderne bedroht oder gar zerstört werden."[41]

Zur Bewältigung der anstehenden Aufgaben erhebt sich die Frage, wie sich die Religionspädagogik auch in Zukunft theologisch und pädagogisch verantworten läßt. Ich bin der Ansicht, daß die Wiedergewinnung des Bildungsbegriffes, die sich - nebenbei bemerkt - inzwischen auch in der Allgemeinen Pädagogik vollzogen hat, einen wichtigen Schritt nach vorne darstellt. Bei der inhaltlichen Bestimmung des Bildungsbegriffes geht es darum, wie das Wort Freiheit sachgemäß ausgelegt wird. Und ein Streit darüber lohnt sich allemale. Auch mit der Pädagogik ist darüber das Gespräch zu führen.

Mit der Freiheitsfrage hängt die Gottesfrage ganz unmittelbar zusammen. Die Gottesfrage stellt aber das Zentrum aller religionspädagogischen Bemühungen dar. Sie ist das religionspädagogische Kern-Curriculum schlechthin. Man kann die Beobachtung machen, daß die Schülerinnen und Schüler heute durchaus, bisweilen in einer erstaunlichen Weise auf die Gottesfrage hin ansprechbar sind.

---

[41] Modernität, Pluralismus und Sinnkrise. Die Orientierung des modernen Menschen, Gütersloh 1995, S. 77.

Von diesem Zentrum her werden wir auch befähigt, das Neuland des interreligiösen Lernens[42], des Pluralismus und der Multikulturalität zu betreten und zu bearbeiten. Freilich wird es dann auch zu einer kritischen Unterscheidung der vielerlei Geister kommen können und müssen. Aber auch dies geht nicht ohne die Gottesfrage und die eng damit zusammenhängende Wahrheitsgewißheit[43].

---

[42] S. u. S. 247ff.
[43] S. u. S. 262ff.

„Freier Dienst an einer freien Schule“

Eine Skizze zu Oskar Hammelsbecks Wahrnehmung evangelischer Bildungsverantwortung

Oskar Hammelsbeck ist ein Denker, dem es darum geht, zur Wahrung des Humanum beizutragen - vom Divinum her. Oskar Hammelsbeck macht es demjenigen, der sich seinen Überlegungen zuwendet, nicht leicht, einen Zugang zu seinen Anliegen zu finden. Darum ist zunächst auf seine besondere Diktion und seinen Denkstil aufmerksam zu machen.

1. Der Querdenker Oskar Hammelsbeck

Die Verständnisschwierigkeiten liegen in seiner Vorliebe für die Antinomie als Denkfigur, in seiner „rigoros“ dialektischen Redeweise und im eigenwilligen Stil seiner Diktion begründet. Von daher ist es zum Teil zu erklären, warum Hammelsbeck in der Diskussion der wissenschaftlichen Pädagogik kaum zur Kenntnis genommen wurde. So kann der Pädagoge Rudolf Lochner etwa urteilen, daß einem Formulierungen zugemutet würden, die zum Teil außerhalb der logischen Möglichkeiten abendländischer Wissenschaft lägen, wodurch das Gespräch mit dieser Erziehungslehre sehr erschwert werde[1].

Hammelsbeck ist zweifellos ein eigenwilliger Denker, ein - dies durchaus positiv gemeint - „Querdenker“, der immer wieder für Überraschungen gut ist. Ihm geht es um „Erziehung in der Korrespondenz mit dem Evangelium“. In inhaltlicher Hinsicht ist die Formel von der „Erziehung um der Freiheit des Menschen willen“[2] als Schlüssel und komprimierte Zusammenfassung seines pädagogischen Denkens in evangelischer Verantwortung anzusehen.

---

1 *R. Lochner*, Deutsche Erziehungswissenschaft, Meisenheim 1963, S. 292.

2 *O. Hammelsbeck*, Evangelische Lehre von der Erziehung, München 1950, S. 56. - Zu Hammelsbeck vgl. auch *H. Horn*, Evangelisch erziehen - überholt? Oskar Hammelsbecks Beitrag zu einer umstrittenen Frage (Schulreferat der Lippischen Landeskirche - Studienheft 3), o.O.u.J. (1989).

Hammelsbeck war sich seiner unkonventionellen Existenz durchaus bewußt. Er hat weder Theologie noch Pädagogik studiert, vielmehr Geschichte, Sozialwissenschaften und Philosophie. Er war in den Bereichen von Theologie und Pädagogik im wesentlichen Autodidakt. Im Jahre 1934 hat er lediglich eine Externenprüfung als Mittelschullehrer in den Fächern Deutsch und Evangelische Religion in Koblenz abgelegt. In seiner „Pädagogischen Autobiographie", die er aus Anlaß seines 60. Geburtstages im Jahre 1959 in hektographierter Form an seine Freunde verschickt hat, schreibt er über sich selbst:

„Der Autodidakt ist vielleicht am meisten dadurch gekennzeichnet, daß ihm eine ausgewachsene Methodik mangelt. Er muß immerzu von neuem beginnen. Aber da macht sich auch sein Plus bemerkbar; er bohrt tiefer als der Durchschnitt der anderen; er holt mehr hervor. Sein Denken wird axiomatisch und spannt sich nicht in logische Konsequenzmacherei ein. Er bewundert die Logik wie von außen und nimmt nur in fremder Führung, durch Aristoteles, Kant und die Kantianer daran teil. Seine Zuflucht und seine Rettung wird das dialektische Denken als das einzige, das nicht in den Kurzschlüssen vorschnell bewiesener Erkenntnisse befangen bleibt. Seine Systematik ist zyklisch-spiralisch und wie die Scheiben der Zitrusfrüchte, die den gleichen Saft enthalten, aber abgewendet wie unverbindlich nebeneinander lagern und speichern, dennoch Einheit bildend."[3]

An anderer Stelle habe ich bereits einige Scheiben der „Hammelsbeckschen Zitrusfrucht" behandelt: seine Tätigkeit im Rahmen der Volkshochschule[4], den „Schulmann der Bekennenden Kirche" und den Professor für Allgemeine Pädagogik[5]. In diesem Zusammenhang bin ich auch ganz kurz auf die Frage der Schule in evangelischer Verantwortung eingegangen[6]. Dieser Frage möchte ich an dieser Stelle weiter nachgehen. Durch seinen Beitrag zur evangelischen Verantwortung für das gesamte Schulwesen hat Oskar Hammelsbeck eine breite bildungspolitische Wirkung erzielt. Was im übrigen in gleicher Weise für seine von einem klaren wissenschaftstheoretischen Konzept von Lehrerbildung und für seine von klaren Perspektiven der Organisation geleiteten Aktivitäten im Bereich der Lehrerbildung gilt. Darum ist er zweifellos

---

[3] *O. Hammelsbeck*, Pädagogische Autobiographie (1959), in: *H. Horn* (Hrsg.), Kirche, Schule und Staat im 20. Jahrhundert. Oskar Hammelsbecks Bilanz aus dem Nachlaß, Hagen o.J. (1979), S. 9-95, hier: S. 68.

[4] Vgl. dazu jetzt auch *O. Hammelsbeck*, Erwachsenenbildung als Wagnis und Wandlung. Hrsg. von *H. Horn*, Bad Heilbrunn 1990.

[5] *G. Adam*, Oskar Hammelsbeck (1899-1975), in: *H. Schröer/D. Zilleßen* (Hrsg.), Klassiker der Religionspädagogik. FS Klaus Wegenast, Frankfurt 1989, S. 236-249 = s. den Beitrag „Erziehung um der Freiheit des Menschen willen" u. S. 165ff.

[6] S. u. S. 178-180.

als einer der einflußreichsten Lehrerbildner in Deutschland nach dem Zweiten Weltkrieg anzusprechen[7].

Angesichts des gegenwärtigen Fragens nach einer Mitverantwortung von Kirche und Religionspädagogik im Blick auf das Bildungswesen insgesamt und im Blick auf die öffentliche Schule im besonderen sind wir bei Hammelsbeck durchaus an der richtigen Adresse, wenn wir der Frage einer evangelischen Bildungsverantwortung nachgehen, wie sie uns Karl Ernst Nipkow mit seiner „Theorie evangelischer Bildungsverantwortung" erneut bewußt gemacht hat[8].

2. Der Mensch Oskar Hammelsbeck und seine Zeit

Nun geschieht die Ausarbeitung einer Theorie immer in einem konkreten geschichtlichen und biographischen Zusammenhang. Manches Wirken und Denken werden erst im Kontext des Lebenslaufes und der geschichtlichen Situation voll verständlich. Darum stellt es keinen Umweg, sondern eine Hilfe dar, wenn wir uns den Lebensweg von Oskar Hammelbeck in knapper Form vergegenwärtigen.

Oskar Hammelsbeck wurde am 22. Mai 1899 in Elberfeld geboren und römisch-katholisch getauft; dies war die Bedingung, daß die katholische Großmutter ihr Einverständnis zur Hochzeit seiner Eltern gab. Nach dem frühen Tod der Eltern wurde er gemäß dem Letzten Willen der Mutter in der Familie des Onkels evangelisch erzogen. So kam es, daß er in Saarbrücken aufwuchs.

Nach der Rückkehr aus dem Ersten Weltkrieg schloß sich von 1919 bis 1923 das Studium der Geschichte, Nationalökonomie und Philosophie an der Universität Heidelberg an, das mit einer volkswirtschaftlichen Dissertation bei Alfred Weber seinen Abschluß fand. Nachhaltig hat ihn Karl Jaspers geprägt, mit dem ihn später zeitlebens eine enge Freundschaft verband.

Nach einer Tätigkeit als Geschäftsführer einer Klavierfabrik gründet er im Jahre 1926 in Saarbrücken eine Volkshochschule, die er von 1927 bis 1933 leitet. Allerdings wird er dann auf Betreiben der nationalsozialistischen Fraktion im Saarbrückener Stadtparlament entlassen. Im Rahmen des bekannten Hohenrodter Bundes macht er in dieser Zeit die Bekanntschaft von Erich Weniger, Wilhelm Flitner, Martin Buber, Eugen Rosenstock-Huessy und anderen

---

7 Vgl. dazu *R. Lachmann*, Oskar Hammelsbeck (1899-1975). Ein Pädagoge aus evangelischer Verantwortung, in: *H. Glöckel u.a.* (Hrsg.), Bedeutende Schulpädagogen. FS Hans-Karl Beckmann, Bad Heilbrunn/Obb. 1993, S. 253-266. Ferner: *B. Albers*, Lehrerbild und Lehrerbildung, Aachen 1988.

8 *K.E. Nipkow*, Bildung als Lebensbegleitung und Erneuerung, Gütersloh ^{2}1992.

wachen Geistern seiner Zeit. Nach seiner Entlassung entschließt er sich, aufgrund seines Universitätsstudiums zur Externen-Prüfung für das Mittelschullehrerexamen mit den Fächern „Deutsch“ und „Evangelische Religion“ anzutreten. Nach bestandener Prüfung ist er von Juli 1934 bis Oktober 1936 Aushilfslehrer. Dann erfolgt die fristlose Kündigung, weil er sich weigert, in die NSDAP einzutreten.

Im Jahre 1937 wird Hammelsbeck in den Rat der Evangelischen Kirche der altpreußischen Union als Referent für Fragen des kirchlichen Unterrichts und der Laienzurüstung berufen. Er übernimmt Aufbau und Leitung des Katechetischen Seminars der Bekennenden Kirche in Berlin, in dem die jungen Vikare zwischen dem Ersten und Zweiten Theologischen Examen pädagogisch und psychologisch fortgebildet werden sollen.

Die Freundschaft mit Dietrich Bonhoeffer wird in dieser Zeit zu einer beglückenden Erfahrung. Es ist sicher bedeutsam, daß die Frage der Bildung in den Gesprächen der beiden Männer eine wichtige Rolle gespielt hat. Das Werk „Der kirchliche Unterricht“ erscheint im Jahre 1939. Die Zeit des Kirchenkampfes wird für Hammelsbeck zur prägenden Phase seines Lebens. Aufgrund der gesamtpolitischen Entwicklung ist in dieser Zeit die Schule für Hammelsbecks Tätigkeit kein Bezugspunkt mehr. Seine Bemühungen gelten vielmehr dem Aufbau des kircheneigenen Katechumenates.

Den Ertrag des Kirchenkampfes hat Hammelsbeck später in der Formel zusammengefaßt: „Ich bin ein Lehrer!“[9] Im Jahre 1944 ordiniert man den Laien Hammelsbeck zum Pfarrer und sendet ihn nach Falkenhagen in der Lippischen Landeskirche ins Pfarramt, da die überregionalen katechetischen Tätigkeiten der Bekennenden Kirche zum Erliegen gekommen sind.

Das Kriegsende bringt neue Aufgaben mit sich. Im Jahre 1946 lehnt Hammelsbeck eine Praktische Professur an der Theologischen Fakultät der Universität Göttingen ab und wird statt dessen Professor für Allgemeine Pädagogik an der Pädagogischen Akademie in Wuppertal. Dreizehn Jahre lang bestimmt er als deren Direktor und später als Rektor der daraus hervorgegangenen Pädagogischen Hochschule die Geschicke der Wuppertaler Lehrerbildungsanstalt maßgeblich. Ich hatte bereits zuvor darauf hingewiesen, daß er in den Fragen der Lehrerbildung zu einem der führenden deutschen Lehrerbildner wurde. Der Vorsitz beim Pädagogischen Hochschultag, den er in der Zeit von 1958 bis 1963 innehatte, die Mitherausgeberschaft bei wichtigen pädagogischen Zeitschriften und die Schriftleitung der Zeitschrift „Der

---

9 *O. Hammelsbeck*, Ertrag des Kirchenkampfes für Unterweisung und Leben (1970), in: *B. Albers* (Hrsg.), Religionspädagogik in Selbstdarstellungen, Bd. 2, Aachen 1981, S. 47-63, hier: S. 62.

Evangelische Erzieher" (seit 1949) belegen weiterhin die Bedeutung Hammelsbecks.

Trotz mancher Enttäuschung über restaurative und klerikale Tendenzen in der Kirche war Hammelsbeck zeitlebens auch als Synodaler auf der Ebene von Landeskirche und EKD sowie als Mitglied in kirchlichen Gremien und Ausschüssen aktiv. Deutlicher Ausdruck dessen ist das „Wort zur Schulfrage", das die Synode der EKD am 30. April 1958 beschlossen hat. An seiner Erarbeitung und inhaltlichen Bekanntmachung hat Hammelsbeck mitgearbeitet. Hermann Horn urteilt darüber sicher zutreffend: „So dokumentiert das 'Wort zur Schulfrage' sein unerschrockenes und beherztes Eintreten für eine freie Schule, die von konfessionalistischer Enge und weltanschaulicher Bevormundung verschont bleibt. Er plädierte für die Schule in evangelischer Verantwortung. Er befürchtete in der Forderung der Bekenntnisschule als Regelschule so etwas wie einen Etikettenschwindel, der über das Ausmaß tatsächlicher Entchristlichung hinwegtäuschte und zur Heuchelei der Lehrer verführte."[10]

Ich denke, daß mit dem Wort zur Schulfrage noch einmal ein entscheidender Höhepunkt im Leben O. Hammelsbecks gegeben ist. Im Jahre 1961 veröffentlicht er sein Werk „Volksschule in evangelischer Verantwortung". Im Jahre 1964 geht er in den Ruhestand. Von 1963 bis 1971 lehrt er noch als Honorarprofessor an der neu gegründeten Pädagogischen Hochschule in Hagen. Am 14. Mai 1975 verstirbt er in Detmold.

3. Zur Aufgabe von Bildung und Erziehung

Er war ein Lehrer aus Leidenschaft. Wie stellt sich diesem Denker die Aufgabe von Bildung und Erziehung dar, und welche Konsequenzen ergeben sich daraus in institutioneller Hinsicht für das Bildungswesen überhaupt? Ich stellte bereits am Anfang dieses Artikels heraus, daß Hammelsbeck nach einer „Erziehung in der Korrespondenz mit dem Evangelium" fragt. In inhaltlicher Hinsicht kann die Aussage, daß „Erziehung um der Freiheit des Menschen willen" geschieht, als Schlüssel und komprimierte Zusammenfassung seines pädagogischen Denkens gelten. Hammelsbeck will keine „evangelische Erziehung" ausarbeiten, sondern er fragt danach, was „evangelisch erziehen" meint. Er hat es stets abgelehnt, eine evangelische oder christliche Pädagogik zu betreiben, weil es ihm wichtig war, die Eigenständigkeit der Pädagogik zu

---

[10] *H. Horn*, ZRP-Portrait: Oskar Hammelsbeck, in: Zeitschrift für Religionspädagogik 1979, Heft 3, S. 76.

wahren. Er betrieb darum Pädagogik in evangelischer Verantwortung. Es geht ihm um ein dialogisches Verhältnis zwischen Theologie und Pädagogik. Das Feld, auf dem Theologie und Pädagogik in eine Beziehung treten können, ist die Humanität, das Humanum. Diese Humanität hat er konkretisiert im Sinne der Freiheit des Menschen. Ihm war es darum wichtig, daß Freiheit und Mündigkeit des Menschen vom Evangelium her „flankiert“ werden können, wie er einmal gegen Ende seines Lebens formuliert hat.

In Hammelsbecks Tagebuch findet sich unter dem 23. März 1942 ein interessanter Eintrag aus Anlaß des Abiturs des Sohnes Wolfram, in dem die Bestimmung der Aufgabe von Bildung und Erziehung, wie Hammelsbeck sie sieht, deutlich erkennbar wird. Die Reifeprüfung ist Anlaß für den Vater, darüber nachzudenken, wie eigentlich der Erziehungsvorgang gestaltet worden ist. Geschah es gemäß den jeweiligen Tagesanforderungen? Steuerte ein allgemeines pädagogisches Bewußtsein die Erziehung? Doch hören wir ihn selbst:

„Ein bestimmtes und darum in seinen einzelnen methodischen Schritten beobachtbares Ziel hat unsere Erziehung nicht gehabt. Dennoch wird, gemessen wohl an besonderen Entscheidungen wie auch im führenden und abwehrenden Behüten für die rückblickende Klärung eine einheitliche Linie deutlich.

Schon der Verzicht auf ein festes System ist nicht ohne Einfluß auf die Lebenskurve. Statt dessen haben wir Schritt für Schritt mehr dem Taufversprechen gemäß ‘im christlichen Glauben’ erzogen. Das heißt ja einerseits, dem biblischen Wort und der Gemeinschaft unter dem Wort Raum gegeben und Raum geben lassen; und das heißt darum beten, daß Gott dieses getaufte Kind in seine Führung nehme. Für die Haltung der Eltern dem Kinde gegenüber ist aber damit vor allem gegeben, daß die Ehrfurcht vor dem Gott unmittelbar gehörigen Menschenkinde alle erziehliche Willkür ausschließt. Den Weg ebnen helfen, damit das Kind behütet und gefördert sei, seine ihm von Gott zugedachte Bestimmung zu finden. Das kann nur ein liberales Prinzip sein; ja, da wir aus einer liberal bestimmten Epoche kommen, wirkt es sicher mit. Aber es war viel mehr.

Eine Erziehung, die nur für die Zeit erzieht, ist eine schlechte Erziehung. Es sind allzuviel Gehilfen am Werk, daß die jungen Menschen in die heutige Welt ‘passen’. Die Eltern haben darum eine besondere Verantwortung, den Zeitmächten nicht den größten Raum zu überlassen. Aber jene haben auch ihr Recht und ihren Anspruch; deshalb haben wir auch nicht gehindert, daß beide Jungens in Jungvolk und HJ eintraten. Aber Kindheit und Jugendzeit müssen frei bleiben von dem Zwang des Nur-Zeitgenössischen. Eine Erziehung, die vom Ewigen weiß - für das es kein menschliches Erziehen gibt! -, hält im

Zeitlichen Wacht für die Werte, die mehr sind als das Augenblickliche. Die Freiheit des Menschen darf nicht von der Zeit geknechtet werden, sondern sie muß ihr dienen lernen, nachdem sie atmen gelernt in den Bereichen der das Überzeitliche wirkenden Kräfte. Dem entsprechen ganz natürliche Quellen in jedem Menschen, d.h. weil er mit seinem Natürlichen genau so gegen das bloß Zeitliche steht. Darum muß diesem Natürlichen, nach Anlage und Neigung vorbestimmten Lebensraum Freiheit der Entwicklung gelassen werden, ohne zu versäumen, die Bildungswerte anzubieten, die ihm den Sprung in geschichtliches Wirken ermöglichen."[11]

Hier wird eine doppelte Aufgabe „evangelischen bildens und erziehens" erkennbar. Der junge Mensch muß lernen, für seine Zeit und die Welt tauglich zu sein. Er muß lernen, die Aufgaben zu erkennen, zu sichten und zu meistern. Er muß fähig werden, seine Rolle in der Gesellschaft zu übernehmen. Oskar Hammelsbeck kann später ungeniert von „Anpassung" sprechen.

Und zugleich muß der junge Mensch verstehen lernen, daß sein Leben mehr ist als Zeitgenossenschaft; es gibt so etwas wie den „Mehrwert des Ewigen". Es geht darum, die Verantwortung vor Gott zu begreifen. Von diesem Ultimaten her erhält das Vorletzte Sinn und Begrenzung. Dieses Vorletzte darf dann nicht ideologisch überhöht oder verabsolutiert werden.

Hammelsbeck ist der festen Überzeugung, daß angesichts der zerstörerischen Entmündigung, von der er den modernen Menschen bedroht sieht, Freiheit und Mündigkeit vom Evangelium her flankiert werden können. Er hat wohl gewußt, daß es im Leben und in der Erziehung auch um Anpassung an die sich verändernde Welt geht. Aber dabei geht es nicht um kapitulierende Gleichstellung, sondern darum, von innen her die Freiheit des Menschenkindes als Person zu stützen.

Es ist aufschlußreich, daß Hammelsbeck in seiner kleinen Schrift „Glaube und Bildung" im Jahre 1940 geltend macht, daß der Bildungsgedanke nicht in den Erziehungsgedanken aufgehoben und ihm untergeordnet werden dürfe. Er stellt die Frage: „Woher könnte das erzieherische Tun einen verantwortlichen Maßstab nehmen, wenn nicht von einem erneuerten griechischen Bildungsbegriff? Er allein bietet den Erziehern die Gewähr, daß ihr Erziehen um der Menschenwürde derer willen geschehen darf, die erzogen werden sollen. Diesen Maßstab verwerfen zugunsten eines Prinzips von Erziehung, die nur auferlegen soll statt zu erschließen, würde einen totalen Ausbruch aus der abendländischen Geistesgeschichte bedeuten."[12]

---

[11] Verantwortung und Freiheit des Glaubens. Aus Oskar Hammelsbecks Tagebüchern. Ausgewählt und herausgegeben von *H. Horn*, Wuppertal 1986, S. 65f.

[12] *O. Hammelsbeck*, Glaube und Bildung (ThEx 74), München 1940 = ^{2}1941, S. 11.

Es ist deutlich, daß Hammelsbeck einerseits der dialektischen Theologie nahesteht, andererseits aber in seinen Überlegungen Gesichtspunkte geltend macht, die Elemente einer weiterführenden religionspädagogischen Bildungstheorie erkennen lassen. Wenn er den Maßstab der Menschenwürde herausstellt und von der notwendigen Freiheit der Educanden spricht, so macht er Kriterien geltend, die für eine Bildungstheorie pädagogischer und religionspädagogischer Art zentral sind.

4. Evangelische Verantwortung für das öffentliche Schulwesen

Aus dem gleichen Grundanliegen heraus hat Hammelsbeck sich nach 1945 auf vielfältige Weise in der Frage der Verantwortung für das Schulwesen als Ganzes engagiert. Er hat sich gegen die konfessionelle Schule als Regelfall gewendet, ist für eine entschiedene Mitverantwortung der Kirche für das öffentliche Schulwesen eingetreten und hat die christliche Gemeinschaftsschule für die der Zeit angemessene Form des öffentlichen Schulwesens gehalten.

In der „Neuen Zeit" vom 24. November 1949 hat er in seiner Antwort auf die Frage, welche Überlegungen ihn als namhaften Vertreter der Bekennenden Kirche dazu geführt hätten, den Gedanken der Gemeinschaftsschule zu unterstützen, herausgestellt, daß es gelte, nach der Katastrophe von 1945 im Geiste einer positiven Toleranz etwas Neues zu wagen.

Dies bedeutet einerseits: „Die Bekenntnisschule als allgemeine Schulform hat zuviel an geistlicher Vollmacht verloren, denn die Mehrzahl ihrer Lehrer ist bibel- und gemeindefremd geworden. Wir würden sie überfordern oder zu Heuchlern machen. Es ist bescheidener und ehrlicher, die Gemeinschaftsschule als die Hauptform anzusehen. Sie entspricht der Art von Christentum, das wir heute als stark verweltlichten Kulturfaktor noch haben."[13]

Andererseits darf der Schulträger Staat als freie Demokratie, der sich für die Fortsetzung der abendländischen Kultur entschieden hat, die allgemeine Schule des Volkes nicht gegenchristlichen und intoleranten Ideologien ausliefern, er muß vielmehr auch in der Gemeinschaftsschule eine allgemeine christliche Grundlage gewährleisten. Wie sehr Hammelsbeck die Schulfrage am Herzen lag, wird in seiner „Pädagogischen Autobiographie" aus dem Jahre 1959 deutlich.

---

[13] Oskar Hammelsbeck beantwortet Fragen der Neuen Zeitung, in: *Oskar Hammelsbeck* - Zeuge der Zeit. Briefe als Dokumente unseres Jahrhunderts. Aus dem Nachlaß hrsg. von *H. Horn*, o.O.u.J. (Selbstverlag 1989), S. 246.

4.1 „Freier Dienst an einer freien Schule"

Dort hat er - zeitlich nach der EKD-Synode im Jahre 1958 - im Blick auf die Schulfrage formuliert, daß er in ähnlicher Art der offenen, unstarren, aber handfesten Steuerung wie bei der Frage der Lehrerbildung im staatlichen Bereich „auf die Erziehungs- und Schulauffassung der evangelischen Kirche einzuwirken gesucht (habe). Das Leitbild der 2. Barmer These konnte nichts anderes wollen lassen, als von der hybriden Vorstellung einer die Schule im Volk belastenden Konfessionalität zu einer freien Verantwortung in der Bindung an das geglaubte Evangelium hinzufinden, zu einer in Christus verantwortbaren 'echten Weltlichkeit'. Nach vielen Enttäuschungen und Rückschlägen ist es gelungen, auf der Synode der Ev. Kirche in Deutschland bei ihrer Tagung im April 1958 ein '*Wort zur Schulfrage*' zustande zu bringen, das endlich als eine reformatorische Tat verstanden werden kann. Sein grundsätzlicher Teil, ausgehend von der theologisch gewichtigen Präambel von der in Christus begründeten Menschenwürde und in Erinnerung an die Freiheit, zu der allein Christus befreit, endet in dem lapidaren Satz, dessen Erarbeitung meine ganze Hingabe galt: 'Die Kirche ist zu einem freien Dienst an einer freien Schule bereit'."[14]

In einem Brief an Helmuth Kittel vom 12. Juli 1969 beantwortet er dessen Frage, wer der Verfasser des Schulwortes gewesen sei, in folgender Weise: „Ich bin nicht *der* Verfasser, wenn auch an der Endformulierung mit einigen ultimativen Vorstößen gegen die Kunktatoren beteiligt. Wir hatten ja mehrere Vorberatungen im Laufe der Jahre, bei denen auch Bohnenkamp und Andreas Flitner mitmachten ... A. Flitner hatte den Hauptvortrag am Beginn der Synode in Ostberlin. Ich habe den 'Beschlußantrag' im Plenum gestellt und das Wort dort im einzelnen erläutert und zur Annahme empfohlen."[15]

Sodann berichtet Hammelsbeck über den „dramatischen Zwischenakt", daß auf seinen Antrag zur Geschäftsordnung hin die Sitzung für zwanzig Minuten unterbrochen wurde, bis die Mitglieder des Rates, die nicht anwesend waren, herbeigeholt worden waren. „Ich hielt also meine Rede. Da 50 von den Synodalen im Hauptausschuß mitgearbeitet und den Wortlaut gebilligt hatten, konnten die übrigen von ihrem Schlafbedürfnis nach den anstrengenden Vortagen bequem Gebrauch machen. Man billigte einfach unsere Arbeit ohne Wi-

---

[14] *O. Hammelsbeck*, Pädagogische Autobiographie, aaO., S. 87.

[15] Brief vom 12. Juli 1969 an Helmuth Kittel, in: *Oskar Hammelsbeck* - Zeuge der Zeit. Briefe als Dokumente unseres Jahrhunderts, aaO., S. 254. - In einem Schreiben vom 30. Mai 1971 an den Schulausschuß der Synodaltagung der Evangelischen Kirche im Rheinland heißt es: „Ich habe 1958 am 'Wort zur Schulfrage' auf der EKD-Synode mitgearbeitet und für seinen Hauptsatz 'Die Kirche ist zu einem freien Dienst an einer freien Schule bereit' plädiert" (ebd., S. 221).

derspruch. Ein einziger kam 'von außen'. Dietzfelbinger, damals als 'Kirchenführer' nicht stimmberechtigt, erhob sich gegen die Freiheitsformulierungen. Ich habe sie dann nochmals theologisch-pädagogisch erklärt, und er war's dann auch zufrieden."[16]

Durch das Synodenprotokoll wird die Richtigkeit dieser Auskunft Hammelsbecks bestätigt. Dort findet sich unter dem 29. April (Abend) folgendes Votum Hammelsbecks, das am Ende der inhaltlichen Beratungen steht und deren Abschluß bedeutet, da keine weiteren Wortmeldungen mehr vorlagen. Da es sich bei diesem Votum um so etwas wie eine „*testamentarische Äußerung*" Hammelsbecks zum Schulwort und zu seinem Verständnis von Bildungsverantwortung im Blick auf die Schule handelt, sei es hier in seinem vollen Wortlaut wiedergegeben:

„Herr Präses! Liebe Brüder und Schwestern, insbesondere lieber Bruder Dietzfelbinger! Ich spreche zu diesem Wort, in dem so viel von 'Freiheit' die Rede ist. Ich meine allerdings auch, daß es richtig ist, dieses Wort sehr zu wägen - auch in dem, was Sie gesagt haben - gegen eine mögliche falsche Weichenstellung. Aber ich bitte, eins ganz besonders dabei in Rechnung zu stellen. Wir haben betont gesagt, an anderer Stelle und auch von diesem Platze aus, daß alles, was von der Kirche und in der Kirche an Erziehung geschieht, vom Gottesdienst ausgeht. Wir haben es ja gerade in den Kampfzeiten der Bekennenden Kirche als das Wunder der Kirche erlebt, daß uns, je inniger und intensiver wir allein auf den Gottesdienst geworfen waren und vom Gottesdienst her dachten, alle die Freiheiten aufgingen, die in Erziehung und Bildung möglich sind. Von dieser Erfahrung und diesem Geschenk her sind wir nach 1945 an die Arbeit gegangen mit der Lehrerschaft, mit der Jugend, mit den Studenten unseres Volkes, und zwar mit dem Blick auf das, was auch Bruder Führ oder Bruder Dipper am Anfang gesagt haben, was in Phil. 4 steht, hin zu denen, die von ihrer Verantwortung aus in allen den Diensten der Lehre, der Bildung und der Erziehung stehen.

Deshalb bitte ich herzlich: Haben wir keine Angst vor dem Wort '*Freiheit*'! Wir stoßen mit dem Wort von der freien Schule, das durch uns ja eine neue Bedeutung bekommen soll und wird, Türen zu der evangelischen und protestantischen Lehrerschaft auf, die auf uns wartet. Alle unsere Arbeit mit den Lehrern in den Arbeitsgemeinschaften 'Kirche und Schule', in den Rüstzeiten und Tagungen, an denen ich vielfältig beteiligt bin, macht uns immer wieder das eine klar: Es muß in einer reformatorischen Tat von der Kirche wie in einem historischen Akt einmal festgestellt werden, daß sie zu dieser Freiheit vom Evangelium her ja sagt. Das sind wir in der veränderten Welt und in der

---

[16] Brief an *H. Kittel*, aaO., S. 254.

Bereitschaft, mit der Kirche mitzuarbeiten, den Lehrern schuldig. Darum bitte ich auch: Haben Sie doch das Vertrauen zu der Intensität der Ausschußarbeit, in der ja viele gewesen sind - Theologen und Pädagogen -, die sich auch um diese Dinge miteinander befragt und sich selber schließlich überwunden haben. Denn das möchte ich am Schluß noch einmal sagen: Wir dürfen nicht die vielen in ihrer oft unbewußten Erwartung dessen enttäuschen, was sie von der Kirche als Dienst zu erwarten haben, den wir ihnen schuldig sind. Es darf nicht so werden, daß wir nochmals um eine Resignation reicher in unserer pädagogischen Verantwortung von der Synode weggehen, zumal es ja geschehen ist, daß die Kammer für Erziehung und Unterweisung sang- und klanglos aufgelöst wurde, fast unmittelbar, bevor unserer Kirche dieses große Thema zugeführt worden ist."[17]

Die formelle Verabschiedung der Vorlage erfolgte am Vormittag des 30. April 1958[18].

4.2 Anwalt des Schulwortes

In Vorträgen und Aufsätzen sowie in teilweise gleichlautendem Wortlaut in der Veröffentlichung „Volksschule in evangelischer Verantwortung" (1961) hat Hammelsbeck sich als höchst engagierter Anwalt des Wortes zur Schulfrage erwiesen[19]. Er macht deutlich, daß er hinter dem Wort steht - ohne jede Einschränkung. Er bezeichnet es als ein kirchengeschichtliches, ein schulgeschichtliches und ein reformatorisches Ereignis. Er stellt heraus, daß das Synodalwort deutlich mache, daß die evangelische Kirche nicht nur Anwalt der Evangelischen Unterweisung sei, sondern Anwalt der ganzen Schule, „weil

[17] Berlin 1958. Bericht über die dritte Tagung der zweiten Synode der EKD vom 26. bis 30. April 1958. Hrsg. im Auftrage des Rates von der *Kirchenkanzlei der EKD*, Hannover o.J., S. 192 f. (Hervorhebung im Original). – Zur Tagung s. auch das Heft zum Thema:»Freier Dienst an einer freien Schule«. 40 Jahre „Schulwort" der EKD zur evangelischen Bildungsverantwortung. epd-Dokumentation Nr. 30/98 vom 20. Juli 1998.

[18] Der volle Wortlaut des verabschiedeten Textes findet sich ebd., S. 444-447. – Er ist ebenso zugänglich in: epd-Dokumentation Nr. 30/98, S. 33-35.

[19] Vgl. *O. Hammelsbeck*, Hat die Kirche einen Erziehungsauftrag? Grundsätzliches zum Hauptthema der EKD-Synode 1958, in: EvErz 10, 1958, S. 2-6; *ders.*, Die Kirche vor der Erziehungsfrage, in: Kirche in der Zeit 13, 1958, S. 80-85; *ders.*, Kirche und Schule, in: ebd., S. 203 f.; *ders.*, „Die Kirche ist zu einem freien Dienst an einer freien Schule bereit" - Vortrag vor der Arbeitsgemeinschaft Evangelischer Religionslehrer auf der Jahrestagung der Gewerkschaft Erziehung und Wissenschaft, Landesverband Nordrhein-Westfalen am 1. April 1959 in Bad Salzuflen. Sonderbeilage zu Neue Deutsche Schule 1959, Heft 14/15, S. 1-16.

sie, die Kirche, unseren Dienst und unsere Schule 'unvoreingenommen' bejahen gelernt hat."[20]

Die evangelische Verantwortung kreise um den gewichtigen Satz, der den grundsätzlichen Teil zusammenfaßt und beschließt: „Die Kirche ist zu einem freien Dienst an einer freien Schule bereit." Hammelsbeck bemerkt dazu: „Recht verstanden, wird in diesem entscheidenden Satz der Ertrag der kirchlichen Theologie der letzten Jahrzehnte auf das Sprungbrett unserer schul'politischen' Verantwortung gelegt, damit der reformatorische Absprung aus aller bedrohlichen Restauration gewagt werde."[21] Die Rede von der Freiheit wird durch die Präambel präzisiert. Hier wird darauf verwiesen, daß „der Mensch von Gott geschaffen und durch Jesus Christus erlöst und befreit ist." Am Ende des Wortes zur Schulfrage wird wiederum verwiesen auf die „Freiheit, zu der allein Christus befreit".

Noch einmal sei Hammelsbeck das Wort gegeben: „Was auch die Kirche in die Welt hinein zu rufen hat, ... sie muß es tun zu dem von Gott gewollten 'seelsorgerlichen' Dienst und Schutz des Menschenkindes, modern gesagt, seiner Person. Es geht immer zuerst und unmittelbar um die Person, um das Menschenkind als Kind Gottes, um die Freiheit als Geschenk."[22] Vom Evangelium her geht es nur über diese Freiheit der Person zu der weiteren Freiheit in der Familie, im Volk, in Kultur und Gesellschaft sowie im Staat.

Das Synodalwort wird gesehen als eine Hilfe, daß man in der Kirche einsehen lernt, „daß wir mit dem Gros aller geschichtlich verantwortungsbewußten Lehrer in einer 'christentümlich' bestimmten Kultur- und Schulwelt leben. Deshalb zielt die Verantwortung der Kirche als Kirche ... auf den Bund mit allen auch außerhalb ihrer, die für die Freiheit der Person einstehen. Dieses ehrliche Bündnis meint der Satz, die Kirche sei zu einem freien Dienst an einer freien Schule bereit. Ihr vom Evangelium her freier Dienst gilt einer 'diesbezüglichen' freien, im Freisein von Ideologisierung für die Freiheit der Person verantwortlichen Schule."[23]

Von daher ergibt sich eine doppelte Aufgabenstellung: Nach innen geht es um die Aufgabe, sich um die Schule in der Welt angemessen zu kümmern, und nach außen geht es um das Bündnis mit allen, denen es um die Freiheit der Person, bei Lehrern und Schülern, geht. Im Sinne des Bonhoefferschen Verständnisses von Kirche als einer Kirche für andere ist das Synodalwort nicht ein Für-sich-Dasein, sondern ein Für-andere-Dasein der Kirche. Auf

---

[20] Volksschule in evangelischer Verantwortung (Kamps pädagogische Taschenbücher 7), Bochum o.J. (1961), S. 128.
[21] Ebd., S. 129.
[22] Ebd., S. 130.
[23] Ebd., S. 131.

Grund des Synodalwortes formuliert Hammelsbeck Aufgabe und Auftrag dann noch einmal folgendermaßen: „Die Kirche tut ihren Dienst in der mündig gewordenen Welt für den in ihr geistig mündig zu machenden Lehrer. Wir behaupten nicht, daß die Kirche das Monopol beanspruchen dürfte, geistig mündig zu machen. Das leistet vielmehr die freie Schule, um deswillen die Kirche ihr dienen will."[24]

Hammelsbeck ist der Überzeugung, daß angesichts der zerstörerischen Entmündigung, von der er den modernen Menschen bedroht sieht, Freiheit und Mündigkeit vom Evangelium her flankiert werden können. „Bei aller sogar dogmatischen Betonung der biblischen und neutestamentlichen Bezeugung der 'Freiheit', ja gerade deswegen, ist die Kirche offen für die Freiheit in der Schule. Deshalb kann auch offen zugestanden werden, daß es dabei um die evangelische Anpassung an die veränderte Welt geht, also auch um Anpassung an die in der veränderten Welt geltende Freiheit in Erweckung und Bewahrung des Humanen."[25] Dabei geht es aber nicht um kapitulierende Gleichstellung, sondern darum, von innen her die Freiheit des Menschenkindes als Person zu stützen.

5. Würdigung

Aufgrund unserer Ausführungen ist Rainer Lachmann zuzustimmen, wenn er nach einer Analyse der Wissenschaftstheorie, der Allgemeinen Pädagogik und Didaktik von Oskar Hammelsbeck herausstellt, daß - unbeschadet aller Anfragen, die an Hammelsbeck zu stellen seien - kaum jemand unter den Pädagogen und Religionspädagogen der Nachkriegszeit so intensiv über das Verhältnis von Pädagogik und Theologie nachgedacht und sich so viele pädagogisch und theologisch begründete Gedanken zur Frage der rechten Schulform gemacht habe wie er.

Und gerade hier gilt es deshalb, ... das authentische Pathos der Freiheit zu würdigen, das Hammelsbecks theologische Grundhaltung ausmacht und seine pädagogischen und religionspädagogischen Auffassungen durchgängig prägt. Pädagogik aus und in evangelischer Verantwortung bewahrt vor jeder Art weltanschaulicher, religiöser und konfessioneller Indoktrination und Intoleranz und befreit zu unvoreingenommener Sachlichkeit und echter Weltlichkeit."[26]

---

[24] Ebd., S. 135.
[25] Ebd., S. 137.
[26] *R. Lachmann*, Oskar Hammelsbeck, aaO., S. 264.

Gewiß: Hammelsbecks personalistischer Ansatz wird dem Institutionscharakter der Schule nicht hinreichend gerecht. Aber sein zentraler Ansatz beim Personsein der Heranwachsenden und der christlichen Freiheit ist nicht nur in der damaligen geschichtlichen Stunde von weittragender Bedeutung gewesen, sondern darin liegen auch heute noch unabgegoltene Möglichkeiten im Blick auf die Wahrnehmung evangelischer Bildungsverantwortung. Dabei ist „wahrnehmen" im doppelten Sinne zu verstehen: als wahrnehmen im Sinne von Aufmerksamwerden und als wahrnehmen im Sinne der konkreten Mitgestaltung des Bildungswesens.

Schulen als „Werkstätten der Menschlichkeit“

Vom Beitrag des Religionsunterrichts zur schulischen Bildungsaufgabe

Gegenwärtig werden Stellung und Gestalt des Religionsunterrichts nach verschiedenen Hinsichten erneut und mit Ernsthaftigkeit diskutiert. Eines ist trotz aller Diskussionen sicher: Der Religionsunterricht wird auch nach der Jahrtausendwende seinen Platz in unseren Schulen haben. Er wird dabei pluraler und vielgestaltiger geworden sein. Im Blick auf die Frage nach dem Verbleib an der Schule ist es in hohem Maße bemerkenswert, daß in einem laizistischen Land wie Frankreich, in dem die strikte Trennung von Schule und Religionsunterricht Tradition hat, seit einiger Zeit Stimmen (u.a. auch aus den Fächern Geschichte und Kunst) laut werden, die für einen schulischen Religionsunterricht plädieren, weil der Mangel an Grundkenntnissen in religiösen Fragen sich im Bildungsprozeß nachteilig bemerkbar macht.

Die Diskussion um den Religionsunterricht hat viele Facetten[1]. In der öffentlichen Diskussion im gesellschaftspolitischen Raum geht es um die Begründung des Faches[2], seine rechtliche Stellung[3] und die gesellschaftlichen Erwartungen im Blick auf die ethische Wertevermittlung. Auch die Debatte um die Konfessionalität des Religionsunterrichts, das Verhältnis zur Theologie[4] sowie die Stellung der Lehrkräfte[5] wird intensiv geführt. Ich möchte mich auf die *schultheoretische Frage* konzentrieren und danach fragen, was es bedeutet, daß der Pflichtgegenstand Religion am Lernort Schule angesie-

---

1 Eine gute Gesamtübersicht bietet der Reader von *Ch.Th. Scheilke* (Hrsg.), Religionsunterricht in schwieriger Zeit. Ein Lesebuch zu aktuellen Kontroversen, Münster: Comenius-Institut 1997.

2 Die Hauptargumentationen sind aufgelistet bei *G. Adam/R. Lachmann*, Begründung des schulischen Religionsunterrichts, in: dies. (Hrsg.), Religionspädagogisches Kompendium, Göttingen [5]1997, S. 121-137.

3 Ebd., S. 127-136 sowie *P. Kunig*, Rechtsfragen ethischer und religiöser Erziehung in der Schule, in: *G. Adam/F. Schweitzer* (Hrsg.), Ethisch erziehen in der Schule, Göttingen 1996, S. 301-312.

4 Zur Frage des theologischen Profils verweise ich auf meine Ausführungen in: *G. Adam*, Glaube und Bildung (StTh 6), Würzburg [2]1994, S. 91ff., 111ff.

5 Vgl. dazu *G. Adam*, Beruf ReligionslehrerIn, in: Das Wort 1993/94, Nr. 1, S. 2-16.

delt ist, und was er in die Schule als einem Ort allgemeiner menschlicher Bildung einzubringen vermag.

1. Religiöse Bildung im schulischen Kontext

Der neue österreichische Lehrplan für den evangelischen Religionsunterricht in der Sekundarstufe vom September 1993 stellt deutlich heraus, daß der Pflichtgegenstand Evangelische Religion in seinem Auftrag zweifach zu begründen ist. Von der Kirche besorgt, wisse er sich der biblischen Verkündigung und der religiösen Bildung verpflichtet. „Im Rahmen der öffentlichen Schule übernimmt er die Aufgabe, eine Begegnung mit dem Bildungsauftrag der Gesellschaft unter Herausforderung durch das Evangelium in einem gegenseitigen kritischen Dialog herbeizuführen.“[6]

Mit diesem Ansatz ist ein Weg gewiesen, der für die zukünftige Gestalt des Religionsunterrichts von weitreichender Bedeutung ist. Es ist damit zugleich auch die Frage nach der Legitimation des Faches im Rahmen des Fächerkanons der Schule angesprochen. Es wird darauf zu achten sein, daß es sich wirklich um einen *gegenseitigen kritischen Dialog* handelt. Das beinhaltet auch, daß die Frage nach der Legitimation des Faches Religion und den entsprechenden Zielbestimmungen auch umzukehren ist als Frage und Herausforderung an die Schule als Ganze. Denn Bildung, sofern sie nicht unter dem Primat der Rentabilitätsnorm stehen soll, sondern sofern es um echte Bildung - und d.h. um die Orientierung an der Personwerdung des Menschen - gehen soll, ist nicht nur Aufgabe eines Faches, sondern Aufgabe der gesamten Schule und aller ihrer Fächer. Religionsunterricht ist gewiß Anwalt einer menschlich förderlichen Bildung, er muß sich aber hüten, in die Alibi-Funktion gedrängt zu werden.

Im Blick auf die schulische Situation und Struktur ist es ein Vorteil, daß Glauben und Denken Geschwister sind. In diesem Sinne hat der Marburger Systematiker Carl Heinz Ratschow immer wieder darauf hingewiesen, daß der christliche Glaube, zumal in seiner reformatorischen Ausprägung, vor allem dadurch gekennzeichnet ist, daß er *denkender Glaube* ist[7]. Sosehr es darum geht, die religiöse Dimension wahrzunehmen, zu entdecken, dafür sensibilisiert zu werden, so geht es zugleich doch auch darum, zu reflektieren, was mit der religiösen Dimension in den Blick kommt, zu bedenken, was die

---

[6] Lehrplan für den evangelischen Religionsunterricht an der Hauptschule und der Unterstufe der Allgemeinbildenden Höheren Schule, Wien 1993, S. 2.

[7] Siehe z.B. den Art. Konfession, Konfessionalität, in: Theologische Realenzyklopädie, Bd. 19, 1990, S. 425.

Sache Jesu Christi ist und was davon zu unterscheiden ist. Insofern ist die Schule ein Ort, an dem die Beschäftigung mit dem Christentum durchaus am Platze ist, sofern der Schwerpunkt in der Wissensvermittlung, in der reflektierenden Unterscheidung, in der kritischen Aufarbeitung von Tradition und in der Reflexion von Leben und Welt im Lichte des christlichen Glaubens liegt.

Bei der Frage danach, was die Ziele und Inhalte religiöser Bildung im Rahmen der Schule im allgemeinen und des Religionsunterrichts im besonderen sein sollen und realistischerweise sein können[8], sind auch die Veränderungen zu beachten, denen die Kinder und Jugendlichen selber unterliegen. Wir haben es in unseren öffentlichen Schulen heute mit Schülern und Schülerinnen zu tun, deren Leben in besonderem Maße charakterisiert ist erstens durch ein großes Maß an Individualisierung in ihren Lebensentwürfen, zweitens durch die Pluralisierung ihrer Lebenslagen und drittens durch den Wandel von der vorgegebenen Normalbiographie zur Wahlbiographie, um die wesentlichsten Theoreme zur Charakterisierung heutigen Jugendlebens namhaft zu machen. Darum „resortiert" auch die Religion zunehmend unter dem Aspekt der eigenen Wahl, nicht mehr der unhinterfragten Übernahme, wie das in früheren Zeiten weitgehend der Fall war[9].

2. Religionsunterricht: Ort des Dialoges und Dienst an der Gesellschaft

Bei der Beantwortung der Frage, wie der künftige Religionsunterricht aussehen soll angesichts dessen, daß die heutigen und künftigen Schülerinnen und Schüler in einer Gesellschaft leben, die zunehmend pluraler werden wird, sind neben anderen Stichwörtern (Kommunikation, Erfahrung etc.) die des Dialogs und des Dienstes an der Gesellschaft von besonderem Gewicht. Im Blick darauf möchte ich insbesondere die folgenden fünf Punkte benennen.

(1) Religionsunterricht hat auch künftig die Aufgabe, der *Kommunikation zwischen Evangelium und Schülerinnen und Schülern, dem Dialog zwischen Leben und Glauben* zu dienen. Dies geschieht unter den Bedingungen der Schule und im Blick auf unsere gegenwärtige Wirklichkeit. Das heißt, Evangelium und christlicher Glaube sind im Horizont heutigen Denkens und unter

---

8 Zur Diskussion in Deutschland siehe *K. Goßmann u.a.* (Bearb.), Religionsunterricht in der Diskussion (Im Blickpunkt 11), Münster 1993 sowie den in Anm. 1 genannten Reader.

9 Dazu ausführlicher: *G. Adam*, Zur Lebenssituation der zehn- bis sechzehnjährigen Schülerinnen und Schüler, in: SchR 11, 1992, S. 203-245, bes. S. 209-217 = *ders.*, Glaube und Bildung (StTh 6), Würzburg ^{2}1994, S. 263-286, bes. S. 268-273.

Bezug auf gegenwärtiges menschliches Selbstverständnis auszulegen. Dabei bleibt der Zusammenhang mit der biblischen Überlieferung konstitutiv, weil ja nur im Dialog mit den grundlegenden Texten des Christentums zu erarbeiten ist, was christlicher Glaube ist und wie sich daraus ergebende religiöse Gestaltungen dazu verhalten und wie diese zu beurteilen sind. Die Frage, worin das Proprium eines evangelischen Religionsunterrichts besteht, findet letztlich von diesem Zusammenhang her - der Bindung an die biblischen Texte - seine Beantwortung.

(2) Religionsunterricht will helfen, zu einem eigenen Selbstverständnis und einer eigenen Weltsicht zu finden. Dies geschieht im *Dialog mit anderen Weltsichten und Weltanschauungen*. Hier kann der Religionsunterricht zum Aufbrechen einseitig-einliniger Weltauslegungen, etwa im Sinne eines empirisch verengten Wissenschaftsverständnisses, beitragen. Wenn in den einzelnen Schulfächern unterschiedliche Zugangs- und Sichtweisen thematisch werden und zur Geltung kommen, besteht Aussicht, daß wir eine neue Denkkultur gewinnen, die für unser Bildungswesen von zentraler Bedeutung ist. Das Denken in unserer Gesellschaft ist gegenwärtig ein weitgehend reduziertes Denken, weil es oft nur einlinig ansetzt und primär faktenorientiert ist. Die Beschäftigung mit der religiösen Dimension kann dazu führen, daß die Wahrnehmung der Wirklichkeit durch die Schülerinnen und Schüler eine Sensibilisierung erfährt. Auf diese Weise erfährt ihr Denken insgesamt eine Bereicherung, indem es differenzierter und mehrperspektivischer wird. So kann ein Beitrag zu einer neuen Kultur des Denkens in unseren Schulen geleistet werden: weg von der Befangenheit in Fakten - hin zu einer Orientierung an der Vielfalt der Aspekte des menschlichen Lebens in Natur und Gesellschaft.

(3) Für die künftige Gestaltung des Religionsunterrichts ist seine *Offenheit wesentlich*. Meines Erachtens ist es notwendig, daß er als theologisch und pädagogisch klar profilierter Unterricht erteilt wird, und d.h. faktisch auch, daß er eine Konfessionsbezogenheit aufzuweisen hat. Aber: Konfessionsbezogener Unterricht heißt nicht konfessionalistischer Unterricht! Der Unterricht ist so offen zu konzipieren, daß er prinzipiell für alle Schülerinnen und Schüler, die Interesse an Fragen von Religion und Glauben haben, zugänglich ist. Man kann in der Zukunft didaktisch nicht mehr von einer Situation des vorweg vollzogenen bzw. vorweg vorhandenen Einverständnisses in der Sache ausgehen. Es geht nicht einfach um die „Weitergabe des Glaubens", sondern um die Ermittlung von Möglichkeiten, aus Glauben zu leben. Nur so

kann das prinzipiell Dialogische des Kommunikationsvorganges festgehalten werden[10].

(4) Der Deutsche Katecheten-Verein, ein Zusammenschluß von katholischen Religionslehrerinnen und Religionslehrern, hat ein beachtenswertes Plädoyer für den „Religionsunterricht in der Schule" vorgelegt, das den Charakter des *Religionsunterrichts als Dienst an der Gesellschaft* deutlich herausstellt. Dort heißt es, daß die Voreinstellungen und Bedürfnisse der Schüler und Schülerinnen die Kirchen vor die Frage stellen, ob sie die Realität der pluralen Gesellschaft bejahen und den Religionsunterricht in der Weise verstehen wollen, daß er für alle Schülerinnen und Schüler, auch für die den Kirchen Fernstehenden und die Nichtgetauften da sei:

„Sind die Kirchen bereit, in der Weise eines uneigennützigen Dienstes in Schule und Unterricht mitzuarbeiten? Nur wenn Religionsunterricht sich so vom Bildungsauftrag der Schulen her versteht, ist er in Zukunft zu rechtfertigen. Aber eben deshalb dürfen sich die Kirchen nicht aus den öffentlichen Schulen zurückziehen. Mit der Verantwortung für den Religionsunterricht übernehmen sie eine bedeutsame Aufgabe in der Gesellschaft. Sie leisten ihren Beitrag zur kulturellen und sozialen Entwicklung junger Menschen. Sie eröffnen auch jenen Kindern und Jugendlichen, die ohne christliche Erziehung aufwachsen, eine Chance, mit den wichtigsten Impulsen und Überlieferungen des christlichen Glaubens und seinen geschichtlichen Auswirkungen vertraut zu werden. Sie tragen dazu bei, daß die jungen Menschen lernen, gesellschaftliche Entwicklungen perspektivisch-kritisch zu durchschauen und angesichts dringender Zukunftsprobleme bewußt Optionen zu treffen."[11]

(5) Die Generalsynode der Evangelischen Kirche in Österreich hat auf ihrer Bildungssynode im November 1996 eine Stellungnahme zum Religionsunterricht verabschiedet, in der einerseits das Interesse der Kirche am Religionsunterricht und andererseits der Beitrag des Faches zu den Bildungs- und Erziehungsaufgaben der Schule klar formuliert werden. Dort heißt es, die evangelische Kirche habe ein Interesse daran,

„- daß junge Menschen Kenntnis und Verständnis für die ihnen in Geschichte und Gegenwart begegnenden religiösen Traditionen erwerben und so Aufgeschlossenheit und eine Haltung der Toleranz gegenüber eigenen und anderen kulturellen und religiösen Traditionen entwickeln;

---

[10] Ausführlicher dazu: *G. Adam*, Weitergabe des Glaubens - eine neue religionspädagogische Leitformel?, in: *ders.* (Hrsg.), Glaube und Bildung (StTh 6), Würzburg ²1994, S. 52-58.

[11] Religionsunterricht in der Schule. Ein Plädoyer des Deutschen Katecheten-Vereins, hrsg. vom *Vorstand des DKV*, München September 1992, S. 1.

- daß junge Menschen mit religiösen und ethischen Fragen konfrontiert werden und sich offen und kritisch mit ihnen auseinandersetzen können;
- daß junge Menschen die Fähigkeit erwerben, persönliche Entscheidungen im ethischen und religiösen Bereich begründet zu fällen und sich für humane Werte einsetzen zu können;
- daß sie mit ihrer spezifischen Überlieferung am Lernort Schule präsent ist."

Hinsichtlich des Beitrags zu den Bildungs- und Erziehungsaufgaben der Schule wird herausgestellt, daß dieser sich darin konkretisiere,

„- indem er (= der Religionsunterricht) die religiöse Sprachfähigkeit entwikkeln hilft;
- indem er Kenntnis und Verständnis der christlichen Tradition vermittelt;
- indem er aktuelle gesellschaftliche Herausforderungen aufgreift und sie auf die christliche Verheißung eines Lebens in Frieden und Gerechtigkeit bezieht und damit zu einer Auseinandersetzung mit Werten und Normen in unserer Gesellschaft führt;
- indem er sich mit ethischen, philosophischen und theologischen Aspekten von Wahrheitsansprüchen beschäftigt und damit Angebote zur Identitätsbildung bereitstellt;
- indem er um Verständnis und Toleranz von eigenen und anderen religiösen und kulturellen Traditionen wirbt und damit eine integrative pädagogische Funktion wahrnimmt."[12]

Die Grenzen eines so verstandenen Religionsunterrichts liegen dort, wo ihm als Ziel abgefordert wird, in den Glauben einzuüben und zum Leben der Kirchengemeinde hinzuführen. Hier darf man den Religionsunterricht der Schule nicht überfordern. Es gibt schließlich noch andere Lernorte des Glaubens. Darum macht der Religionsunterricht auch die *Aktivitäten der Gemeinde* für die Kinder und die Jugendlichen keineswegs überflüssig. In der Schule nehmen die Kirchen, das gehörte dann zum Profil des Faches, eine primär diakonische Aufgabe wahr, im Sinne eines Verständnisses von Kirche als „Kirche für andere".

---

[12] Stellungnahme zum Religionsunterricht, in: Schulfach Religion. Sondernummer 1997: „Bildungssynode 1996 der Evangelischen Kirche in Österreich", Wien 1997, S. 20ff., hier: S. 25.

3. Das schulische Profil: Denkender Glaube

Nehmen wir noch einmal die Frage des Profils religiösen Lernens in der schulischen Lebensphase auf. Wenn man nach dem Ort des Religionsunterrichts im Zusammenhang des menschlichen Lebenslaufes fragt, so kann man - kurz skizziert - im Blick auf die Akzentuierungen religiösen Lernens folgendes festhalten[13].

In einer *„ersten Phase*“, die die Zeit in der Familie, im Kindergarten und z.T. im Kindergottesdienst umfaßt, geht es stärker um den Aspekt gemeinschaftlicher Erfahrungen, gemeinschaftlichen Tuns. Hier vollzieht sich religiöses Lernen primär im Modus der Teilnahme am Umgangs- und Lebensstil christlich orientierter Menschen in Familie und Gruppen. Für diese „erste Phase“ des Glauben-Lernens ist die Erweiterung der Wahrnehmungs- und Erfahrungsfähigkeit charakteristisch. Dafür steht das Stichwort „Sensibilität“.

In der *„zweiten Phase*“ des Glauben-Lernens, die vornehmlich die Schulzeit umfaßt, geht es stärker um religiöses Lernen unter schulischen oder quasischulischen Bedingungen. Das Stichwort lautet hier „Plausibilität“. Es geht dabei um die denkerische Bearbeitung des christlichen Glaubens, wobei natürlich durchaus auch kritisch zu thematisieren ist, was Vernunft meint. Aber vorbei an der denkerischen Verantwortung ist christlicher Glaube nicht zu haben. Diese Aufgabe ist im Religionsunterricht der Schule mit wachsendem Alter zunehmend deutlicher wahrzunehmen.

In der *„dritten Phase*“ des Glauben-Lernens, die das Erwachsenenalter umfaßt, geht es um die Ermutigung zu einer neuen Unmittelbarkeit, einer Naivität zweiten Grades (im Sinne von P. Ricoeur), wofür das Stichwort „Identität“ steht. Hier spielt die Orientierung an glaubensgeschichtlichen Modellen eine wichtige Rolle.

War zuvor bereits - unter Bezug auf C.H. Ratschow - die Nähe des christlichen Glaubens zum Denken akzentuiert worden, so zeigt sich, daß durch die Einsichten zur „zweiten Phase“ religiösen Lernens eine Korrespondenz erkennbar wird, die es als sinnvoll nahelegt, in der schulischen Phase in besonderem Maße die denkerische Bearbeitung und Aneignung von Religion und Glaube in den Mittelpunkt zu stellen. Eine solche Beschäftigung mit den Fragen des Lebens aus der Perspektive des christlichen Glaubens kann allen Schülerinnen und Schülern gerecht werden. Denn in einem so verstandenen Religionsunterricht kann das authentische Sinnangebot der Religion in einem offenen Lernprozeß einer denkerischen Überprüfung ausgesetzt werden. Auf

---

[13] Die folgenden Ausführungen unter Bezug auf *R. Englert*, Glaubensgeschichte und Bildungsprozeß, München 1985, S. 381ff.

diese Weise können profilierte Inhaltlichkeit und Offenheit der Lernprozesse miteinander verbunden werden.

Die Inhaltlichkeit kann näher konturiert werden, indem ein Gesamtverständnis von schulischer Aufgabenstellung ausgearbeitet wird, das nicht zuletzt dadurch charakterisiert ist, daß folgende Bereiche angemessen berücksichtigt werden und zur Geltung kommen:

(1) die Thematisierung der Sinnfrage zu ermöglichen,
(2) mit der Natur verantwortlich umgehen zu lernen,
(3) ethische Orientierung zu geben,
(4) Beziehungen knüpfen zu lernen,
(5) Umgang mit Schuld zu lernen und
(6) zum Leben zu ermutigen[14].

Auf die Weise können Religionsunterricht und öffentliche Schulen, um mit Johann Amos Comenius zu sprechen, zu „officinae humanitatis“ - zu „Werkstätten der Menschlichkeit“ - werden.

---

[14] Vgl. *H. Bauer*, Aufgaben für die Zukunft, in: *Evangelischer Oberkirchenrat* (Hrsg.), Wie wird die Schule der Zukunft gerecht? (Kirche und Schule 1), Stuttgart o.J. (1991) sowie: *Leitsätze für den Unterricht und die Erziehung* nach gemeinsamen christlichen Grundsätzen der christlichen Bekenntnisse an Grund-, Haupt- und Sonderschulen, München am 6.2.1988.

Ethische Bildung als Herausforderung für die Schule

Es ist unübersehbar, daß die Frage nach der künftigen Gestalt des schulischen Religionsunterrichtes europaweit erneut auf der Tagesordnung steht. So seien einige Beobachtungen und Reflexionen angesichts der gegenwärtigen Diskussion mitgeteilt.

1. Zur Einführung

Schwerpunkte der Diskussion bilden dabei die Fragen des interkulturellen Lernens, der interreligiösen Begegnung, nach wie vor die schultheoretische Begründung und Aufgabenbestimmung sowie die Frage nach Rolle und Funktion von ethischer Bildung und Erziehung, Werten und Normen. In alledem geht es jeweils auch zentral um die Frage der Schülerinnen und Schüler, ihre Interessen und Bedürfnisse, ihre Lebensperspektiven und Zukunftshorizonte. In Deutschland wird die Diskussion besonders intensiv geführt. Vorschläge und Stellungnahmen zur Reform des Religionsunterrichts überschlagen sich geradezu. Anfang der 90er Jahre hatte es niemand für möglich gehalten, daß es zu einer Diskussion in dieser Breite und von dieser Intensität kommen würde.

Der äußere Anlaß sind der Vereinigungsprozeß und die Übertragung der westdeutschen Lösung für den schulischen Religionsunterricht (Religionsunterricht als ordentliches Lehrfach an der öffentliches Schule) auf die ostdeutschen Bundesländer (mit Ausnahme des Landes Brandenburg). Die inneren Gründe liegen aber viel tiefer. Es sind die sich verändernde Stellung und abnehmende Relevanz von Christentum und Glaube (zumindest) in den westeuropäischen Gesellschaften. Man muß kein Prophet sein, um zu konstatieren, daß angesichts der enormen gesellschaftlichen Umwälzungen seit 1970 und der sich weiter vollziehenden Veränderungen sowohl in der gesellschaftlichen Wirklichkeit als auch in der kirchlich-religiösen Praxis der christlichen Kirchen in den kommenden Jahren auch für uns in Österreich ein zunehmender Reflexions- und Beratungsbedarf bestehen wird im Hinblick auf die Frage, wie ein unserer gesellschaftlichen und kirchlichen bzw. christentumsgeschichtlichen Wirklichkeit angemessenes Verständnis von Religionsunterricht aussehen kann und wie eine dementsprechende Praxis zu gestalten ist. Ich denke, wir sollten uns dafür genügend Zeit nehmen und nicht zu rasch auf kurzfristig beruhigende Kompromisse zugehen.

Wir sollten dabei nicht vergessen, daß wir es mit einem europaweiten Problem zu tun haben. In diesem Sinne möchten die folgenden Darlegungen außerösterreichische Entwicklungen kritisch analysieren und die darin liegenden Herausforderungen aufspüren. Von den eingangs genannten Fragestellungen beschränkt sich dieser Beitrag auf die ethische Frage, obwohl interkulturelles Lernen, interreligiöses Lernen und die schultheoretische Reflexion in gleicher Weise unsere Aufmerksamkeit verdienen.

Da unsere österreichische Situation in vielerlei Hinsicht anders ist als die Lage sowohl in Deutschland als auch in den anderen europäischen Ländern, kann es natürlich nicht darum gehen, Konzeptionsansätze aus anderen Ländern unbesehen zu übernehmen. Der Blick über nach draußen ist aber deswegen stets hilfreich, weil er einem sinnvolle Lösungswege zeigen oder problematische Wege erkennen lassen kann und dadurch möglicherweise ersparen hilft, Holzwegen zu folgen, die nach Martin Heidegger Wege sind, die jäh im Walde enden. Wir werden uns mit dem Gedanken anfreunden müssen, daß die Zeit der großen flächendeckenden Einheitskonzepte vorbei ist und daß wir stärker auch das Regionale und Lokale mitbedenken müssen, wenn wir konzipieren, was Religionsunterricht und ethische Bildung sollen und wie sie zu gestalten sind.

Bei der ethischen Fragestellung sind mehrere Aspekte eng miteinander verknüpft[1]. Da ist zum einen die ethische Aufgabe als solche, die eine grundlegende Herausforderung für unsere gegenwärtigen Schulen als ganze darstellt. Da ist zum andern die Frage nach der Entwicklung eines eigenen selbständigen Unterrichtsfaches Ethik (als Ersatzfach, Alternativfach, Wahlpflichtfach oder wie immer). Und da ist zum dritten die Frage nach Stellung und Bedeutung der Ethik im christlichen Religionsunterricht.

Alfred Gleißner hat die seinerzeitige Situation des „Ethikunterricht(s) in Deutschland“[2] sachkundig skizziert. Wolfgang Langer hat die denkbaren Lösungsmöglichkeiten für eine Verhältnisbestimmung von Religionsunterricht und Ethikunterricht bzw. ethischer Bildung und entsprechende organisatorische Gestaltungsmöglichkeiten unter dem Titel „Verbindlich oder ungebun-

---

[1] Zur Thematik im Ganzen vgl. EvErz 47, 1995, Heft 3: Themaheft „Ethik im Unterricht“.

[2] In: ÖRF 3, 1993, S. 32-35. - Ausführlicher dazu *A.K. Treml*, Ethik als Unterrichtsfach in den verschiedenen Bundesländern. Eine Zwischenbilanz, in: *ders*. (Hrsg.), Ethik macht Schule! Moralische Kommunikation in Schule und Unterricht, Frankfurt 1994, S. 18-29. Auf S. 22 wird eine Synopse „Ethischer Unterricht in Deutschland“ geboten.

den?"[3] präzise dargestellt. Dem ist nichts hinzuzufügen. Ich möchte einigen Fragestellungen nachgehen, die nicht vergessen sind, wenn wir über die künftige Entwicklung des Religionsunterrichts nachdenken.

2. Neue Entwicklungen um die Fächer Religion und Ethik

Die Wende des Jahres 1989 und der deutsche Vereinigungsprozeß haben weit reichende Konsequenzen für die Stellung von Christentum und Kirche in der deutschen Gesellschaft gehabt, die jetzt zunehmend deutlich zu werden beginnen.

2.1 Trends in Ostdeutschland

Man muß sich vor Augen halten, daß durch die Vereinigung der beiden deutschen Staaten eine Situation entstanden ist, derzufolge ungefähr ein Viertel der Bewohner Gesamtdeutschlands ohne religiöses Bekenntnis ist. Zu dem bekannten Nord - Süd - Gefälle in der religiösen und kirchlichen Praxis, die auch für die Situation in Ostdeutschland kennzeichnend ist, ist ein West - Ost - Gefälle hinzugekommen: Im Westen ist weiterhin eine volkskirchliche Situation gegeben, während im Osten eine ausgesprochene Minderheitensituation der Christen festzustellen ist.

Nun ist die rechtliche Situation des Religionsunterrichts dadurch gekennzeichnet, daß einerseits Artikel 7,3 des Grundgesetzes der BRD gilt, wonach der Religionsunterricht ordentliches Lehrfach der Schule ist, daß sich andererseits die Einführung des Religionsunterrichtes in Ostdeutschland ausgespro chen schwierig gestaltet. Auf der römisch-katholischen Seite ist er an vielen Stellen gar nicht durchführbar, weil die realen Zahlen der Schüler und Schülerinnen zu gering sind, um den Unterricht sinnvoll organisieren zu können. Insofern war katholischerseits die Konzentration auf kirchliche Privatschulen ein Weg, den zu beschreiten sich nahelegte.

In Sachsen, Sachsen-Anhalt und Thüringen wurde in den Schulgesetzen ein Wahlpflichtbereich Religion/Ethik verankert, aus dem die Schülerinnen und Schüler entweder den konfessionellen Religionsunterricht oder das Fach Ethik wählen müssen. Damit geht es hier nicht mehr um ein Ersatzfach Ethik, sondern um zwei gleichberechtigte Fächer: Religion und Ethik.

Die bisherige Entwicklung im Lande Brandenburg ist durch einen Sonderweg gekennzeichnet. Dort ist es zur Einrichtung eines Faches Lebensgestaltung/Ethik/Religion (= LER) gekommen. Nach Ende eines dreijährigen Mo-

---

[3] In: ÖRF 3, 1993, S. 21-31.

dellversuchs soll möglicherweise religiöse Bildung als Dimension eines Lernbereichs angeboten werden, wobei man auf ein Fach Religionslehre verzichten möchte. Wenn man auf die Anfänge von LER zurückblickt, wird deutlich, daß weniger die Frage des Religionsunterrichtes als vielmehr die Bemühungen um eine grundlegende Reform der Schule im Blickpunkt der Projektgruppen waren, die Interesse für ein solches Fach zeigten und sich um seine Ausgestaltung bemühten. Die beteiligten Lehrkräfte wußten, wie eine Mitarbeiterin auf einer Tagung einmal formulierte, z.T. gar nicht, auf welch schwieriges Gebiet sie sich einließen, als sie den Bereich Religion mit einschlossen.

Am 15. Februar 1991 hatte die damalige Bildungsministerin im Zusammenhang von Arbeitsstandpunkten eine „religiöse Dimension“ des Lernens in der Sekundarstufe I in einem Lernbereich „Lebensgestaltung/Ethik/ Religion“ vorgesehen. Anfang 1992 räumte das Ministerium für Bildung, Jugend und Sport des Landes im Rahmen einer Differenzierungsphase dieses Lernbereiches den Kirchen die Möglichkeit eines Religionsunterrichtes ein. Die Evangelische Kirche beteiligte sich zunächst daran, die Katholische Kirche hatte aus grundsätzlichen Erwägungen eine Mitbeteiligung abgelehnt und eine Verfassungsklage ins Auge gefaßt. Inzwischen hat auch die Evangelische Kirche von Berlin-Brandenburg ihre Teilnahme am Modellversuch eingestellt. Gemäß dem Brandenburger Konzept soll eine weitgehende Offenheit im Blick auf die Werterahmungen, auf denen der Unterricht beruht, eine „maximale Verständigung zwischen verschiedenen weltanschaulichen Positionen ermöglichen. Im Kontext dieser pädagogischen Hauptkultur sollen begrenzt ‘authentische Vertreter’ verschiedener Religions- und Weltanschauungsgemeinschaften pädagogisch wirksam werden.“[4]

Nach meiner Einschätzung wird das Brandenburger Konzept in der ursprünglich vorgesehenen Form nicht realisierbar sein. Da ist zum einen die rechtliche Problematik. Zum andern: Wo sollen die Lehrerinnen und Lehrer herkommen, die über die pädagogische und *theologische* sowie *religionswissenschaftliche* Kompetenz verfügen, mit religiösen Fragen sachgemäß umzugehen, angesichts des Sachverhaltes, daß die im marxistischen Geiste ausgebildeten Lehrerinnen und Lehrer von gestern die „gewendeten“ Lehrkräfte von heute sind?

Freilich: Das Brandenburger Modell ist ein Indiz dafür, daß Gesellschaft und Schule ein Gespür haben, daß die ethische und religiöse Bildung eine wichtige Aufgabe für die Schule darstellt! Insofern ist das Brandenburger Modell bei allen Verlegenheiten auf seine Weise symptomatisch. Seine Begriff-

---

4 *D. Fauth*, Die EKD-Denkschrift „Identität und Verständigung“ im Licht von religiösen Bildungsbestrebungen im Lande Brandenburg, in: PrTh 30, 1995, S. 243.

lichkeit ist spezifisch. Aber auch sonst schwanken die Bezeichnungen für das Ersatz-, Alternativ- oder Wahlpflichtfach[5]. Darin spiegeln sich z.T. unterschiedliche Grundkonzepte für das Fach.

2.2 Beobachtungen zur Begrifflichkeit

Am häufigsten wird in den Schulgesetzen der Begriff „Ethikunterricht" verwendet. In Niedersachsen lautet die Bezeichnung des Faches „Werte und Normen", wobei in dieses Fach auch ein früheres Fach „Religionskunde" integriert wurde. Das Spektrum wird jetzt mit folgenden Worten umschrieben: „Im Fach Werte und Normen sind religionskundliche Kenntnisse, das Verständnis für die in der Gesellschaft wirksamen Wertvorstellungen und Normen und der Zugang zu philosophischen, weltanschaulichen und religiösen Fragen zu vermitteln" (§ 28,2 Niedersächsisches Schulgesetz). Daneben wird der Begriff „Philosophie" jetzt auch in Hamburg und Schleswig-Holstein verwendet. In ähnliche Richtung tendieren Nordrhein-Westfalen und Mecklenburg-Vorpommern.

Neben den ethischen und philosophischen Aspekten wird teilweise auch vom Zugang zu „religiösen" Fragen gesprochen (Sachsen, Sachsen-Anhalt). Ferner wird darauf hingewiesen, daß der Ethikunterricht neben der Erziehung zu einem „werteinsichtigen Urteilen und Handeln" auch die „Pluralität der Kenntnisse und Weltanschauungen" zu berücksichtigen habe (Bayern und Thüringen). Aufs Ganze gesehen kann man sagen, daß es bei diesem Ersatz oder Alternativfach nicht nur um ethische Aufgaben geht, sondern auch um Lernaufgaben hinsichtlich von Religion, Weltanschauungen und Philosophie. Dies ist m.E. eine interessante Beobachtung, die deutlich macht, daß auch das Fach Ethik in seiner konkreten Ausgestaltung Wandlungen unterworfen ist.

Einige Länder haben inzwischen den Ethikunterricht zum „ordentlichen Lehrfach" erhoben (Baden-Württemberg, Niedersachsen, Sachsen-Anhalt). Damit wird das Gewicht der ethischen Fragen im Rahmen des Bildungsauftrags der Schule unterstrichen. Diese sind verpflichtender Auftrag für die Schule auch dort, wo die Teilnahme an der religiösen Bildung nicht möglich ist oder abgelehnt wird. Dabei wird das Verhältnis von Religionsunterricht und Ethikunterricht in der Mehrheit der Bundesländer bislang so festgelegt, daß den Ethikunterricht jene Schülerinnen und Schüler besuchen müssen, die sich vom Religionsunterricht abgemeldet haben.

---

5 Siehe dazu die Denkschrift „Identität und Verständigung." Standort und Perspektiven des Religionsunterrichts in der Pluralität. Eine Denkschrift der EKD. Im Auftrag des Rates der EKD hrsg. vom *Kirchenamt der EKD*, Gütersloh 1994, S. 73-76.

Teilnahmepflicht besteht auch für diejenigen, die keiner Religionsgemeinschaft angehören, und teilweise auch für jene Schülerinnen und Schüler, für deren Religionsgemeinschaft kein Religionsunterricht eingerichtet ist. In den neuen Bundesländern Sachsen-Anhalt und im Freistaat Sachsen sprechen die Schulgesetze ausdrücklich davon, daß Religionsunterricht und Ethikunterricht gleichgeordnet sind und die Schülerinnen und Schüler entweder am Religionsunterricht oder am Ethikunterricht teilzunehmen haben. Diese Regelung impliziert, daß nicht ausdrücklich eine Abmeldung vom Religionsunterricht erfolgen muß, um am Ethikunterricht teilzunehmen.

Der Blick auf die Begrifflichkeit macht deutlich: (1) Es gibt nicht *das* Verständnis von Ethikunterricht, das allen Befürwortern dieses Faches gemeinsam wäre. (2) Es zeigt sich auch, daß ethische und religiöse Fragen nicht fein säuberlich voneinander zu trennen sind, sie haben vielmehr miteinander zu tun. (3) Es ist ein deutliches schulpädagogisches und bildungspolitisches Interesse an ethischer Bildung und Erziehung erkennbar.

3. „Identität und Verständigung" - Eine Denkschrift der Evangelischen Kirche in Deutschland

Auf dem Hintergrund der sich ausdifferenzierenden religiösen und religionsunterrichtlichen Situation in der Bundesrepublik Deutschland hat die Kammer der EKD für Bildung und Erziehung mit der Denkschrift „Identität und Verständigung"[6] einen Gesamtrahmen erarbeitet, der wesentliche Punkte fixiert, andererseits flexibel genug ist, um regionale Varianten zu ermöglichen. Dies ist ein interessanter Vorgang, weil die Evangelische Kirche in Deutschland sich bisher zu Bildungsfragen zwar in Form von Empfehlungen, aber noch nie auf der Ebene einer Denkschrift geäußert hat. Die Denkschrift stellt die höchstmögliche Verbindlichkeitsform von Äußerungen der EKD dar. Sie versteht sich als eine Empfehlung an die Mitgliedskirchen.

Mit dieser Denkschrift liegt ein Gesamtrahmen vor, der für die nächsten Jahre Bezugspunkt für das Handeln der evangelischen Kirchen in Deutschland sein wird. Die Denkschrift enthält den Untertitel: „Standort und Perspektiven des Religionsunterrichts in der Pluralität". In ausführlicher Weise werden eingangs die Ergebnisse der Jugendforschung dargestellt. Sodann wird über Sinn und Aufgaben des Religionsunterrichtes in einer sich verändernden Schule und Gesellschaft nachgedacht. Hinsichtlich der Konfessionalität wird ein klares Votum für die Konfessionsbezogenheit des evangelischen Religi-

---

6 S. die Angaben in der vorherigen Fußnote.

onsunterrichtes als eine wesentliche Voraussetzung für seine sinnvolle Erteilung dargestellt. Dies wird verbunden mit der Option, daß der Unterricht konfessionell-kooperativ gestaltet werden soll. Dabei wird das Moment des Kooperativen sehr weit ausgelegt und verstanden. Hierin ist das Angebot an die katholische Schwesterkirche zu einer weitgehenden Kooperation im Blick auf den schulischen Religionsunterricht enthalten.

Schließlich wird der Gedanke herausgestellt, daß Religionsunterricht und Ethikunterricht in einer eigenständigen Fächergruppe zusammengefaßt werden sollen. Dabei sei darauf zu achten, daß es in dieser Fächergruppe - im Interesse der Befähigung der Schülerinnen und Schüler zu einer sinnvollen Beschäftigung mit den Fragen von Glaube und Religion - nicht zu einer Konkurrenzsituation, sondern zum Modus gegenseitiger Kooperation komme. Die Denkschrift spricht explizit davon, daß Religionsunterricht und Ethikunterricht als „Dialogpartner" zu verstehen seien, wobei Religionsunterricht und Ethikunterricht jeweils ein eigenes Profil aufzuweisen haben. „*Die unverwechselbare Eigenständigkeit jedes Faches* ist besonders angesichts der inhaltlichen Überschneidungen zu betonen. Der Religionsunterricht hat es im Rahmen des Christentums ebenso mit Ethik zu tun, wie es der Ethikunterricht im Rahmen der ethischen Thematik mit der christlichen Religion zu tun hat."[7]

Es wird ausdrücklich betont, daß die Fächer für die „allgemeine wie die individuelle Bildung so wichtig (sind), daß es gerechtfertigt ist, sie als eigenständige *Fächergruppe* anzusehen, für die der Staat Verantwortung trägt, im Falle des Religionsunterrichts laut Grundgesetz unter Mitwirkung der Religionsgemeinschaften, im Falle des Ethikunterrichts (bzw. je nach Bezeichnung 'Werte und Normen', 'Philosophie') gemäß den jeweils erlassenen Schulgesetzen."[8]

Die Denkschrift stellt weiter heraus, daß in der Spannung von Identität und Verständigung die angemessene zukünftige Gestalt des konfessionellen Religionsunterrichts die Form des „konfessionell-kooperativen Religionsunterrichts" sei. Damit werde weder zusammengelegt, was nicht identisch sei, noch auseinanderdividiert, was aufeinander verwiesen sein sollte. „Die evangelische Kirche bejaht die bereits praktizierte evangelisch-katholische Zusammenarbeit, hält es aber für dringend erforderlich, sie inhaltlich und institutionell auszubauen."[9] Die Zukunft wird zeigen, ob und wie sich die evangelisch-katholische Zusammenarbeit konkret gestalten kann und wird.

---

[7] Ebd., S. 78.
[8] Ebd., S. 79f.
[9] Ebd., S. 88.

Im Blick auf die Frage des Ethikunterrichts ist bemerkenswert, in welcher Weise auch hier ein positives Verhältnis der gegenseitigen Achtung anvisiert wird. Möglich ist eine solche Position auf dem Hintergrund, daß der Religionsunterricht konsequent aus seiner Bedeutung für Kinder und Jugendliche begründet wird. Einem solchen Ansatz kann nur ein pädagogisch und bildungstheoretisch verantworteter Unterricht gerecht werden. Daß für einen Religionsunterricht, der Kinder und Jugendliche bei der Identitäts- und Sinnfindung unterstützen möchte, der lebendige Umgang mit der biblischen Überlieferung und authentische Lehrer und Lehrerinnen wesentlich sind, liegt nahe.

4. Erwartungen - Herausforderungen - Aufgaben

Der respektvolle Umgang mit dem Ethikunterricht ist eine Sache. Eine andere Frage ist aber: Was haben konfessionsbezogener Religionsunterricht und ethische Frage in inhaltlicher Hinsicht eigentlich miteinander zu tun[10]? Beginnen wir mit einer skeptischen Position, die dem Religionsunterricht keine größere ethische Kompetenz zubilligt.

4.1 Infragestellung: Mangelnde ethische Kompetenz

Wenden wir unseren Blick kurz nach Bayern. Dort wird im Bildungsbereich den Fragen ethischer Erziehung seit jeher Aufmerksamkeit geschenkt. Ethikunterricht als schulisches Ersatzfach wurde dort zu einem sehr frühen Zeitpunkt eingerichtet. Am Staatsinstitut für Schulpädagogik und Bildungsforschung in München, einer staatlichen Einrichtung, wurde vor einiger Zeit ein neues Referat eingerichtet. Des Referenten Aufgabengebiet ist die „ethische Erziehung“. Zunächst denkt man wohl daran, daß damit das Referat für das Fach Ethik, also den schulischen Ethikunterricht, bezeichnet ist.

Weit gefehlt. Es handelt sich dabei um die Aufgabe einer fächerübergreifenden „ethischen Erziehung“. Das Aufgabengebiet des Referenten Herbert Huber sind also die Fächer insgesamt, die alle etwas zur ethischen Erziehung beitragen sollen. Nun formuliert Huber sehr eingängig: „Sittliche Bildung und ethische Erziehung überliefern die Substanz der Humanität.“[11] Was bezeichnen die Begriffe sittliche Bildung und ethische Erziehung? Was haben sie gemeinsam? Und worin unterscheiden sie sich? Huber geht bei seiner Konzeption von einem Ethos aus, das zu allen Zeiten gilt, nämlich von einer „Zeiten

---

[10] Für diesen Teil (insbesondere 4.1 und 4.4) verdanke ich einem Vortrag von *K.F. Haag*, Ruf nach neuer Werterziehung? (1994) wichtige Informationen und Hinweise.

[11] *H. Huber*, Vorwort, in: *ders.* (Hrsg.), Sittliche Bildung. Ethik in Erziehung und Unterricht, Asendorf 1993, S. 9.

und Kulturen übergreifenden Allgemeingültigkeit der sittlichen Grundüberzeugungen"[12]. Dies wird weiterhin folgendermaßen konkretisiert: „Achtung, Gerechtigkeit, Verantwortlichkeit, Aufrichtigkeit, Wohlwollen, Selbstbehauptung, Mitleid, Hilfsbereitschaft, Großmut, Treue und dergleichen. Soweit wir in das Dunkel der Vergangenheit zurückblicken, finden wir keine Kultur, in der diese Tugenden keine Geltung gehabt hätten."[13] Er meint, daß dieser Kanon von humanen Erziehungszielen der Natur selbst als Wesensgesetz innewohne.

Interessant wird es nun dort, wo der Autor sich zum christlichen Religionsunterricht äußert. Er meint, daß dieser für die intendierte ethische Erziehung nicht in besonderem Maße zuständig sei: „Das Spezifische am Christentum scheint mir ... nicht in der Ethik zu liegen, sondern in der Dogmatik - also etwa in den Aussagen, daß Gott dreifaltig sei; daß er die Welt geschaffen habe; daß er Mensch geworden sei; daß er uns durch das Blut seines Sohnes erlöst hat; daß er Christus von den Toten auferweckt habe; daß wir in der Erbsünde geboren seien; daß Christus die Sakramente eingesetzt habe; daß Christus die Kirche gegründet und den Petrusfelsen des Papsttums eingerichtet habe."[14] Er hält es darum für falsch, „von einer besonderen 'christlichen Ethik' zu reden". Die Aufforderung, ehrlich, treu, großmütig, barmherzig, friedensbereit und tapfer zu sein, „ist nicht die spezifische Botschaft des Christentums, sondern ein Ethos, das praktisch allen Völkern eigen ist"[15].

Diese Position ist gepaart mit konservativer Gesellschaftskritik. Sie traut dem Religionsunterricht und den Religionslehrkräften offensichtlich nichts zu und möchte die ethische Erziehung/Werteerziehung lieber in andere Hände geben. Ich werde erinnert an einen deutschen Kultusminister, der vor Jahren den Religionslehrkräften öffentlich vorhielt, in ihrem Unterricht werde nicht genügend ethisch erzogen. Gegenüber den Religionslehrkräften hatte er zum Glück in der Weise „schlechte Karten", als die inhaltliche Ausrichtung des Religionsunterrichts nicht Sache des Staates ist. Diese Freiheit des Faches sollte man nicht geringschätzen. Wie aber sähe das gleiche Problem in einem Ethikunterricht aus, bei dem es neben der Zuständigkeit der staatlichen Stellen keine Mitwirkung anderer gesellschaftlicher Kräfte, etwa einem Beirat für die Gestaltung des Faches Ethik, gibt?

---

12 *H. Huber*, Tao oder Mehrheit? Über den Grund moralischer Geltung, in: *ders./H. Zehetmair/H. Zöpfl*, Ethik in der Schule. Grundlagen ethischer Bildung und Erziehung, München 1993, S. 17ff. Zitat: S. 20.

13 Ebd., S. 21.

14 Ebd., S. 24f.

15 Ebd., S. 24.

4.2 Herausforderung: Positive Erwartungen

Nun ist in der Regel das Bild ein anderes. Es zeigt sich, daß die Frage der ethischen Bildung und moralischen Erziehung im Blick auf die Schülerinnen und Schüler im gesamten Schulwesen und Bildungssystem an Dringlichkeit gewinnt. Dabei werden in der Regel deutlich positive Erwartungen an den Religionsunterricht formuliert. Es ist nicht auszuschließen, im Gegenteil, es spricht mancherlei dafür, daß angesichts der gesellschaftlichen Entwicklung mit ihrer zunehmenden Gewalttätigkeit, dem Anwachsen des Aggressionspotentials und der wachsenden Zahl von Delikten die Erwartungen auf den ethischen Beitrag des Religionsunterrichts noch zunehmen werden.

Die Frage ist, wie wir als Religionslehrkräfte damit umgehen. Wir brauchen im christlichen Religionsunterricht keine Berührungsängste zu haben: Glaube und Handeln gehörten in christlicher Theologie und Lebenspraxis stets eng zusammen. Insofern ist ein Religionsunterricht, der sich nur auf Dogmatik beschränken und die Ethik ausklammern würde, kein „vollständiger" Religionsunterricht. Religionsunterricht hat immer seinen Beitrag zur ethischen Bildung und Erziehung in der Gesellschaft geleistet. Er sollte auch zukünftig seinen entsprechenden Beitrag leisten. Freilich muß gewahrt bleiben, daß das, was in Sachen Ethik im Religionsunterricht passiert, verantwortet und geleitet wird von der Selbstinterpretation des christlichen Glaubens her und nicht von Außenansprüchen, die den christlichen Glauben gesellschaftlich funktionalisieren wollen.

4.3 Aufgaben ethischer Bildung

Damit ist freilich die Aufgabe gestellt, daß wir einen guten Unterricht in Sachen Ethik erteilen, den Schülerinnen und Schülern eine gediegene ethische Kompetenz vermitteln. Es ist sicher in der Vergangenheit manch gute ethische Bildung und Erziehung passiert. Aber ich sehe die Aufgabe, daß wir die Qualität unseres Unterrichtens in dieser Hinsicht zu verbessern haben. Nur so kann auf Dauer - angesichts komplexer gewordener Lebensverhältnisse - der notwendige Standard ethischen Bildens und Erziehens im christlichen Religionsunterricht gewahrt werden. Frage: Was hat das für Konsequenzen für unsere Religionslehrerausbildung? Was hat das für Konsequenzen im Blick auf die berufliche Fortbildung? Was erfordert das an fachwissenschaftlicher Klärung von Begriffen und Sachverhalten? Was bedeutet das an fachdidaktischer Reflexion darüber, wie ethische Lernprozesse zu inszenieren und methodisch durchzuführen sind?

Ein solcher Satz wie „Sittliche Bildung und ethische Erziehung überliefern die Substanz der Humanität" scheint ja so klar und verständlich zu sein. Ist er das aber wirklich? Versuchen Sie doch einmal, das jemandem zu erklären. Aufs Ganze gesehen zeigt sich nämlich bei genauerem Hinsehen gegenwärtig eine enorme Diskrepanz zwischen den Erwartungen und Ansprüchen und den realen Möglichkeiten ethischer Bildung und Erziehung.

Es sollte zu denken geben, wenn Wolfgang Brezinka darauf hinweist, daß der Begriff Werte-Erziehung problematisch sei und daß die Forderung nach Werte-Erziehung nicht mehr bedeute, „als daß den Erziehern eine vage Gesamtaufgabe gestellt wird, die ein ganzes Bündel schwieriger Teilaufgaben einschließt. Die Parole sagt nichts darüber, wie diese Erziehungsaufgaben durchgeführt werden können. Sie ist häufig verknüpft mit naiven Vorstellungen über die einschlägigen Kausalverhältnisse und mit Illusionen über die Macht der Erziehung." Und weiter: „Es gibt keine einfachen und sicheren Mittel zur Förderung wertvoller Gesinnungen beziehungsweise zum Abbau schlechter Gesinnungen. Die Bedingungen für das Entstehen und Beibehalten von Werteinstellungen sind komplex und im Einzelfall mehr oder weniger unbekannt. Deshalb können für 'Werte-Erziehung' nur Strategien erfolgversprechend sein, die viele Faktoren berücksichtigen."[16]

4.4 Arbeit an den Begriffen und Sachfragen

Es ist daran zu erinnern, daß seit Mitte der Siebzigerjahre der Ruf nach dem „Vorrang des Erzieherischen" in der Schule laut geworden war und daß in den Folgejahren die Fragen der ethischen Erziehung und Bildung viel Aufmerksamkeit auf sich gezogen haben. Freilich muß man sehen, daß bereits der Sprachgebrauch ungeklärt geblieben ist. Und wenn Sprache Ausdruck der Sache ist, so deutet dies darauf hin, daß auch im Sachverhalt des Ethos und der ethischen Bildung und Erziehung viele Fragen noch ungeklärt sind und der Bearbeitung bedürfen.

Wenn man die Veröffentlichungen der letzten Jahre Revue passieren läßt, so begegnen einem vor allem folgende Begriffe: ethisches Lernen, ethisch handeln lernen, Werteerziehung, sittliche Bildung, sittliche Erziehung, Ethikunterricht, Moralerziehung, Moralpädagogik, Gewissenserziehung, Gewissensbildung, ethische Urteilsbildung, Werte und Normen. Besonders häufig taucht der Begriff der „Werte" und der Werteerziehung oder Werte-Erziehung auf. Freilich ist auch dieser Begriff sehr unscharf und erweist sich als ein Sammelbecken für ganz unterschiedliche Vorstellungen. Bisweilen wird von „objektiven Werten", von Werten an sich, gesprochen. Wie verhalten sich aber

---

[16] *W. Brezinka*, „Werte-Erziehung" in einer wertunsicheren Gesellschaft, in: *H. Huber* (Hrsg.), Sittliche Bildung, aaO., S. 53ff. Zitat: S. 71.

Werte zu den Haltungen, Gesinnungen und den Tugenden? In welcher Weise vollzieht sich das ethische Lernen?

Die Arbeit an diesen Fragen ist dringend erforderlich. Sie ist unabhängig davon, wie die Gestalt des Religionsunterrichts morgen aussehen wird. Denn: Religiöse Bildung kann von der ethischen Grundlagenproblematik wie den ethischen Einzelproblemen nicht absehen. Dies gilt um so mehr, als das Nachdenken über ethische Fragen rasant zunimmt, während es immer schwerer wird, stimmige Antworten zu geben. „Das Dilemma hat eine seiner Wurzeln darin, daß die westlichen Freiheitsrechte einerseits unveräußerlich sind, andererseits ruinöse Folgen haben können. Der Freiheit des Menschen bieten sich laufend neue Möglichkeiten, etwas herzustellen, anzuwenden, zu konsumieren. Mit dieser sich entgrenzenden Wahl- bzw. Dispositionsfreiheit wachsen die Fähigkeiten zur ethischen Beurteilung nicht im gleichen Maße mit.“[17] Die ethische Kompetenz bedarf darum der bewußten Ausbildung.

5. Bescheidenheit tut not!

Ich hoffe, es ist deutlich geworden: Der evangelische und katholische Religionsunterricht haben sich den Aufgaben ethischer Bildung und Erziehung zu stellen und ihren sachgemäßen Beitrag einzubringen. Dieser wäre m.E. allerdings in nächster Zeit noch deutlicher zu konturieren, als das bislang der Fall war. Die christlichen Religionslehrkräfte wären ihrerseits schlecht beraten, würden sie sich selbst als allein zuständig für die Fragen der ethischen Bildung und Erziehung halten oder gar erklären. Sie würden dann möglicherweise rasch von anderen Fächern als Alibi dafür benutzt werden können, daß in anderen Fächern um so leichter ein „ethikfreier“ Unterricht praktiziert werden könnte.

Ich denke, daß wir in der Frage der ethischen Bildung und Erziehung Schule in der Tat neu vermessen müssen im Blick auf die enorme Herausforderung, die ethische Bildung für die Schule als Ganze bedeutet, wie im Blick auf den Beitrag des Religionsunterrichts zu dieser gesamtschulischen Aufgabe.

[17] EKD-Denkschrift „Identität und Verständigung“, aaO., S. 32.

Ethische Bildung im Spannungsfeld von Tugendlehre und Verantwortungsethik

Im Zusammenhang der gesellschaftlichen und bildungspolitischen Entwicklungen kam es Ende der sechziger/Anfang der siebziger Jahre dieses Jahrhunderts hinsichtlich der ethischen Themen im Religionsunterricht zu einer deutlichen Erweiterung des Themenspektrums. Gegenüber der vorherigen Zeitspanne von 1945 bis 1965 stellt dies einen geradezu revolutionären Vorgang dar. Diese inhaltliche Umstrukturierung im konkreten Unterricht wie auf der Lehrplanebene verbindet sich mit dem Konzept des problemorientierten Religionsunterrichts[1].

Angesichts der neuerlichen gesellschaftlichen Veränderungsprozesse steht die Religionspädagogik erneut vor der Frage nach dem Profil des Religionsunterrichts. Dabei spielen die Fragen von ethischer Bildung und moralischer Erziehung und ihr künftiger Stellenwert eine besondere Rolle. Freilich stellen sich die Fragen jetzt noch einmal in einem umfassenderen Horizont, als das Anfang der siebziger Jahre der Fall war. Sind ethische Bildung und Erziehung heute überhaupt noch eine Aufgabe der Schule? Welche Herausforderung stellt die Wiederkehr der Tugenden dar? Welche Perspektiven bieten sich an hinsichtlich der Zielvorstellungen im Blick auf ethische Bildung und Erziehung?

1. Soll die Schule ethisch erziehen?

Soll die Schule ethisch erziehen[2]? Kann sie es? Darf sie es? Fragen wir einmal umgekehrt: Kann die Schule es überhaupt vermeiden, Normen und Werte zu vermitteln? Offensichtlich nicht. Schule erzieht immer auch in einem normativen Sinne. Dies läßt sich aus der schulpädagogischen und bildungstheoretischen Diskussion in vielfältiger Weise belegen. Auch bildungspolitisch ist die

---

[1] Siehe die Problemanalyse bei *G. Adam*, Ethische Bildung als religionspädagogische Aufgabe, in: *ders.*, Religiöse Bildung und Lebensgeschichte (StTh 10), Würzburg 1994, S. 189ff.

[2] Zum folgenden vgl. *G. Adam/F. Schweitzer*, Ethische Erziehung als Aufgabe und Möglichkeit der Schule, in: *dies.* (Hrsg.), Ethisch erziehen in der Schule, Göttingen 1996, S. 19-37.

Sachlage eindeutig: In den geltenden Schulgesetzen der Länder, in einschlägigen Verordnungen und Erlassen der Kultusverwaltungen sowie in Präambeln von Lehrplänen wird - mit gutem Grund - der Schule die Mitwirkung an der Aufgabe ethischer Bildung und Erziehung zugeschrieben, wie immer das im einzelnen formuliert sein mag.

Nun stellt sich aber sogleich die Frage: Wie und wo geschieht das in der schulischen Realität konkret? Hier muß man zumindest drei Ebenen unterscheiden. Da sind *einerseits* die schulischen Fächer insgesamt. Da der Kern unseres Schulwesens in den Fächern liegt, wäre es fatal, würde die Wahrnehmung dieser Aufgabe außerhalb dieser Fächer, sozusagen an den Rändern der Schule, angesiedelt. Die Fächer sind nicht aus ihrer Verantwortung bei dieser Aufgabe zu entlassen[3]. Da ist *zum andern* das Schulleben, das durch seine Atmosphäre, die Art und Weise des Zusammenlebens (z.B. die Wege der Konfliktlösung), die Gestaltung von schulischen Ritualen, Feiern etc. Modelle bietet, Lebensweisen demonstriert und Gestaltungen ermöglicht. Und da sind *drittens* die Fächer, denen insbesondere die ethische Aufgabe zugeschrieben wird: Religion und Ethik.

Für den modernen Staat sind die Fragen der Normen und Werte heikel. Er lebt hier von einer Basis, die er selbst nicht herstellen kann. Von besonderer Bedeutung ist dabei, daß seit der Aufklärung dem modernen Staat in religiösen Fragen Grenzen der Betätigung gesetzt sind. So bedient er sich für die Durchführung religiöser und ethischer Bildung der in der Gesellschaft dafür zuständigen Institutionen bzw. Gruppen: der Religionsgemeinschaften. In diesem Sinne nahm und nimmt der Religionsunterricht die Aufgabe religiöser *und* ethischer Bildung wahr.

Wir erleben gegenwärtig in verstärktem Maße, daß im Zuge der gesellschaftlichen Ausdifferenzierung ein Teil der Menschen zu den vorhandenen, geschichtlich gewordenen Religionsgemeinschaften auf Distanz geht. Folglich wächst auch die Zahl der Kinder ohne religiöses Bekenntnis. Teilweise nehmen diese am Religionsunterricht teil, teilweise bleiben sie dem Religionsunterricht fern. Eine ganzheitliche Persönlichkeitsbildung schließt die ethische (und religiöse) Bildung ein.

Wenn das so ist, kann es nicht sein, daß dieser Teil der Bildung für einen Teil der Schülerinnen und Schüler nicht verpflichtend ist, sondern dem Belieben freier Wahl anheimgestellt ist. Von daher liegt es in der Sachlogik, daß für alle (und ich meine wirklich: alle!) Schüler, die - aus welchen Gründen

---

[3] Zur weiteren Konkretisierung s. *H. Schmidt*, Ethische Erziehung als fächerübergreifende und fächerverbindende Aufgabe, in: *G. Adam/F. Schweitzer* (Hrsg.), Ethisch erziehen in der Schule, Göttingen 1996, S. 313-331.

auch immer - nicht am konfessionsbezogenen Religionsunterricht teilnehmen, die Möglichkeit geschaffen wird, sich mit Fragen von Ethik (und Religion) zu beschäftigen und so zu eigener Urteilsbildung befähigt zu werden. Es kann der Gesellschaft keineswegs gleichgültig sein, wenn es in ihr eine größere Gruppe von „ethisch-religiösen Analphabeten“ gibt.

Die Etablierung des neuen Faches Ethik[4], das in diesem Sinne die Möglichkeit zu verpflichtender ethischer Bildung bietet, hat für die Schule und den Religionsunterricht weitreichende Konsequenzen, auch in organisatorischer Hinsicht. Was die inhaltliche Gestaltung dieses Faches betrifft, wird es sich nicht nur auf die ethischen Fragen beschränken können, sondern wird auch Fragen der Religion einschließen müssen, was man an der bisherigen Entwicklung des Faches bereits sehen kann. So spielt z.B. die religiöse Dimension bei der Begründung von Ethik und bei der Frage nach der Motivation zum Handeln eine wichtige Rolle.

Der konfessionsgebundene Religionsunterricht verfügt durch die Theologie über eine klare wissenschaftliche Basis. Er erschließt die christliche Überlieferung und die Lebensformen christlichen Lebens und Handelns. Er zeigt, wie die ethische Verantwortung mit der religiösen Identität, dem Glauben, verbunden ist. Er will eine reflektierte Aneignung ohne Zwang ermöglichen. Dabei befindet er sich im Gespräch mit anderen Orientierungen.

Der Ethikunterricht kann demgegenüber Ethik und Religion im Rahmen der Möglichkeiten und Grenzen der Vernunft bedenken. Ein nach wie vor offenes Problem des Ethikunterrichts ist die Frage nach der/den Bezugswissenschaft/en. Man kann wohl nicht nach dem Motto verfahren: ein bißchen Pädagogik, ein bißchen Psychologie, ein bißchen Philosophie, ein bißchen Religionswissenschaft, ein bißchen Theologie etc. Das Brandenburger Modell Lebensgestaltung-Ethik-Religionskunde verfährt bislang weitgehend nach dieser Methode. Meines Erachtens kommt als Bezugswissenschaft(en) für das Fach Ethik neben Pädagogik primär ein Verbund von Religionswissenschaft, Philosophie und Theologie in Frage. Weiterhin ist die Frage offen, wer eigentlich die Ziele und Inhalte des Ethikunterrichts festlegt und für den Lehrplan zuständig ist. Es stellt sich die Frage, wie kann man Sicherheiten einbauen, daß das Fach weder zum politischen Spielball noch zum ideologischen Instrument einer Gruppe verkommen kann? Hier besteht Handlungsbedarf um des Faches willen.

---

[4] Dieser Begriff wird hier als Sammelausdruck verwendet. Damit ist das Fach sowohl hinsichtlich seiner Stellung als Ersatz-, Alternativ- wie Wahlpflichtfach gemeint als auch die Bezeichnung als „Philosophie“ oder „Werte und Normen“.

Die religiöse und ethische Bildung unserer Kinder und Jugendlichen ist ein hohes Gut und wichtiges Ziel einer Schule, der es um eine ganzheitliche Persönlichkeitsbildung geht. Das Fach Ethik kann helfen, diese Aufgabe in einem Bereich wahrzunehmen, der gegenwärtig einen weißen Fleck in der Schule darstellt, weil ein Teil der Schülerinnen und Schüler sich von dieser Aufgabe dispensieren kann. Dabei wird im geltenden Schulorganisationsgesetz in § 2, dem sog. Zielparagraph, der österreichischen Schule unmißverständlich die Aufgabe zugeschrieben, „an der Entwicklung der Anlagen der Jugend nach den religiösen, sittlichen und sozialen Werten ... mitzuwirken".

Der sich ausdifferenzierenden religiösen Situation hat die Kammer der Evangelischen Kirche in Deutschland für Bildung und Erziehung in vorausblickender Weise Rechnung getragen. In ihrer Denkschrift „Identität und Verständigung"[5] wurde ein Gesamtrahmen zu „Standort und Perspektiven des Religionsunterrichts in der Pluralität" konzipiert, in dem einerseits wesentliche Essentials fixiert wurden, andererseits genug Flexibilität vorgesehen wurde, um regionale Varianten zu ermöglichen.

Der Vorschlag, daß Religionsunterricht und Ethikunterricht in einer eigenständigen Fächergruppe zusammengefaßt werden sollen, ist ausgesprochen sinnvoll. In dieser Fächergruppe darf es im Interesse der Befähigung der Schülerinnen und Schüler nicht zu einer falschen Konkurrenzsituation kommen, sondern ein Modus gegenseitiger Kooperation ist angesagt. Die EKD-Denkschrift spricht explizit davon, daß Religionsunterricht und Ethikunterricht als „Dialogpartner" zu verstehen seien, wobei Religionsunterricht und Ethikunterricht jeweils ein eigenes Profil aufzuweisen haben[6]. Es wird ausdrücklich betont, daß die Fächer für die „allgemeine wie die individuelle Bildung so wichtig (sind), daß es gerechtfertigt ist, sie als eigenständige Fächergruppe anzusehen, für die der Staat Verantwortung trägt, im Falle des Religionsunterrichts laut Grundgesetz unter Mitwirkung der Religionsgemeinschaften, im Falle des Ethikunterrichts (bzw. je nach Bezeichnung 'Werte und Normen', 'Philosophie') gemäß den jeweils erlassenen Schulgesetzen."[7]

Die Zukunft wird zeigen, ob und wie ein solches Fach in Österreich sich entwickeln wird und wie die Zusammenarbeit konkret gestaltet werden kann.

---

5 „Identität und Verständigung." Standort und Perspektiven des Religionsunterrichts in der Pluralität. Eine Denkschrift der EKD. Im Auftrag des Rates der EKD, hrsg. vom *Kirchenamt der EKD*, Gütersloh 1994.

6 „Die *unverwechselbare Eigenständigkeit jedes Faches* ist besonders angesichts der inhaltlichen Überschneidungen zu betonen. Der Religionsunterricht hat es im Rahmen des Christentums ebenso mit Ethik zu tun, wie es der Ethikunterricht im Rahmen der ethischen Thematik mit der christlichen Religion zu tun hat" (ebd., S. 78).

7 Ebd., S. 79f.

Möglich ist diese auf dem Hintergrund, daß der Religionsunterricht konsequent aus seiner Bedeutung für Kinder und Jugendliche begründet wird. Dem kann nur ein pädagogisch und bildungstheoretisch verantworteter Unterricht gerecht werden. Daraus ergibt sich, daß für einen Religionsunterricht, der Kinder und Jugendliche bei der Identitäts- und Sinnfindung begleitet und unterstützt, der lebendige Umgang mit der christlichen Überlieferung und die Begegnung mit authentischen Lehrkräften wesentlich sind.

Nun hat Herbert Huber im Blick auf die ethische Bildung als gesamtschulische Aufgabe sehr eingängig formuliert: „Sittliche Bildung und ethische Erziehung überliefern die Substanz der Humanität.“[8] Huber geht bei seiner Konzeption von einem Ethos aus, das zu allen Zeiten gilt. Er spricht von einer Zeiten und Kulturen übergreifenden Allgemeingültigkeit der sittlichen Grundüberzeugungen. Diese wird sodann mit dem Hinweis auf Tugenden konkretisiert: „Achtung, Gerechtigkeit, Verantwortlichkeit, Aufrichtigkeit, Wohlwollen, Selbstbehauptung, Mitleid, Hilfsbereitschaft, Großmut, Treue und dergleichen. Soweit wir in das Dunkel der Vergangenheit zurückblicken, finden wir keine Kultur, in der diese Tugenden keine Geltung gehabt hätten.“[9] Er meint, daß dieser Kanon von humanen Erziehungszielen der Natur selbst als Wesensgesetz innewohne. Mit dem Rekurs auf die genannten Tugenden der Achtung, Gerechtigkeit, Verantwortlichkeit, Aufrichtigkeit, Wohlwollen, Selbstbehauptung, Mitleid, Hilfsbereitschaft, Großmut, Treue geht er konform mit einem neueren Trend der Wiederkehr der Tugenden.

2. Die Wiederkehr der Tugenden

Es sei zunächst hingewiesen auf eine entsprechende Veröffentlichung des französischen Philosophen André Comte-Sponville, die in der Auflagenhöhe bereits jenseits der 100.000 Exemplare angelangt ist und die nun auch in deutscher Fassung vorliegt: „Ermutigung zum unzeitgemäßen Leben. Ein kleines Brevier der Tugenden und Werte“[10]. Auf die Losung „Zurück zu den guten, alten Tugenden!“ als Problemlöser für die Fragen ethischer Erziehung stieß ich am deutlichsten bei einem Besuch in den Vereinigten Staaten von Amerika. Im April 1996 hielt ich mich zwecks Bibliotheksarbeiten in Chicago auf.

---

8 *H. Huber*, Vorwort, in: *ders.* (Hrsg.), Sittliche Bildung. Ethik in Erziehung und Unterricht, Asendorf 1993, S. 9.

9 *H. Huber*, Tao oder Mehrheit? Über den Grund moralischer Geltung, in: *ders./H. Zehetmair/H. Zöpfl*, Ethik in der Schule. Grundlagen ethischer Bildung und Erziehung, München 1993, S. 17ff. Zitat: S. 21.

10 Hamburg 1996 = Taschenbuchausgabe rororo Sachbuch 60524, Reinbek 1998.

Als ich eine große Buchhandlung aufsuchte, staunte ich nicht schlecht. Ich fand eine Reihe von Büchern, die den Tugenden galten[11].

Als erstes stieß ich auf „The Book of Virtues", das von William J. Bennett im Jahre 1993 erstmals herausgegeben wurde[12]. Der Verfasser hat Philosphie und Jura studiert und war lange Zeit in der Politik tätig. Als ich im April 1996 ein Exemplar erstand, bekam ich bereits die 36. Auflage (in Worten: sechsunddreißigste Auflage!) in die Hand. Die Geschichten des umfänglichen Werkes sind nach folgenden zehn Tugenden sortiert: Selbst-Disziplin, Mitleid, Verantwortlichkeit, Freundschaft, Arbeit, Zivilcourage, Standhaftigkeit, Wahrhaftigkeit, Loyalität, Glaubensfähigkeit. Das hinter diesem Buch stehende Konzept ist einfach. Es läßt sich folgendermaßen umschreiben: Es gibt Züge, die für einen guten Charakter essentiell sind. Damit die Kinder solche guten Charakterzüge entwickeln können, haben wir ihnen Beispiele für gut und böse, richtig und falsch anzubieten. Diese Geschichten findet man am besten in den großen Werken der Weltliteratur und in exemplarischen Geschichten aus der Historie. Weitere Begründungen werden nicht geliefert. Das Buch bietet eine Sammlung solcher Texte. Es handelt sich zweifellos um ein sehr einfaches Erziehungskonzept!

Da der Absatz sich günstig gestaltete, schob William J. Bennett im Jahre 1995 sogleich eine zweite Veröffentlichung nach: „The Moral Compass. Stories for a Life's Journey"[13]. Dies Buch ist ebenfalls sehr umfänglich. Es ist den „amerikanischen Lehrern in den Häusern, Schulen und christlichen Gemeinden" gewidmet. Waren die Texte des ersten Bandes vor allem aus der amerikanischen und europäischen Tradition genommen, so geht der Bestand des zweiten Bandes darüber hinaus und enthält Texte aus aller Welt. Doch damit nicht genug, ebenfalls im Jahre 1995 erschien als Buch für jüngere Kinder „The Children's Book of Virtues"[14], von dem ich auch bereits im April 1996 eine 4. Auflage erstehen konnte.

Ich stieß auf weitere Veröffentlichungen, die sich der gleichen Grundströmung verdanken. William Kilpatrick brachte zusammen mit Gregory und Suzanne M. Wolfe „Eine Anleitung, Deinem Kind moralische Werte durch Geschichtenerzählen zu vermitteln" (so der Untertitel) heraus: „Books That

---

[11] Die folgenden Ausführungen in Anlehnung an meinen Beitrag „Ethische Bildung als Herausforderung von Religionspädagogik und Theologischer Ethik", in: *W.H. Ritter/ M. Rothgangel* (Hrsg.), Religionspädagogik und Theologie. Enzyklopädische Aspekte. FS Wilhelm Sturm, Stuttgart u.a. 1998, S. 297ff.

[12] *W. J. Bennett* (Ed.), The Book of Virtues. A Treasury of Great Moral Stories, New York: Simon & Schuster 1993, 531 S., Hardcover.

[13] New York: Simon & Schuster 1995, Hardcover.

[14] New York: Simon & Schuster 1995, 111 S., Großformat.

Build Character"[15]. Als Bausteine der Charakterbildung werden hier u.a. besonders Imagination, Vorbild und Empathie betont. Im übrigen besteht die Veröffentlichung vor allem aus einer Sammlung von halbseitigen Buchbeschreibungen zum Thema der Charakterbildung.

Die nächste Autorengruppe, Barbara C. Unell und Jerry L. Wyckoff, bringt es gleich auf zwanzig lehrbare Tugenden: „20 Teachable Virtues. Practical Ways to Pass on Lessons of Virtue and Character to Your Children"[16]. Die Herausgeber wollen klar instruieren, statt zu „moralisieren[17]. Ihre Beschreibung dessen, was Tugenden sind, entnehmen sie einfach einem gängigen Lexikon, indem sie ohne weiteren Kommentar und ohne Quellenangabe folgende Zitation an den Anfang des Vorwortes stellen: „virtue *n.* 1. moral excellence; goodness; righteousness 2. conformity in life and conduct to moral and ethical principles 3. a particular moral excellence 4. a good or admirable quality as of a person, thing etc. 5. inherent power to produce effects; potency."

Die Kinder werden als Ton bezeichnet, die Eltern und Erzieher als Töpfer, die den Ton formen[18]. Empfohlen wird das Lernen im Sinne eines behavioristischen Lernprozesses, bei dem mit Lob und Belohnung gearbeitet wird. Es wird nirgends begründet, wieso gerade die folgenden zwanzig Tugenden ausgewählt wurden: Empathie, Hilfestellung, Fairneß, Toleranz, Fürsorge, Zivilcourage, Humor, Respekt, Loyalität, Höflichkeit, Geduld, Problemlösungsfähigkeit, Friedfertigkeit, Selbst-Vertrauen, Selbst-Motivation, Verantwortungsbewußtsein, Wahrhaftigkeit, Vertrauenswürdigkeit, Selbst-Disziplin, Kooperationsfähigkeit.

Schließlich ist das Werk des jüdischen Rabbis Wayne Dosick „Golden Rules. The Ten Ethical Values Parents Need to Teach their Children"[19] zu nennen, das erheblich reflektierter ist als das zuvor genannte Werk. Dieser Text liegt inzwischen auch in deutscher Übersetzung vor: „Kinder brauchen Werte. 10 Lebensregeln, die Kindern Halt und Orientierung geben"[20]. Hier handelt es sich um eine klar religiöse motivierte Anleitung zu ethischer Erziehung. Die Regeln des moralischen Verhaltens werden aus den „Kernlehren der großen Weltreligionen"[21] gewonnen. Diese sind: Respekt, Wahrhaftigkeit, Fairneß, Verantwortungsbewußtsein, Mitgefühl, Dankbarkeit, Freundschaft, Friedfertigkeit, Streben nach persönlicher Reife, Glaubensfähigkeit.

---

[15] New York: Simon & Schuster 1994, 332 S., Paperback.
[16] New York: The Berkely Publishing Group 1995, 232 S., Paperback.
[17] Ebd., S. IX.
[18] Ebd., S. IV.
[19] San Francisco: Harper 1995. - Harper Collins Paperback Edition 1996.
[20] München 1996.
[21] Ebd., S. 14.

Auch die Veröffentlichung von Colin Greer und Herbert Kohl ist deutlich reflektierter als die eingangs genannten Veröffentlichungen. Ihr Titel lautet „A Call to Character. A Family Treasury of stories, poems, plays, proverbs and fables to guide the development of values for you and your children“[22]. Im einführenden Text wird darauf verwiesen, daß Geschichten hilfreich sind, um moralische Handlungsweisen und ethische Dilemmas zu bedenken. Sortiert werden die Ausführungen in vierfacher Weise: *erstens* Werte, die sich auf die eigene Person beziehen: Zivilcourage, Selbst-Disziplin, Integrität, Kreativität und „Playfulness“, *zweitens* Werte, die sich auf bekannte Menschen beziehen: Loyalität, Großzügigkeit, Empathie, Ehrlichkeit, Anpassungsfähigkeit, *drittens* Werte, die sich auf unbekannte Menschen und die natürliche Umwelt beziehen: Idealismus, Mitleid, Verantwortlichkeit, Balance und Fairneß und schließlich *viertens* Werte, die sich auf Liebe beziehen: Liebe.

Was wir hier im Ganzen erleben, ist die Wiederkehr des normativ traditionellen Ansatzes der Charaktererziehung. Da in den Vereinigten Staaten die neuen Trends jeweils deutlicher zutagetreten, bleibe ich bei diesen Beispielen[23]. Nun geht es bei diesen Beispielen keineswegs darum, die entwicklungsorientierte ethische Erziehung und den traditionellen Ansatz der Charaktererziehung mit seinen Tugenden miteinander in Verbindung zu bringen. Nein, es handelt sich um eine dezidierte und bewußte neokonservative Rückwendung zum traditionellen Modell moralischer Erziehung qua Anpassung und Einpassung. Die moralischen Charakterzüge werden eben so lange geübt, bis man sie internalisiert hat.

Einer der Co-Autoren eines oben genannten Buches, William Kilpatrick, hat dies in seiner Veröffentlichung „Why Johnny can't tell right from wrong and what we can do about it“[24] ganz unmißverständlich formuliert. Er führt aus, daß die Krisis der Moralerziehung genau darin ihren Grund habe, daß man der Charaktererziehung den Abschied gegeben habe und zum „decision-making model“ übergegangen sei. Hierunter versteht der Autor alles, was sich mit dem entwicklungsorientierten Ansatz, mit Namen wie L. Kohlberg, C. Gilligan und dem Value-Clarification-Konzept verbindet. Er plädiert für

---

22 New York: Harper Collins 1995, 456 S., Hardcover.

23 Zur Illustration der deutschen Situation sei auf die Zeitschrift „Focus. Das moderne Nachrichtenmagazin“ verwiesen. Auf dem Titelblatt der Ausgabe vom 17. März 1997 wird als Thema angekündigt: „Die ratlose Gesellschaft. Sehnsucht nach Werten. Die Rückkehr der Tugenden“ (Focus Nr. 12 vom 17. März 1997). Die Titelgeschichte von *K. Herbert* „Sehnsucht nach Werten“ findet sich auf S. 203-208.

24 New York et al.: Simon & Schuster (1992), Paperback Edition 1993. Mir lag die 4. Aufl. vor.

eine uneingeschränkte Rückkehr zur Charaktererziehung. Das entwicklungsorientierte Konzept ethischer Erziehung sei gut gemeint gewesen, habe aber das Gegenteil von dem bewirkt, was es erreichen wollte, weil ihm die Inhalte verlorengegangen seien. Auch hier ist die Lösung ganz einfach: Zurück zu den alten Tugenden.

3. Verantwortungsethik und Tugendlehre

Angesichts solcher einfachen Formen ethischer Erziehung sollte zu denken geben, daß Wolfgang Brezinka darauf hinweist, daß der Begriff Werte-Erziehung problematisch sei und daß die Forderung nach Werte-Erziehung nicht mehr bedeute, „als daß den Erziehern eine vage Gesamtaufgabe gestellt wird, die ein ganzes Bündel schwieriger Teilaufgaben einschließt. Die Parole sagt nichts darüber, wie diese Erziehungsaufgaben durchgeführt werden können. Sie ist häufig verknüpft mit naiven Vorstellungen über die einschlägigen Kausalverhältnisse und mit Illusionen über die Macht der Erziehung.“[25] Er führt dazu aus, daß es keine einfachen und sicheren Mittel zur Förderung wertvoller Gesinnungen, bzw. zum Abbau schlechter Gesinnungen gäbe. Die Bedingungen für das Entstehen und Beibehalten von Werteinstellungen seien komplex und im Einzelfall mehr oder weniger unbekannt. Diese Sätze mögen uns vor den einfachen Lösungen warnen und an die Komplexität der Moralerziehung erinnern.

Freilich bleibt die Frage: Wie gehen wir mit den Tugenden um? Sollen sie überhaupt eine Rolle spielen? Wenn ja, welche? Im Blick auf die ethischen Grundfragen gilt heute der Begriff der Verantwortung als entscheidender Begriff für eine Ethik, die zeitgemäß und zukunftsorientiert ist. Der Verfasser dieser Zeilen ist der Auffassung, daß nur eine Ethik der Verantwortung der zentrale Bezugspunkt für ein Konzept ethischer Bildung und Erziehung sein kann.

Bei diesem Konzept wird vorausgesetzt, daß der Mensch ein Wesen der Freiheit und der Verantwortung ist. Sehenden Auges und mit entscheidender Vernunft trifft er seine Entscheidungen, indem er sich leiten läßt vom christlichen Grundkriterium der Agape. Die Frage geht an den Vertreter der Theologischen Ethik, genauer: der Verantwortungsethik, ob und gegebenenfalls wie Verantwortungsethik und Tugendlehre miteinander in Beziehung zu setzen sein könnten: Immerhin wird man daran erinnern dürfen, daß in der Ge-

---

[25] *W. Brezinka*, „Werte-Erziehung“ in einer wertunsicheren Gesellschaft, in: *H. Huber* (Hrsg.), Sittliche Bildung, aaO., S. 71.

schichte der Ethik die Tugenden durchaus eine wichtige Rolle gespielt haben. Es sei nur an die Tugendlehre der griechischen Philosophie, an die drei christlichen Kardinaltugenden von Glaube, Hoffnung und Liebe, und an die Tugendformulierungen der bürgerlichen Epoche erinnert[26].

Nun hat Ulrich Körtner in seinem Beitrag „Dem Risiko trotzen. Grundzüge einer zeitgemäßen Verantwortungsethik"[27] diese Frage aufgenommen. Er spricht explizit davon, daß es gelte, eine Tugendlehre zu formulieren. „Zur Entwicklung eines moralischen Verantwortungsbegriffs gehört mit anderen Worten auch die Formulierung einer Tugendlehre."[28] Er schlägt vor, zwischen Verantwortung als Zurechungsgeschehen und dem Zustand der Verantwortlichkeit zu unterscheiden. Mit F.-X. Kaufmann lasse sich Verantwortlichkeit als ein „Bündel personbezogener Fähigkeiten", als eine Verbindung von kognitiven, moralischen und kommunikativen Fähigkeiten bestimmen, die nur gemeinsam hinreichende Bedingungen verantwortlichen Handelns seien. Körtner sieht die Aufgabe einer Verantwortungsethik darin, die aus der ethischen Tradition bekannten Aspekte einer Pflichtenlehre, einer Güterlehre und einer Tugendlehre unter der Perspektive zukunftsbezogener Rechenschaftspflicht zu integrieren.

Für den Zusammenhang unserer Überlegungen ist damit zweierlei deutlich. *Erstens:* Es ist offenbar möglich und sinnvoll, die Tugendfrage im Kontext einer Verantwortungsethik zu verorten. *Zweitens:* Damit erhalten aber die Tugenden einen ganz anderen Stellenwert. Sie können unmöglich die umfassenden Kriterien, also die Grundkriterien einer theologischen Ethik sein, sondern sie sind im Zusammenhang der personenbezogenen Fähigkeiten zu reflektieren und anzusiedeln. Damit können sie als ein Bestandteil ethisch-moralischer Kompetenz bestimmt werden. Das ist im einzelnen weiter zu konkretisieren.

Die Überlegungen haben hoffentlich deutlich gemacht, daß es keinesfalls darum gehen kann, den Einsichten der entwicklungsorientierten ethischen Erziehung den Abschied zu geben, wie das bei den amerikanischen Beispielen impliziert war bzw. explizit ausgesprochen wurde. Es geht vielmehr um ein positives In-Beziehung-Setzen. Dabei wird man W. Brezinkas Hinweis beherzigen müssen, daß nur Strategien erfolgversprechend sein können, die viele Faktoren berücksichtigen.

---

[26] Siehe den instruktiven Beitrag zur Tugendethik von *P. Bartmann*, Das Gebot und die Tugend der Liebe, Stuttgart u.a. 1998 sowie den pädagogischen Entwurf von *J. Fellsches*, Lebenkönnen: Von Tugendethik zur Lebenskunst, Essen 1996.

[27] In: EvKomm 29, 1996, S. 581ff.

[28] Ebd., S. 585.

4. Ethische Bildung als Ermöglichung von ethisch-moralischer Kompetenz

Ich denke, daß wir in der Frage der ethischen Bildung und Erziehung Schule in der Tat neu vermessen müssen im Blick auf die enorme Herausforderung, die ethische Bildung für die Schule als ganze bedeutet wie im Blick auf den Beitrag der einzelnen Fächer, insbesondere von Ethik und Religion, zu dieser gesamtschulischen Aufgabe. Als globale Zielvorstellungen für den Religionsunterricht kommen m.E. etwa in Betracht[29]:

(1) Die Wahrnehmungsfähigkeit zu fördern, indem die Aufmerksamkeit auf bestimmte Fragen gelenkt und die ethische Dimension von Problemen herausgearbeitet wird.

(2) Das ethische Reflektieren und Argumentieren zu verbessern.

(3) Die Einsicht zu fördern, daß nicht alles relativ sei und daß es keinerlei Verbindlichkeit gebe.

(4) Normen und Werte verstehbar zu machen und zu zeigen, in welcher Weise sie vernünftig begründbar sind und wie Handlungsmöglichkeiten auf ihre Begründung und deren Tragfähigkeit hin überprüfbar sind.

(5) Die Beschäftigung mit ethischen Fragen in der Schule bewegt sich schwerpunktmäßig auf der kognitiven Ebene. Gleichwohl trägt sie dazu bei, daß das Vertrauen der Schülerinnen und Schüler in die Möglichkeit fairen Streitens und rücksichtsvollen Umgangs miteinander entstehen und wachsen kann.

(6) Es ist wichtig, daß Handlung und Reflexion, Erfahren und Verarbeiten der Erfahrung im Verstehen miteinander korrelieren. Von daher ergibt sich eine Tendenz zur Änderung und Ausgestaltung der Institution Schule zu einem sozialen und ethischen Erfahrungsraum. Hier ist etwa zu denken an die Schülermitverantwortung, das Schulleben, das Schulethos, die Schule als gerechte Gemeinschaft sowie das Lernen am Modell.

(7) *Zentrales Ziel* ethischer Bildung in der Schule ist die Entwicklung der ethischen Urteilsbildung, das Erarbeiten eines selbstverantworteten Ethos durch die Schülerinnen und Schüler.

Wichtig ist es, daß die Schülerinnen und Schüler, sei es durch das Praktizieren der gerechten Gemeinschaft (L. Kohlberg), sei es durch das Lernen und Arbeiten in Projekten, sei es durch praktisches Lernen, in die Situation versetzt werden, daß sich Lernen durch Erfahrung und Handeln vollziehen kann. Damit ist ein Weg gezeigt, wie möglicherweise die Differenz zwischen morali-

---

[29] S. *G. Adam/F. Schweitzer*, Ethische Erziehung, aaO., S. 36f.

schem Urteil und moralischem Handeln, zwischen kognitiver Urteilsbildung und Handlungsmotivation ein Stück weit überbrückt werden kann.

Die Kenntnis von ethischen Problemen und von Grundeinstellungen, Tugenden und Entscheidungsmöglichkeiten, mithin also die Vermittlung von ethischem Wissen, sind für das, was man eine ethische Bildung nennen kann, sicherlich nicht ausreichend[30]. Aber es kann auch nicht darum gehen, nur eine ganz bestimmte Moral, ein ganz bestimmtes Ethos, ein fertiges Set von Tugenden zu vermitteln. Ziel ethischer Erziehung kann es ja nicht sein, auf eine ganz bestimmte Moral festzulegen, sondern die Fähigkeit zu entwickeln, das eigene Leben und das Leben in der Gesellschaft als Aufgabe wahrzunehmen und bewußt zu gestalten.

„Wenn 'Moralerziehung' mehr ist als nur distanziert-theoretische Auseinandersetzung mit ethischen Systemen und ethischen Problemen, wenn Moralerziehung mehr ist als Vermittlung von 'ethischem Wissen', sondern eben auch dazu dienen soll, ein eigenverantwortetes Ethos zu entwickeln, muß man fragen, wie solche 'Moral-Entwicklung' vor sich geht. Allem Erziehen, auch allem Nachdenken (z.B. über Erziehung und Moral) ist das Leben grundlegend vorgegeben. Wir finden uns immer schon in einem konkreten Leben vor; zu diesem menschlichen Leben gehört allerdings das Nachdenken über das Leben."[31]

---

[30] Zum folgenden s. *K.F. Haag*, Bausteine für eine christliche Ethik (Verantwortlich leben I), Erlangen: Gymnasialpädagogische Materialstelle 1993, S. 49f.

[31] Ebd.

Schule gestalten im Spielraum der Freiheit

Überlegungen zur Bildungsverantwortung im Blick auf die evangelische Schule und den gymnasialen Fächerkanon

> „Sie (=Kultur und Bildung) gehören nicht in den Bereich des Gehorsams, sondern in den Spielraum der Freiheit ... Wer von diesem Spielraum der Freiheit nichts weiß, kann ein guter Vater, Bürger und Arbeiter, wohl auch ein Christ sein, ob er ein voller Mensch ist (und insofern auch ein Christ in vollem Umfang des Begriffs), ist mir fraglich."
> *Dietrich Bonhoeffer*[1]

Ein Jubiläum ist Anlaß zu erinnernder Rückschau. Die wechselvolle Schulgeschichte Oberschützens hat mit mancherlei interessanten Einblicken aufzuwarten. Ein solches Fest ist aber auch Anlaß, den Blick nach vorne zu richten und über das künftige Profil der Schule nachzudenken. Dies soll in diesem Beitrag auf dem Hintergrund der gegenwärtigen Debatte um das evangelische Schulwesen geschehen.

1. Fragestellung und Zugang zum Thema

Wir befinden uns in unserer Kirche gegenwärtig in einer Phase intensiver Diskussion der Bildungsfrage. Dabei verdient auch die Frage des evangelischen Schulwesens unsere besondere Aufmerksamkeit. Karl Ernst Nipkow eröffnet seine Überlegungen zu „Schule in der pluralen Gesellschaft - Kirchliche Schulen"[2] mit der Feststellung, daß man sich in den allgemeinen Handbüchern und Kompendien über die kirchlichen Schulen weitestgehend ausschweige. Den Weg nach vorne sieht er darin, daß evangelische Schulen

---

1 *D. Bonhoeffer*, Widerstand und Ergebung. Neuausgabe, München 1970, S. 216 (Brief vom 23.1.1944 an *R.* und *E. Bethge*).

2 *K.E. Nipkow*, Bildung als Lebensbegleitung und Erneuerung, Gütersloh ^{2}1992, S. 496-554.

einerseits auf erziehungswissenschaftliche Bestimmungen der Merkmale einer „guten Schule" hören und andererseits selbst zu dieser Diskussion ihren Beitrag leisten. „Evangelische Schulen wahren nach unseren Vorstellungen das evangelische Proprium auch dort, wo das eigene Schulehalten mit der Praxis staatlicher Schulen oder mit der von Schulen in anderer freier Trägerschaft verwechselt werden kann; ausschlaggebend ist, daß es sich wirklich um eine gute Schule handelt; denn es ist Gottes Wille, daß Kindern geholfen wird und Menschen menschlich heranwachsen."[3]

Nachdem es Anfang der 80er Jahre so schien, als ob der Protestantismus in Europa schulpädagogisch erschöpft sei, ist in den letzten Jahren vieles wieder in Bewegung gekommen. Es wurde, angestoßen durch Elterninitiativen, in einer Reihe von ost-, südost- und westeuropäischen Ländern eine größere Zahl neuer Schulen in evangelischer Trägerschaft gegründet[4]. Aus diesem Grunde und aufgrund der Debatte um die Zukunft des Schulwesens wird wieder neu nach dem Profil und Auftrag christlicher Schulen gefragt.

In diesem doppelten Kontext ist auch die Frage nach einem evangelischen Profil des Oberstufenrealgymnasiums Oberschützen angesiedelt. Freilich: Die Erarbeitung eines schulischen Profils und dessen Praktizierung ist nicht dadurch zu lösen, daß ein Experte ein Konzept entwirft und dies dann „verordnet" wird. Das wäre eine unevangelische Vorgehensweise. Vielmehr geht es letztlich um eine gemeinsame Aufgabe für alle diejenigen, die an der Schule beteiligt sind, mit der Schule zu tun haben.

In diesem Sinne möchten die folgenden Ausführungen für die Weiterentwicklung des Schulprofils in einer vielfältiger werdenden Bildungslandschaft Kriterien benennen, Zielperspektiven herausstellen sowie Anregungen geben. Dabei wurde nicht jeweils im einzelnen vermerkt, was und in welchem Umfang gegenwärtig bereits an der Schule praktiziert wird.

Im evangelischen Schulwesen gibt es keine „klassische" Konzeption einer evangelischen Schule, sondern hier ist eine Vielfalt festzustellen, so daß man die Frage stellen kann, ob nicht die Vielgestaltigkeit des Profils geradezu ein wesentliches Kennzeichen evangelischen Schulehaltens darstellt. Auch der Blick auf die Geschichte der Schulanstalten Oberschützen macht das deutlich. Ich rufe nur einige Stichwörter der Profilbildung in Erinnerung: Armenschule, Musterschule, Pflanzstätte des Pietismus, Ausbildung volkstreuer Lehrer, Beispielschule, musikalische Bildungsstätte.

---

[3] Ebd., S. 510.

[4] S. dazu etwa *J. Bohne* in Verbindung mit *G. Adam/R. Baron*. (Hrsg.), Evangelische Schulen im Neuaufbruch: Schulgründungen in Bayern, Sachsen und Thüringen 1989-1994, Göttingen 1998.

Pfarrer Gottfried Fliegenschnee hat in seinem Memorandum von 1969 erstmals eine ausführlichere Darlegung des Selbstverständnisses der Schule vorgelegt[5]. Darin wird die Schule u.a. als eine Beispielschule gekennzeichnet, welche ein Stück gesellschaftlicher Diakonie der evangelischen Kirche darstellt, die Kräfte reformatorischen Glaubens und protestantischer Persönlichkeitsbildung weiterzugeben hat. Aufgrund des anvertrauten Evangeliums weiß die Kirche sich verpflichtet, „ihre Verantwortung auf die Gesamtaufgabe von Erziehung und Bildung zu beziehen". Die Schule wird gesehen „als Experimentierfeld, auf dem im Dialog zwischen den Positionen reformatorischer Konfessionalität und den Problemen modernen Denkens mündiges Menschsein versucht wird einzuüben"[6]. Unter Bezug auf Albert Schweitzers Ethik der „Ehrfurcht vor dem Leben" wird ein elementares Denken herausgestellt, bei dem christlich-reformatorischer Glaube und selbsturteilendes Denken in ein positives Verhältnis gesetzt werden. Jeder, der die Schule betritt, soll wissen, „daß diese Schule aus den Kräften protestantischer Konfessionalität, reformatorischen Christentums und sachlichen Denkens zu leben gewillt ist und von daher ihre Maßstäbe erhält - und daß ihr ein besonderes Verständnis von Freiheit und Gebundenheit eigentümlich ist."[7] Hier sind entscheidende Aspekte und Bereiche angesprochen und erörtert.

In den Jahresberichten scheint die Frage des evangelischen Profils immer wieder auf. Sie wird vor allem in der Frage des Menschenbildes gebündelt. So stellt z.B. Superintendent Gustav Reingrabner heraus, daß das Evangelische „immer nur in der Umsetzung von Erkenntnissen des evangelischen Menschenbildes in den erzieherischen Vollzug zu finden sein" wird [8].

Nun ist es sicher so, daß für evangelisches Verständnis die öffentliche Schule die Regelschule darstellt, während eigene evangelische Schulen die Ausnahme sind. Evangelische Kirche und evangelische Religionspädagogik haben in letzter Zeit begonnen, sich wieder stärker auf die Bildungsverantwortung für das Schulwesen im Ganzen, nicht nur für das Fach Religionsunterricht, zu besinnen[9]. Die Wahrnehmung einer solchen Mitverantwortung bedeutet keine Bevormundung des staatlichen Schulwesens und der autonomen

---

5 *G. Fliegenschnee*, Memorandum zur Übernahme der Rechtsträgerschaft des Evangelischen Musisch-pädagogischen Realgymnasiums in Oberschützen durch die Evangelische Superintendentialgemeinde Burgenland, Eisenstadt: Vervielfältigung 1969.

6 Zitate ebd., S. 7f.

7 Ebd., S. 13.

8 *Evangelisches Oberstufenrealgymnasium Oberschützen*, Jahresbericht 1983/84, S. 6.

9 Vgl. dazu generell *K.E. Nipkow*, Bildung als Lebensbegleitung (s. Anm. 2) sowie *G. Adam*, Evangelische Bildungsverantwortung wahrnehmen, in: AuG 45, 1994, S. 129-141, bes. S. 137ff. S. auch oben S. 29ff.

wissenschaftlichen Pädagogik. Warum sollten wir als Evangelische aber in einer Demokratie nicht unsere Position und Perspektiven in die allgemeinpädagogische und bildungspolitische Diskussion einbringen? Die Diskussion in einer Demokratie lebt von der Beteiligung der verschiedenen Gruppen. Wenn das so ist, bedarf der Protestantismus eigener Schulen, um auch über die für eine Mitverantwortung nötige pädagogische Kompetenz und Glaubwürdigkeit zu verfügen. Darin liegt einer der Gründe, warum die evangelische Kirche gut beraten ist, eigene Schulen zu unterhalten.

2. Zu Profil und Proprium einer evangelischen Schule

Es gibt für evangelische Schulen kein einheitliches pädagogisches und bildungspolitisches Konzept in der Weise, wie das etwa bei katholischen und anthroposophischen Schulen der Fall ist.

2.1 Evangelium als geistige Mitte der Schule

Gleichwohl ist festzuhalten, daß es bei aller Vielfalt und unterschiedlichen Gestaltung des evangelischen Schulwesens ein Proprium gibt, das allen Schulen gemeinsam ist und somit das verbindende Element darstellt: das Evangelium. Dies wird in unterschiedlicher Weise formuliert. Ich verdeutliche es am Beispiel des christlichen Schulzentrums in Leipzig[10]. Im Gründungsantrag wird die geistige Mitte der Schule vom Evangelium her begründet[11]. Dieser Ausgangspunkt wird sodann dahingehend konkretisiert, daß das Evangelium grundlegende menschliche Rechte garantiere und Christen mit deren verantwortungsvoller Weitergabe beauftrage. Diese Rechte werden bestimmt als (1) das Recht auf Persönlichkeit, (2) das Recht auf Freiheit und (3) das Recht auf Maßstäbe. Dazu wird herausgestellt:

„*(1) Das Recht auf Persönlichkeit*

Jeder Mensch ist als eigenständige Persönlichkeit zu achten. Dieses Recht hat seinen theologischen Grund in der Würde des Menschen als Geschöpf Gottes (imago dei, Gen 1,27) und in der Gottesebenbildlichkeit, die jedem Menschen von Gott zugesagt ist. Sie zu gestalten und zu fördern ist ein erster christlicher Auftrag.

---

[10] Antrag auf Errichtung eines christlichen Schulzentrums in evangelischer Trägerschaft in Leipzig vom 3. Mai 1991. Der Wortlaut des Textes ist zugänglich in *J. Bohne u.a.* (Hrsg.), aaO., S. 253-262.

[11] Ebd., S. 2 = ebd., S. 254: Eltern und Lehrer gehen davon aus, „daß das Evangelium von Jesus Christus und die sich daraus ergebenden Werte und Normen eine tragfähige und realistische Grundlage“ für Erziehung und Bildung sein können.

(2) Das Recht auf Freiheit
Der Gott Israels begegnet seinem Volk als der Gott der Befreiung (Ex 20,2, u.ö.). Durch Jesus Christus gilt diese Freiheit jedem Menschen (zur Freiheit hat euch Christus befreit, Gal 5,1). Diese Freiheit als Geschenk und Möglichkeit zu begreifen und zu nutzen, ist ein zweiter christlicher Auftrag.

(3) Das Recht auf Maßstäbe
Gottes Freiheit ist nicht Beliebigkeit, die soziales Leben gefährdet. Sie will vielmehr Freiräume schaffen, um soziales Miteinander zu ermöglichen und gemeinschaftliches Leben gelingen zu lassen. Um diese Freiräume zu gestalten, bietet das Evangelium Maßstäbe an (z.B. die 10 Gebote Ex 20,2-12 oder das Doppelgebot der Liebe Mt 22,37-40). Diese Maßstäbe als Angebote zu leben und weiterzusagen, ist ein dritter christlicher Auftrag.“[12]

2.2 Das Recht der Persönlichkeit

Um der besonderen Bedeutung willen gehe ich noch etwas näher auf den ersten Punkt „Das Recht der Persönlichkeit“ ein. Jesus war bekanntlich kein Erziehungswissenschaftler. Aber er hat Erwachsene und Kinder aneinander verwiesen. Er hat die Achtung vor dem je anderen herausgestellt. Im sog. Kinderevangelium (Mk 10,13-16) tritt er als Anwalt der Kinder gegenüber den Erwachsenen auf. Hier wird der Wert der Kinder herausgestellt, weil eben vom Gottesglauben her ein jeder Mensch von gleichem Wert und gleicher Würde ist und die Unterschiede zwischen Klein und Groß sowie Unterschiede anderer Art daran ihre Grenze finden, daß ein jeder Mensch gleich geachtet ist vor Gott. Diese grundlegende Aussage schließt ein, daß darum jeder Mensch vor Gott - auch abgesehen von seiner Begabung und Leistung - werterachtet ist. Das besagt aber auch, daß der Mensch nicht von den Machbarkeiten allein lebt, sondern in seinem Eigentlichen vom Sinn, von der Liebe, vom Anerkannt-Sein, vom Ernst-genommen-Werden.

Mit dem christlichen Verständnis des Menschen ist uns eine Perspektive gegeben, die für unser gesamtes pädagogisches Handeln in unseren evangelischen Schulen wie für die religiöse Bildung und Begleitung im besonderen grundlegend ist. Von da aus werden wir etwa zu Sätzen folgender Art befähigt:

- Gut, daß es Dich gibt (Gottebenbildlichkeit).
- Ich möchte frei sein (der Mensch als ein Wesen der Freiheit).
- Ich kann nicht mehr (der Mensch als jemand, der scheitern kann).
- Ich kann auf die Zukunft hoffen (Gottes Treue hält uns).

---

[12] Ebd., S. 2 = ebd., S. 255f. (Teil III: Theologische Grundsätze und ihre Sinngebung im pädagogischen Gesamtkonzept.)

Mit den anthropologischen Perspektiven, die sich in solchen exemplarisch gemeinten Sätzen ausdrücken, können wir uns an unsere verantwortungsvolle Bildungs- und Erziehungsaufgabe begeben, ohne von ihrer Größe erdrückt zu werden. Die Aussage, daß der Mensch Person ist, besagt nicht, daß er auf ein fest umrissenes Menschenbild hin erzogen werden soll, sondern sie zielt darauf, daß es Aufgabe von Bildung und Erziehung ist, die Bedingungen dafür bereitzustellen, daß der Schüler bzw. die Schülerin seine bzw. ihre Personalität gewinnen kann, sein Subjektsein entwickeln kann.

3. Schule gestalten I: Kriterien und Konkretionen

Die Gemeinsamkeit des Propriums „Evangelium als geistige Mitte der Schule“ hindert nicht die individuelle Schulgestalt, die in der „pädagogischen Kultur“ der einzelnen Schule auszuformen und in der jeweiligen geschichtlichen Konkretion zu gestalten ist. Hierzu wird zunächst eine Reihe von allgemein wichtigen Aspekten namhaft gemacht. In Abschnitt 3.3 wird dabei auf einen spezifischen Neuansatz eingegangen, der in den 80er Jahren in Zusammenarbeit von Lehrerinnen und Lehrern sowie Hochschullehrern ausgearbeitet wurde. Dabei geht es um die Zuordnung des schulischen Fächerkanons an einer evangelischen Schule[13].

Der Antrag auf Errichtung des Leipziger Schulzentrums bündelt in vielerlei Hinsicht Merkmale einer guten bzw. evangelischen Schule, wie sie im letzten Jahrzehnt diskutiert wurden. Die dortigen Ausführungen sind in fünf Punkte unterteilt, auf die ich mich im folgenden beziehe.

3.1 Ganzheitliche Erziehung

Zum Erziehungsziel „Ganzheitliche Erziehung“[14] heißt es, daß ihm in der pädagogischen Ausformung einer an christlich-humanen und demokratischen Werten orientierten Schule ein hoher Stellenwert zukomme. Ganzheitliches Erziehen und Unterrichten stelle den jungen Menschen mit seiner Individualität, nicht den Stoff oder den Lehrplan in den Mittelpunkt. Der Schüler werde dabei als ein ganzheitliches Wesen begriffen, um „seine von Gott gegebenen Fähigkeiten und Fertigkeiten, Bedürfnisse, Neigungen und Interessen erkennen und entwickeln zu können ... In der schulpraktischen Umsetzung, im Sinne einer individuellen, ganzheitlichen Entfaltung heißt dies auf einer ersten Stufe: es gibt ein breites unterrichtliches Angebot an Fächern und Neigungs-

---

13 S. u. S. 119-124.
14 Antrag auf Errichtung, aaO., S. 3f. = *J. Bohne*, aaO., S. 256f.

kursen ... sowie verschiedenartige Gruppenaktivitäten, Feste und Feiern innerhalb der Schule, im Freizeitbereich und auch in den Ferien."

Darüber hinaus müsse sich die Schule dem Leben in der Stadt, in der Gemeinde öffnen und reformpädagogische Aspekte von Community Education (Gemeinwesenorientierung von Schule) in die unterrichtliche und außerunterrichtliche Arbeit mit einbeziehen. Der Kontakt zum sozialen Umfeld (Wohngebiet, diakonische Aufgaben im pflegerischen Bereich, Zusammenarbeit mit Kirchengemeinden u.a.) könne hierfür Voraussetzungen schaffen und die Schule für das Leben öffnen.

3.2 Leben und Lernen in christlicher Gemeinschaft

Zum zweiten Punkt, dem Gemeinschaftsaspekt, wird herausgestellt[15]: „Eine christliche Schulgemeinschaft ist ein Leitbild über das Zusammenleben von Christen in einer Schule, genauer gesagt über die praxis pietatis in dieser Gemeinschaft. Zentraler Gedanke dabei ist, daß dies frei von Gewissenszwängen und in großer Toleranz gegenüber dem Andersdenkenden geschieht. Praxis pietatis in der Schule heißt, wie leben Lehrer, Eltern und Schüler ihren Glauben (auch ihre Glaubenszweifel), sind es nur Lippenbekenntnisse, oder können Werthaltungen (in aller Unvollkommenheit) auch in den schulischen Alltag übertragen werden? In kritischer Reflexion müssen sich Schulleiter und Lehrer, aber auch Eltern und Schüler immer wieder selbst prüfen, inwieweit ihr Verhalten (auch die schulischen Ziele und Maßstäbe) mit Aspekten der Toleranz, Menschenwürde, Nächstenliebe, Rücksichtnahme auf Andersdenkende und Hilfe für die Schwachen zusammenpaßt."

In der praktischen Umsetzung beziehe sich die Leitvorstellung von Leben und Lernen in christlicher Gemeinschaft auf mehrere Bereiche des Schullebens und setze, soweit wie möglich und sinnvoll, die Einbeziehung der Eltern in die schulischen Prozesse und Veranstaltungen voraus. Es sollen religiöse Formen und Handlungen wie Gebet, Morgenandacht, Gottesdienst, Feste und Feiern des Kirchenjahres in den Unterrichtsalltag einbezogen werden. Des weiteren müßten im Unterricht nicht nur Sachfragen, sondern auch die dazugehörigen Sinnfragen behandelt werden. Eine besondere Bedeutung komme dem Bereich der sozialen Beziehungen zu. Hier stünden die Fragen nach dem Miteinander im Vordergrund. In der Perspektive der weiteren Entwicklung der Schule gehöre hierzu auch die Bereitschaft zur Integration behinderter Kinder, die Einrichtung von Sprach-Intensivkursen für Kinder ausländischer Mitbürger und die Vermittlung häuslicher Kontakte zur Eingewöhnung in unsere Lebenswelt.

---

15 Die folgenden Zitate ebd., S. 4f. = S. 257f.

„Leben und lernen in christlicher Schulgemeinschaft enthält allerdings noch einen weiteren, für die Institution Schule sehr wichtigen Aspekt: die begabungsgemäße Förderung bzw. Beschulung der Kinder. In vielfältigen pädagogischen und schulpsychologischen Bemühungen und Gesprächen ist für jeden Schüler die ihm adäquate Schullaufbahn ... herauszufinden."

Zur Abrundung des Punktes Schulgemeinschaft wird noch darauf hingewiesen, daß eine Zusammenarbeit mit den Leipziger Kirchengemeinden angestrebt werde. In langfristiger Perspektive wird eine Vernetzung von schulischer Arbeit und Kirchengemeinde im Sinne von Kooperation und Mitarbeit (vor allem in der Jugend- und in der Gemeindearbeit) gewünscht.

3.3 Sinnorientierung im Unterricht

Im dritten Punkt geht es um die Fragen der inhaltlichen Gestaltung. Dazu heißt es: „Punkte wie Miteinanderumgehen, Schulklima, Morgenandacht, Gottesdienst oder außerunterrichtliche Aktivitäten sind wichtig, aber sie betreffen das eigentliche schulische Geschehen, den normalen Unterricht zu wenig. Das Spezifische, das Charakteristische einer evangelischen Schule müssen wir aber auch am Inhaltlichen festmachen. Dies kann prinzipiell in allen Unterrichtsfächern geschehen. Dabei geht es u.a. um die methodisch- didaktischen Fragen: Welche spirituellen Komponenten sind in meinem Unterrichtsstoff enthalten, wie führe ich die Schüler zur Entdeckung der hinter der Sachebene liegenden Bedeutungs- und Sinnebene (spirituelle Dimension), wie vermeide ich dabei Gewissenszwänge und Indoktrination und wie erziehe ich zu Toleranz gegenüber Andersdenkenden?"[16]

Es geht also darum, den Schülerinnen und Schülern einerseits Gelegenheit zu geben, sich das notwendige Sachwissen anzueignen, andererseits ihnen aber auch Zeit zu geben, über die ethisch-moralischen Konsequenzen nachzudenken. Man meint, daß besonders das soziale Lernen geeignet sei, christliche Maßstäbe anzubieten.

3.4 Methodisch-didaktische Unterrichtsformen

Dies führt auf die Frage der Unterrichtsmethodik, in der besondere Formen, z.B. Elemente des exemplarischen, des genetischen und des sokratischen Lernens nach Wagenschein wichtig sind. Ferner werden Unterrichtsprinzipien wie Schülergemäßheit, Anschaulichkeit, Selbsttätigkeit, Kooperation und Lebensnähe genannt. Darüber hinaus soll besonderer Wert auf übergreifende unterrichtliche Vorgehensweisen wie (1) soziales Lernen, (2) offener Unterricht

---

[16] Ebd., S. 5 = ebd., S. 258f.

im Sinne von Freiarbeit und (3) fächerübergreifender Projektunterricht Wert gelegt werden [17].

3.5 Aus- und Weiterbildung der Lehrer/innen in fachdidaktischer und erzieherischer Hinsicht

Bemerkenswert ist die starke Verankerung der Aus- und Weiterbildung im Konzept der Schule. Dies ist deutlich ein neuer Akzent. Dabei wird Lehrerfortbildung als „Werkstatt für eine pädagogische Kultur in der Schule" verstanden, die schwerpunktmäßig folgende Aufgabenfelder wahrnehmen soll: (1) Identitätshilfe und Selbstkonzept, (2) Innovation, (3) Pädagogik und Erziehung und (4) Christliches Bildungsverständnis[18].

Die Akzentsetzungen des Leipziger Konzeptes spiegeln deutlich die Diskussion der letzten zehn Jahre um die Frage der Konzeption freier Schulen in evangelischer Trägerschaft wider. Es wäre vieles weiter auszuführen. Ich greife den Punkt der „Sinnorientierung im Unterricht" auf, weil es sich dabei um eine Neuentwicklung aus den letzten 15 Jahren handelt.

4. Schule gestalten II: Vernetzung der Fächer - Unterricht im christlichen Aufmerksamkeitshorizont

In der Vergangenheit wurde die Frage danach, was eine evangelische Schule ausmacht, vor allem daran festgemacht, daß der Besuch des Religionsunterrichts verpflichtend ist, es im Schulleben erhebliche christliche Anteile gibt (Andachten, Schulgottesdienste, Jahresfeste), in der Schule ein besonderer, dem Evangelium gemäßer Umgangsstil von Lehrern und Lehrerinnen mit den Schülern und Schülerinnen praktiziert wird und auf die seelsorgerliche Lebensbegleitung der Schülerinnen und Schüler ein besonderer Akzent gelegt wird. Dies ist viel, worauf evangelische Schulen verweisen können. Aber stellt dies nicht eine Ansiedlung des Propriums einer evangelischen Schule an den Rändern dar? Ist nicht auch die Frage nach dem Proprium im Blick auf den Kernbereich einer Schule, den gesamten Fachunterricht zu stellen?

4.1 Das „Programm"

Nun hatte K.E. Nipkow vor Jahren einen Anstoß gegeben, der dann von evangelischen Lehrerinnen und Lehrern aufgegriffen und in die Tat umgesetzt wurde. Dabei geht es darum, mit Hilfe der Frage danach, wie die religiöse Di-

---

[17] Ebd., S. 6f. = ebd., S. 259f.
[18] Ebd., S. 7f. = ebd., S. 260f.

mension auch in anderen Fächern als dem Religionsunterricht zur Geltung kommen kann, zu bearbeiten und auf diese Weise eine Zusammenführung von Naturwissenschaften, Humanwissenschaften und Theologie im Blick auf die Bildungsaufgabe zu unternehmen. Um die Fächer nicht einer einseitigen fachwissenschaftlichen Betrachtungsweise zu überlassen, verweist Nipkow auf den Weg des Unterrichtens im problemorientierten christlichen Aufmerksamkeitshorizont im Zusammenspiel der Unterrichtsfächer[19].

Aus jüngster Zeit liegen zwei Veröffentlichungen vor, welche sich um eine solche Konturierung evangelischer Schulen bemühen. Es handelt sich zum einen um den Band „Unterrichtserneuerung mit Wagenschein und Comenius. Versuche Evangelischer Schulen 1985-1989"[20] und zum andern um die Veröffentlichung „Die religiöse Dimension wahrnehmen. Unterrichtsbeispiele und Reflexionen aus der Projektarbeit des Evangelischen Schulbundes in Bayern"[21]. Dabei geht es um Versuche, im Umgang mit verschiedenen Sachverhalten einen solchen Unterricht im christlichen Aufmerksamkeitshorizont im Zusammenspiel der Fächer zu praktizieren, oder noch etwas weiter formuliert, der „religiösen Dimension im Unterricht der Fächer" nachzugehen[22].

In einem solchen Unterricht werden die unterschiedlichen Fächer unter übergreifenden Problemstellungen zusammengeführt. Dabei sollen die Sachverhalte auf der einen Seite nicht ihren einseitigen fachwissenschaftlichen Betrachtungsweisen überlassen werden. Auf der anderen Seite sollen aber die Gegenstände auch nicht unter eine unsachgemäße christliche Perspektive „gezwungen" werden. Vielmehr muß sich die Gemeinsamkeit von Fragestellungen und Perspektiven von der Sache selbst her anbieten. Voraussetzung ist dafür die Fähigkeit zu mehrperspektivischem Sehen, wie es älteren Kindern und Jugendlichen zunehmend möglich ist. Auf diese Weise können in den oberen Klassen naturwissenschaftliche, humanwissenschaftliche und theologische Erkenntnisse und Sehweisen miteinander in Beziehung gesetzt und korrelativ aufeinander bezogen werden. Nun stellt sich die Frage: Was meinen eigentlich „christlicher Aufmerksamkeitshorizont" und „religiöse Dimension"?

---

[19] *K.E. Nipkow*, Bildung als Lebensbegleitung, aaO., S. 549-551.

[20] Hrsg. von *H.-C. Berg/G. Gerth/K.H. Potthast*, Münster: Comenius Institut 1990.

[21] Hrsg. von *J. Bohne* in Verb. mit *G. Adam* u.a., Münster: Comenius-Institut 1992.

[22] Für weitergehende Ausführungen verweise ich auf meinen Beitrag „Die religiöse Dimension wahrnehmen und reflektieren" auf S. 139-152 in dem in der vorherigen Anmerkung genannten Bande = s. unten S. 128ff. In den acht Projektberichten und Unterrichtsbeispielen, die sich auf den S. 29-138 des genannten Bandes finden, wird der Ansatz praktisch dokumentiert.

Zunächst: Es gibt nicht einfach „die“ religiöse Dimension. Wenn wir von der religiösen Dimension sprechen, so geht es um die Frage nach Dimensionen von Religion und Religiosität. Wenn von religiöser Dimension gesprochen wird, geht es um eine mehrdimensionale Perspektive. Dabei bündelt sich die Fragestellung nicht zuletzt darin, wie die Einheit der Wirklichkeit wahrgenommen und bedacht werden kann. Wenn die Welt des Glaubens und die Welt des Wissens nicht ohne weitere Bezugnahme und In-Verhältnissetzung schiedlich-friedlich nebeneinander herlaufen und damit letztlich auseinanderfallen sollen, dann sind entsprechende Bemühungen und das Begehen neuer Wege notwendig.

Der Weg der Bearbeitung dürfte weniger auf dem Wege der Deduktion von einem Begriff her als über einen phänomenologischen Ansatz, der auf den Dialog aller beteiligten Gesprächspartner angewiesen ist, erfolgen können. Ich zitiere noch einmal K.E. Nipkow: „Der Weg über die Phänomene, wie wir ihn besonders von Comenius eröffnet haben, kann bereits bei jüngeren Kindern und Schülern eingeschlagen werden. Er bereitet einen anderen Weg vor bzw. geht in einen Weg über, den ich als Unterricht im *problemorientierten christlichen Aufmerksamkeitshorizont im Zusammenspiel der Unterrichtsfächer* bezeichnen möchte; er ist damit stärker disziplinbezogen, führt aber die Disziplinen unter Problemstellungen zusammen.“[23]

4.2 Weitere Aspekte und Perspektiven

Freilich: Was meint die Perspektive der religiösen Dimension? Wie kann man sie identifizieren? Der Soziologe Peter L. Berger hat in seinem Buch „Auf den Spuren der Engel“[24] gegenüber der These, daß in der säkularen Welt alles Religiöse im Verschwinden begriffen sei, geltend gemacht, daß man bei einer aufmerksamen Betrachtung des Alltagslebens durchaus „Spuren der Engel“, das heißt Zeichen der Transzendenz, wahrnehmen kann. Er behauptet, daß es prototypisch menschliches Verhalten gibt, das solche Zeichen der Transzendenz darstellt. Als solche Zeichen benennt er Phänomene der alltäglichen Wirklichkeit, die über diese selbst hinausweisen. Bemerkenswert ist dabei, daß er einen induktiven Ansatz favorisiert und davon ausgeht, daß menschliche Erfahrungen zum Gottesgedanken führen können.

Hier stellt sich das theologische Problem der natürlichen Theologie. Lange Zeit hat es sich die Evangelische Theologie - im Interesse der Konzentration auf die Frage des Heiles verboten sein lassen, den Fragen nachzugehen, die mit dem Stichwort der natürlichen Theologie verbunden sind. Dies hat aber

---

[23] *K.E. Nipkow*, Bildung als Lebensbegleitung, aaO., S. 550.
[24] Frankfurt 1975, bes. S. 79ff.

zugleich dazu geführt, daß man auch all die Fragen aus dem Blick verloren hat, die mit der Schöpfungsthematik benannt sind. Inzwischen ist dieses Problem sachgemäßer bearbeitet worden, so daß deutlich ist, daß die religionspädagogische Aufgabe der Vermittlung eine elementare Reflexion auf Erfahrung und eine Förderung der Erfahrungsfähigkeit erforderlich macht.

Solche Wege des Verstehens und des Gesprächs können anfangen mit dem Staunen. Erich Feifel hat darauf hingewiesen, daß Staunen in einem semantischen Umfeld angesiedelt ist, das sowohl Achtung und Achtsamkeit, Beachtung und Respekt als auch Scheu und Bewunderung umschließe. „Staunen entspricht der Ehrfurcht, die Welt und Leben bejaht. Es ist nicht nur Ausdruck der Fragehaltung bewußten Lebens. Staunen ist auch der Anfang religiöser Ergriffenheit. Staunend nimmt der Mensch die Schöpfung wahr, denn im blühenden Baum, in den Wunderformen der Quelle, im Grashalm, in allem Lebendigen hat es der Mensch mit der Geheimnistiefe der Wirklichkeit zu tun.“[25]

Die gegenwärtige Lebenswirklichkeit macht es erforderlich, das Bewußtsein für eine „transempirische“ Wirklichkeit neu zu wecken, um so Voraussetzungen für die Wahrnehmung der religiösen Dimension und der Glaubenswirklichkeit zu schaffen. Diese Aufgabe übersteigt die Möglichkeiten eines einzelnen Faches übersteigt und bedarf der Mitarbeit und Zusammenarbeit möglichst vieler Schulfächer.

Nun könnte vielleicht der Einwand erhoben werden: Wird nicht, wenn man von religiöser Dimension redet, eine Reduktion des Selbstverständnisses evangelischer Schulen vollzogen, indem das Proprium nicht mehr hinreichend zum Zuge kommt, wenn man sich auf etwas so „Unscharfes“ wie eine religiöse Dimension einläßt? Richtig wäre dieser Einwand, wenn man von einer auf die Kirchlichkeitsperspektive konzentrierten und damit reduzierten Perspektive schulischer Arbeit ausgehen würde. Dort, wo die Gesichtspunkte von der dreifachen Gestalt des Christentums (d.h. das Christentum als persönliche Religion, das Christentum in seiner kirchlichen Gestalt und das Christentum als öffentliche Religion) im Blick sind, wird deutlich, daß mit der Rede von der religiösen Dimension eine notwendige Ausweitung des religiösen Gegenstandsbereiches und eine Öffnung einer binnenkirchlichen Orientierung im Blick sind.

Auf der Spur der religiösen Dimension zu sein, ist zugleich ein Stück Bearbeitung des Problems, daß Bildung und Religion schwer zusammenzugehen

---

[25] *E. Feifel*, Ganzheitlich religiöse Erziehung im schulischen Alltag, in: *W. Fleckenstein/H. Herion* (Hrsg.), Lernprozesse im Glauben. FS Paul Neuenzeit, Gießen 1991, S. 29.

scheinen, was E. Lange mit dem Bildungsdilemma bezeichnete und was schon Friedrich Schleiermacher in der ersten seiner Reden „Über die Religion. Reden an die Gebildeten unter ihren Verächtern" (1799) thematisierte und zu bearbeiten versuchte. In diesem Sinne geht es bei den Unterrichtsprojekten um eine doppelte Zielrichtung: die religiöse Dimension, die spirituelle Dimension erstens *wahrzunehmen* und sie zu *reflektieren*.

Im Blick auf den Fachunterricht bedeutet dieses, daß deutlich werden kann, daß das Verhältnis des Menschen zur Wirklichkeit mehrdimensional ist. „Der naturwissenschaftliche Zugang und die technische Verfügung müssen etwa durch die ästhetische, die ethische und die religiöse Dimension der Wirklichkeitserfahrung ergänzt und gegebenenfalls in ihrem Absolutheitsanspruch begrenzt werden."[26] Je spezialisierter die fachlichen Aspekte werden, desto mehr wird es auch notwendig, die Frage nach dem Ganzen zu stellen und die unterschiedlichen Sichtweisen einander zuzuordnen.

Wo in den einzelnen Fächern unterschiedliche Zugangs- und Sichtweisen zur Geltung kommen, besteht Aussicht, daß wir einen Beitrag zu einer neuen Denkkultur leisten. Die Beschäftigung mit der religiösen Dimension führt jedenfalls zur Sensibilisierung der Wahrnehmungsfähigkeit und zur Differenzierung der Denkfähigkeit der Kinder und Jugendlichen. Auf diese Weise wird zu einer neuen Kultur des Denkens beigetragen, die von einer faktenbefangenen Einlinigkeit weg- und zu einer Orientierung am Reichtum und der Vielfalt der Aspekte des menschlichen Lebens hinführt.

Das Konzept könnte nun aber als eine neuerliche Verchristlichungsvariante evangelischen Unterrichtens mißverstanden werden. Freilich, die Frage stellt sich unüberhörbar: Wie passen Glaubens- und Weltwissen zueinander? Und damit sind wir schon bei der anstehenden Aufgabe gelandet. Es ist meine Überzeugung, daß die Arbeit an solchen Projekten, wie ich sie skizziert habe, einen Weg darstellt, um das Profil evangelischer Schulen zu konturieren. Die Integration und Vernetzung schulischen Lernens stellt angesichts der fortschreitenden Spezialisierung der Schule und ihrer Fächer eine notwendige Aufgabe dar. Sie ist angesichts der in den Synodenbeschlüssen und in neueren pädagogischen Entwürfen angemahnten ganzheitlichen Bildung und Erziehung ein notwendiger Weg. Es liegt durchaus in der Konsequenz des vorgeschlagenen Weges und dieser Überlegungen, wenn bei der Entwicklung künftiger Lehrpläne eine fächerübergreifende thematische Abstimmung vorgenommen wird, um auf diese Weise die Voraussetzungen für ein sinnvoll strukturiertes Lernen im Verbund der Fächer zu ermöglichen. Dies ist eine

---

[26] *H.B. Kaufmann*, Die Christen und die Schule in staatlicher und in freier Trägerschaft, Neukirchen-Vluyn 1989, S. 90.

Perspektive, die auch für die Arbeit an den staatlichen Schulen von Interesse sein dürfte.

Ich kann Werner Ritter zustimmen, wenn er im Blick auf die Erstellung künftiger neuer Lehrpläne herausstellt, daß zwar gegenwärtig im Bereich der schulischen Bildung nach wie vor von zwei „Kulturen" - der naturwissenschaftlich-mathematischen einerseits und der geistes- bzw. humanwissenschaftlichen andererseits - gesprochen werde, daß heute gleichwohl „im Zeichen der einen Wirklichkeit bildungstheoretisch, schulpädagogisch und didaktisch zunehmend als bedeutsam erkannt (werde), beide füreinander beziehungs- und gesprächsfähig zu machen, etwa in der Gestalt bildungsmäßig exemplarischer Beispielfälle oder 'Schlüsselprobleme' (W. Klafki)."[27]

Mit derartig strukturierten Unterrichtsprojekten kann zudem ein Beitrag zu einer Bildung geleistet werden, die wesentlich auf Lebensorientierung zielt und deshalb einer philosophisch-religiös-theologischen Dimension bedarf. Solche Bildungsverantwortung zielt „auf eine Humanität, die sich nicht zuletzt im Verzicht auf die Vorstellung vom idealen Menschen bewährt. Sie erweist ihren humanen und emanzipatorischen Anspruch gerade darin, daß sie den Menschen in allen seinen Lebensbezügen in den Blick nimmt und deshalb auch in seinen Begrenztheiten. In diesem Sinne weist sie, gerade wenn sie sich auf den christlichen Glauben beruft, in die Berufserfüllung in ökumenischer und ökologischer Verantwortung ein."[28] Dies trägt bei zu einem ganzheitlichen Verständnis der schulischen Aufgabenstellung.

Mit solchen unterrichtlichen Ansätzen soll die traditionelle Verankerung des Evangelischen in Lehrerhaltung, Umgangsstil, Andacht, Schulleben und Schulgottesdiensten nicht abgelöst, sondern bereichert und erweitert werden. Vom Ergebnis solcher Bemühungen wird es mit abhängen, wie man am Ausgang des Jahrhunderts die Frage beantworten wird, ob der Protestantismus schulpädagogisch erschöpft ist oder noch über die Kraft zu weiterführenden inhaltlichen Perspektiven verfügt.

---

[27] *W. Ritter*, Fächerübergreifender Unterricht. Modell für eine neue Lehrplangeneration, in: NELKB 47, 1992, S. 327-329.

[28] *EKD-Kirchenamt* (Hrsg.), Evangelisches Bildungsverständnis in einer sich wandelnden Arbeitsgesellschaft. Ein Beitrag der Kammer der EKD für Bildung und Erziehung (EKD-Texte 37), Hannover 1991, S. 36.

5. Das „Evangelische" als Inhalt und als Suchbewegung

5.1 ... in konkreten Suchprozessen

Martin Schreiner hat aufgrund seiner historisch-systematischen Untersuchung der Begründungszusammenhänge evangelischer Schulen das Evangelische als „Suchbewegung im Spielraum der Freiheit" herausgestellt:

„Das Besondere dieser Schulen - so die These - liegt in der kontinuierlichen Suchbewegung nach der Gestaltwerdung der 'libertas christiana' im alltäglichen Erziehungs- und Bildungsgeschehen. Das ständige Bemühen um die Verwirklichung der 'Freiheit eines Christenmenschen', die andauernde Reflexion über Sinn und Ziel gemeinsamen Handelns, Lehrens und Lernens, der konziliare Streit um die christliche Wahrheit im Sinne der Unterscheidung der Geister, der verstärkte Diskurs über das Verhältnis von biblischem Zeugnis und gegenwärtiger Lebenswirklichkeit: darin ist zunächst das gestaltende Prinzip in den evangelischen Schulen in freier Trägerschaft zu sehen."[29] So stellt sich zunächst einmal das Evangelische einer evangelischen Schule als „ein zur Teilhabe einladender offener Prozeß (Bizer)" dar. Dieser Suchprozeß erstreckt sich grundsätzlich auf alles Denkbare, d.h. die gesamte Wirklichkeit.

Rüdeger Baron, Dietlind Fischer, Ulrich Klemm und Christoph Th. Scheilke haben für die Frage „Wie sollen Bildungsaufgaben in der Evangelischen Schule bearbeitet werden?" acht Gesichtspunkte zusammengestellt, die m.E. weiterführend und hilfreich sind[30]:

„(1) Resignation ist zum Zeitzeichen geworden. Resignation aber ist eine Beleidigung Gottes (Comenius). Evangelische Schulen eröffnen deshalb individuelle und soziale Hoffnungsräume, indem sie Kindern und Jugendlichen die Erfahrung von Geborgenheit ermöglichen, sie in ihrer persönlichen Entwicklung begleiten und herausfordern. In Evangelischen Schulen wird *der/die Einzelne ernst genommen* und beachtet.

(2) *Wissenschaftsorientierte* und wissenschaftskritische Lernarbeit an gesellschaftlichen Schlüsselproblemen erfordert fachübergreifende und -integrierende Zugangsweisen, Lernen in Vorhaben, Epochen und Projekten. Evangelische Schulen bemühen sich deshalb auch, durch Öffnung der Schule Erfahrungen mit der sozialen Umwelt zu ermöglichen.

(3) Die Schule einer demokratischen Gesellschaft muß in sich selbst ein Beispiel für das Erlernen und Erlebbarmachen von *Demokratie* sein.

---

29 *M. Schreiner*, Im Spielraum der Freiheit, Göttingen 1997, S. 393.

30 In: *R. Baron u.a.*, Was für Evangelische Schulen? Materialien zur Unterstützung von Verständigungsprozessen (Materialien + Berichte), Münster: Comenius-Institut 1994, S. 4f. Wiedergabe in gekürzter Form.

(4) ... die Entwicklung einer *Streitkultur* unter der Voraussetzung, daß sich alle beteiligten Personen ernstgenommen wissen. Schule ... muß Raum geben für Friedensregelungen und für das Üben von Gerechtigkeit.
(5) Schule sollte ein Lernfeld für längerfristiges Engagement, Durchhaltevermögen und Produktion von für die Mitmenschen nützlichen Werten sein anstelle von Konsumorientierung.
(6) An Evangelischen Schulen wird mit *Schwäche*, Behinderung und Leid anders umgegangen als sonst vielfach in unserer Leistungsgesellschaft.
(7) Schule als Erfahrungsraum muß auch die Erfahrung und Bildung der eigenen *Körperlichkeit* im Sinne leibhaftigen Lernens zulassen.
(8) Lernprozesse benötigen *Zeit*. Schon das griechische Wort schola bedeutet Muße, Tätigkeit nach Feierabend. Schule sollte daher nicht unter Zeitdruck stehen, sondern Ruhe, Besinnlichkeit, Verlangsamungen und Intensität zulassen ..."

Vieles, was im Blick auf das Profil einer evangelischen Schule angesprochen wird, stellt generelle Merkmale einer „guten Schule" heraus und kann so oder abgewandelt auch in allgemeinpädagogischer Reflexion aufscheinen und an staatlichen Schulen angetroffen werden. Ich denke, eine solche „Verwechselbarkeit" braucht uns nicht zu beunruhigen, ist es doch erfreulich, wenn es viele Gemeinsamkeiten in Erziehungs- und Bildungsfragen gibt.

Die Generalsynode der EKiÖ hat in ihrer „Stellungnahme zur Situation und Aufgabe Evangelischer Schulen"[31] darauf verwiesen, daß es *die evangelische Schule* nicht gebe, sondern unterschiedliche Schulgestalten, die vom Evangelium als der geistigen Mitte her je nach sozial-kulturellem Ort, Auftrag und Zielsetzung entwickelt werden können. Als wesentlich für evangelische Schulen werden folgende Punkte herausgestellt:

„- Wert und Würde des Kindes und Jugendlichen sind unantastbar, weil von Gott gegeben.
- Integration von Kindern und Jugendlichen mit Behinderung, ausländischen Kindern, sozial benachteiligten Schülern und Schülerinnen u.a.
- Menschsein bildet sich nicht in individualistischer Vereinzelung, sondern in Gemeinschaft und ökumenischer Offenheit.
- Ausbildung eines am Evangelium ausgerichteten Gewissens als Kennzeichen des Personwerdens in Mündigkeit und Selbständigkeit.
- Aus der Freiheit solchen Gewissens erwächst die Verantwortlichkeit der einzelnen Person.

---

[31] In: Schulfach Religion. Sondernummer 1997: „Bildungssynode 1996 der Evangelischen Kirche in Österreich", Wien 1997, S. 31-34. Zitate: S. 32-34.

Zusammenfassend ist zu sagen: Nach evangelischem Verständnis geschehen Bildung und Erziehung um der Freiheit des Menschen willen."

Im Blick auf die Entwicklung des jeweiligen Schulprofils werden insbesondere Bemühungen in folgenden Bereichen empfohlen:

„- ein menschenfreundliches Schulklima, das sowohl den Kindern und Jugendlichen als auch den Lehrerinnen und Lehrern guttut,
- die inhaltliche Kooperation und Vernetzung der Unterrichtsfächer,
- die Bemühungen um einen guten Kontakt zwischen Lehrenden und Schülerinnen und Schülern,
- der Ausbau der schulinternen Fortbildung für die Lehrenden,
- die Pflege der Beziehungen zwischen Lehrern/innen und Eltern,
- die Gestaltung der Schule als Lebensraum (unter Einschluß der Religiosität),
- die Sinnorientierung schulischen Lernens und die Thematisierung der Sinnfrage in allen Fächern."

Und noch ein drittes Beispiel einer Suchbewegung sei gegeben. Ulrich Klemm hat sich der Propriumsfrage, der Frage nach dem eigentlich „Evangelischen", das sich so an anderen Schulen nicht finden lasse, zugewandt. Er stellt dazu als wesentliche Gesichtspunkte heraus:

„- Die Bereitschaft und Fähigkeit der Mehrzahl der Lehrerinnen und Lehrer, ihre Pädagogik vor dem Hintergrund des christlichen Menschenbildes diskutieren und gegebenenfalls kritisieren zu lassen.
- Die Forderung nach der Respektierung des Schülers als Mitmenschen, dessen Würde unantastbar ist.
- Die Erkenntnis, daß alle Menschen 'unvollkommen' sind und Fehler machen. Daraus entspringt die Bereitschaft zum Verzeihen und die stete Offenheit für einen Neubeginn des pädagogischen Gesprächs.
- Das Wissen, daß das 'Evangelische' einer Schule kein institutioneller Besitz ist, sondern in einem rational bestimmbaren Prozeß immer wieder neu verwirklicht werden muß."[32]

5.2 Bildung im Spielraum der Freiheit

Eine evangelische Schule ist nicht die Alternative im Sinne eines Ortes der heilen Welt. Eine christliche Motivation ist nicht die selbstverständliche Garantie für eine gute Schule. Aber da, wo wir willens sind, uns wirklich auf Bildung einzulassen, die vom Evangelium als geistiger Mitte der Schule herkommt und die die Kinder und Jugendlichen als Kinder Gottes und selb-

---

[32] *U. Klemm*, Die Friedrich-v.-Bodelschwingh-Schulen in Bethel (1993), in: *R. Baron u.a.*, Was für evangelische Schulen?, aaO., S. 53.

ständige Subjekte ernst nimmt, da können wir zu Gestaltungen von Schule kommen, die nicht zuletzt den Ausdruck ihrer konkreten Gestaltung in Schulklima, geistlichem Leben und ganzheitlicher Bildung finden werden. Dann besteht Aussicht, daß es uns gelingt, Bildung im Sinne des Spielraums der Freiheit, wie Bonhoeffer ihn gemeint hat, zum Zuge kommen zu lassen.

Die erörterten Fragestellungen lassen sich alle auch noch einmal bündeln in der Frage nach dem Menschenbild und seiner Bedeutung für Bildungs- und Erziehungsprozesse. Ich bin überzeugt: mit dem christlichen Verständnis des Menschen wird eine Perspektive angeboten, die für unser gesamtes pädagogisches Handeln wie für die religiöse Bildung grundlegend und hilfreich ist. Wenn wir vom Menschen als Person sprechen, besagt dies ja nicht, daß auf ein fest umrissenes Menschenbild hin erzogen werden soll, vielmehr zielt diese Aussage darauf, daß es Aufgabe von Bildung und Erziehung ist, die Bedingungen dafür bereit zu stellen, daß der Schüler bzw. die Schülerin seine bzw. ihre Personalität gewinnen kann.

Beim dem, was das spezifisch Christliche ausmacht, geht es nicht um einen empirischen Befund, sondern um eine Sinnaussage. Das christliche Verständnis des Menschen, das die Menschwerdung des Menschen im Sinne der und im Zusammenhang mit der Geschichte Gottes mit uns Menschen begreift, will gerade nicht ein für allemal in eine überzeitlich fixierte Definition gefaßt werden, sondern ist im Sinne eines Sinn- und Orientierungshorizontes für das menschliche Leben zu verstehen[33].

---

[33] Der Aufsatz erschien erstmals als Gruß anläßlich des 150jährigen Jubiläums des Schulwerkes in Oberschützen. Zur Konkretisierung s. jetzt *J. Ulreich*, Überlegungen zu einem Profil des Evangelischen Schulwerks Oberschützen und zu dessen praktischer Umsetzung, in: SchR 16, 1997, S. 145-159.

Die religiöse Dimension im Unterricht der Schulfächer wahrnehmen und reflektieren

Eine Skizze zum Profil evangelischer Schulen

In früheren Zeiten thematisierte die Allgemeine Pädagogik Religion als einen Bereich von Bildung und Erziehung explizit[1].

1. Religion und Pädagogik

So gab es auch ein breiteres Gespräch zwischen Theologie und Pädagogik. Dieser Dialog zwischen Theologie/Religionspädagogik auf der einen und Pädagogik auf der anderen Seite ist in den letzten beiden Jahrzehnten doch sehr zurückgetreten. Seitens der evangelischen Religionspädagogik wurden gleichwohl dies Gespräch und der Kontakt immer wieder gesucht[2].

Bemerkenswerterweise hat der Berliner Erziehungswissenschaftler Dietrich Benner in seiner „Allgemeinen Pädagogik" die Lebensprovinz der Religion prinzipiell wieder in einen pädagogischen Gesamtentwurf aufgenommen[3]. Benner denkt von einer menschlichen Gesamtpraxis her. Er ist besorgt, daß die Pädagogik sich immer mehr in Sektoren und eine Vielzahl von Wissenschaften auflöst. Benner will die „Einzelpraxen" Arbeit, Ethik, Pädagogik, Politik, Kunst und Religion für die „menschliche Gesamtpraxis", die nicht hierarchisch strukturiert ist, fruchtbar machen[4]. Die Theorie der Bildung soll sich auf alle Bereiche menschlichen Handelns erstrecken.

Auch der Würzburger Schulpädagoge Hartwig Schröder hat in seinen vielfältigen Veröffentlichungen zu einer allgemeinen Schultheorie immer wieder

---

1 Vgl. z.B. *W. Flitner*, Allgemeine Pädagogik, Stuttgart 1950 = ^{14}1974.

2 Zur Gesamtsituation siehe auch *K. Goßmann*, Haupttendenzen in der gegenwärtigen Diskussion der Erziehungswissenschaft, in: CL 43, 1990, S. 163-181. Ferner: *K.E. Nipkow*, Religion in der Pädagogik, in: ZP 38,1992, S. 239ff.

3 *D. Benner*, Allgemeine Pädagogik. Eine systematisch-problemgeschichtliche Einführung in die Grundstruktur pädagogischen Denkens und Handelns, Weinheim/München 1987.

4 Siehe das Strukturschema ebd. auf S. 34.

ausdrücklich Religion thematisiert und positiv darauf Bezug genommen. In seinem Buch „Wertorientierter Unterricht“[5] wird als einer von sieben der Zielbereich „Religion und Sinnbezug“ aufgenommen. Religion und Sinnerleben gelten als „Grundbefindlichkeiten des Menschen, welche ihn über das reale Dasein in den Bereich des Transzendentalen verweisen“. Unter Bezug auf Paul Neuenzeit wird herausgestellt, daß sich die religiöse Wertorientierung nicht mehr in theologischen „Sandkastenspielen“ vollziehen könne, sondern in einer Situation, die von zunehmend emanzipierten Gesellschaftsstrukturen bestimmt sei, müsse sie neu bedacht werden. Dabei verweist Schröder darauf, daß die entsprechenden Inhalte nicht nur im Religionsunterricht zu erörtern seien, „letztlich streut das Weltanschauliche auf alle Unterrichtsfächer aus. Dies gilt besonders für diejenigen (Fächer), welche das Verhältnis zum Mitmenschen, zur Natur und zum Gesetz betreffen.“ Ferner wird darauf verwiesen, daß Einsicht und Sinnbejahung eigentlich „den zentralen Bereich eines wertorientierten Unterrichts“ darstellen und von daher am wenigsten die Sache eines einzelnen Unterrichtsfaches sein können.

Diese Äußerungen von pädagogischer und schulpädagogischer Seite weisen in jene Richtung, um die es bei den Bemühungen geht, wenn nach der religiösen Dimension nun gerade nicht im Blick auf den schulischen Religionsunterricht, sondern im Blick auf den Unterricht in den anderen Fächern gefragt wird, um unter den Bedingungen heutigen Schulehaltens einen Beitrag zum Profil evangelischer Schulen zu leisten. Bisher wurde die Frage danach, was eine evangelische Schule ausmacht, vor allem daran festgemacht, daß der Besuch des Religionsunterrichts verpflichtend ist, es im Schulleben erhebliche christliche Anteile gibt (Andachten, Schulgottesdienste, Jahresfeste), in der Schule ein besonderer, dem Evangelium gemäßer Umgangsstil von Lehrern und Lehrerinnen mit den Schülern und Schülerinnen praktiziert und auf die seelsorgerliche Lebensbegleitung der Schülerinnen und Schüler ein besonderer Akzent gelegt wird. Dies ist eine ganze Menge, worauf evangelische Schulen verweisen können.

Freilich kann man auch die Frage stellen, ob dies nicht alles eine Ansiedlung des Propriums einer evangelischen Schule an den Rändern darstellt und ob nicht auch die Frage nach dem Proprium einmal im Blick auf den Kernbereich einer Schule, den gesamten Bereich des Fachunterrichts, zu stellen ist. Daß in solcher Weise die Propriumsfrage im Blick auf den Fachunterricht gestellt wird, stellt in der Tat eine neue Fragestellung dar. Ich bin in der Tat der Meinung, daß man diese Fragestellung weiterverfolgen muß, um zu sehen, wie weit sie trägt. Das kann im vorhinein nicht entschieden werden. Es liegen

5 München 1978, S. 74ff. Die Zitate finden sich auf S. 75, 77 und 79.

zwei interessante Veröffentlichungen vor, die Bemühungen um eine solche Konturierung evangelischer Schulen durch Umsetzung dieses Ansatzes in konkrete Unterrichtsprojekte dokumentieren. Es handelt sich zum einen um den Band „Unterrichtserneuerung mit Wagenschein und Comenius. Versuche Evangelischer Schulen 1985-1989“[6] und zum andern um die Veröffentlichung von „Die religiöse Dimension wahrnehmen. Unterrichtsbeispiele und Reflexionen aus der Projektarbeit des Evangelischen Schulbundes in Bayern“[7]. Dabei geht es um Versuche, im Umgang mit verschiedenen Sachverhalten „Unterricht im christlichen Aufmerksamkeitshorizont“ zu praktizieren oder, noch etwas weiter formuliert, der „religiösen Dimension“ nachzugehen. Diese Überlegungen wurden seinerzeit von *Karl Ernst Nipkow* angestoßen. Er spricht in diesem Zusammenhang von einem Unterricht im *„problemorientierten christlichen Aufmerksamkeitshorizont im Zusammenspiel der Unterrichtsfächer“*[8].

Dabei geht es um einen Unterricht, bei dem die unterschiedlichen Fächer unter übergreifenden Problemstellungen zusammengeführt werden. Im Unterricht sollen dabei die Sachverhalte auf der einen Seite nicht ihren einseitigen fachwissenschaftlichen Betrachtungsweisen überlassen werden. Auf der anderen Seite sollen aber die Gegenstände auch nicht unter eine unsachgemäße christliche Perspektive „gezwungen“ werden. Vielmehr muß sich die Gemeinsamkeit von Fragestellungen und Perspektiven von der Sache selbst her anbieten. Voraussetzung ist dafür die Fähigkeit zu mehrperspektivischem Sehen, wie es älteren Kindern und Jugendlichen zunehmend möglich ist. Auf diese Weise können in den oberen Klassen der Schule naturwissenschaftliche, humanwissenschaftliche und theologische Erkenntnisse und Sehweisen miteinander in Beziehung gesetzt und korrelativ aufeinander bezogen werden. Im Rahmen eines solchen Gesamtansatzes sind die vorliegenden Überlegungen angesiedelt, weil sich natürlich die Frage stellt, was meinen eigentlich „christlicher Aufmerksamskeitshorizont“ und „religiöse Dimension“.

2. Religiöse Dimension - Was ist das?

Um möglichen Mißverständnissen vorzubeugen, seien zunächst folgende zwei Punkte herausgestellt:

---

6 Hrsg. von *H.-C. Berg/G. Gerth/ K.H. Potthast*, Münster: Comenius Institut 1990.
7 Hrsg. von *J. Bohne* in Verbindung mit *G. Adam u.a.*, Münster: Comenius-Institut 1992.
8 Bildung als Lebensbegleitung und Erneuerung, Gütersloh [2]1992, S. 550.

Zum einen: Es gibt nicht einfach „*die*" religiöse Dimension. Wenn wir von der religiösen Dimension sprechen, so geht es um die Frage nach Dimensionen von Religion und Religiosität. Das ist aber eine mehrperspektivische Angelegenheit.

Zum andern: Dementsprechend kann es auch nicht einfach darum gehen, an den Anfang eine Definition von „der religiösen Dimension" zu stellen und im Ausgang von dieser Definition zu deduzieren und die gegebene Definition applikativ auf die einzelnen Fragestellungen und Fächer anzuwenden. Wenn von religiöser Dimension gesprochen wird, geht es um eine mehrdimensionale Perspektive. Dabei bündelt sich die Fragestellung nicht zuletzt darin, wie die Einheit der Wirklichkeit wahrgenommen und bedacht werden kann. Wenn die Welt des Glaubens und die Welt des Wissens nicht ohne weitere Bezugnahme und In-Verhältnissetzung schiedlich-friedlich nebeneinander herlaufen und damit letztlich auseinanderfallen sollen, dann sind Bemühungen um Dialog und das Gehen neuer Wege notwendig bis hin zum Bedenken dessen, was eine Sicht der Welt aus der Perspektive des christlichen Glaubens beinhaltet.

Zuvor hatte ich eine Vorgehensweise, welche die Thematik auf dem Wege der Deduktion von einem Begriff her bearbeitet, als der Sache nicht angemessen herausgestellt. Nur ein phänomenologischer Ansatz, der auf den Dialog aller beteiligten Gesprächspartner angewiesen ist, wird letztlich erfolgreich sein können. Ich zitiere noch einmal K.E. Nipkow: „Der Weg über die Phänomene, wie wir ihn besonders von Comenius eröffnet haben, kann bereits bei jüngeren Kindern und Schülern eingeschlagen werden. Er bereitet einen anderen Weg vor bzw. geht in einen Weg über, den ich als Unterricht im *problemorientierten christlichen Aufmerksamkeitshorizont im Zusammenspiel der Unterrichtsfächer* bezeichnen möchte; er ist damit stärker disziplinbezogen, führt aber die Disziplinen unter Problemstellungen zusammen."[9]

Wichtig ist dabei, daß der Religionsunterricht nicht allein auf sich gestellt bleibt, da seine Möglichkeiten als Einzelfach verständlicherweise begrenzt sind. „Im Verein mit anderen Unterrichtsfächern eröffnen sich mehr Möglichkeiten. Dies ist die große Chance von Schulen in evangelischer Trägerschaft, vorausgesetzt, sie buchstabieren ihr Proprium nicht nur im Schulleben oder in besonderen Vorhaben an den Rändern, sondern im alltäglichen Unterricht selbst."[10]

Freilich: Was bezeichnet die Perspektive der religiösen Dimension? Wie kann man sie identifizieren? Ich möchte die Thematik nach drei Seiten hin be-

---

9 *K.E. Nipkow*, Bildung als Lebensbegleitung und Erneuerung, Gütersloh ^{2}1992, S. 550.
10 Ebd., S. 554.

arbeiten: Zum einen soll die Frage in theologischer Hinsicht bedacht, zum andern in einer religionssoziologischen Perspektive beleuchtet und schließlich in religionspädagogischer Hinsicht reflektiert werden.

3. Religion - theologisch buchstabiert

Ich denke, es herrscht Einverständnis darüber, daß eine evangelische Schule eine gute Schule sein sollte. Das ist das, was sie mit allen anderen Schulen verbindet. Aber ihr evangelisches Proprium erhält sie vom *Evangelium* her, das eine bestimmte Perspektive ist, die sich nicht zuletzt in der Frage des Menschenbildes und einer bestimmten Sicht von Welt (konkret: Natur als Schöpfung Gottes entdecken und verantworten[11]) konkretisiert.

Nur: Was heißt das konkret? Evangelium bezeichnet zunächst einmal die Richtung, in die wir fragen müssen. Aber: Evangelium schlägt sich nieder in konkreten Gestaltungen. Wir als Protestanten machen uns die Sache hier oftmals zu leicht, indem wir zwischen Evangelium als Grund des Glaubens und dem Christentum als Folge des Glaubens unterscheiden und uns immer auf den Grund des Glaubens konzentrieren und die Folgen als zweitrangig betrachten. Dabei kommen wir leicht zu einer Geringschätzung von Kultur. Unter Umständen werden dann Frömmigkeit und Bildung gegeneinander ausgespielt, wobei Bildung als schädlich für die Frömmigkeit angesehen werden kann. Ich denke, wir dürfen Theologie/Glaube und allgemeine Kultur nicht diastatisch sehen wie die dialektischen Theologie, sondern in positivem Zusammenhang. Das hat für Unterrichtsprojekte erhebliche Konsequenzen.

Wenn wir nach dem Verhältnis von Glaube und Religion fragen, so kann es nicht angehen, den religiösen Bereich vom Bereich des Glaubens abzutrennen. Es ist richtig und ein wesentlicher Ertrag der Diskussion um die Frage der Religion, daß sich Religion und christlicher Glaube nicht zueinander verhalten wie das Allgemeine zum Besonderen, sondern daß sie einander dialektisch zuzuordnen sind. Solche Dialektik ist Ausdruck der spannungsreichen Bezogenheit beider Größen, nicht aber Ausdruck der Indifferenz.

Gerhard Ebeling hat diesen Sachverhalt in der Doppelthese zum Ausdruck gebracht: „1. Der Glaube ist das Kriterium der Religion ... 2. Religion ist jedoch die Lebensbedingung des Glaubens."[12] Er führt dazu aus, daß das Evangelium nicht ohne Religion verkündbar ist und daß das Christliche sich in sei-

---

[11] Vgl. dazu *G. Adam*, Verantwortung wahrnehmen im Blick auf die Natur, in: *ders.*, Religiöse Bildung und Lebensgeschichte (StTh 10), Würzburg 1994, S. 205-228.

[12] *G. Ebeling*, Dogmatik des christlichen Glaubens, Bd. 1, Tübingen 1979, S. 138f.

ner geschichtlichen Existenz nicht auf bloßes Evangelium reduzieren lasse. Deshalb kann das Evangelium gar nicht anders laut werden als in der Spannung zur Religion sowie in der Gestaltwerdung als Religion: „Das Evangelium hat ... in der christlichen Religion seine Spuren hinterlassen und hier den rechten Gebrauch von Religion gewiesen."[13]

In diesem Sinne ist es legitim, von christlicher Religion zu reden und mit Manfred Josuttis zu sagen: „Das Christliche ist das Evangelium in der Form des Gesetzes, ist der Glaube in der Gestalt der Weltanschauung, ist die Kirche als Ort der Religion. Gottes Wort würde nicht durch den Mund von Menschen ergehen, Gottes Volk würde sich nicht als Gemeinschaft von Menschen versammeln, wenn sich aus dem Lautwerden dieses Wortes und aus der Versammlung dieser Gemeinschaft nicht auch immer wieder religiöse und weltanschauliche Haltungen, Meinungen und Institutionen entwickeln würden."[14] Ich wiederhole: „Wenn sich aus dem Lautwerden dieses Wortes ... nicht auch immer wieder religiöse und weltanschauliche Haltungen, Meinungen und Institutionen entwickeln würden!" Damit ist ein produktiver Zusammenhang von Evangelium und Kultur, Glaube und Kultur formuliert, so daß man direkt auch von einer „kulturstiftenden Effizienz des Glaubens"[15] sprechen kann. Hier liegt ein Thema vor, das für evangelische Theologie und Kirche noch nicht hinreichend bearbeitet ist. Paul Tillich war einer der wenigen Theologen in unserem Jahrhundert, bei dem in dieser Frage noch manches zu lernen ist. Auf dem Hintergrund dieser grundsätzlichen Bestimmung finde ich es hilfreich, jene Dimensionen der Religiosität zur Kenntnis zu nehmen, die der amerikanische Soziologe Charles Glock herausgestellt hat.

4. Dimensionen der Religiosität - soziologisch reflektiert

Charles Glock hat zusammen mit seinem Kollegen Rodney Stark im Laufe der Zeit Dimensionen der Religiosität herausgearbeitet, die für die Strukturierung von Projekten im Blick auf die Frage der religiösen Dimension hilfreich sein dürften. Wir können mit ihrer Hilfe schwerpunktmäßig feststellen und festlegen, in welchen Bereichen Projektschwerpunkte liegen bzw. liegen sollen.

---

[13] Ebd.

[14] *M. Josuttis*, Was ist „christlich"?, in: *H.B. Kaufmann* (Hrsg.), Streit um die Christlichkeit der Schule, Gütersloh 1970, S. 64.

[15] *E. Biser*, Glaube und Kultur. Von der kulturstiftenden Effizienz des Glaubens, in: *M. Heitger* (Hrsg.), Bildung zwischen Glaube und Wissen, Innsbruck 1991, S. 9-21. Zitat: S. 9.

Das Interessante besteht darin, daß Glock nicht einfach von außen soziologische Kategorien heranbringt, sondern die Frage stellt, wie Religiosität ihrer eigenen inneren Struktur nach beschaffen ist[16]. Glock geht es darum, ein Bezugssystem zu entwickeln, „in dem religiöses Verhalten und religiöse Einstellung nicht auf einige wenige Aspekte verkürzt werden, sondern eben in ihrer differenzierten Vielschichtigkeit soziologisch-begrifflich zum Ausdruck kommen. Das Ergebnis dieses Konzeptualisierungsversuchs ist ein Mehr-Dimensionen-Modell, das Glock erstmals 1954 veröffentlicht und das seitdem auch anderen Religionssoziologen immer wieder als Forschungsgrundlage gedient hat; des öfteren stand es im Brennpunkt methodologischer Auseinandersetzungen."[17] Charles Glock unterschied zunächst vier, später fünf grundlegende Dimensionen:

(1) Die ideologische Dimension des Glaubens
Jede Religion besitzt ein System von Glaubenssätzen, zu denen sich die Mitglieder überzeugungsmäßig bekennen. Je intensiver die Überzeugung der einzelnen ist, je bereitwilliger ihre Zustimmung zu den zentralen Dogmen ihrer Kirche ausfällt, desto traditioneller, orthodoxer und intoleranter nimmt sich der Glaube aus, auf der Kehrseite befindet sich entsprechend der weltoffene, moderne und anpassungsbereite Glaube. Ob nun die Überzeugung eines Menschen eher liberal oder fundamentalistisch geprägt ist, stets hilft er dem einzelnen, Lücken in seinem Weltverständnis auszufüllen, Einsamkeit, Entbehrung und Frustration zu bewältigen und sich schließlich auf eine bestimmte Wertordnung zu verpflichten. Dieser Glaube ist für die Kirche die maßgebliche Integrationsklammer des Zusammenhaltes und Bestandes.

(2) Die rituelle Dimension der Praxis
Jede Religion verwirklicht sich über symbolische Manifestation hinaus durch Rituale und heilige Praktiken: etwa im Gottesdienst, bei der Trauung und Taufe oder bei Bestattungsfeiern. Die Riten sind meist öffentlicher Natur (Gottesdienst), können sich jedoch auch im privaten Bereich abspielen (Tischgebet). Diese Seite ist im Katholizismus besonders ausführlich geregelt.

(3) Die Dimension der religiösen Erfahrung

---

[16] *C. Glock*, Dimensionen der Religiosität, in: *J. Matthes*, Kirche und Gesellschaft. Religionssoziologie, Bd. 2, Reinbek 1968, S. 150-168. - Vgl auch *V. Drehsen*, Ethisierung der Religion im gesellschaftlichen Pluralismus am Beispiel Amerikas, in: *K.W. Dahm/ V. Drehsen/G. Kehrer*, Das Jenseits der Gesellschaft. Religion im Prozeß sozialwissenschaftlicher Kritik, München 1975, S. 229ff.

[17] *V. Drehsen*, ebd., S. 229.

Damit bezeichnet Glock die gefühlsbewegte, subjektive Kontaktaufnahme zum Heiligen. Sie kann dramatisch ablaufen wie beim Damaskuserlebnis von Paulus, sie kann aber auch Formen annehmen, wie etwa Friedrich Schleiermacher Religion als das Gefühl der schlechthinnigen Abhängigkeit beschrieben hat. Das religiöse Erlebnis tritt besonders auch als Bekehrung auf. Von daher haben manche gemeint, das sei ein eher typisch protestantisches Merkmal.

(4) Die intellektuelle Dimension des religiösen Wissens
Jede Religion verlangt von ihren Mitgliedern gewisse intellektuelle Fähigkeiten: Die Gläubigen sollen über grundlegende Zusammenhänge und Quellen des Glaubens informiert sein und sie gegenüber Anfragen und Bestreitungen verteidigen können. In den höher entwickelten Religionen wird diese Dimension des religiösen Wissens, Argumentierens und Verwerfens berufsmäßig von Priestern, Pfarrerinnen und Pfarrern sowie theologischen Lehrern bewahrt und systematisch weiterentwickelt.

(5) Die ethische Dimension der religiösen Wirkung
Die Dimension der ethischen Konsequenzen ist die übergeordnete Ebene für Glock, in die gleichermaßen der ideologische Aspekt des Glaubens, die rituelle Praxis, die gefühlsmäßige Erfahrung und das intellektuelle Wissen einmünden. Sie ist auch im Verhalten eines Menschen zu erkennen, der in einer völlig säkularisierten Umwelt lebt. Die ethisch-religiöse Dimension stellt sich gleichsam als die immerzu gegenwärtige Wirkungsessenz von Religion im gesellschaftlichen Verhalten ihrer Mitglieder dar, sie ist identisch mit dem, was Herberg als Funktion der Kulturreligion beschrieben und Lenski als „religiösen Faktor“ bezeichnet hat.

Es ist zu überlegen, ob man diese Dimensionen nicht um eine weitere ergänzen sollte, wie das in der Diskussion verschiedentlich vorgeschlagen wurde, nämlich um die *(sechste) Dimension des Verhältnisses zur konkret-vorfindlichen Kirche*. Allerdings wird dabei übersehen, daß die fünf Dimensionen jeweils auch Bezüge zur Kirche beinhalten. Zudem ist zu bedenken, was es eigentlich bedeutet, daß wir mit einem Christentum in dreifacher Gestalt konfrontiert sind, wie im nächsten Abschnitt näher ausgeführt wird.

Trotz kritischer Anfragen scheint mir das Glocksche Mehr-Dimensionen-Modell nach wie vor ein hilfreiches heuristisches Instrumentarium, um die Frage der verschiedenen Aspekte der religiösen Dimension im Blick auf die konkrete unterrichtliche Arbeit strukturieren zu können. Dazu kommt, daß das

Modell in seinen Kategorien durchaus eine sachliche Nähe zu einer theologischen Kategorisierung der religiösen Dimension hat[18].

Eine Bemerkung sei noch hinsichtlich der intellektuellen Dimension angefügt: Der christliche Glaube, zumal in seiner protestantischen Version, ist vor allem auch dadurch gekennzeichnet, daß er durchgängig denkender Glaube ist. Dies hat Vorzüge und zieht Begrenzungen nach sich. Im Blick auf unsere schulische Situation darf man diesen Punkt aber nicht gering einschätzen. Sosehr es darum geht, die religiöse Dimension wahrzunehmen, zu entdecken, dafür sensibilisiert zu werden, so geht es zugleich doch auch darum, zu reflektieren, was mit der religiösen Dimension in den Blick kommt.

5. Religiöse Gestaltungen des Christentums

Um sich einer genaueren Erfassung dessen zu nähern, was religiöse Dimension bedeutet, scheinen mir weiterhin jene Bestimmungen hilfreich, die - in Aufnahme von Überlegungen von Trutz Rendtorff - der Tübinger Praktische Theologe Dietrich Rössler vorgelegt hat. Er beschreibt das neuzeitliche Christentum als ein Christentum in dreifacher Gestalt: (1) als kirchliches Christentum, (2) als das Christentum der Gesellschaft oder der Öffentlichkeit und (3) als privates Christentum[19]. Diese Überlegungen sind insofern hilfreich, als sie einerseits helfen, die geschichtlichen Ausprägungen des Christentums in unserer Gesellschaft genauer zu erfassen, und als andererseits dadurch ermöglicht wird, daß das Bedingungsgefüge unterrichtlichen Handelns präziser erkannt werden kann.

D. Rössler erinnert zum Begriff „neuzeitliches Christentum" an die Grundlinien der geschichtlichen Differenzierung[20]. Die Reformation, die Glaubenskriege und die Ausbildung der Konfessionskirchen haben nach Rössler die Voraussetzungen für die Überzeugung geschaffen, daß die Lebenspraxis des

---

[18] Vgl. *D. Engels*, Religiosität im Theologiestudium, Stuttgart u.a. 1990, S. 73ff. - Hinzuweisen ist in diesem Zusammenhang auf ein weiteres Konzept zur Frage eines mehrdimensionalen Verständnisses von Religiosität, das *U. Hemel* vorgelegt hat. Hier wird unterschieden nach (1) religiöser Sensibilität, (2) religiösem Ausdrucksverhalten, (3) religiöser Inhaltlichkeit, (4) religiöser Kommunikation und (5) als umfassendem „Horizont": der Dimension der religiösen Lebenshaltung und Lebensgestaltung. Gerade im Blick auf religionspädagogische Zielreflexionen dürfte dies Konzept von Interesse sein (Manuskript).

[19] *D. Rössler*, Grundriß der Praktischen Theologie, Berlin/New York 1986, S. 79-86. Ferner: *D. Rössler*, Die Einheit der Praktischen Theologie, in: *K.E. Nipkow/D. Rössler/ F. Schweitzer* (Hrsg.), Praktische Theologie und Kultur der Gegenwart, Gütersloh 1991, S. 43ff., bes. S. 48-50.

[20] Die Zitate im folgenden aaO., S. 48-50.

kirchlichen Christentums sich von der Lebenspraxis der Gesellschaft deutlich unterscheiden müsse. Das Programm des Pietismus verdeutliche dies. „Nicht allein die Innerlichkeit, die äußerlich sichtbare vita christiana sollte das Christentum der Christen in der Welt identifizierbar machen. Diese Überzeugung hat sich verhältnismäßig schnell durchgesetzt und ist allgemein geworden im Protestantismus des frühen 18. Jahrhunderts, und zwar auch dort, wo im übrigen die Grundsätze des Pietismus nicht geteilt wurden."

Damit sei das Christentum in zwei geschichtliche Gestalten auseinandergetreten. Zunächst sei durch diese Differenzierung das kirchliche Christentum entstanden, das ein eigenes Gepräge und eine bestimmte Frömmigkeit als öffentliche Verhaltensform entwickelt habe. Das kirchliche Christentum stellte sich als eine bestimmte Weise der Zugehörigkeit zur Kirche und der Teilnahme an ihren Lebensäußerungen dar. Sodann aber sei das öffentliche oder allgemeine Christentum identifizierbar geworden. „Es besteht in den allgemeinen, christlich geprägten Verhältnissen, in gültigen Traditionen, in politisch relevanten Texten, in der Überlieferung unverzichtbarer Bildungsgehalte, in moralischen Überzeugungen und, nicht zuletzt, in den Prinzipien der gesellschaftlichen Institutionen. Selbstverständlich gibt es zwischen diesen Gestalten des Christentums wechselseitige Einflüsse und vielfache Beziehungen. Aber es kann kein Zweifel daran sein, daß das öffentliche Christentum, das in den meisten Staaten der neuzeitlichen Welt auch von deren Repräsentanten in Anspruch genommen oder doch zumindest toleriert wird, sich deutlich vom kirchlichen Christentum, das sich im Rahmen jeweils derselben Gesellschaft ausgebildet hat, deutlich unterscheidet."

Durch dieses Auseinandertreten der zwei großen Gestalten des Christentums in der Neuzeit sei der einzelne zunächst orientierungslos und vor die Frage gestellt worden, ob und in welchem Maße er sich dem kirchlichen Christentum anzuschließen gewillt sei. Da es an festen und zwingenden Vorgaben fehlte, mußte er seinen Ort zwischen kirchlichem und allgemeinem Christentum suchen. „Das individuelle Christentum, das auf diese Weise entsteht, läßt sich kaum auf generelle Weise präzisieren oder definieren. Es hat seine Eigentümlichkeit eben darin, individuell zu sein und individuelle Verhältnisse zum Christentum und zur Kirchlichkeit auszubilden und wahrzunehmen. Das individuelle Christentum wird zur dritten Gestalt des neuzeitlichen Christentums, weil es auf eine jeweils eigene Weise und darin mehr oder weniger deutlich identifizierbar das Christentum zwischen dessen kirchlicher und öffentlicher Gestalt noch einmal und eben auf individuelle Weise repräsentiert."

Naturgemäß sind vielfältige Zusammenhänge und Abhängigkeiten vorhanden. Wir verbinden die drei Gestalten des neuzeitlichen Christentums miteinander. Die Differenzierung geht - historisch gesehen - auf religiöse Motive zurück. Religiöse Motive seien es auch, welche die Gestalten des Christentums lebendig erhalten. Vor allem von der kirchlichen Gestalt des Christentums gingen Impulse aus, von denen das Christentum in seiner Gesamtheit in Bewegung gehalten werde. Die Ausprägung der neuzeitlichen Gestalt des Christentums sei, so betont Rössler, nicht nur ein historischer Vorgang, sondern sei zu einem bleibenden und produktiven Moment dieses Christentums selbst geworden. In jeder Gegenwart bildeten sich die eigentümlichen Züge der drei Gestalten des Christentums auf ihre Weise neu.

Diese dreifache Gestalt des neuzeitlichen Christentums hat nun nach Rössler die drei großen Praxisfelder der Kirche und die drei großen Aufgabenbereiche der Praktischen Theologie erst eigentlich geformt und in je eigenem Sinne ausgebildet. Die Predigt sei die Domäne des kirchlichen Christentums, der allgemeine Religionsunterricht sei im Blick auf das öffentliche Christentum geprägt worden, und die Seelsorge habe sich in dem Maße entwickelt, in dem das individuelle Christentum an Bedeutung gewann. Deshalb liege hier das Prinzip, das die Einheit und die Differenzierung der Gegenstände und des Handelns auch im Zusammenhang der praktisch-theologischen Theorie zu begründen vermöge: „Für das kirchliche Handeln ist die Einheit des Christentums auch dort vorgegeben, wo die durch das Selbstverständnis des kirchlichen Christentums gesetzten Grenzen überschritten sind.“[21]

Was erbringt diese Bestimmung der dreifachen Gestalt des Christentums im Blick auf die Frage nach der religiösen Dimension? Es wird deutlich, daß es eine Verengung der Fragestellung wäre, würde man lediglich die kirchliche Form des Christentums zum Gegenstand der Analyse und Reflexion machen. Die Glockschen Kategorien liegen „quer“ zu dieser Bestimmung der dreifachen Gestalt des neuzeitlichen Christentums. Freilich lassen sie sich teilweise schwerpunktmäßig einer Gestalt zuordnen. Durch die Rösslerschen Darlegungen gewinnen wir für die Beschäftigung mit der religiösen Dimension im Unterricht eine erhebliche Erweiterung des Horizontes, weil nicht nur die Glaubensdimension im engeren Sinne in den Blick kommt. Es werden die Überlegungen zur Religion als Lebensform des Glaubens über die zuvor gegebene grundsätzliche Bestimmung hinaus[22] in die drei großen Handlungsfelder ausgezogen.

---

[21] Ebd., S. 50.
[22] S. o. S. 133f. (Abschnitt 3).

6. Auf der Spur der religiösen Dimension

Es stimmt nachdenklich, daß der Soziologe Peter L. Berger in seinem Buch „Auf den Spuren der Engel“[23] die Frage aufwirft, ob man heute überhaupt noch theologisch denken kann und soll - und wenn ja, dann auf welche Weise.

6.1 Staunen - Die religiöse Dimension wahrnehmen

Gegenüber der These, daß in der säkularen Welt alles Religiöse im Verschwinden begriffen sei, lautet die These Bergers, daß man bei einer aufmerksamen Betrachtung des Alltagslebens durchaus „Spuren der Engel“, das heißt Zeichen der Transzendenz, wahrnehmen kann. Er behauptet, daß es prototypisch menschliches Verhalten gibt, das solche Zeichen der Transzendenz darstellt. Als solche Zeichen benennt er Phänomene der alltäglichen Wirklichkeit, die über diese selbst hinaus weisen[24]. Bemerkenswert ist dabei, daß er einen induktiven Ansatz favorisiert und davon ausgeht, daß menschliche Erfahrungen zum Gottesgedanken führen können.

Hier stellt sich das theologische Problem der natürlichen Theologie. Lange Zeit hat es sich die evangelische Theologie - im Interesse der Konzentration auf die Frage des Heiles - verboten sein lassen, den Fragen nachzugehen, die mit dem Stichwort der natürlichen Theologie verbunden sind. Dies hat aber zugleich dazu geführt, daß man auch all die Fragen aus dem Blick verloren hat, die mit der Schöpfungsthematik benannt sind. Inzwischen ist dieses Problem sachgemäß bearbeitet worden, so daß deutlich ist, daß die religionspädagogische Aufgabe der Vermittlung eine elementare Reflexion auf Erfahrung und eine Förderung der Erfahrungsfähigkeit erforderlich macht[25].

Das Verdikt über die natürliche Theologie hatte unmittelbar Folgen bis hinein in den Unterricht, seine Anlage und Durchführung. In einer kritischen Bearbeitung von Materialien zum Religionsunterricht in der Weimarer Zeit und in der alten Bundesrepublik Deutschland kommt Veit-Jakobus Dieterich[26] zu dem bemerkenswerten Ergebnis, daß das Naturverständnis in der Zeit der liberalen Religionspädagogik stärker in einem kommunikativen Sinne gefaßt und im Dialog mit den Naturwissenschaften bearbeitet wurde, während in der Zeit nach dem Zweiten Weltkrieg das Herrschaftsmodell, das den Menschen als den Beherrscher der Natur sieht, das dominierende Modell darstellte und

---

[23] Frankfurt 1975.

[24] Ebd., S. 79ff.

[25] Vgl. *P. Biehl*, Erfahrung, Glaube und Bildung, Gütersloh 1991, S. 53ff.

[26] *V.-J. Dieterich*, Naturwissenschaftlich-technische Welt und Natur im Religionsunterricht (Europäische Hochschulschriften, Reihe XXII, Bd. 186), 2 Bde., Frankfurt 1990, S. 493ff.

ein deutliches Zurücktreten des Dialoges mit den anderen Fächern zu erkennen war. In der Zeit nach 1968 begann sich wieder eine Veränderung anzubahnen, so daß der Religionsunterricht in der Frage des Naturverständnisses erneut offener und kommunikativer wurde. Wir bedürfen also einer doppelseitigen Gesprächsbereitschaft im Überschneidungsfeld von naturwissenschaftlichen und theologischen Fragestellungen.

Solche Wege des Verstehens und des Gesprächs können mit dem Staunen anfangen. Der Münchener Religionspädagoge Erich Feifel stellt in diesem Sinne heraus: „Staunen ist in einem semantischen Umfeld angesiedelt, das sowohl Achtung und Achtsamkeit, Beachtung und Respekt als auch Scheu und Bewunderung umschließt. Staunen entspricht der Ehrfurcht, die Welt und Leben bejaht. Es ist nicht nur Ausdruck der Fragehaltung bewußten Lebens. Staunen ist auch der Anfang religiöser Ergriffenheit. Staunend nimmt der Mensch die Schöpfung wahr, denn im blühenden Baum, in den Wunderformen der Quelle, im Grashalm, in allem Lebendigen hat es der Mensch mit der Geheimnistiefe der Wirklichkeit zu tun.“[27]

Die gegenwärtige Lebenswirklichkeit macht es angesichts ihrer realen Verfaßtheit erforderlich, das Bewußtsein für eine „transempirische“ Wirklichkeit neu zu wecken, um so wichtige Voraussetzungen für die angemessene Wahrnehmung der religiösen Dimension und der Glaubenswirklichkeit zu schaffen. Es steht außer Zweifel, daß diese Aufgabe die Möglichkeiten eines einzelnen Faches übersteigt. Das gilt auch für die Möglichkeiten eines sehr guten Religionsunterrichts. Und von daher bedarf es der Mitarbeit und Zusammenarbeit möglichst vieler Schulfächer.

---

[27] *E. Feifel*, Ganzheitlich religiöse Erziehung im schulischen Alltag, in: *W. Fleckenstein/ H. Herion* (Hrsg.), Lernprozesse im Glauben. Paul Neuenzeit zum 60. Geburtstag, Gießen 1991, S. 27-46. Zitat: S. 29.

6.2 Die religiöse Dimension reflektieren - Ein Beitrag zu einer notwendigen neuen Denkkultur

Nun könnte der Einwand erhoben werden: Wird nicht, wenn man von religiöser Dimension redet, eine Reduktion des Selbstverständnisses evangelischer Schulen vollzogen, indem das Proprium nicht mehr hinreichend zum Zuge kommt, wenn man sich auf etwas so „Unscharfes" wie eine religiöse Dimension einläßt? Richtig wäre dieser Einwand, wenn man von einer auf die Kirchlichkeitsperspektive konzentrierten und damit reduzierten Perspektive schulischer Arbeit ausgehen würde. Dort, wo die zuvor explizierten Gesichtspunkte von der dreifachen Gestalt des Christentums im Blick sind, wird deutlich, daß mit der Rede von der religiösen Dimension eine notwendige Ausweitung des religiösen Gegenstandsbereiches und die Öffnung einer binnenkirchlichen Orientierung angesagt sind.

Die neueren religionssoziologischen Untersuchungen geben Grund zu der Annahme, daß eine jenseits der binnenkirchlichen Perspektiven stattfindende Sozialisation wohl größere Chancen hat, den Menschen, insbesondere den gebildeteren, skeptischen, meist jüngeren Menschen Zugänge zu eröffnen und zu zeigen, wie die Überlieferung des Glaubens auch für sie von Interesse und Bedeutung sein kann[28].

Damit wird auch ein Erfordernis berücksichtigt, das Ernst Lange seinerzeit in dem Aufsatz über „Das Bildungsdilemma der Volkskirche" in aller Klarheit herausgearbeitet hatte. Es heißt dort folgendermaßen:

„Wählt die Kirche die Strategie der Bestandssicherung im Hinblick auf diesen Bestand, dann kann sie ihr Verhältnis zur Lerngesellschaft nicht konstruktiv verändern. Der 'Faktor Bildung' wird dann, wie man vermuten muß, weiter gegen ihre Bestände wirken. Nimmt aber die Kirche die Herausforderung der Lerngesellschaft an und bringt sie sich selbst und ihre Überlieferung in den Bildungsprozeß und überhaupt in den gesellschaftlichen Streit um die Wahrheit in der Weise ein, daß sie sich wie alle Überlieferungen dem Text und der Kritik der Erfahrung vorbehaltlos aussetzt, dann muß das auf ihre angestammten Handlungsformen massiv durchschlagen ...

Ziel der innerkirchlichen Sozialisation und überhaupt des kirchlichen Handelns gegenüber der Mitgliedschaft ist dann nicht mehr Stabilisierung und Pflege selbstverständlicher Kirchlichkeit, sondern der verstandene, durch das Feuer der kritischen Aufarbeitung der Glaubensüberlieferung hindurchgegan-

---

[28] Vgl. die entsprechenden Hinweise in der Kommentierung der ersten EKD-weiten empirischen Untersuchung zur Frage der Kirchenmitgliedschaft in: *H. Hild* (Hrsg.), Wie stabil ist die Kirche?, Gelnhausen/Berlin 1984.

gene Glaube oder doch mindestens die verantwortliche, autonome Entscheidung für die Präsenz der Kirche in der Gesellschaft."[29]

Auf der Spur der religiösen Dimension zu sein, wäre dann zugleich ein Stück Bearbeitung des Problems, daß Bildung und Religion schwer zusammen zu gehen scheinen, was Ernst Lange mit dem Bildungsdilemma bezeichnete und was schon Friedrich Schleiermacher in der ersten seiner Reden „Über die Religion. Reden an die Gebildeten unter ihren Verächtern" (1799) thematisierte und zu bearbeiten versuchte.

In diesem Sinne geht es bei Unterrichtsprojekten um eine doppelte Zielrichtung: die religiöse Dimension, die spirituelle Dimension erstens *wahrzunehmen* und zweitens zu *reflektieren*. Ziel kann es nicht sein, eine emotionale Aufgeregtheit bewirken zu wollen, die dann sich selbst überlassen bliebe, noch kann es darum gehen, das Staunen und die Aha-Erlebnisse jeweils didaktisch „fest in den Griff zu nehmen" - hier wird Behutsamkeit am Platze sein müssen. Bei der Durchführung von Unterrichtsprojekten zeigt sich, daß sich unterschiedliche Vorgehensweisen herausbilden. Das kann man an den Projektbeschreibungen studieren, die in der Veröffentlichung des Evangelischen Schulbundes in Bayern „Die religiöse Dimension wahrnehmen"[30] vorgelegt worden sind. Es zeigt sich einmal das Staunen, das Aufmerksamwerden beim Pegnitz-Altarmprojekt, zum andern das Aufleuchten der Transzendenzdimension beim Lorenz-Projekt, das staunende Wahrnehmen und Weiterführen der Fragestellungen philosophisch-religiöser Art sowie die Zuordnung von ethischen Fragen - um nur einiges zu nennen. Die einzelnen Projekte geben hier im Detail Auskunft über diese Frage, so daß ich an dieser Stelle darauf verweisen kann.

Im Blick auf den Fachunterricht bedeutet dieses, daß deutlich werden kann, daß das Verhältnis des Menschen zur Wirklichkeit mehrdimensional ist. „Der naturwissenschaftliche Zugang und die technische Verfügung müssen etwa durch die ästhetische, die ethische und die religiöse Dimension der Wirklichkeitserfahrung ergänzt und gegebenenfalls in ihrem Absolutheitsanspruch begrenzt werden."[31]

Es legt sich nahe, daß der Fachunterricht bisweilen seine Grenzen überschreiten sollte, ja im Interesse der Schülerinnen und Schüler überschreiten muß, damit nicht ein einlinig-rationales Verständnis von Wirklichkeit auf der

---

29 *E. Lange*, Das Bildungsdilemma der Volkskirche, in: ders., Sprachschule für die Freiheit. Bildung als Problem und Funktion der Kirche, München/Gelnhausen 1980, S. 168ff. Zitat: S. 175.

30 Hrsg. von *J. Bohne u.a.*, Münster 1992, S. 29-138.

31 *H.B. Kaufmann*, Die Christen und die Schule in staatlicher und in freier Trägerschaft, Neukirchen-Vluyn 1989, S. 90.

einen Seite und/oder ein magisch-irrationales Verständnis auf der anderen Seite zu den alles bestimmenden Perspektiven werden. Je spezialisierter die fachlichen Aspekte werden, desto mehr wird es auch notwendig, die Frage nach dem Ganzen zu stellen und die unterschiedlichen Sichtweisen einander zuzuordnen.

Wo in den einzelnen Fächern unterschiedliche Zugangs- und Sichtweisen thematisch werden und zur Geltung kommen, besteht Aussicht, daß wir eine Denkkultur entwickeln, die für unser Bildungswesen notwendig und von zentraler Bedeutung ist. Das Denken in unserer gegenwärtigen Gesellschaft ist weitgehend ein reduziertes Denken, weil es oft nur einlinig und faktenorientiert ist[32]. Die Beschäftigung mit der religiösen Dimension kann dazu führen, daß nicht nur die Wahrnehmungsfähigkeit der Schülerinnen und Schüler eine Sensibilisierung erfährt, sondern daß auch ihr Denken insgesamt eine Bereicherung erfährt, indem es differenzierter wird. Auf diese Weise können wir zu einer neuen Kultur des Denkens in unseren Schulen beitragen: weg von einer Faktenbefangenheit, hin zu einer Orientierung am Reichtum und der Vielfalt der Aspekte des menschlichen Lebens.

6.3 Perspektiven für die künftige Lehrplanentwicklung

Es ist meine Überzeugung, daß die Arbeit an solchen Projekten, wie ich sie skizziert habe, einen Weg darstellt, um das Profil evangelischer Schulen zu konturieren. Die Integration und Vernetzung schulischen Lernens stellen angesichts der fortschreitenden Spezialisierung der Schule und ihrer Fächer eine notwendige Aufgabe dar. Es liegt durchaus in der Konsequenz des vorgeschlagenen Weges und dieser Überlegungen, wenn bei der Entwicklung künftiger Lehrpläne eine fächerübergreifende thematische Abstimmung vorgenommen wird, um auf diese Weise die Voraussetzungen für ein sinnvoll strukturiertes Lernen im Verbund der Fächer zu ermöglichen. Dies ist eine Perspektive, die auch für die Arbeit an den staatlichen Schulen von großem Interesse sein dürfte.

Ich kann Werner Ritter zustimmen, wenn er im Blick auf die Erstellung künftiger neuer Lehrpläne herausstellt, daß zwar gegenwärtig im Bereich der schulischen Bildung nach wie vor von zwei „Kulturen“ - der naturwissenschaftlich-mathematischen einerseits und der geistes- bzw. humanwissenschaftlichen andererseits - gesprochen werde, daß heute gleichwohl „im Zeichen der *einen* Wirklichkeit bildungstheoretisch, schulpädagogisch und di-

[32] So *S. Heine*, Denkende Aneignung: Oder was zu tun wäre, damit die Gebildeten die Religion nicht verachten, in: *M. Heitger* (Hrsg.), Bildung zwischen Glaube und Wissen, Innsbruck 1991, S. 57-87, bes. S. 62.

daktisch zunehmend als bedeutsam erkannt (werde), beide füreinander beziehungs- und gesprächsfähig zu machen, etwa in der Gestalt bildungsmäßig exemplarischer Beispielsfälle oder 'Schlüsselprobleme' (W. Klafki)."[33]

Daß eine solche Lehrplanperspektive an der Zeit und realistisch ist, sei durch drei Beispiele belegt. Seitens der Diözese Rottenburg-Stuttgart wurde der „Marchtaler Plan"[34] erarbeitet. Dieser Plan für die Klassen 1-9 (Allgemeine Pflichtschule) zeichnet sich dadurch aus, daß in der Grundschule die Religionslehre und der Heimat- und Sachunterricht vernetzt sind. In der Hauptschule sind die Fächer Religionslehre, Geschichte, Gemeinschaftskunde/ Wirtschaftslehre, Erdkunde, Physik, Chemie und Biologie in ihren Themen miteinander vernetzt.

Für die Themen des konziliaren Prozesses über Frieden, Gerechtigkeit und Bewahrung der Schöpfung hat W. Dietz[35] einen Vorschlag für einen fächerübergreifenden Unterricht vorgelegt. Schließlich sei auf den bayerischen Gymnasiallehrplan verwiesen, der mit dem Schuljahr 1992/93 in Kraft getreten ist[36]. Auch hier wurde Wert darauf gelegt, fächerübergreifende Aufgaben zu formulieren und die thematische Kooperation der Fächer zu fördern. Das Gesamtkonzept mit Profilbeschreibungen und Rahmenlehrplänen für alle Fächer sowie die Beschreibung der fächerübergreifenden Bildungs- und Erziehungsaufgaben liegen vor im „Lehrplan für das bayerische Gymnasium (Juli 1990)"[37].

Mit derartig strukturierten Unterrichtsprojekten kann zudem ein Beitrag zu einer Bildung geleistet werden, die wesentlich auf Lebensorientierung zielt und deshalb einer philosophisch-religiösen-theologischen Dimension bedarf. Solche Bildungsverantwortung zielt „auf eine Humanität, die sich nicht zuletzt im Verzicht auf die Vorstellung vom idealen Menschen bewährt. Sie erweist ihren humanen und emanzipatorischen Anspruch gerade darin, daß sie den Menschen in allen seinen Lebensbezügen in den Blick nimmt und deshalb

---

33 *W. Ritter*, Fächerübergreifender Unterricht. Modell für eine neue Lehrplangeneration, in: NELKB 47, 1992, S. 327-329.

34 *Bischöfliches Schulamt der Diözese Rottenburg-Stuttgart* (Hrsg.), Marchtaler Plan. Erziehungs- und Bildungsplan für die Katholischen Freien Grund- und Hauptschulen in der Diözese Rottenburg-Stuttgart, Bd. 1. Grundlagen, Rottenburg am Neckar ^{2}1990; Bd. 2. Die Vernetzten Unterrichtseinheiten, ebd. 1990.

35 *W. Dietz*, Global denken - lokal handeln: auch in der Schule?!, in: Entwurf o.J., 1990, Heft 2/3, S. 67 ff.

36 Fachlehrplan für Evangelische Religionslehre, in: Amtsblatt des Bayerischen Staatsministeriums für Unterricht, Kultus, Wissenschaft und Kunst, Teil I, Jg. 1992, Sondernummer 1 vom 15.1.1992 (61 S. Umfang).

37 Veröffentlicht in: Amtsblatt der Bayerischen Staatsministerien für Unterricht und Kultus und Wissenschaft und Kunst, Teil I, Jg. 1990, Sondernummer 3 vom 5.9.1990.

auch in seinen Begrenztheiten. In diesem Sinne weist sie, gerade wenn sie sich auf den christlichen Glauben beruft, in die Berufserfüllung in ökumenischer und ökologischer Verantwortung ein."[38]

Dies alles wird beitragen können zu einem Verständnis von schulischer Aufgabenstellung, das nicht zuletzt durch folgende Gesamthorizonte charakterisiert sein sollte: (1) die Sinnfrage zu ermöglichen und zu thematisieren, (2) mit der Natur verantwortlich umzugehen, (3) ethische Orientierung zu geben, (4) Beziehungen knüpfen zu lernen, (5) mit Schuld umzugehen und (6) zum Leben zu ermutigen[39].

---

[38] *EKD-Kirchenam*t (Hrsg.), Evangelisches Bildungsverständnis in einer sich wandeln den Arbeitsgesellschaft. Ein Beitrag der Kammer der EKD für Bildung und Erziehung (EKD-Texte 37), Hannover 1991, S. 36.

[39] Vgl. dazu etwa *H. Bauer*, Aufgaben für die Zukunft, in: *Evangelischer Oberkirchenrat* (Hrsg.), Wie wird die Schule der Zukunft gerecht? 38. Aulendorfer Erziehertag (Kirche und Schule 1), Stuttgart o.J. (1991).

II. Untersuchungen zu Einzelfragen

Die Katechismen von Martin Luther und Petrus Canisius

Konvergenz und Divergenz der Konfessionen

Katechismen stellen einen zentralen Kristallisationspunkt religiöser Bildung in den christlichen Kirchen dar. Ich nenne etwa den Kleinen und Großen Katechismus von Martin Luther, den Heidelberger Katechismus, den Catechismus Romanus von 1566, den Holländischen Katechismus, den Evangelischen Erwachsenenkatechismus von 1978 sowie den Katechismus der Katholischen Kirche von 1993.

1. Katechismus: Begriff und Sache

Nun gibt es eine breite gemeinsame Tradition, was den Katechismus betrifft. Bezüglich des Begriffes und der Sache „*Katechismus*" kann man folgende Verwendungsweisen unterscheiden:

(1) Augustinus verwendete das Wort zur Bezeichnung der mündlichen Unterweisung im Zusammenhang mit der Taufe. In diesem Sinne ist bei Luther in der Vorrede zum Großen Katechismus formuliert: Katechismus ist „ein Unterricht für die Kinder und Einfältigen ... eine Kinderlehre, die jeder Christ zur Not wissen soll, also, wer solches nicht weiß, kann nicht unter die Christen gerechnet und zu keinem Sakrament zugelassen werden."[1]

(2) Daraus daß der Täufling bei der Taufe befragt wird bzw. daß bei der Kindertaufe die Paten anstelle des Täuflings befragt werden, ergibt sich eine zweite Verwendungsweise des Begriffs. Es bildet sich ein Verständnis von Katechismus als einem spezifischen Unterrichtsverfahren heraus, das in Frage- und Antwortform verfährt. Auch Luther ist so in seinem Kleinen Katechismus verfahren. Als Methode hat er dies bereits in der Vorrede zur Deutschen Messe im Jahre 1526 expliziert. Nun gibt es die „Verhörfrage", die Dialogfrage und die Bekenntnisfrage. In der Vorrede zur Deutschen Messe stellt Luther eindeutig die Dialogfrage heraus, wenn er darauf abhebt, daß nicht nur die Worte auswendig gelernt und dahergeredet werden sollten, sondern daß man von „Abschnitt zu Abschnitt frage und sie antworten lasse, was ein jeglicher Abschnitt bedeute und wie sie es verstehen."

---

1 *M. Luther*, WA Bd. 30/I, S. 129. Vgl. die entsprechende Passage in der Vorrede M. Luthers zur „Deutschen Messe" (1526): „Katechismus aber heißt ein Unterricht."

(3) Ein dritter Gebrauch des Wortes Katechismus bezieht sich auf die Unterrichtsinhalte. Der Katechismus im Sinne eines christlichen Anfangsunterrichts umfaßte von Anfang an das Vaterunser und die Zehn Gebote. Auch war der Taufunterricht in der Alten Kirche auf das trinitarische Bekenntnis bezogen. Martin Luther hat den Dekalog, das Credo und das Vaterunser als Inhalt und Stoff des Katechismus aus der Tradition übernommen und denselben um die weiteren Hauptstücke Taufe und Abendmahl ergänzt.

(4) Erst jetzt kommt der vierte Gebrauch in den Blick: Katechismus als Bezeichnung für ein Buch, das eben jenen christlichen Unterricht enthält. Im deutschsprachigen Bereich wurde erstmalig im Jahre 1528 „Catechismus“ als Buchtitel von Andreas Althamer verwendet. Mit Luthers beiden Katechismen aus dem Jahre 1529 wurde der Begriff zum terminus technicus und setzte sich als Ausdruck für ein knappes Einführungswerk in den christlichen Glauben durch. Erstmals hat im Jahr 1504 der Portugiese Diepo Ortiz de Villegas, Bischof von Centa, das portugiesische Wort „Cathecismo“ als Buchtitel für seinen „Kleinen Katechismus“ gewählt.

Der Begriff ist also weder in der Zeit Luthers noch in der Zeit des Canisius neu. Neu ist vielmehr seine Konturierung. Die Gemeinsamkeit der Konfessionen besteht zunächst darin, daß die Katechismen für die religiöse Praxis wesentlich sind. Differenzen ergeben sich in der Konturierung.

Scheinen Begriff und Sache des „Katechismus“ auf den ersten Blick klar und eindeutig zu sein, so zeigt sich bei näherem Hinsehen freilich, daß ausgesprochen vielfältige Aspekte damit verbunden sind. Für die einen wird damit eine große Verlegenheit signalisiert, für andere zeichnet sich eine Lösung der Frage nach dem theologischen Profil christlichen Glaubens und kirchlicher Arbeit ab, indem nämlich der Katechismus selbst ein zentrales Instrument inhaltlicher Vermittlung darstellt. Für eine dritte Gruppe dient der Katechismus als inhaltliche Richtschnur im Hintergrund. Für eine vierte Gruppe ist die Frage der Spiritualität zentral. Damit werden der Gebetsteil und die „Anhänge“ der Katechismen besonders relevant.

Schauen wir in die Katechismusgeschichte, so stoßen wir auf eine große Breite von „Spielarten“, die vom Katechismus als dem zentralen Bestandteil eines ABC-Büchleins über die erzählenden Katechismen und die umfangreichen kontrovers-theologischen Katechismen bis zu Lieder- und Bilderkatechismen reichen[2].

---

[2] S. den instruktiven Bericht über die Katechismus-Bestände in der Bibliothek der deutschen Klassik von *W. Kraliner*, Die Katechismussammlung der „Herzogin-Anna-Amalia-Bibliothek“ in Weimar, in: *H.-F. Angel/U. Hemel* (Hrsg.), Basiskurse im Christsein. FS Wolfgang Nastainczyk, Frankfurt a.M. 1991, S. 225-231.

Was auf den ersten Blick als ein einheitliches literarisches Genus „Katechismus" erscheint, präsentiert sich offensichtlich in vielerlei Variationen. Soviel ist schon jetzt deutlich: Das weithin vorherrschende Verständnis von Katechismus als Laiendogmatik, als Summe, die zusammenfassen soll, ist keineswegs das einzig mögliche Verständnis. Es erhebt sich die Frage: Gibt es Gemeinsamkeiten bei unterschiedlichen Formen? Ich gehe dieser Frage anhand der Katechismen von Martin Luther und Petrus Canisius nach, weil beide Theologen als der evangelische und der katholische Prototyp in der Katechismusfrage zu betrachten sind.

2. Die Katechismusfrage in der Reformationszeit

Die Reformation war mit einem Aufbruch in pädagogischen Fragen und organisatorisch-institutionellen Veränderungen des gesamten Schul- und Ausbildungswesens verbunden. Dies zeigte sich sowohl im Blick auf die innerkirchlichen Bildungserfordernisse als auch im Blick auf die schulischen und gesellschaftlich-politischen Aspekte dieser Frage. Es sei erinnert an Luthers sog. Schulschriften „An die Ratsherren aller Städte deutschen Landes, daß sie christliche Schulen aufrichten und halten sollen (1524)", sowie „Eine Predigt, daß man Kinder zur Schule halten solle (1530)". Luther zeigt hier, wie sich evangelischer Glaube und die Anliegen einer Bildungsreform miteinander verbinden können.

Dem Reformator ging es bei seinen bildungstheoretischen Überlegungen und in seinem bildungspolitischen Handeln immer um zweierlei:

Einerseits ging es um die Bildung zum Zwecke des sachgemäßen Verstehens der Bibel. Für Luther gehörten Glaube und Verstehen, Glaube und Denken zusammen. Darum war ihm die selbständige Reflexion und persönliche Urteilsbildung des einzelnen Christen und der einzelnen Christin wichtig. Dazu muß man festhalten, daß dies eine notwendige Folge des Prinzips des allgemeinen Priesterums darstellt.

Andererseits war dem Reformator die Bildung zum Zwecke der Gewinnung beruflicher und politischer Qualifikation wichtig gemäß jenem Satz aus dem Jeremiabuch, den er in diesem Zusammenhange gerne zitiert hat: „Suchet der Stadt Bestes!" (Jer 29,7).

Die Entwicklung des reformatorischen Katechismus vollzog sich in drei Phasen[3]. Die *erste Phase*, die bis 1525 zu datieren ist, steht noch im Zeichen

---

[3] Vgl. dazu *C. Weismann*, Eine kleine Biblia: Die Katechismen von Luther und Brenz, Stuttgart 1985, S. 45ff.

des Übergangs vom Spätmittelalter zur Reformation. Hier sind Luthers „Ein kurze Form der zehn Gebote, des Glaubens, des Vaterunser“ (1520) und das „Betbüchlein“ (1525), die „Kinderfragen“ der Böhmischen Brüder, die ab dem Jahr 1521 in mehreren deutschen Ausgaben erschienen sind, sowie das „Boekeschen vor de leyen unde kinder“ (1525) zu nennen. Dieser anonym erschienene Text wurde von Bugenhagen verfaßt, der im unmittelbaren Umkreis Luthers wirkte. In ihm sind neben den drei alten Hauptstücken auch Taufe und Abendmahl aufgenommen. Damit ist erstmals der inhaltliche Katechismus-Kanon enthalten, der später durch Luther klassisch wurde.

Die *zweite Phase* der Entwicklungsgeschichte des evangelischen Katechismus beginnt mit Luthers Vorrede zur „Deutschen Messe und Ordnung Gottesdiensts“ (Januar 1526). Hier skizziert Luther sein Katechismuskonzept:

„Wohlan in Gottes Namen! Es ist aufs erste im deutschen Gottesdienst ein leichtverständlicher, schlichter, einfältiger, guter Katechismus vonnöten. Katechismus aber heißt ein Unterricht, damit man die Heiden, die Christen werden wollen, lehrt und unterweist, was sie glauben, tun, lassen und wissen sollen im Christentum. Deshalb hat man die Lernwilligen, die zu solchem Unterricht angenommen waren und den Glauben lernten, ehe man sie taufte, Katechumenen genannt. Diese Unterrichtung oder Unterweisung weiß ich nicht schlechter oder besser zu stellen, als sie bereits von Anfang der Christenheit an aufgestellt und bis jetzt geblieben ist, nämlich die drei Stücke: die Zehn Gebote, das Glaubensbekenntnis und das Vaterunser. In diesen drei Stücken steht schlicht und kurz fast alles, was einem Christen zu wissen nötig ist.“
Es muß nun dies auf der Kanzel vorgepredigt und in den Häusern den Kindern und dem Gesinde abends und morgens vorgesagt oder vorgelesen werden.
„Nicht alleine so, daß sie die Worte auswendig lernen und heruntersagen, wie es bisher geschehen ist, sondern daß man sie von Abschnitt zu Abschnitt frage und sie antworten lasse, was ein jeder bedeutet und wie sie es verstehen. Kann man auf einmal nicht alles fragen, so nehme man sich einen Abschnitt vor, anderntags einen zweiten. Denn wenn die Eltern oder Vormünder der Jugend diese Mühe für sich selbst oder andere nicht mit ihnen haben wollen, so wird nimmermehr ein Katechismus eingerichtet werden.“[4]

Die *dritte Phase* der reformatorischen Katechismusgeschichte wird mit dem Erscheinen von Luthers beiden Katechismen eingeleitet. Sie sind zunächst Auslöser für eine große Zahl von Katechismusentwürfen. Aber sie werden zum Vorbild und Maßstab für die gesamte weitere Katechismusentwicklung. Ihren Abschluß findet diese Phase im Jahre 1580 mit der Aufnahme

---

4 WA Bd. 19, S. 76 (sprachlich modernisiert).

von Luthers Großem und Kleinem Katechismus in das Konkordienbuch, d.h. ihrer Erklärung zum Bekenntnisbuch.

2.1 Entstehung und Intention von Luthers Katechismen

Erstens: Für das Verständnis von Luthers Katechismen ist es wichtig zu wissen, daß sie aus der Predigttätigkeit und der katechetischen Arbeit herausgewachsen sind. Über einen Zeitraum von zwölf Jahren hat sich die Erarbeitung hingezogen.

Zweitens: Die konkreten Visitationserfahrungen in Kursachsen und Meißen lassen ihn in der Vorrede schreiben: „Diesen Katechismus von christlicher Lehre in solche kleine, schlichte, einfältige Form zu stellen, hat mich gezwungen und gedungen die klägliche, elende Not, so ich neulich erfahren habe, da ich auch ein Visitator war. Hilf, lieber Gott, wie manchen Jammer habe ich gesehen, daß der gemeine Mann doch so gar nichts weiß um die christliche Lehre.“[5]

Aus diesen Äußerungen wird deutlich, wo der reale Sitz im Leben der Katechismen ist. Es geht um einen „religiösen Bildungsnotstand“, der durch eine religiöse Alphabetisierung bearbeitet werden soll. Der Kleine Katechismus ist dabei für die Hand der Hausväter und auch der Pfarrer bestimmt, während der Große Katechismus, der aus Katechismuspredigten entstanden ist, dafür das begleitende „Lehrerhandbuch“ darstellt, das primär für die Hand der Pfarrer gedacht ist.

Beim Katechismus geht es Luther um ein dialogisches Lernen im christlichen Glauben, primär also nicht um einen auswendig-zu-lernenden Wissenskanon. Die glaubende Person muß fähig sein, über den christlichen Glauben, seine Inhalte und Konturen Rechenschaft abzulegen. Daß Luther kein ein für allemal verpflichtendes System aufbauen wollte, geht daraus hervor, daß er die Hauptstücke immer wieder verschieden anordnen kann. Man muß sich auch vergegenwärtigen, daß in den Katechismen Teile fehlen, die Luther sonst wichtig sind: z.B. biblische Texte. Warum sind nicht einige Gleichnisse aufgenommen worden? Wie kommt es, daß den ethischen Fragen so breites Gewicht beigemessen wird? Angesichts derstarken Betonung der Rechtfertigungsfrage bei Luther ist dies überraschend. Immerhin hat er sich dahingehend geäußert, daß zum Großen Katechismus auch einige Psalmen und Lieder ergänzend hinzuzunehmen seien.

Seinen Sitz im Leben hat der Katechismus im Alltag. Im Haus soll er behandelt werden. Aber auch der Bezug zur Predigt war Luther wichtig. Im

---

[5] Die Bekenntnisschriften der Evangelisch-Lutherischen Kirche, Göttingen ^{4}1959, S. 502.

Kommunikationsprozeß hat der Katechismus die Funktion, zum existentiellen Erkennen und Aufnehmen anzuregen. Intention des Lutherschen Katechismuskonzeptes ist eine an den Grundfragen christlicher Existenz orientierte Zusammenstellung wesentlicher Grundelemente des christlichen Glaubens, um so die eigene selbständige Urteilsbildung des einzelnen Christen, der einzelnen Christin in Glaubensfragen zu ermöglichen.

In diesem Sinne wollen Luthers Katechismen dazu anleiten, daß diese Aufgabe der Befähigung zu eigener Urteilsbildung wahrgenommen wird. Das schließt neue Katechismusversuche nicht aus. Vielmehr kann man mit Recht sagen: „Die Intention, daß die Formulierungen des Katechismus auf Verstehen aus sind ('Was ist das?'), eigene Formulierungen nicht ersetzen, sondern ermöglichen wollen, ist dabei für heutiges Nachdenken über Katechismus von besonderer Bedeutung."[6]

2.2 Luthers Katechismen als Medien- und Sprachereignis

Luthers Katechismus war der Bestseller des 16. Jahrhunderts. Der Buchhistoriker E. Weyrauch ist der Frage von Druck und Verbreitung des Kleinen und Großen Katechismus nachgegangen. Er kommt zu dem Ergebnis, daß noch zu Luthers Lebzeiten (also innerhalb von 18 Jahren) insgesamt 49 Ausgaben des Großen und 91 Ausgaben des Kleinen Katechismus erschienen sind. Beide Katechismen bringen es für den Zeitraum von 1529 bis 1600 auf 484 nachgewiesene, also ca. 500 anzunehmende Ausgaben, was mindestens eine Auflagenhöhe von 600.000, möglicherweise 700.000 Exemplaren ergibt[7].

Es ist noch auf die *Sprache der Katechismen* hinzuweisen. Luthers Katechismen sind nicht in einer wissenschaftlichen, sondern in einer allgemeinverständlichen Sprache verfaßt, die teilweise sogar als volkstümlich zu bezeichnen ist. Sie ist mit zahlreichen Bildern und Vergleichen, mit gängigen Sprichwörtern und bekannten Redewendungen durchsetzt. Die Aussagen sind unmittelbar verständlich. Der Germanist Walter Killy hat Luthers Kleinen Katechismus als eines „der schönsten Sprachwerke deutscher Sprache" bezeichnet. Er charakterisiert Luther als jemanden, der „große Einfachheit mit einleuchtender Sinnfälligkeit"[8] zu verbinden vermag und über ein Gespür für eine einprägsame Sprachmelodie verfügt. Er hebt sein Verfahren hervor, an

---

[6] Art. Katechismus, in: *Bund der Evangelischen Kirchen in der DDR* (Hrsg.), Konfirmanden begleiten. Ein Handbuch, Berlin 1989, S. 336.

[7] *E. Weyrauch*, Luthers Kleiner Katechismus als öffentliche Handelsware, in: PTh 73, 1984, S. 368ff., bes. S. 373-375.

[8] *W. Killy*, Der Dichter, in: *H.J. Schultz* (Hrsg.), Luther kontrovers, Stuttgart/Berlin 1983, S. 146-161, hier: S. 147 und 153.

zentralen Punkten an die Stelle sachlicher Darlegung die Evidenz rhetorisch-poetischer Bilder zu setzen.

Luther selbst spricht von „einbilden“. Killy interpretiert dieses Schlüsselwort Luthers, das man heute mit „einprägsam“ wiedergeben würde, als eine poetische Kraft, die auch von schwierigen Sachen ein Bild machen kann. So wird im sinnfälligen Teil das Ganze begreiflich gemacht. Als Beispiel sei die Reihe von Wörtern genannt, die die bäuerliche Lebenswelt „vollständig“ erstehen läßt: „Kleider und Schuh, Essen und Trinken, Haus und Hof, Weib und Kind, Acker, Vieh und alle Güter ...“ Ein solcher „Text vermag sich einzuprägen, noch ehe er in seinem ganzen Umfange begriffen wird - man kann auch verstehen, ehe man begreift. Solche Eindringlichkeit findet sich in Luthers Prosa immer wieder dort, wo es auf die Botschaft ankommt.“[9] Dies ist zwar ein ungewohnter Blick auf Luthers Kleinen Katechismus. Aber er macht die besondere Gestalt des Kleinen Katechismus deutlich.

2.3 Luthers Katechismen werden zu Bekenntnistexten

Die Wertschätzung der Lutherschen Katechismen nimmt zu. Die Erkenntnis, daß Luther im Konsens mit der Schrift und den altkirchlichen Symbolen stehe, „führen zu einer ständigen Bedeutungssteigerung, die schließlich in der Aufnahme des Kleinen Katechismus in das Konkordienbuch 1580 gipfelt“. Damit tritt neben das emotionale und innerkirchliche Motiv seiner Hochschätzung das kirchenrechtliche und kirchenpolitische. Damit ist aber eine entscheidende Wende eingetreten. Aus einem beispielhaften Text zu Erschließung des Verständnisses dessen, was Christsein heißt, ist ein normativer, kirchenrechtlicher Text geworden. Seine Formulierungen sind kanonisiert. „Damit drängt Luthers Katechismus die anderen Typen endgültig zurück: Aus einem Exemplar ist eine Norm geworden.“[10] In der Folgezeit entstehen die sog. exponierten Katechismen, die Luthers Katechismus nicht mehr als Prozeß, sondern als Produkt wahrnehmen, das der intellektualistischen Sicherung der Lehreinheiten gilt.

Das grundsätzliche Problem, das in diesem Prozeß der Aufnahme in das Konkordienbuch sich im Blick auf den Katechismus als pädagogisches Instrument stellt, hat Friedrich D. Schleiermacher benannt. Er reflektiert darüber, daß es eine Eigentümlichkeit der christlichen Kirche sei, daß der Katechismus einerseits Leitfaden für den Unterricht der Jugend sei, andererseits aber zu-

---

[9] Ebd., S. 156. - Weiteres zu Struktur, Aufbau und Sprachgestaltung bei *O. Bayer*, Schöpfung als Anrede, Tübingen ^{2}1990, S. 89-108, bes. die Übersicht auf S. 90 (1. Artikel) und bei *A. Peters*, Kommentar zu Luthers Katechismen, Bd. 2, Göttingen 1991, S. 175ff., bes. S. 182f. (3. Artikel).

[10] Zitate von *H.-J. Fraas*, Art. Katechismus I/1, in: TRE Bd. 17, Berlin 1993, S. 716.

gleich ein symbolisches Buch. Er vertritt die Auffassung, daß eine gute symbolische Schrift ein schlechter Katechismus und daß ein guter Katechismus eine schlechte symbolische Schrift sei. Im Blick auf die Vorgaben für die Geistlichen formuliert er schließlich: „Je allgemeiner der Katechismus ist, desto schädlicher ist er; je specieller, desto nützlicher, und der speciellste ist der, welchen sich der Geistliche selbst macht, und der allerspeciellste der, den er sich jedesmal selbst macht.“[11]

2.4 Katechismen neben und nach Luther

Ein Hinweis sei noch auf die Katechismen neben und nach Luther erlaubt. Die zahlreichen, gedruckten evangelischen Katechismen des 16. Jahrhunderts belegen, in wie starkem Maße Luthers Katechismuskonzept Eindruck gemacht hat und wie es in vielfältiger Weise aufgenommen worden ist. Die Katechismusproduktion des Reformationsjahrhunderts war so groß, daß man die Reformation geradezu als eine Katechismusbewegung bezeichnen kann. Im evangelisch-lutherischen Bereich kann sich auf Dauer neben Luther nur der von Johannes Brenz erarbeitete Katechismus halten. „Fragstuck des Christlichen glaubens für die Jugendt“ (1535).

Im Bereich der evangelisch-reformierten Kirchen war die Entwicklung von Katechismen zunächst regional bestimmt. Überregionale Bedeutung findet dann der „Heidelberger Katechismus“ (1563). Er hat für die reformierten Kirchen in aller Welt Geltung erlangt und wurde ebenfalls zur Bekenntnisschrift erhoben. Kennzeichnend ist für ihn in inhaltlicher Hinsicht, daß er stärker auf systematische Vollständigkeit abzielt.

3. Die Katechismen des Petrus Canisius

Auch für Petrus Canisius war Erziehung eine wichtige Frage und Aufgabe. Man muß dies auf dem Hintergrund der desolaten Situation in Bildungsfragen sehen, die in jener Zeit für den katholischen Bereich zu konstatieren ist[12].

---

[11] *F. Schleiermacher*, Die praktische Theologie nach den Grundsätzen der evangelischen Kirche, Berlin 1850, S. 373ff. Zit. nach *K.E.Nipkow/F. Schweitzer* (Hrsg.), Religionspädagogik, Bd. 1, München 1991, S. 297f.

[12] Zum folgenden s. *E. Paul*, Petrus Canisius als Katechet und Pädagoge, in: *J. Oswald/ P. Rummel* (Hrsg.), Petrus Canisius – Reformer der Kirche. Festschrift zum 400. Todestag, Augsburg 1996, S. 194-201, sowie *E. Paul*, Geschichte der christlichen Erziehung, Bd. 2, Freiburg u.a. 1995, S. 163ff. (Exkurs 5). – Weitere Informationen über die Beweggründe für die Abfassung der Katechismen und die politischen Zusammenhänge bietet *L. Groppe*, Die Katechismen des hl. Canisius zur Festigung des katholischen Glaubens, in: Katholische Bildung 98, 1997, S. 474ff.

Dies war innerhalb des Jesuitenordens durchaus Konsens, auch wenn nach der Intention des Ignatius der Orden ein Missions- und kein Erziehungs-Orden war. Canisius schreibt z.B. an Julius Echter, den Würzburger Bischof, im Jahre 1576: „Wollen wir Christus und seinem hl. Evangelium glauben, so ist es von solcher Bedeutung, sich um die Kleinen verdient zu machen und sich abzumühen bei ihrem Unterricht und mit deren Anleitung zur Frömmigkeit, wie bewährte Katecheten tun, daß wir dabei nicht ein christliches, sondern sozusagen ein Engelamt ausüben."[13]

3.1 Das Verständnis religiöser Erziehung bei Canisius

Aus den Briefen des Canisius geht immer wieder hervor, wie wichtig ihm Schulen und gute Lehrer sind. Dabei geht es weniger um ein verschultes Lernen, sondern um: „Ganzheitliche Erziehung, d.h. Unterricht im Kontext von Erziehung, ja Lebensgestaltung überhaupt. Das ist zunächst am besten ablesbar in den viel formulierten (idealen) Tages- und Lebensordnungen für Kinder und Jugendliche, die mancher heutige Leser vielleicht noch aus seiner Jugendzeit kennt. Morgens nach Sonnenaufgang steht man auf und erhebt beim Ankleiden das Herz zu Gott, dankt ihm für den neuen Tag und weiht ihn seinem Herrn."[14] Das Morgengebet wird vor dem Kreuz verrichtet, wobei die Meditation, besonders des Lebens Jesu, gepflegt wird. Es folgt der Besuch der Messe; tagsüber soll auch ein Besuch des Allerheiligsten getan werden. Wichtig ist das Abendgebet mit der eindringlichen Gewissenserforschung. Am Sonn und Feiertag sind die Predigt und die Andacht am Nachmittag und Abend zu besuchen.

In diesen Kontext ist die Katechese eingebettet. Der förmliche Katechismusunterricht umfaßt wöchentlich eine Stunde. Canisius hat im Jahre 1592 hier in Wien ein Gymnasium geleitet. Aus der Ordnung der Lateinschule, die offensichtlich unter Canisius eingeführt worden zu sein scheint, geht klar hervor, daß Schule und Gebetspraxis respektive Liturgie eng verbunden gewesen sind. Dort heißt es unter Punkt 11, daß am Freitag der Katechismus dociert und expliciert werden solle und daß am Samstag das sonntägliche Evangelium mit der Epistel exponiert und verdeutscht werden solle.

Das Ziel geht konkret dahin, die Kinder und Jugendlichen in die Lebensordnung einzuführen und einzubinden. Zur ganzheitlichen religiösen Erziehung gehören dann auch noch das geistliche Spiel, das Theater in moralisch-religiöser Absicht, geistliche Lieder und Bilder in katechetischer Absicht, auch feierliche Begehungen wie Prozessionen und die feierliche Erstkommunion.

---

[13] Zit. nach *E. Paul*, Petrus Canisius als Katechet, aaO., S. 195.
[14] Ebd., S. 195f.

Die Belehrung ist auf diese Weise fest in die religiöse Praxis eingebunden. So verfaßt Canisius auch geistliche Literatur wie das „Beicht vnnd das Communionbüchlin“ (1569) oder die „Kurtze Erklärung der Fürnemsten Stuck des wahren Catholischen Glaubens. Auch rechte und Catholische Form zu betten“ (2. Aufl. 1563). Seine Katechismen sind zugleich Erbauungsbücher. Im Anhang sind daher gewöhnlich auch Gebetstexte und Anleitungen zum Empfang des Bußsakramentes und der Eucharistie enthalten.

Canisius hat selber katechetische Tätigkeiten ausgeübt. Wie man sie sich vorzustellen hat, kann man der Anleitung „Wie man den Catechismus zu Ynßprugg lehre“ (1588[15]) entnehmen. Um 12.45 Uhr läutet es fünf Minuten, um die Kinder zusammenzurufen. Dann singt man unter Leitung eines Vorsängers ein geistliches Lied. Danach erscheint der Katechet und betet nach dem Kreuzzeichen den Kindern das Vaterunser, das Ave Maria und das Glaubensbekenntnis vor. Die Kinder sprechen es kniend und mit gefalteten Händen nach. Im Anschluß wird das aufgegebene Katechismuspensum ca. 15 Minuten abgehört. Zur Auflockerung wird dazwischen früher Behandeltes aus dem Katechismus abgefragt, es werden Gebete und Kreuzzeichen geübt. Die fleißigen Kinder werden mit Heiligenbildchen usw. belohnt.

Anschließend wird geprüft, was die Kinder von der „Erklärung“ des vergangenen Pensums behalten haben. Dabei besteht Gelegenheit zur Verdeutlichung und Vertiefung. Die Eifrigen werden wieder belohnt. Danach wird der neue Lehrstoff präsentiert. Dazu steigen zwei Buben auf einen hohen Stuhl und recitieren von dort „laut, langsam, deutlich unnd verständigklich“. Diese Buben sollen belohnt werden. Dann erklärt der Katechet bis zum Ende der Stunde etwas aus dem Catechismo und gibt die Hausaufgabe. Die Stunde schließt mit Gebet und Gesang. Diese Art von Katechese legt Wert auf das Auswendiglernen des Katechismus, das von möglichst vielen „Auflockerungen“ und motivierenden Belohnungen unterstützt wird und eingebettet ist in ein selbstverständlich geübtes Glaubensleben.

3.2 Die Katechismen des Petrus Canisius

Im Kontext dieses ganzheitlichen Erziehungsverständnisses sind die drei Katechismen und der Bilderkatechismus[16] von Canisius angesiedelt.

1555 erschien in Wien der sog. *Große Katechismus* „Summa doctrinae christianae“ mit 213 Fragen. Er ist für Geistliche, Studenten und gebildete Laien gedacht. 1566 erschien eine erweiterte und im Sinne der Trienter Konzilsbeschlüsse überarbeitete Fassung. - 1556 kam in Köln als Anhang zu einer von

---

[15] Vgl. dazu ebd., S. 198.
[16] Ausgabe: *P. Canisius*, Catechismi Latini et Germanici. Pars Prima, Romae 1933.

Canisius umgearbeiteten lateinischen Grammatik der sog. *Kleine Katechismus* „Catechismus minimus" als ein kurzer, leicht merkbarer Abriß der Glaubenslehre mit 59 Fragen in sechs Hauptstücken und mit einer Reihe von Gebeten im Anhang heraus. Er ist bestimmt für das „Volk", „einfältige Christen" und die kleinen Kinder. Damit sollte auch protestantischen Lehrbüchern (z.B. Melanchthons Sprachlehre) entgegengewirkt werden, in denen in der Form von Kinder- und Jugendliteratur die theologischen und religiösen Anschauungen der Reformatoren wirksam verbreitet wurden.

1559 erschien nun wiederum in Wien der sog. *Mittlere Katechismus* „Parvus catechismus catholicorum" mit 122 Fragen in fünf Hauptstücken. Er ist für die Lateinschüler, d.h. die Gymnasiasten, bestimmt. Er blieb im katholischen Deutschland bis zum Ausgang des 18. Jahrhunderts das maßgebliche Schulbuch.

Der *Bilderkatechismus* „Institutiones Christianae", Antwerpen 1589, der in Anlehung an jesuitische und protestantische Vorbilder gestaltet wurde, rundet die „Katechismusfamilie" ab.

Bis zum Tod des Canisius erschienen vom Großen Katechismus 82 Ausgaben, vom Kleinsten 121 lateinische und 13 deutsche Ausgaben. „Die ursprünglich lateinischen Canisius-Katechismen wurden bald in die deutsche und in über zwanzig andere Sprachen übersetzt und erreichten rund 500 Auflagen."[17] In inhaltlicher Hinsicht ist hervorzuheben, daß Canisius keinen Universalkatechismus für alle schreibt, wie es König Ferdinand I., der Auftraggeber des Großen Katechismus, gewollt hatte, sondern es handelt sich um je für spezifische Zielgruppen konzipierte Texte.

Dabei bedachte Canisius auch die wirtschaftliche Seite: Der kleinste Katechismus muß nicht nur deshalb ganz kurz sein und bleiben (59 Fragen und Antworten), damit auch der einfältigste Mensch ihn behalten könne, sondern auch deshalb, weil er erschwinglich bleiben müsse. Daher scheidet ein teures Buch aus. Solche Überlegungen zeigen den katechetisch-pastoralen Realismus des Canisius.

Inhaltlich gesehen ist der Katechismus eher traditionell. Er folgt der augustinischen Tradition (vor allem dem „Enchiridion de fide, spe et caritate"; aber auch Thomas von Aquin), wenn er nach Glaube (Glaubensbekenntnis), Hoffnung (Vaterunser und Gebet) und Liebe (Zehn Gebote und Kirchengebote), also den drei christlichen Kardinaltugenden, gliedert. Die Ausführungen

[17] *K. Mühleck*, Wandel in Inhalt und Methode der deutschsprachigen Katechismen von Luther und Canisius bis Mönnichs (1925), in: Der Katechismus von den Anfängen bis zur Gegenwart (Bischöfliches Zentralarchiv und bischöfliche Bibliothek. Kataloge und Schriften 1), München u.a. 1989, S. 33ff., bes. S. 35-37 und S. 89-91.

sind klar, übersichtlich, auf das Wesentliche bezogen. Er fügt im vierten Kapitel die Sakramente an. Im fünften Hauptstück wird unter *Werke der Gerechtigkeit* die katholische Position (Glaube und Werke) unterstrichen; zugleich werden die meisten, den Leuten gewohnten mittelalterlichen Glaubensformeln (Hauptsünden, Werke der Barmherzigkeit usw.) untergebracht. Direkte konfessionelle Polemik wird vermieden. Es fällt auf, daß (vor allem im Großen Katechismus) gern aus der Hl. Schrift und den Kirchenvätern zitiert wird. Damit soll deutlich werden: Es geht um die gute alte christliche Tradition.

3.3 Zusammenfassung

Rita Haub urteilt zusammenfassend und stellt damit sicher zutreffend heraus, daß es auf katholischer Seite erst Canisius mit seinen Katechismen gelang, ein Gegengewicht gegen Luthers volkstümliche Katechismen zu schaffen: „Die bedeutendste Tat des Petrus Canisius waren die drei Katechismen, die bis ins 19. Jahrhundert hinein als Lehrbücher des Glaubens und Anleitungen zum christlichen Leben ihre Gültigkeit behalten haben, da sie neben inhaltlicher Bescheidenheit, schlichter Sprache, Prägnanz und Sachlichkeit ihrer Formulierungen, ihrer unpolemischen Art, der Dichte ihrer theologischen Aussage der Belehrung und Aufklärung in brennenden Fragen der Zeit dienten und streng für einen spezifischen Adressatenkreis konzipiert waren.“[18]

4. Konvergenzen und Divergenzen

4.1 Vergleich: Gemeinsamkeiten und Unterschiede

Ich darf noch einmal in Erinnerung rufen: In Luthers Katechismen ist die Reihenfolge der Grundformeln pädagogisch gemeint. Ein Christ muß wissen, was er zu tun hat (Dekalog), er muß wissen, woher er die Kraft dazu bekommt (Glaube) und wie er diese Kraft erhalten kann (Vaterunser). Der Katechismus will der ganzen Hl. Schrift kurzer Auszug und Abschrift sein. Damit ist eine Hermeneutik im Blick auf den Umgang mit der Bibel gegeben. Es geht also um eine Anleitung zum Verstehen der Bibel. Primärer Adressat des Katechismus ist der Hausvater, somit die Familie. Freilich dienen die Katechismen, besonders der Große Katechismus, auch der theologischen Bildung der Pfarrer.

E. Paul stellt mit Recht heraus: „Charakteristisch für diese Katechismen ist, daß sie (natürlich der Lutherschen Theologie verpflichtet) weder die (wissenschaftliche) Theologie abzubilden versuchen, noch kontrovers-theologisch

---

[18] *R. Haub*, Petrus Canisius als Schriftsteller, in: *J. Oswald/P. Rummel* (Hrsg.), Petrus Canisius, aaO., S. 167.

ausgerichtet sind, sondern den Kern des Glaubens exitentiell auslegen, also nicht *über* Gott und den Glauben reden, sondern den Hörer am Glauben des Predigers teilnehmen lassen."[19]

Der Vergleich zwischen Luther und Canisius läßt aber auch deutliche Unterschiede erkennen. Canisius ist in seinem gesamten Wirken „ganz Funktion der Kirche". Seine Ekklesiologie ist nicht darauf angelegt, zwischen der real existierenden Kirche und einer „Geist"-Kirche zu unterscheiden. Die bei Luther vorhandene Differenzierung zwischen sichtbarer und unsichtbarer Kirche findet so kein Gegenüber bei Canisius.

Die klassische Funktion des Katechismus besteht darin zu entfalten, was bestimmte zentrale Texte wie die Zehn Gebote, das Glaubensbekenntnis und das Vaterunser für das eigene Leben bedeuten. Von daher ist die Entwicklung zu exponierten Katechismen, bei denen es primär um das korrekte Denken in Glaubensfragen geht, als eine Fehlentwicklung anzusehen. Am „Katechismus" ist der katechetische Prozeß entscheidend, der darauf gerichtet ist, wie eine Textaussage auf das menschliche Leben zu beziehen ist. Nicht die Produkte (die geschriebenen Bücher), sondern die Prozesse sind das Wesentliche.

Weiterhin ist es wichtig, daß man über eine gemeinsame Sprache in einer Kirche der Vielfalt verfügt. Junge Menschen benötigen eine Grammatik des Glaubens als Basis für religiöse und moralische Diskurse. Es ist nicht genug, daß Menschen fühlen, daß Gott ein wichtiger Teil ihres Lebens sei, sie benötigen ein Instrumentarium, um dies auch artikulieren zu können. Dabei funktioniert der Katechismus im günstigen Falle auch als eine Norm, die es ermöglicht, gegebenenfalls auch die Kirche in ihrer vorfindlichen Gestalt zu kritisieren, und auf diese Weise die Christen zu einer „kritischen Loyalitat" gegenüber der Kirche befähigt.

Ein Grundproblem, das die Katechismusfrage in allen christlichen Konfessionen durchzieht, ist die Frage des Verhältnisses von Lehraussagen und Frömmigkeit. Wir hatten gesehen, in wie starkem Maße bei Luther wie Canisius das existentielle Moment leitend war. Ich denke, daß dies eine gemeinsame und bleibende Einsicht für die christlichen Konfessionen ist: Katechismen können keine Dokumente vom Schreibtisch des Systematikers sein, sondern sind im Zusammenhang des Glaubenslebens zu konzipieren.

Auf dieser Linie liegt es, was z.B. die Verfasserschaft des neuen Katechismus der Katholischen Kirche (1993) anlangt, wenn nicht Universitätsprofessoren, sondern Bischöfe mit der Ausarbeitung des Katechismus befaßt wurden. Freilich stellt sich die Frage, warum nur Bischöfe und nicht auch andere „kirchliche Praktiker"? Damit tut sich nämlich ein anderes Problem auf: der

[19] *E. Paul*, Geschichte der christlichen Erziehung, Bd. 2, aaO., S. 77.

Katechismus als lehramtliche Äußerung. Das ist katholischerseits möglich, auf protestantischer Seite so nicht denkbar. Damit stellt sich die Frage nach der Verbindlichkeit der Katechismen. Überraschend ist es jedenfalls, daß im Bereich des Luthertums die Katechismen des Reformators Luther zu Bekenntnisschriften wurden, indem sie im Jahre 1580 in das sog. Konkordienbuch aufgenommen wurden. Dabei handelt es sich um die maßgebliche Sammlung der Bekenntnisschriften der Evangelisch-Lutherischen Kirche.

4.2 Vielfalt der Katechismen

Ich denke, man muß differenzieren zwischen der Funktion des Katechismus als Bekenntnisschrift einerseits und seiner Funktion als pädagogisches Lehr- und Lernbuch andererseits. Ich persönlich vertrete die Auffassung, daß es ein „religionspädagogischer Sündenfall" war, daß man Luthers Katechismen in dieser Weise zu Bekenntnistexten gemacht hat. Dies war sicherlich deutlicher Ausdruck dessen, daß eben diese Texte sich inhaltlich durchgesetzt haben. Aber daß sie damit zum kaum noch zu hinterfragenden „heiligen Text" wurden, hat sicher auch mit zu einem Erstarren der katechetischen Praxis geführt. Bei Luther selbst kann man nachweisen, daß es ihm nicht darum ging, einen autoritativen Text zu verfassen, der für alle Zeit gültig sein sollte, sondern er wollte ein Beispiel geben, wie ein Katechismus sinnvoll zu gestalten ist.

Von daher plädiere ich für eine Vielfalt von Katechismen (gegenüber einem „Einheitskatechismus"), weil dadurch die unterschiedlichen Zielgruppen angemessen im Blick gehalten werden können. Ich denke, wir können bei Canisius eine solche Vielfalt auch deutlich sehen. Er ist gewiß ein Beispiel, an dem viel zu lernen ist. Gegenwärtig haben wir auf der evangelisch-lutherischen Seite den „Evangelischen Erwachsenenkatechismus", dazu einen Katechismus für die Konfirmanden und Konfirmanden „Leben entdecken" und einen Kinderkatechismus „Erzähl mir vom Glauben". Das heißt, wir haben es mit einer ganzen Katechismusfamilie zu tun. Ich denke, es ist angemessen, in unserer heutigen Zeit in dieser Weise zu differenzieren, denn die Katechismusaufgabe ist eine geteilte, d.h. bezogen auf die jeweiligen altersspezifischen Gruppierungen.

Einen wesentlichen Differenzpunkt stellt die Frage nach der „Vollständigkeit" dar. Am Catechismus Romanus sowie am neuen Katechismus der Katholischen Kirche (1993) kann man die Auswirkungen der Tendenz zur Vollständigkeit studieren. Hier liegt nach wie vor eine deutliche konfessionelle Differenz vor. Canisius beschränkte immerhin den Katechismusstoff für Kinder und Einfältige radikal auf 49 Fragen mit den entsprechenden Antworten. Später wanderten mehr und mehr systematisch-theologisch strukturierte Inhalte in die Katechismen und Katechismuserklärungen hinein. Es ist eine wichtige Grundfrage der Katechismusausarbeitung, ob man einer solchen Tendenz zu einer „vollständigen Theologie“ folgt oder didaktisch zu reflektieren und exemplarisch auszuwählen gewillt ist. Nicht nur auf der katholischen, sondern auch auf der evangelischen Seite hat eine solche Tendenz zeitweise gewirkt. Luthers Katechismen wurden in den sog. exponierten Katechismen weiter kommentiert und immer vollständiger ausgelegt. Gegenüber einer solchen Vorgehensweise, Vollständigkeit der Lehre gewährleisten zu wollen, wird man freilich an Luthers Kleinen Katechismus selbst erinnern dürfen. M.E. ist die didaktische Perspektive, d.h. die Adressatenfrage, wesentlich und wird nur zum Schaden der Katechismen außer acht gelassen.

Die Gestalt eines Katechismus hängt auch damit zusammen, welches Konzept von Theologie bei seiner Erarbeitung leitend ist. Man darf die Frage nicht ausblenden, welches der hermeneutische Ort gegenwärtiger Theologie ist und in welcher historischen Situation theologisch reflektiert wird. D.h. konkret: Es ist danach zu fragen, in welcher Weise bestimmte theologische Kategorien (z.B. substanzmetaphysischer Art) für heutige Benutzer eines Katechismus überhaupt nachvollziehbar sind. Eine Katechismus-Didaktik, die lediglich theologische Ergebnisse im Blick hat, ohne deren hermeneutische Zielrichtung zu bedenken, macht es sich zu leicht, weil sie nicht von vornherein zugleich die Adressaten bei der Ausarbeitung eines Katechismus mit im Blick behält.

4.3 Kriterien der Katechismusgestaltung

Zu den wesentlichen Kennzeichen eines guten Katechismus gehört es,

- sich auf zentrale Inhalte des Glaubens zu konzentrieren: Glaubensbekenntnis, Vaterunser, Zehn Gebote, Sakramente;
- gemeinsames Kennzeichen sollte auch sein, sich nicht in konfessioneller Polemik zu ergehen, sondern so wie das etwa bei Martin Luther und Petrus Canisius deutlich erkennbar ist, die eigene Position deutlich zu entfalten, d.h. Verstehenszugänge zu ermöglichen.
- Ein Weltkatechismus für die Hand der Verfasser von regionalen Katechismen mag katholischerseits möglich sein, auf evangelischer Seite ist dies nicht praktizierbar wegen des Priestertums aller Gläubigen. Hier wirken sich deutlich ekklesiologische Unterschiede aus.
- Es ist kein sinnvolles Verfahren, vorhandene Differenzen zu verschweigen, sie unter den Teppich zu kehren, vielmehr ist eine Hermenutik der Differenz nötig.

- Das Band, das die verschiedenen Katechismusgestalten zusammenhält, ihre innere Einheit bildet, ist der christliche Glaube, der Akt des Vertrauens in seiner Ausrichtung auf den gemeinsamen Grund, nämlich Jesus als dem Christus, der unserem Leben Grund, Ziel und Hoffnung gibt. Dieser archimedische Punkt ermöglicht es, bei aller Vielfalt der Gestaltungen in der Einheit des Glaubens zu sein und zu bleiben.
- Am Katechismus-Ansatz ist wesentlich, daß das Elementare, das Grund legende des christlichen Glaubens in einfacher, nachvollziehbarer Weise ausgesagt wird.
- Grundsätzlich ist jedem getauften Gemeindeglied die Fähigkeit zuzuerkennen, Klarheit über das für das Heil Nötige zu gewinnen.

Im evangelischen Gedanken vom Priestertum aller Gläubigen steckt die Vision, daß jeder getaufte Mensch dazu berufen ist, in eigener Verantwortung sein Christsein reflektieren zu können. Ein Weg, dies zu erreichen, stellt der Katechismus dar. So kann W. Grünberg formulieren:

„Auch unter vollständig anderen sozialen Voraussetzungen ist in der Idee, daß die Taufgnade uns zur Autonomie und zur Verantwortungsfähigkeit führen will, eine elementare Energie verborgen. Jede und jeder von uns ist gewürdigt und berufen, in eigener, persönlicher Weise das ‘Priestertum aller Gläubigen’ zu verwirklichen, also priesterliche Verantwortung wahrzunehmen. Jeder, so wahr er getauft ist, steht damit vor einer Gabe und Aufgabe. Das bedeutet aber, *daß jeder* von uns *bildungsfähig, aber auch bildungsbedürftig* ist. Alle Bildung aber dient dazu, eigenes und anvertrautes Leben vor Gott zu verantworten. So bleiben Vernunft und Glaube einander zugeordnet.“[20]

[20] *W. Grünberg*, Das befreite Gewissen als Basis der Vernunft. Anmerkungen zu Luthers Katechismuskonzeption, in: *M. Liedtke* (Hrsg.), Religiöse Erziehung und Unterricht, Bad Heilbrunn 1994, S. 163-171, hier: S. 170.

„Erziehung um der Freiheit des Menschen willen“

Zu Oskar Hammelsbecks Leben und Vermächtnis

„Doch ach, ich bin ein Sohn der preußischen Union.“ Ich studierte damals im achten Semester Evangelische Theologie an der Universität Bonn, als ich diese Worte aus dem Munde Oskar Hammelsbecks vernahm.

1. Zugänge

Er sprach sie anläßlich der Verleihung der Würde eines Ehrendoktors durch die Theologische Fakultät Bonn am 3. Mai 1963. 40 Jahre zuvor hatte er bei Alfred Weber in Heidelberg zum Dr. phil. promoviert, zwanzig Jahre später war er, ohne je Theologie studiert zu haben, auf Grund von Sondergutachten führender Theologen zum Pfarrer der Bekennenden Kirche ordiniert worden. Seine Ehrenpromotion beurteilt er selbst folgendermaßen: „Es steckt darin so etwas wie eine Begnadigung des Ketzers; und die Unzulänglichkeiten des Autodidakten werden noch aufdringlicher aufgewertet als die der meist so unschuldigen Bischöfe.“[1]

Im gedruckten Text der damaligen Vorlesung ist zu lesen: „Ich komme aus keiner theologischen Schule. Sie hat sich mir durch die sporadische Freundschaft mit dem sieben Jahre jüngeren Dietrich Bonhoeffer ersetzt, dessen Vermächtnis mich theologisch verpflichtet; und philosophisch komme ich von Karl Jaspers her, dessen weitmaschiges Philosophieren keine Schule war.“[2]

Diese wenigen Hinweise machen etwas davon deutlich, mit welch originärem Geist wir es zu tun bekommen, wenn wir uns Oskar Hammelsbeck zuwenden. Zugleich wird auch die Spannweite seines Denkens deutlich. Zweifellos liegt in der Vielfalt der Aspekte, die in seinem Nachdenken vereinigt werden, ein Grund dafür, daß es mancherlei Spannungen und gewiß auch die

---

1 *O. Hammelsbeck*, Der Auftrag des evangelischen Lehrers, in: EvErz 15, 1963, S. 221-235, hier: S. 221.

2 Ebd., S. 222 Anm. 1.

eine oder andere innere Unausgeglichenheit in den Veröffentlichungen von Hammelsbeck gibt. Dies ist bei der Beschäftigung mit dem Werk von Hammelsbeck im Auge zu behalten. Es führt dazu, daß es sich nicht leicht erschließt. Er selber hat dieses Problem gesehen, wenn er sich als Autodidakten bezeichnet, sowohl in der Pädagogik wie in der Theologie, und dies als ein besonderes menschliches Problem von positiver und negativer Bedeutung anspricht.

In seiner Pädagogischen Autobiographie schreibt er im Hinblick darauf: „Der Autodidakt ist vielleicht am meisten dadurch gekennzeichnet, daß ihm eine ausgewachsene Methodik mangelt. Er muß immerzu von neuem beginnen. Aber da macht sich auch sein Plus bemerkbar; er bohrt tiefer als der Durchschnitt der anderen; er holt mehr hervor. Sein Denken wird axiomatisch und spannt sich nicht in logische Konsequenzmacherei ein. Er bewundert die Logik wie von außen und nimmt nur in fremder Führung, durch Aristoteles, Kant und die Kantianer daran teil. Seine Zuflucht und seine Rettung wird das dialektische Denken als das einzige, das nicht in den Kurzschlüssen vorschnell bewiesener Erkenntnisse befangen bleibt. Seine Systematik ist zyklisch-spiralisch und wie die Scheiben der Zitrusfrüchte, die den gleichen Saft enthalten, aber abgewendet wie unverbindlich nebeneinander lagern und speichern, dennoch Einheit bildend."[3]

Leben und Wirken Oskar Hammelsbecks lassen sich in drei große Abschnitte unterteilen: zunächst die frühe Zeit mit der Tätigkeit in der Wirtschaft und in der Volkshochschularbeit in Saarbrücken, sodann die Jahre kirchlicher Arbeit in der Bekennenden Kirche ab 1936 und schließlich die dritte Phase nach 1945 mit der Tätigkeit als Professor für Allgemeine Pädagogik in Wuppertal.

Aus Raumgründen können wir auf die Anfangszeit nur kurz hinweisen. Hinsichtlich der beiden folgenden Lebensabschnitte in Hammelsbecks Leben werden wir einige zentrale Probleme herausgreifen. Für einige nicht behandelte Aspekte können wir erfreulicherweise auf vorliegende Veröffentlichungen verweisen:

- Im Blick auf das Verhältnis zu Karl Jaspers ist der erhaltene Briefwechsel zwischen Hammelsbeck und Jaspers instruktiv. Er wurde 1986 von H. Horn herausgegeben[4].

---

[3] Pädagogische Autobiographie, in: *H. Horn* (Hrsg.), Kirche, Schule, Staat im 20. Jahrhundert. Oskar Hammelsbecks Bilanz aus dem Nachlaß, Hagen o.J. (1979), S. 9-96, hier: S. 68.

[4] Briefwechsel Karl Jaspers - Oskar Hammelsbeck 1919-1969, hrsg. und erläutert von *H. Horn*, Frankfurt u.a. 1986.

- In die literaturdidaktischen Arbeiten gibt R.P. Crimmann eine erste Einführung[5].
- Die Frage des Lehrerbildes und vor allem die hochschulpolitischen Aktivitäten Hammelsbecks im Blick auf den Aufbau der eigenständigen Pädagogischen Hochschulen nach 1945 hat B. Albers aufgearbeitet[6].
- R. Preul hat eine instruktive Analyse von Hammelsbecks Bildungsbegriff vorgelegt[7].
- H. Horn hat in einer Reihe von Aufsätzen verschiedene Aspekte von Hammelsbecks Werk gewürdigt[8].
- W. Weishaupt hat sein Religionsverständnis analysiert [9] und
- R.P. Crimmann versuchte, sein Verhältnis zur geisteswissenschaftlichen Pädagogik zu erhellen[10].

2. Frühe Jahre: Tätigkeit an der Volkshochschule und im Schuldienst

Hammelsbeck hat die erste Zeit seines Lebens so prägnant beschrieben, daß ich ihm dazu selbst das Wort geben möchte.

2.1 Frühe Lebensjahre

„So sind die ersten dreißig Jahre meines Lebens vergangen, ohne daß der heilige Ruf Gottes in meine Ohren drang, und doch sind sie nach Art und Wesen nicht ohne den zu denken, ohne dessen Willen kann kein Haar von meinem Haupt fallen. Wenn ich bedenke, daß ich die Taufe aus des römischen Priesters Hand empfing, weil die katholische Großmutter die Heirat meiner Eltern nur zugab, wenn sie ihre Kinder römisch-katholisch werden ließen! Mein Vater gehörte von seinem Elternhause her zur reformierten Gemeinde Elberfeld. Doch in den Brautbriefen bekannte er sich bei aller festgehaltenen Überlieferung in der Sprache der Gebildeten der achtziger Jahre zu seiner Religion: 'Tue recht und scheue niemand.' Aber beide Eltern starben früh, und die Mut-

---

5 *R.P. Crimmann*, Oskar Hammelsbeck als Pädagoge und Didaktiker, in: EvErz 35, 1983, S. 350-363, hier: S. 358ff.

6 *B. Albers*, Lehrerbild und Lehrerbildung (Rp heute 19), Aachen 1988.

7 *R. Preul*, Religion – Bildung - Sozialisation, Gütersloh 1980, S. 78-87.

8 Vgl. z.B. *H. Horn*, Gestalt, Wesen und Bedeutung des Glaubens in Oskar Hammelsbecks „Evangelische Lehre von der Erziehung“, in: *ders./H. Kittel* (Hrsg.), Der Glaube der Gemeinde und die mündige Welt, München 1969, S. 127-140.

9 *W. Weishaupt*, Religionsbegriff und Religionsunterricht (Rp heute 3), Frankfurt 1980, S. 123ff.

10 *R.P. Crimmann*, Erich Weniger und Oskar Hammelsbeck, Weinheim/Basel 1986.

ter schrieb als ihren Letzten Willen auf dem Totenbett, daß ich in der evangelischen Familie des Onkels evangelisch erzogen werden sollte. Der Wechsel von der Unterweisung des Kaplans zu der meines ersten Lehrers Seute war so eindrücklich, daß meine kindlichen Phantasien um Martin Luther mich selber in die Rolle eines Reformators hineinversetzten. Hinter das Bild vom Kreuz auf Golgatha, das die sterbende Mutter mir zum 7. Geburtstag nachgelassen hatte, schrieb ich als Eigentumsvermerk meinen Namen mit dem Zusatz 'Pfarrer auf Borkum'.

Dann wuchs ich in Saarbrücken auf, in einem unierten Kirchengebiet liberalster Prägung, nur in der Konfirmandenzeit noch einmal ohne Nachhall theologische Berufspläne aufgreifend. Der Vormund ließ mich Englisch statt Griechisch lernen, weil ihm die spätere Übernahme des väterlichen Baugeschäfts als klare Zukunft schien. Als Kriegsfreiwilliger hatte ich Goethes Faust und nicht die Bibel in der Tasche, und nach der Heimkehr ging ich ins Studium der Philosophie und zuletzt der Volkswirtschaft, ohne je ein theologisches Kolleg zu hören. In den zwanziger Jahren bin ich nur selten zum Gottesdienst gegangen; meine Haltung zur Kirche war kritisch durch und durch. Als Direktor einer Volkshochschule und Leiter des Arbeitsdienstes im Saargebiet hielt ich mich von jeder konfessionellen wie parteipolitischen Bindung fern.

Aber der heilige Ruf drang dennoch durch. Ich las Karl Barths kleine Schrift über den Heiligen Geist und ein kleiner Bibelkreis von Männern aller Stände, abseits meiner Volkshochschule, riß die Herzenstüre auf, um den Ruf zu vernehmen."[11]

2.2 Studium in Heidelberg

Von 1919 bis 1923 studierte Hammelsbeck an der Universität Heidelberg Geschichte bei Oncken, Ritter und Neumann, Sozialwissenschaften bei Alfred Weber und Philosophie bei Rickert und Jaspers. Er schloß seine Studien mit einer Dissertation bei Alfred Weber über das Thema „Der Zollanschluß des deutschen Saargebietes an Frankreich" ab. Besonders geprägt hat ihn die Begegnung mit Karl Jaspers, der damals als Extraordinarius für Psychologie in Heidelberg tätig war. Hier wurde ihm deutlich, daß Psychologie und Soziologie wichtige Wissenschaften darstellen, daß aber beide Disziplinen nicht autonom verstanden werden dürfen, sondern in Relation auf das verantwortliche Leben der Person in Geist und Gesellschaft. Die Isolierung in autonome Wissenschaften ist zerstörerisch. Erst von der konkreten Verantwortung aus „wird

---

[11] Der heilige Ruf. Aufsätze und Vorträge über die christliche Verantwortung für Kirche und Welt, Gütersloh 1947, S. 19f.

das systematisierende Philosophieren ... fruchtbar, ohne uns in der Sackgasse des Systems zu verengen."[12]

Mit Jaspers verband ihn eine lebenslange Freundschaft, was sich auch darin zeigt, daß er im Jahre 1943 zum 60. Geburtstag von Jaspers eine Festschrift mit Beiträgen zahlreicher renommierter Wissenschaftler vorbereitete, die auf Grund der damaligen Zeitverhältnisse aber nicht zum Druck gelangen konnte. Hermann Horn hat inzwischen den Briefwechsel zwischen Karl Jaspers und Oskar Hammelsbeck herausgegeben[13] und in der Einleitung im einzelnen skizziert, wie Hammelsbeck das Verhältnis von philosophischem Glauben und Christusglauben und die Frage einer verantwortlichen Politik im Gespräch mit Jaspers erörtert hat.

2.3 Tätigkeiten in Saarbrücken

Oskar Hammelsbeck heiratet im Jahre 1923 Waltraut Dittrich und nimmt eine berufliche Tätigkeit als Geschäftsführer der Klavierfabrik Julius Deez in Saarbrücken auf. Doch im Jahre 1926 gründet er in Saarbrücken eine Volkshochschule, die er von 1927 bis 1933 leitet. Hammelsbeck war durch einen Briefwechsel mit Eduard Spranger, dessen Bücher er mit wachsendem Interesse gelesen hatte, und durch die Begegnung mit dem preußischen Kultusminister C.H. Becker zur Volkshochschularbeit gekommen. Er stößt zum Hohenrodter Bund und kommt dort in Verbindung mit Martin Buber, Eugen Rosenstock-Huessy, Wilhelm Flitner, Erich Weniger u.a.

Er fragt danach, was eigentlich Volkshochschularbeit in der heutigen Situation in der Industriearbeit bedeutet. Er reflektiert darüber, was Presse, Kino und Radio für das Leben bedeuten, was die Veränderungen im Arbeitsleben auf lange Sicht nach sich ziehen, und stellt die Katastrophe der personhaften Gemeinschaftsbeziehungen heraus, wogegen für ihn die Gruppe als Arbeits- und Lebensgemeinschaft von besonderer Bedeutung wird[14]. Neben der Volkshochschularbeit beginnt Hammelsbeck mit der Vorbereitung, Einrichtung und Durchführung von Lagern für erwerbslose Jugendliche im freiwilligen Arbeitsdienst (1931-1933). Dabei handelt es sich um eine freiwillige sozialpädagogische Unternehmung, die den arbeitslosen Jugendlichen, die ständig von den Anwerbern der französischen Fremdenlegion im Saarland bedrängt werden, gelten.

Doch im Jahre 1933 wird die Volkshochschule in Saarbrücken jäh geschlossen. „Das Jahr 1933 trug bald die Folgen der politischen Veränderung

[12] Pädagogische Autobiographie, aaO., S. 20.
[13] S. o. Anm. 4.
[14] Weiteres bei *B. Albers*, aaO., S. 15-22.

ins Saargebiet, obwohl es noch bis 1935 vom Völkerbund regiert wurde. Alle Parteien resignierten vor den elf sich selber wundernden Nationalsozialisten im Saarbrückener Stadtparlament, diesen elf bisher fast unbeachtet gebliebenen von 60 Stadtverordneten. Auf deren Antrag wurde im September die Auflösung der Volkshochschule ohne Widerspruch beschlossen und mir zum 31. Dezember gekündigt.“[15]

Hammelsbeck entschließt sich, sich auf Grund seiner Universitätsvorbildung sich zum Mittelschullehrerexamen für Externe in Koblenz anzumelden, um Lehrer in der Schule zu werden. Er hat als Prüfungsfächer „Deutsch“ und „Evangelische Religion“. Von Juli 1934 bis Oktober 1936 ist er dann als Aushilfslehrer an Volks- und Realschule tätig. Doch dann wird ihm fristlos gekündigt, weil er sich weigert, in die NSDAP einzutreten. Aus dem gleichen Grunde scheitert auch eine Berufung auf eine Professur an der Hochschule für Lehrerbildung in Saarbrücken.

3. Der „Schulmann der Bekennenden Kirche“

In dieser Situation tut sich eine neue, überraschende Möglichkeit auf.

3.1 Äußere Umstände

Im Dezember des Jahres 1936 beschließt die in Breslau tagende Synode der Bekennenden Kirche, den vorhandenen Predigerseminaren ein Katechetisches Seminar zur Seite zu stellen, um die jungen Vikare zwischen dem Ersten und Zweiten Theologischen Examen pädagogisch und psychologisch fortzubilden. Die Leitung der Bekennenden Kirche bot Hammelsbeck den Aufbau und die Leitung des Katechetischen Seminars an. Er sagte zu, und so begann eine neue Phase im Leben und Wirken Oskar Hammelsbecks. Im Jahre 1937 wurde er in den Rat der Evangelischen Kirche der altpreußischen Union als Referent für die Fragen des kirchlichen Unterrichts und der Laienzurüstung berufen. Ein Jahre später wurde die Arbeit des Katechetischen Seminars verboten und dann illegal in den Predigerseminaren in Pommern (D. Bonhoeffer), Schlesien (G. Gloege), Ostpreußen (H.J. Iwand, Conrad) und Westfalen (O. Spitz) weiterhin durchgeführt.

Hammelsbeck lernt Dietrich Bonhoeffer kennen, mit dem ihn eine innige Freundschaft verbindet. Man kennzeichnet Hammelsbecks Position bisweilen als die einer exklusiven Christozentrik reformierter Theologie oder als Spielart Barthscher Offenbarungstheologie. Gewiß, er verdankt Karl Barths Theo-

---

[15] Pädagogische Autobiographie, aaO., S. 47.

logie sehr viel. Gleichwohl sagt er von sich selbst, daß Bonhoeffer als der Jüngere, ihm, dem Autodidakten, noch ein theologischer Lehrer wurde. Sie sahen sich öfter bei der Erarbeitung von theologischen Gutachten für den Bruderrat. In der Dachstube des Elternhauses von Bonhoeffer trafen sie sich in regelmäßigen Abständen bis zur Verhaftung Bonhoeffers im April 1943. Hammelsbeck bemerkt dazu: „Wir fanden uns in einer wohltuenden Wahlverwandtschaft auf dem Grunde der Barmer Thesen."[16]

In der späteren Autobiographie findet sich der beachtliche Hinweis: „Was in all jenen anderen Gesprächen der gemeinsame Grund für eine fruchtbare Begegnung war, nämlich die Frage nach der Bildung und das soziale und kulturelle Verantwortungsbewußtsein, das ja bei Bonhoeffer in einer beglückenden Gelegenheit geistigen Austausches erst recht gegeben, aber für mich in der besonderen Weise aufregend und voller Gewinn, weil ich meine zaghaften theologischen Wagnisse als Rückfragen an seine exegetisch-systematische Souveränität aufgenommen, verstanden, bestätigt erfuhr und, kritisch verwandelt, gefördert erkannte."[17]

Im Juni des Jahres 1940 wird O. Hammelsbeck verhaftet. Er wird aber bald wieder freigelassen, weil der württembergische Landesbischof Wurm, Stuttgart, sich für ihn einsetzte. Er muß seinen Dienst als Referent für die Fragen des kirchlichen Unterrichts weiterhin illegal ausüben. Im März 1944 wird er schließlich vom Bruderrat der Bekennenden Kirche in Berlin ordiniert und geht als Pfarrverweser nach Falkenhagen im Bereich der Lippeschen Landeskirche.

3.2 Der kirchliche Unterricht

Im Vorwort seiner Aufsatzsammlung „Glaube – Welt – Erziehung" schreibt Hammelsbeck später: „Ich weiß, daß die Sonderart meiner Gedankenführung nachhaltig geprägt ist durch die eindringliche theologische und pädagogische Erfahrung in der Bekennenden Kirche, sowohl in den Notgemeinden während des Kirchenkampfes wie in der damaligen und fortgesetzten Verantwortung in den Synoden und in der Kammer für Erziehung und Unterweisung."[18]

1937 hat Hammelsbeck eine erste Studie zum Thema des kirchlichen Unterrichts herausgehen lassen[19], die er dann im Jahre 1939 als einen großen Gesamtentwurf ausführt: „Der kirchliche Unterricht. Aufgabe – Umfang – Einheit." Hierbei handelt es sich um einen katechetischen Gesamtentwurf. Ham-

---

[16] Begegnung mit Dietrich Bonhoeffer, in: EvErz 1, 1949/50, S. 29.
[17] Pädagogische Autobiographie, aaO., S. 69.
[18] Glaube – Welt – Erziehung, Mühlheim/Ruhr 1954, S. 6.
[19] Leben unter dem Wort als Frage des kirchlichen Unterrichts (Laien-Mission), (ThEx 55), München 1938.

melsbeck stellt das gesamte unterrichtliche Handeln in Gemeinde, Familie, Gottesdienst, Seelsorge usw. in den Dienst der Erneuerung, „um der Einheit geordneten Gemeindeaufbaus von der Sicht des Unterrichts aus zu dienen.“[20] Konstitutiv sind für sein Denken „die gemeindeschwache Christenheit von heute, der alles richtende Maßstab der biblischen Offenbarung und die verpflichtende Kraft aus den Erkenntnissen der Reformatoren.“[21] Das Besondere liegt darin, daß wir hier ein Gesamtkonzept des katechetischen Handelns vor uns haben.

Hammelsbeck vermeidet bewußt das „zungenbrecherische Fachwort“ Katechumenat oder Gesamtkatechumenat und redet lieber von der Einheit des kirchlichen Unterrichts. Er meint, daß von daher das Pfarramt in der Gemeinde nicht in der Substanz, wohl aber in seiner Form anders werden müßte, daß es sich praktisch verändere. „Ohne den Anspruch, daß die deutsche Pfarrerschaft so oder so die ‘Konsequenzen’ ziehen muß, wollten wir nicht raten, in die Gesamtheit der von uns vorgetragenen Besinnung einzutreten.“[22]

O. Hammelsbeck sieht sein Konzept nach den Arbeiten von Gerhard Bohne und Martin Rang als dritte Etappe, indem im reformatorischen Sinne mit der „Kirchlichkeit“ des Unterrichts ernst gemacht wird. Die grundlegende These besteht darin, daß der Ort allen kirchlichen Unterrichts allein die Gemeinde ist, und daß Träger des kirchlichen Unterrichts die Gemeinde in allen ihren Gliedern ist.

Er wird nicht müde, immer wieder deutlich zu machen: „Die Gemeinde unterrichtet.“ Die Gemeinde ist aber als ganze unter das Haupt Christus gestellt. Dies bedeutet, daß die mit dem Unterricht betrauten Personen der Kirche (Pastoren, Doktoren, Älteste, Diakone) selbst niemals dem Unterricht entwachsen und nur so lange berechtigt sind zu unterrichten, als sie auch selbst in der Unterrichtung bleiben. Von der Gemeinde als Gemeinde der Brüder und Schwestern kommt Hammelsbeck hier zu einer Zuordnung, die wir heute als ein Lernen zwischen den Generationen bezeichnen würden. Hammelsbeck sagt also nicht nur, daß es insoweit kirchlichen Unterricht gibt, als Gemeinde da ist. Sondern er geht noch weiter: „Es gibt nur insoweit Gemeinde, als sie ‘beständig bleibt in der Apostel Lehre’!“[23]

Nun gibt es zwei unterschiedliche Formen des kirchlichen Unterrichts: den missionierenden Unterricht und den gemeindlichen Unterricht. Die Unterscheidungslinie liegt bei der Konfirmation. Alles, was vorher seinen Ort hat

---

[20] Der kirchliche Unterricht. Aufgabe – Umfang – Einheit, München 1939, S. 9.
[21] Ebd., S. 9.
[22] Ebd., S. II.
[23] Ebd., S. 20.

(Religionsunterricht, Kindergottesdienst, Konfirmandenunterricht), gehört zum missionierenden Unterricht. Alles, was danach folgt (Gemeindejugendarbeit, nachbarschaftlicher Bibelkreis, Erwachsenenarbeit), gehört zum gemeindlichen Unterricht. Begründet sieht Hammelsbeck diese beiden Formen des kirchlichen Unterrichts im Lehrauftrag Christi (Mt 28,18-20). Er geht über die übliche Bestimmung als Missions- und Taufbefehl hinaus und sieht hier einen dreifachen Auftrag erteilt: 1. zu missionieren; 2. zu taufen; 3. die Getauften fähig zu machen, evangelisch zu leben (Heiligung)[24].

Am Ende des Buches stellt Hammelsbeck fest: „Es wird gut verkündigt, aber schlecht gelehrt!“[25] Und er wirft die Frage auf, was das eigentlich bedeutet. Seine Worte muten recht modern an: „Wir schließen dieses Kapitel und damit das Buch mit einer offenen Frage. Es ist die Frage 'Pastorenkirche oder Gemeindekirche', die mit allem, was wir von der Einheit des kirchlichen Unterrichts entwickelt haben, an den Pfarrer als Träger des geistlichen Amtes gerichtet ist.“[26]

Hinsichtlich des Religionsunterrichts hat Hammelsbeck die konsequenteste Position einer Zuordnung zur christlichen Gemeinde vorgenommen. Man muß dies natürlich im Zusammenhang der Entwicklungen und Erfahrungen in der Zeit des Dritten Reiches sehen. Dies machte sensibel gegen jede Art von religiöser Ideologie und Weltanschauung. Für Hammelsbeck sind das Gegenüber zur nationalsozialistischen Weltanschauung und die Erfahrung der inneren Aushöhlung des Religionsunterrichts wesentlich. Darum arbeitet er deutlich den Unterschied zwischen Mythos und Religion einerseits und dem in der Schrift offenbarten Evangelium andererseits heraus.

Das Verstehen des Geschehens der Offenbarung Gottes bedarf der Auslegung. Dabei gilt: „Es ist das Merkmal für die richtige oder falsche Auslegung, ob die Sache selbst den majestätischen Vorrang behält oder ob ‘eingelegt’ wird, wie im Großen das Evangelium von all den Einlegungs- ‘Religionen’ und Mythen zu unterscheiden ist.“[27] Diese Zuordnung von Evangelium und Religion ist von Hammelsbeck zeitlebens in dieser Schärfe festgehalten worden. So steht seine These: „Allein von der Gemeinde her kann ein christlicher Religionsunterricht mit Vollmacht erteilt werden, auch wenn er nicht im Rahmen der Kirche, sondern im Rahmen der weltlichen Einrichtung Schule erteilt wird.“[28]

---

[24] Ebd., S. 29.
[25] Ebd., S. 304.
[26] Ebd., S. 312.
[27] Ebd., S. 128.
[28] Ebd., S. 55.

3.3 Glaube und Bildung

Mit den Überlegungen zum kirchlichen Unterricht ist freilich nicht alles gesagt, was Hammelsbeck als „Schulmann der Bekennenden Kirche“, wie er sich selbst einmal bezeichnet hat, zu den anstehenden Fragen im Blick auf Unterricht und Erziehung zu sagen hat. Es gibt von ihm aus dem Jahre 1940 eine beachtenswerte Schrift zum Thema „Glaube und Bildung“. Hier arbeitet er heraus, daß man von einer Versklavung der Bildung reden könne und daß die Erziehung der Bildung den Rang streitig gemacht habe. „Die Erziehung zu festen Zielen und Aufgaben geht in Führung. Die Bildung wird Teil und Unterbegriff der Erziehung.“[29]

Aber er ist der Ansicht, anders als die Mehrzahl der Vertreter der sog. Evangelischen Erziehung[30] in den dreißiger Jahren, daß die Bildung nicht einfach in Erziehung aufgelöst werden kann. Die geistesgeschichtliche Verantwortung „wehrt sich gegen einen solchen Vorrang der Erziehung, der die Bildung als eine Teilfunktion unterschlägt. Woher könnte das erzieherische Tun einen verantwortlichen Maßstab nehmen, wenn nicht von einem erneuerten griechischen Bildungbegriff? Er allein bietet den Erziehern die Gewähr, daß ihr Erziehen um der Menschenwürde derer willen geschehen darf, die erzogen werden sollen. Diesen Maßstab verwerfen zugunsten eines Prinzips von Erziehung, die nur auferlegen soll statt zu erschließen, würde einen totalen Ausbruch aus der abendländischen Geistesgeschichte bedeuten.“[31]

Hammelsbeck bringt die Bildungsfrage in das Gespräch mit der Bibel und arbeitet dabei heraus, daß sie nicht abgesehen von Christus thematisiert werden kann. Mit diesem Ansatz folgt er einerseits dem Basler Theologen Karl Barth. Und doch geht er andererseits zugleich über ihn hinaus. Deutlich wird das in dem Abschnitt über „Bildung und Wort Gottes“, wo er formuliert: „Die Bildung des Christenmenschen wird bestimmt von den Erscheinungen der vergänglichen Welt und der evangelischen Offenbarung. Es geht weder um eine idealisierende Einbeziehung des Evangeliums in die Bildung noch um eine Verchristlichung der Welt.“ Für ihn hat Bildung mit den Werten dieser Welt zu tun, in sachlicher Weise. „Wir brauchen hierzu gerne den Begriff der ‘echten Weltlichkeit’ und wollen damit sagen, daß ihre Inhalte nicht verfrömmelt oder zensiert werden.“[32]

Bildung soll im Spiegel der Offenbarungswahrheit angenommen werden. Hammelsbeck verwendet zur Verdeutlichung des gemeinten Sachverhalts das

---

29 *O. Hammelsbeck*, Glaube und Bildung (ThEx 74), München 1940 = ^{2}1941, S. 11.
30 Zur Charakterisierung s. R. Preul, Religion – Bildung – Sozialisation, aaO.
31 *O. Hammelsbeck.*, aaO., S. 11.
32 Zitate ebd., S. 26.

Bild des Prismas. er schreibt: „Die Fläche des Prismas, wo sich das Bild der Welt und das Bild der Offenbarung überschneiden, ist die eigentliche Bildung des Christenmenschen. Was uns zum Bilde wird und was uns bildet, und ebenso, was uns wiederum zum Bilde macht, damit wir unsere Umwelt bilden, ist also nicht nur von den Dingen innerhalb der Welt bestimmt, es geht gleichzeitig durch das Prisma der evangelischen Offenbarung."[33] D.h., daß wir in der Bildung die weltliche Wirklichkeit nicht verstehen, abgesehen von dem, was wir von Gott her wissen. Das Prisma soll aber nicht beides zu einer Harmonie vereinigen, sondern durch den Einfall des Lichts aus der Offenbarung wird unsere Bildung „gebrochen".

Hammelsbeck führt die Überlegungen dann weiter, indem er ausführt, daß es überhaupt „der Glaube ist, der 'bildet'. Ohne Glauben bleibt die Bildung ohne Substanz, ohne die Kraft der Gestaltung."[34]

Hier werden Ansätze einer evangelischen Bildungstheorie erkennbar, die für die evangelische Verantwortung im Blick auf Bilduntg und Erziehung Erziehung den Einsatz beim Evangelium nehmen, nicht aber beim Gesetz. So kann Hammelsbeck dann sagen „mit dem unabgeschwächten Gesetz kann überhaupt nur eine wahrhaft evangelische Erziehung arbeiten, weil sie eben mehr hat als das Gesetz."[35] Was hat sie aber mehr als das Gesetz? Hammelsbeck meint hier unbestreitbar: das Evangelium. Ich denke, es ist wichtig, diesen Beitrag Hammelsbecks zur Bildungsfrage ebenfalls zur Kenntnis zu nehmen, damit nicht der Eindruck entsteht, daß mit dem Buch zum kirchlichen Unterricht alles gesagt sei. Diese Studie ist sicher auch als eine Frucht jener Gespräche mit Dietrich Bonhoeffer, auf die oben hingewiesen wurde, zu sehen.

4. Der Professor für Allgemeine Pädagogik

Neben anderen Angeboten standen im Frühjahr 1946 für Hammelsbeck zwei Möglichkeiten offen: die Berufung auf eine Professur für Praktische Theologie an der Theologischen Fakultät der Universität Göttingen oder die Anstellung als Direktor der Pädagogischen Akademie Wuppertal.

4.1 Der Weg nach dem Zweiten Weltkrieg

Hammelsbeck entschied sich für die Lehrerbildung, übernahm zugleich aber

---

[33] Ebd., S. 26f.
[34] Ebd., S. 29.
[35] Ebd., S. 15.

nebenamtlich eine Dozentur für Katechetik und Pädagogik an der Kirchlichen Hochschule in Wuppertal. 1964 wird er pensioniert. Ein Jahr zuvor hat er bereits an der Pädagogischen Hochschule in Hagen eine Honorarprofessur für Pädagogik angetreten, die er bis zum Jahre 1971 versieht. Er stirbt am 14. Mai 1975 kurz vor der Vollendung seines 76. Lebensjahres in Detmold.

Die Jahre in Wuppertal stellen eine in jeder Hinsicht fruchtbare Zeit dar. Hammelsbeck ist aktiv in der Hochschulpolitik tätig, indem er viele Jahre lang als Rektor der Pädagogischen Akademie in Wuppertal beim Aufbau der Pädagogischen Hochschulen mit ihrem eigenständigen Profil entscheidend beteiligt ist. Er wird 1958 Erster Vorsitzender und Präsident des Deutschen Pädagogischen Hochschultages. Er schaltet sich in die Diskussion um die Frage nach der Konfessionsschule ein. Er ist Mitglied in vielen kirchlichen Gremien: Synodaler der EKD, der EKU, der Evangelischen Kirche im Rheinland. Er ist Mitglied im Presbyterium der Gemeinde Gemarke und führt jahrelang den Vorsitz in der „Kammer für Erziehung und Unterweisung“ beim Rat der EKD.

Daneben übernimmt er die Schriftleitung der Zeitschrift „Der evangelische Erzieher“. Er äußert sich zu Fragen der Sexualkunde, des Sportunterrichts, der musischen Erziehung und politischen Bildung als wesentlichen Aufgabenbereichen der Schule und ist auch in literarischer Hinsicht ausgesprochen fruchtbar. Seine Gesamtbibliographie umfaßt etwa 500 Titel[36]. Aus der Vielfalt der Themen seien zwei Bereiche herausgegriffen: Die evangelische Lehre von der Erziehung und die Frage nach der Schule in evangelischer Verantwortung.

4.2 Evangelische Lehre von der Erziehung

Im Jahre 1950 erschien die erste Auflage der „Evangelische(n) Lehre von der Erziehung“[37]. Im zweiten Kapitel wird „Die pädagogische Fragestellung“ erörtert. Es wird gefragt: Warum nicht evangelische Erziehung? Es wird die Erziehung als Notstand herausgestellt, eine Verhältnisbestimimung von Erziehungswissenschaft, Erziehungslehre sowie einer evangelischen Lehre von der Erziehung vorgenommen und programmatisch von der „Erziehung um der Freiheit des Menschen willen“ gesprochen.

In der zweiten Auflage ist auf den Seiten 57-59 eine bemerkenswerte Erweiterung zu finden. Unter der Überschrift „Theologie und Pädagogik in Wahrung der Eigenständigkeit der Erziehung“ wird davon gesprochen, daß Theologie und Pädagogik sich in einem Verhältnis der Korrespondenz zueinander befinden und daß die Theologie der Erziehung bei ihrem Geschäft hel-

---

[36] Eine Bibliographie der Veröffentlichungen findet sich bei *B. Albers*, Lehrerbild und Lehrerbildung, aaO., S. 108-122.
[37] München 1950.

fen will, indem sie „vom Evangelium her" mitarbeitet an der inhaltlichen Füllung der Humanität, um die sich Erziehung helfend bemüht. Der Leitsatz am Beginn des Paragraphen lautet: „Die Theologie will der Erziehung - in Wahrung ihrer Eigenständigkeit - das Beste zuwenden. Sie gestaltet vom Evangelium her mit an der inhaltlichen Füllung der Humanität, um die sich Erziehung helfend bemüht. In dieser Korrespondenz lernen wir verstehen, warum es keine evangelische Erziehung gibt, wohl aber die Möglichkeit, welche heißt: evangelisch erziehen."[38]

Hammelsbeck stellt deutlich heraus, daß Erziehung eigenständig ist. Er bezieht sich dabei zweifellos auf die Position von der relativen Autonomie, wie sie bei E. Weniger formuliert worden ist. Er macht damit deutlich, daß Eigenständigkeit oder Autonomie bedeutet, daß die Erziehung nicht von politischen, weltanschaulichen und religiösen Beschlagnahmungen abhängig gemacht oder diesen untergeordnet werden darf. Andernfalls wäre Erziehung für Hammelsbeck Schulung, Dressur, Entmenschlichung. Damit wird jener zentrale Aspekt des neuzeitlichen Bildungsbegriffes festgehalten, demzufolge es beim Bildungsprozeß darum geht, den Schüler bzw. die Schülerin vor falschen gesellschaftlichen, kirchlichen und sonstigen Vereinnahmungen zu bewahren. Dieser Grundsatz gilt auch für die Verhältnisbestimmung von Theologie und Pädagogik. Die Pädagogik darf keinesfalls theologisiert werden, und das Evangelium darf nicht pädagogisiert werden. Die Theologie kann auch die Pädagogik nicht begründen.

Eine solche Begründung der Pädagogik durch die Theologie würde sich ja in Widerspruch setzen zur Eigenständigkeit der Pädagogik, die es zu wahren gilt. Das Verhältnis ist vielmehr so zu sehen, daß die Erziehung ein nicht begründbares Phänomen darstellt und als solches zu bejahen ist. Hammelsbeck stellt heraus, daß aus theologischen Gründen Erziehung nicht nur nicht zu verwerfen, sondern zu bejahen sei. Theologie „begründet nicht, sondern sie bejaht das erzieherische Urphänomen theologisch in der biblischen Lesart von Urmaß und Urbezugspunkt". Der von der Bibel her gewonnene grundlegende Bezug für das erzieherische Urphänomen ist etwas, was die Pädagogik als Gesprächspartner ebenso herausstellt, wenn sie vom pädagogischen Verhältnis spricht.

Insofern wird durch den Rekurs auf die Bibel der Pädagogik keine Begründung ihres Grundbezuges zugemutet, sondern eine echte Korrespondenz aufgewiesen. Hammelsbeck stellt heraus: „Die biblisch erkannten Voraussetzungen geltend machen, heißt nicht auferlegen und beschlagnahmen, sondern die Möglichkeit der Erziehung in der Korrespondenz mit dem Evangelium aufsu-

[38] Evangelische Lehre von der Erziehung, 2., neu bearb. Aufl., München 1958, S. 57.

chen, erörtern, wahrnehmen."[39] Auf der anderen Seite wird auch für die Erziehung die Eigenständigkeit der Theologie herausgestellt. Die Erziehung kann die Theologie nicht ablehnen, sofern die Eigenständigkeit gewahrt wird. Als Kriterium für die Sachgemäßheit des Beitrages der Theologie wird herausgestellt, daß die theologischen Voraus-Setzungen nicht zu „unpädagogischen Setzungen" werden dürfen.

Damit nun Pädagogik und Theologie miteinander in eine solche Korrespondenz treten können, ist das Feld zu benennen, auf dem beide praktisch wirksam werden können. Hammelsbeck schlägt hierfür den Begriff der „Humanität" vor. In dem zuvor zitierten Leitsatz war davon die Rede, daß die Theologie vom Evangelium her mitgestaltet an der inhaltlichen Füllung der Humanität. „Wir behaupten demnach, die Begegnung von Theologie und Pädagogik erfolge in der Humanität, - Humanität ergebe sich aus der wirksamen Begegnung von heteronomer Theologie und autonomer Pädagogik." Dabei sieht Hammelsbeck den Zusammenhang so, daß „die Erziehung nicht aus sich selber Humanität 'setzen' kann. Sie bedarf um der in der erzieherischen Eigenständigkeit gewahrten Humanität willen der Korrespondenz mit dem Umgrenzenden. In der Humanität treffen sich zur Wirksamkeit miteinander Erziehung und Substantielles, das von außen auf Erziehung zukommt. Nur solches Zukommende wird wirksam, das Humanität will."[40]

O. Hammelsbeck hat so von einem Verständnis der Pädagogik als „hermeneutisch-pragmatischer Wissenschaft" her, d.h. in der Tradition der geisteswissenschaftlichen Pädagogik stehend, die Möglichkeit eines fruchtbaren Gespräches und Zueinanders von Theologie und Pädagogik herausgestellt und als ihren gemeinsamen Bezugspunkt Humanität bezeichnet. An anderer Stelle konkretisiert er Humanität im Sinne der Freiheit des Menschen.

Erziehung „vom Evangelium her" ist „Erziehung um der Freiheit des Menschen willen" - damit ist eine entscheidende Einsicht formuliert. K.E. Nipkow bemerkt dazu, daß der Ansatz O. Hammelsbecks an dieser Stelle bis heute gültig sei[41].

4.3 Schule in evangelischer Verantwortung

Von diesem Ansatz einer verschränkten, dialektischen Verantwortungsgemeinschaft von Theologie und Pädagogik für die Menschwerdung in Erziehung und Bildung hat Hammelsbeck Position bezogen im Streit um die Frage

---

39 Zitate, ebd., S. 58.

40 Ebd.

41 *K.E. Nipkow*, Grundfragen der Religionspädagogik, Bd. 1, Gütersloh 1975, S. 221, Anm. 128.

Gemeinschaftsschule oder Konfessionsschule. Obwohl er für die Lehrerbildung ein konfessionelles Konzept vertrat, hat er für die allgemeine öffentliche Schule sich ganz entschieden für die Gemeinschaftsschule und gegen die Konfessionsschule eingesetzt. Dabei ist seine Stellungnahme auch begründet von der Beurteilung der Gesamtlage, daß wir in einer nachabendländischen Welt leben und daß von daher nicht einfach so getan werden könnte, als ob wir in einer durch und durch christlichen Gesellschaft lebten. Freilich hält er die abendländische Tradition für so wesentlich, daß sie in die nachabendländische Welt hinein vermittelt werden muß.

Schule in evangelischer Verantwortung ist für Hammelsbeck „Verantwortung des Evangeliums in dem Stück Welt, das Schule heißt, nicht als Sonderform von Schule als Bekenntnisschule, Gemeinschaftsschule, christliche Schule oder dergleichen, sondern Schule des 20. Jahrhunderts in der Verantwortung echter Weltlichkeit."[42] Hammelsbeck wendet sich also gegen eine evangelische Schule und setzt dagegen die Schule in evangelischer Verantwortung. Lediglich als Notlösung politischer Art im Zusammenhang der Gegebenheiten läßt er eine Konfessionsschule gelten, nicht aus Gründen der Parität, sondern als Bollwerk gegen Katholisierung[43]. Von daher bezieht er eine dialektische Position, indem er davon spricht, daß die Gemeinschaftsschule „unserer besonderen Liebe" und die evangelische Bekenntnisschule „unserer liebenden Fürsorge empfohlen" werden[44]. Er meint, daß die Kundmachung dessen, was evangelische Weltverantwortung ist, die hier statthat, nur personal, nicht aber institutionell möglich sei sowohl im Blick auf Bekenntnis - wie im Blick auf Gemeinschaftsschulen[45]. Die Konzentration auf das Personale ist ein wesentliches Kennzeichen des Hammelsbeckschen Denkens. Man wird freilich fragen müssen, ob hier nicht die Härte der institutionellen Gegebenheiten zu gering eingeschätzt wird.

Neben den genannten Schulen gibt es noch die „Schulen unter dem Evangelium". Hierbei handelt es sich um kircheneigene Schulen, die die Aufgabe haben, echte Weltlichkeit im Sinne der Reformation darzustellen und zu erproben. Mit der Differenzierung in diese beiden Schulformen schließt sich Hammelsbeck an die Forderungen der Bekennenden Kirche an, wie sie in dem Dokument „Kirche und Schule" im Jahre 1943 formuliert worden waren. In diesem Sinne versteht Hammelsbeck es dann auch, daß die Synode der EKD

---

[42] Volksschule in evangelischer Verantwortung (Kamps pädagogische Taschenbücher 7), Bochum o.J. (1961), S. 68.
[43] Ebd., S. 148.
[44] Ebd., S. 158.
[45] Vgl. ebd., S. 149.

im April 1958 in ihrem „Wort zur Schulfrage" Erkenntnissen aus der Zeit der Bekennenden Kirche Ausdruck verliehen hat.

Hammelsbeck hat dies Schulwort als eine reformatorische Tat, als ein Ereignis von kirchengeschichtlicher Bedeutung, verstanden wissen wollen[46]. Der grundsätzliche Teil, der von der theologisch gewichtigen Präambel von der in Christus begründeten Menschenwürde und der Erinnerung an die Freiheit, zu der allein Christus befreit, ausgeht, endet in dem Satz: „Die Kirche ist zu einem freien Dienst an einer freien Schule bereit." Hierzu bemerkt Hammelsbeck, daß dessen Erarbeitung seine „ganze Hingabe" galt[47].

Hammelsbeck tritt nicht deswegen für eine Schule in evangelischer Verantwortung in diesem Sinne ein, weil er dem Rückzug aus der Schule das Wort reden will, sondern weil er gerade den Raum freimachen möchte, evangelisch und ein evangelischer Lehrer in der Schule humanistischen Herkommens zu sein, in dem Wissen, daß das Abendland abstirbt und daß in die Veränderungen von morgen hinein Schule zu halten ist. Von daher liegt es ihm am Herzen, gerade eine pädagogische Wende hin zur Zukunft vorzunehmen.

In solcher Freiheit ist dann auch Raum für die Evangelische Unterweisung. Hammelsbeck geht von der Einheit der Auftragsfunktionen der Praktischen Theologie im biblisch bezeugten Evangelium und in Jesu Wirksamkeit aus. Er unterscheidet als wesentliche Auftragsfunktionen der Praktischen Theologie die Lehre, die Verkündigung und die Seelsorge. Verkündigung heißt für ihn konkret predigen. Seelsorge ist im weiteren Sinne Diakonie, im engeren Sinne geistlicher Beistand in Notsituationen des Nächsten. Lehren heißt unterrichten[48]. Dementsprechend kommt der Evangelischen Unterweisung - Hammelsbeck hat sich nicht der Rückkehr zum Begriff Religionsunterricht angeschlossen - die Aufgabe der Lehre zu, wobei der Zusammenhang mit Verkündigung und Seelsorge erhalten bleibt.

In seinem Bonner Vortrag anläßlich der Ehrenpromotion hat er das aus der Perspektive des Lehrers folgendermaßen beschrieben: „Das Kind kommt mit getrübten Vorstellungen über den lieben Gott und Vater im Himmel in die Schule. In der Bundesrepublik, auf Tahiti und in Kambodscha. Die evangelische Lehre soll leisten, daß sich diese Vorstellungen an Hand der biblischen Geschichten klären, - eine große Aufgabe im Vorfeld des Glaubens. Kein Glaube kann hinaus über den Glauben der Kinder und Einfältigen; aber der Einfältige darf erwarten, daß ihm sein Glaube artikuliert werde. Alles im Auf-

---

[46] S. dazu oben den Beitrag „Freier Dienst an einer freien Schule", S. 65ff.

[47] *O. Hammelsbeck*, Pädagogische Autobiographie, aaO., S. 87.

[48] Vgl. *O. Hammelsbeck*, Unterweisung und Predigt, in: *P.C. Bloth u.a.* (Hrsg.), Mutuum Colloquium. FS Helmuth Kittel, Dortmund 1972, S. 123.

trag des evangelischen Lehrers zielt auf evangelische Artikulation des Bewußtseins, zu den Kindern Gottes und der Gemeinschaft des 3. Artikels zu gehören."[49]

5. Hammelsbecks Vermächtnis

O. Hammelsbeck hätte sich dagegen gewehrt, als „Klassiker der Religionspädagogik" bezeichnet zu werden. Er hat sich bis zuletzt als einen Klassiker der „Evangelischen Unterweisung" verstanden. Ich hoffe, es ist gleichwohl deutlich geworden, daß er ein Vertreter evangelischer Katechetik ist, der gründlich über das Verhältnis von Theologie und Pädagogik nachgedacht hat. Er hat ein für allemal deutlich gemacht, daß nicht unreflektiert von einer „Erziehung zum christlichen Glauben" gesprochen werden darf. Es gibt kein pädagogisches Mittel, den Glauben effektiv zu schaffen. Freilich gibt es eine Erziehung in evangelischer Verantwortung.

Auch in anderer Hinsicht ist Hammelsbecks Anliegen heute durchaus noch aktuell. Er hat nämlich, wie dies kein anderer Vertreter der Evangelischen Unterweisung getan hat, deutlich gemacht, daß die christlichen Gemeinden und Kirchen ihre Verantwortung für die Schule und die dort geleistete Erziehungs- und Bildungsarbeit nicht nur nicht vergessen dürfen, sondern in den Fragen des öffentlichen Schulwesens eine aktive Verantwortung wahrzunehmen haben.

Hammelsbeck hat sich bei seinen pädagogischen Überlegungen mit großer Vehemenz gegen eine Menschenbildpädagogik gewandt. Damit hat er etwas Wichtiges gesehen, sofern man Pädagogik im prometheischen Sinne versteht, daß man Menschen formt nach seinem eigenen, selbstentworfenen Bilde. Freilich ist es m.E. durchaus eine offene Frage, ob Bildung und Erziehung nicht immer auch so etwas wie ein Bild vom Menschen benötigen. Es kann sich dabei freilich nur um einen offenen Entwurf handeln, der jederzeit für Revisionen offen ist und offen zu halten ist. Ich denke, daß Hammelsbeck selbst solche Elemente eines Menschenbildes positiv in sein Erziehungsdenken aufgenommen hat.

Angesichts unserer gegenwärtigen Fragestellungen im Blick auf Gemeindepädagogik und Gemeindeaufbau dürfte es noch einmal interessant sein, sich von Hammelsbeck an die Grundfragestellungen heranführen zu lassen, die sich von daher ergeben, was er die „Einheit des kirchlichen Unterrichts" ge-

---

[49] *O. Hammelsbeck*, Der Auftrag des evangelischen Lehrers (s. Anm. 1), S. 235.

nannt hat. Man muß ihm dabei ja nicht in der Ignorierung der Schule als spezifischem didaktischen Lernort für das Fach Religion folgen.

Hammelsbeck geht es schließlich um die „Erziehung in der Korrespondenz mit dem Evangelium"[50]. Ich bin der Meinung, daß diese Formel zusammen mit der anderen Aussage von der „Erziehung um der Freiheit des Menschen willen"[51] als Schlüssel und komprimierte Zusammenfassung der Hammelsbeckschen Position zu Erziehung und Bildung in evangelischer Verantwortung angesehen werden kann.

---

[50] S. o. S. 177f.

[51] S. o. S. 176 und 178. – S. dazu auch das oben auf S. 77f. wiedergegebene Urteil *R. Lachmanns* über O. Hammelsbeck, der von seinem „Pathos der Freiheit" spricht.

Jörg Erb als Autor religiöser Literatur

Ein Kapitel aus der jüngsten Geschichte der Religionspädagogik

Vor einigen Jahren begann ich, hin und wieder Menschen daraufhin zu befragen, woran sie sich im Blick auf ihre eigene christliche Erziehung erinnerten und was sie in ihrer religiösen Sozialisation als prägend erfahren hatten. Es ergaben sich dabei einige überraschende Einsichten. Vor allem wurde mir die besondere Bedeutung biblischer Geschichtenbücher im Prozeß des Aufwachsens im christlichen Glauben deutlich. Es war überraschend, daß nach kurzer Zeit des Nachdenkens die meisten der befragten Personen in der Lage waren, sich deutlich an das Bibelbuch zu erinnern, das in ihrer Kindheit Verwendung fand.

1. Frömmigkeit und Biblische Geschichtenbücher

Ältere Menschen nannten oft „Die Bibel in Bildern“ von Julius Schnorr von Carolsfield[1]. In Bayern wurde häufig das „Gottbüchlein“[2] genannt. Eine Reihe von Gesprächspartnern machte deutlich, daß sie in starkem Maße von den *Bildern* dieses Büchleins beeinflußt worden sei. Es wurde auch deutliche Kritik an der anthropomorphen Gestalt der Gottesbilder geübt mit der Begründung, daß man durch sie zu sehr auf einen vorgegebenen Bildgehalt festgelegt wurde und daß so der Spielraum zu eigenen Überlegungen eingeengt worden sei. Im Blick auf die eigene religiöse Entwicklung und die Ausbildung eines reifen Gottesverständnisses konnte das Gottbüchlein sich so als hemmend erweisen.

Noch häufiger aber stieß ich bei meinem Nachfragen auf die Biblische Geschichte „Schild des Glaubens“ von Jörg Erb. Sie wurde mir von Menschen in der ehemaligen DDR, aus dem Gebiet der Lutherischen Kirche in Siebenbürgen/Rumänien, im Bereich der Evangelischen Kirche von Kurhessen-Waldeck sowie aus dem Gebiet der badischen und württembergischen Landeskir-

---

1 Leipzig 1860.
2 Erster Unterricht im christlichen Glauben. Verfaßt von *Ernst Veit*, München ^{2}1935.

che genannt. Christine Reents berichtet vom *Schild des Glaubens*, „nach dem ich erzogen wurde und nach dem ich in meiner Oberstufenzeit Anfang der fünfziger Jahre Kinderstunden in Oldenburg hielt."[3]

Auf der gleichen Linie liegt ein neuerlicher Beleg, der Auslöser zu diesem Beitrag war. Als der neue Referent für Bildung und Erziehung der Evangelischen Landeskirche von Baden sich den Religionslehrkräften in ihrer Zeitschrift vorstellte, tat er es u.a. mit folgenden Worten:

„Welche Erinnerungen habe ich selber [sc. an meinen Religionsunterricht]? Der 'Schild des Glaubens', Jörg Erb und Paula Jordan, wem aus meiner Generation (Jg. 1944) hat sich der nicht unauslöschlich eingeprägt? Dabei waren es eher die Bilder als der Text, denn die biblischen Geschichten wurden ja von den Lehrerinnen erzählt und an der Flanelltafel häufig zusätzlich veranschaulicht. Nein, 'die gute alte Zeit' war das selbstverständlich nicht, wenn wir auch eine durchaus profunde Kenntnis biblischer Geschichten vermittelt bekamen."[4]

Solch weit gespannte Beobachtungen und konkrete Rückmeldungen provozieren die Frage: Wer ist eigentlich Jörg Erb? Und: Was hat es mit dem „Schild des Glaubens" auf sich[5]?

2. Jörg Erb - Leben und schriftstellerisches Wirken

2.1 Der Lebensweg - eine erste Charakterisierung

J. Erb wurde als Sohn eines Kleinbauern am 20. Oktober 1899 in dem Ort Kürzell bei Lahr in Baden geboren. Mütterlicherseits ist er ein Nachfahre von Salzburger Emigranten. Die Volksschule absolvierte er in seinem Heimatort. Daran schloß sich in der Zeit von 1914 bis 1920 die Ausbildung zum Lehrer, zunächst im Lehrervorseminar in Lahr und später im Lehrerseminar in Heidelberg, an. Im Jahre 1924 heiratete er Frieda, geb. Pfanda.

---

3 Bildung durch Biblische Historien am Beispiel von Johann Hübner, in: *R. Cordes* (Hrsg.), Die Bibel als Kinderbuch, Schwerte 1991, S. 94-110, hier: S. 110.

4 *M. Trensky*, Schild des Glaubens - und danach?, in: Entwurf o.J., 1992, H. 1, S. 63.

5 Es ist erstaunlich, wie gering nach wie vor unsere Kenntnis der Verbreitung und Rezeptionsgeschichte von Bibeln für Kinder ist. Im Blick auf *Johann Hübners*, Zweymal zwey und funffzig Auserlesene Biblische Historien ..., Der Jugend zum Besten abgefasset, hat *Chr. Reents* (Die Bibel als Schul- und Hausbuch für Kinder, Göttingen 1984) Erhellendes zutage gefördert. *R.B. Bottigheimers* Arbeit The Bible for Children from the Age of Gutenberg to the Present, New Haven/London: Yale University Press 1996, bietet inhaltlich und methodologisch ebenfalls weiterführende Aspekte. S. auch *G. Adam/R. Lachmann* (Hrsg.), Schul- und Kinderbibeln. Probleme ihrer Erforschung, Göttingen 1998.

Seine berufliche Tätigkeit im Schuldienst führte ihn nach einer kurzen Zeit in Ottenheim nach Haßlach im Kinzigtal, wo er von 1920 bis 1929 tätig war. Es schlossen sich Tätigkeiten in Gersbach bis zum Jahr 1936 sowie in Lahr in den Jahren 1936 bis 1946 an. In Munzingen im Breisgau wirkte er von 1946 bis 1956 als Schulleiter. In den letzten Jahren seiner beruflichen Tätigkeit war er von 1956 bis zum Jahre 1964 in Hinterzarten als Oberlehrer tätig.

Jörg Erb ist ein klassischer Vertreter des Konzeptes der Evangelischen Unterweisung. Von daher stellt er einen aufschlußreichen Forschungsgegenstand dar, weil man hier die Stärken und Begrenzungen dieser Position deutlich sehen kann. Zugleich kann man studieren, in welcher Lebendigkeit die Konzeption der Evangelischen Unterweisung entfaltet werden konnte. Dazu trug gewiß bei, daß J. Erb deutlich durch die evangelische Jugendbewegung sowie Erfahrungen im Bund Deutscher Jugendvereine geprägt war.

Die aktive Beteiligung an der Singbewegung und die Verbindung zur Michaels-Bruderschaft verdienen gleichfalls hervorgehoben zu werden. Im ganzen dürfte das, was in der „Festschrift“ zum 70. Geburtstag geschrieben steht, eine zutreffende Charakterisierung sein. Dabei ist es gewiß kein Zufall, daß gerade Wilhelm Stählin die einführende Würdigung verfaßt hat[6]. Er stellt heraus, daß Jörg Erb Lehrer mit innerer Leidenschaft gewesen ist und daß er den Kindern in hohem Maße zugeneigt war. Er weiß zu berichten: Wenn J. Erb in seinen Entwürfen zwischen verschiedenen Möglichkeiten schwankte, eine Aussage zu formulieren, so habe er seinen Schulkindern oft die verschiedenen Fassungen vorgelesen und dann das Urteil der Kinder darüber, welches der angemessenste Entwurf sei, akzeptiert. Fürwahr ein deutlicher Ausdruck dessen, daß er durch und durch Pädagoge war!

„Er war Lehrer, und gebrauchen wir den altmodischen Ausdruck: Er war ‘Schulmeister’ und ist dabei geblieben. Das gilt auch von seiner alemannischen Heimat. Er blieb dabei, ein Sohn dieses Stammes und ein Erbe seines inneren Reichtums zu sein. Wer mit ihm einmal über eine der Höhen des Schwarzwalds wanderte, empfand unmittelbar, daß Jörg Erb zu dieser Landschaft, ihrer herben Strenge und ihrer Weite gehörte. Und er möchte ihm, vielleicht nicht ohne Neid, dafür dankbar sein, daß er bei dieser seiner Heimat geblieben ist.“[7]

Die Theologische Fakultät der Universität Heidelberg hat aus Anlaß seines 60. Geburtstages Jörg Erb zum Doktor der Theologie ehrenhalber promoviert. Sie hat damit das Wirken eines Mannes gewürdigt, der kein universitäres

---

6 *W. Stählin*, D. Jörg Erb zum 70. Geburtstag, in: *J. Stauda-Verlag/Verlag der St. Johannis-Druckerei C. Schweickhardt* (Hrsg.), (Festschrift) Jörg Erb, o.J. (1969), S. 3-5.

7 Ebd., S. 3.

Theologiestudium absolviert hat, sondern seine theologische Ausbildung im Rahmen seines Volksschullehrerstudiums erhalten hatte. In den Akten des Dekanats der Theologischen Fakultät der Universität Heidelberg findet sich als „Abschrift“ der folgende Text, der die inhaltliche Begründung für die Verleihung des Ehrendoktorats an Jörg Erb zum Gegenstand hat:

„Jörg Erb 60 Jahre
Einen weiten Weg ist der Schwarzwälder Bauernsohn Jörg Erb geführt worden, bis es ihm - geformt durch seine Arbeit in Schule und Gemeinde und im ständigen Umgang mit der Jugend - geschenkt wurde, eine biblische Geschichte zu schreiben, in der biblischer Wirklichkeitssinn mit einer einfachen und kindertümlichen Sprache eine seltene Einheit eingegangen ist. ‘Schild des Glaubens’ erschien 1941, in einer Zeit, da die kirchliche Unterweisung durch den Mangel an Religionsbüchern aufs äußerste bedroht war - ein Wagnis sowohl für den Autor als für den Verleger. Seither wird dieses Buch im ganzen deutschen Sprachraum Jahr für Jahr in großen Auflagen verbreitet und ist in Ost und West ein Hort biblischer Wahrheit.

In seinem neuen Buch ‘Der gute Hirte’ ist es Jörg Erb beispielhaft gelungen, biblische Geschichte und christliche Lebenskunde in gegenseitiger Durchdringung den Kindern der ersten Schuljahre nahezubringen und in ihren Herzen zu befestigen.

Nicht minder bedeutsam ist sein Versuch, dem christlichen Abendland die ‘Urbilder seines Lebens’ vor Augen zu stellen und Wirken und Glauben der Heiligen, Märtyrer, Propheten und Lehrer der Kirche für alle Christen anschaubar zu machen. In weniger als einem Jahrzehnt hat er es vermocht, in den drei starken Bänden seines Werkes ‘Die Wolke der Zeugen’ ein ‘Lesebuch zu einem evangelischen Namenkalender’ mit 330 Lebensbildern zu schreiben. Darüber hinaus hat Jörg Erb mit einer Reihe anderer Veröffentlichungen den Stil und die Qualität der christlichen Literatur unserer Tage maßgebend beeinflußt.

Jörb Erb hat entscheidende Anstöße durch die bündische Jugend- und Singbewegung evangelischer Prägung erfahren. Er stand selbst mittragend und mitschaffend in ihr, und heute gilt seine Arbeit neben der Schule der Gemeinde und all dem, was an Bemühungen um Erneuerung der Kirche in der deutschen Christenheit lebendig ist. Innere Mission und Hilfswerk haben nicht zuletzt wegen Erbs Fähigkeit, den diakonischen Gedanken in einer herzandringenden Sprache nahezubringen, seinen Neuwerk-Boten zu ihrem Jahreskalender erkoren.“

2.2 Die schriftstellerische Tätigkeit - ein Überblick

Bereits sehr früh wurde er publizistisch tätig. Von 1922 bis 1933 war er Schriftleiter der Zeitschrift des BDJ „Unser Bund". Später hat er in den Jahren 1938-1941 und 1949-1963, also in insgesamt 19 Jahrgängen, den „Neuwerkboten" verantwortlich herausgegeben.

Weiterhin veröffentlichte er Gebete. Dabei handelt es sich zunächst um „Das Tischgebet" (1928). Es folgten Gebete aus fünf Jahrhunderten unter dem Titel „Die Himmelstür" (1930), daraus ein Auszug „Engelwacht" (1930), später folgten „Unser täglich Brot" (1936) und „In Gottes Hut" (1937). Es gab mehrfache Auflagen und verschiedene Auszüge aus diesen Gebetbüchern als gesonderte Publikationen. Zwei Gebetbücher sind bis Anfang der neunziger Jahre noch im Buchhandel erhältlich.

Daneben gab er geistliche Kinderlieder heraus: „Gottes Lob. Geistliche Kinderlieder" (1951; ^{4}1968). Ferner ist ein vier Bände umfassendes Werk über „Dichter und Sänger des Kirchenliedes" (1970-1978) zu nennen, deren Bände z.T. ebenfalls mehrfach aufgelegt wurden.

Durch Wilhelm Stählin war Erb ermuntert worden, sich an die Arbeit zu einem „Evangelischen Namenkalender" zu machen. Stählin bemerkt dazu folgendes[8]: „Er übernahm sie [sc. die Aufgabe] und ist dabei geblieben und hat sie in seinem vierbändigen Werk zu Ende geführt. Er hat dieser Sammlung von Lebensbildern aus alter und neuer Kirchengeschichte den biblischen Titel 'Die Wolke der Zeugen' gegeben. Als dann - wesentlich später - unsere kühne Hoffnung sich verwirklichte und die Evangelische Kirche sich auf diesen 'Evangelischen Namenkalender' einigte, hat er noch einmal für jede der rund 400 Gestalten das Lebensbild neu gezeichnet und auf den Umfang einer Seite verdichtet. Diese Kurz-Viten, unter dem Titel 'Geduld und Glaube der Heiligen' erschienen, können nicht nur wie die umfangreicheren Arbeiten in dem Werk 'Die Wolke der Zeugen' in Wochen- und Bibelstunden und den anderen gemeindlichen Veranstaltungen, sondern auch in Wochengottesdiensten oder im Unterricht vorgelesen werden sowie der häuslichen und persönlichen Andacht dienen."[9]

---

8 Ebd., S. 4.

9 Das Lesebuch zum Evangelischen Namenkalender erschien unter dem Titel „Die Wolke der Zeugen" in der Zeit von 1951 (Bd. 1) bis 1963 (Bd. 4). Auf die Auflistung der daraus als separate Bände erschienenen Kapitel wird hier verzichtet. Die zusammenfassende Umarbeitung „Geduld und Glaube der Heiligen" (1965) ist auch gegenwärtig noch in Form von 12 Taschenbüchern, d.h. für jeden Monat des Jahres jeweils ein Band in einem Umfang von etwa 80 Seiten, lieferbar: *J. Erb*, Geduld und Glaube der Heiligen. Die Gestalten des Evangelischen Namenkalenders. 12 Monatsbände, Lahr 1988-1990.

Darüber hinaus hat J. Erb das Schulbuch „Der gute Hirte“[10] verfaßt. Der Untertitel lautet: „Eine Einübung in den christlichen Glauben und in das christliche Leben“. Damit wird das religionspädagogische Programm, dem sich das Buch verpflichtet weiß, deutlich charakterisiert. Ich halte es für das im Sinne der Evangelischen Unterweisung am konsequentesten gestaltete Schulbuch.

Auch Veröffentlichungen aus der Sparte *Unterhaltsames* sind zu nennen: „Blumenlegenden“ (1939; ^{4}1959; schwedische Ausgabe 1958), „Tierlegenden“ (1949; ^{3}1964; schwedische Ausgabe 1957) sowie deutsche Sagen: „Der Mutterborn“ (1953). Dazu kommen eine Neubearbeitung der Geschichtserzählung „Karl-Heinrich Caspari, Der Schulmeister und sein Sohn“ (^{3}1979) und die Herausgabe von hundert christlichen Anekdoten unter dem Titel „Die gesegnete Stunde“ (1975).

In *herausgeberischer Hinsicht* ist noch der unter der Mitarbeit von Herbert Goltzen entstandene Band „Stimmen der Väter“ (1973) hervorzuheben. Dabei handelt es sich um eine Zusammenstellung von Glaubenszeugnissen, die von der Frühzeit der Kirche bis in die Gegenwart der Herausgeber reicht. Schließlich sind noch zwei Bände mit „Geschichten aus dem Leben“ zu nennen. Sie tragen die Titel: „Es reut mich nicht“ (1968; ^{2}1985) und „Ich bleibe dabei“ (1966; ^{2}1969; Neuauflage 1985)[11].

Das Programm christlicher Erziehung, wie es in diesen Veröffentlichungen erkennbar wird, umfaßt elementare Grundvollzüge des christlichen Glaubens im Blick auf die biblischen Grundlagen und die Verkündigung des Wortes Gottes, den Vollzug des Betens im Lebensrhythmus des Tages, also beim Essen, Schlafengehen usw., das Singen, die Zuwendung zur Geschichte des Glaubens in Form von biographischen Zugriffen, die Orientierung am Kirchenjahr, sowie die Glaubensreflexion im Blick auf die Erfordernisse des Lebens aus Glauben (ethische Fragestellungen).

Damit wird ein geschlossenes Gesamtkonzept christlicher Erziehung erkennbar, das im Ganzen eher bewahrender Natur ist. Der Biblischen Geschichte „Schild des Glaubens“ kommt dabei ein zentraler Stellenwert zu. Bevor wir uns diesem Text zuwenden, sei die Wirkungsgeschichte dieses religionspädagogischen Schriftstellers noch durch einige Hinweise auf den Verbreitungsgrad seiner Veröffentlichungen belegt.

---

[10] Kassel: Stauda-Verlag. 1. Auflage 1958 bis 25. Auflage 1969. Es erschienen Sonderausgaben für Baden, Bayern, Württemberg, die Pfalz und 9 Lizenzausgaben bei der Evangelischen Verlagsanstalt in Berlin (Ost).

[11] Ich muß aus Raumgründen auf die Wiedergabe einer Gesamt-Bibliographie verzichten. Die bislang vollständigste Zusammenstellung findet sich in der Veröffentlichung zum 70. Geburtstag (siehe Anm. 6), S. 7-9.

2.3 Zur Wirkungsgeschichte

Zunächst ist festzuhalten: Die Wirkungsgeschichte der Schriften von J. Erb ist gegenwärtig noch keineswegs an ihr Ende gekommen. Gemäß dem offiziellen „Verzeichnis der Lieferbaren Bücher“ auf dem Stand des Jahres 1993 sind neben zwei kleineren Gebetssammlungen noch insgesamt vierundzwanzig Veröffentlichungen real im Buchhandel erhältlich. Dabei handelt es sich zumeist um Taschenbücher, die jeweils ungefähr einen Umfang von 80 bis 120 Seiten haben.

Um einen weiteren Eindruck von der breit gestreuten Wirksamkeit seiner Veröffentlichungen zu geben, seien einige *Publikationszahlen* genannt. Nach Auskunft des Johannes Stauda–Verlages in Kassel ist vom „Schild des Glaubens“ eine Gesamtauflage (einschließlich der Lizenzausgaben der Ostberliner Evangelischen Verlagsanstalt) von 1,6 Mill. Exemplaren erschienen. „Ganz genau läßt sich das, jedenfalls für den Beginn der weiten Verbreitung, nicht mehr ermitteln.“[12]

Das Schulbuch „Der gute Hirte“ ist ebenfalls in der beachtlichen Gesamtauflage von 600.000 Exemplaren erschienen. Diese Zahl teilt sich folgendermaßen auf: Allgemeine Ausgabe 60.000, Ausgabe für Baden 140.000, Ausgabe für Bayern 225.000, Ausgabe für die Pfalz 20.000, Ausgabe für Württemberg 60.000 und die Lizenzausgabe der Evangelischen Verlagsanstalt Berlin 95.000 Exemplare. Für die Zeit der sechziger Jahre, in der dieses Schulbuch in besonderem Maße verwendet wurde, stellt dies eine erstaunlich hohe Auflage dar.

Die Verkaufsziffern von „Die Wolke der Zeugen“ sind ebenfalls beachtlich. Von Band I sind 24.000, von Band II 15.000, von Band III 9.000 und von Band IV 5.000 Exemplare abgesetzt worden[13]. Zweifellos stellt die Biblische Geschichte „Schild des Glaubens“ das wirkungsvollste Werk dar. In den sechziger Jahren erschien jährlich mindestens eine Auflage. Zuletzt erschien es in der 59. Aufl. 1972 und war dann vergriffen. Im Jahre 1993 kam die 60. Auflage heraus[14].

---

[12] So im Schreiben des Verlagslektors *Dietfried Mundry* vom 23.1.1986 an mich. - In der 60. Aufl. von „Schild des Glaubens“, die in der St. Johannis-Druckerei/Lahr im Jahre 1993 erschienen ist, steht der Vermerk: 1625.-1628. Tsd.

[13] Angaben von *D. Mundry*, aaO.

[14] (Das besondere Buch 05106), Lahr: Verlag der St. Johannis-Druckerei 1993 - mit einem Vorwort von *B.H. Bonkhoff*. - Die Freude über diesen erfreulichen Tatbestand wird freilich dadurch etwas getrübt, daß man die Zeichnungen von Paula Jordan nicht in ihrer holzschnittartigen Urform wiedergegeben hat. Offensichtlich um die Lesbarkeit der Bilder zu erhöhen, hat man durch „Ausmalen“ der Bilder, vor allem der Gewänder, in die Bildstruktur eingegriffen. Dadurch geht m.E. ein Stück des Charmes der Bilder von *Paula Jordan* verloren.

3. Wie entstand der „Schild des Glaubens"?

Fangen wir zunächst einmal „am Ende" an. Das Buch erschien letztendlich in Zusammenarbeit mit der Kammer für kirchlichen Unterricht der Bekennenden Kirche[15]. Der damalige Vorsitzende der Kammer, Martin Albertz, bemerkt in einem späteren Rückblick in bezug auf die Evangelische Unterweisung der Vorschulpflichtigen im Elternhause:

„Für diesen Dienst gelang es der Kammer, einen Dichter und eine Künstlerin zu gewinnen. Das Ergebnis war das Buch 'Schild des Glaubens' – Biblische Geschichten, die die Kammer ausgesucht hatte und deren dichterische Gestaltung von Jörg Erb und deren bildnerische Ausstattung von Paula Jordan gegeben wurden."[16]

Die Angelegenheit hat indes eine persönliche und eine landeskirchlich-badische Vorgeschichte. Zunächst zum ersten Punkt. J. Erb hatte im Jahre 1935 eine erste Sammlung von Erzählungen biblischer Geschichten vorgelegt. Das kam so. Der Inhaber des Bärenreiter-Verlages, Karl Vötterle, dem Erb von der Singbewegung her freundschaftlich verbunden war, fragte an, ob er ein Begleitbuch zu einer Karte vom Lebensweg Jesu, die in seinem Verlag erschienen war, verfassen könnte. Erb bemerkt dazu, daß er so mit einer Aufgabe betraut wurde, die er sich nicht ausgesucht hatte und daß er Neuland betreten mußte, weil seit Jahrzehnten sich niemand mehr ernstlich bemüht zu haben schien, biblische Geschichten für Haus und Schule darzubieten[17]. Das Büchlein „Unser Heiland. Sein Leben nach den 4 Evangelien neu erzählt"[18] erschien im Herbst 1935. Es wurde im Jahre 1936 ein zweites Mal aufgelegt[19]. Mit dieser Arbeit hatte J. Erb gezeigt, daß er eine Biblische Geschichte zu erarbeiten vermochte.

Doch wenden wir uns nun der kirchenpolitischen Vorgeschichte auf der landekirchlichen Ebene zu. Am 28. Februar 1938 hatte der Minister für Kultus und Unterricht in Baden an den Evangelischen Oberkirchenrat in Karlsruhe geschrieben, daß in der im Religionsunterricht verwendeten Biblischen Geschichte sich unter der Überschrift „Jesus und die Samariterin" der Satz finde, „wir aber wissen, was wir anbeten, denn das Heil kommt von den Juden"[20]. Dieser Satz sei geeignet, die Gemüter der heranwachsenden Jugend zu verwir-

---

[15] Zu dieser Einrichtung und ihrer Arbeit siehe *G. Adam*, Der Unterricht der Kirche. Studien zur Konfirmandenarbeit, Göttingen ^{3}1984, S. 28ff.

[16] *M. Albertz*, Die Kammer der Bekennenden Kirche Deutschlands für Kirchliche Unterweisung und Erziehung 1936-1945, in: Mission draußen und drinnen. Festgabe für H. Lokies, Berlin 1955, S. 67.

[17] Ebd., S. 166.

[18] Kassel: Bärenreiter-Verlag 1935.

[19] Kassel: J. Stauda-Verlag ^{2}1936.

ren, und man bäte um Mitteilung, wie man diesem Übelstand Abhilfe zu schaffen gedenke. In diesem Augenblick begann die badische Kirchenleitung nun offensichtlich zu handeln. Sie trat mit J. Erb in Verbindung, nachdem anläßlich einer Religionsprüfung in Gersbach die Verbindung zum Schulreferenten des Evangelischen Oberkirchenrates hergestellt worden war. Man schrieb ihm seitens der Kirchenleitung einen freundlichen Brief: „Wir glauben nunmehr in Ihnen den Mann gefunden zu haben, der den schweren und manchmal spröden Stoff kindesgemäß darzustellen versteht."[21]

Mitte März ließ sich der Bischof Proben alttestamentlicher Geschichten vorlegen. In einer Sitzung am 17. Mai 1938 wurde Erb vom Oberkirchenrat in Karlsruhe in aller Form dazu beauftragt, eine biblische Geschichte zu schaffen. Die biblische Geschichte sollte für das 1.-6. Schuljahr bestimmt sein. Es war inzwischen auch der Kirchenbehörde deutlich geworden, daß beim Erliegen des Religionsunterrichts als öffentliches Lehrfach sich die Kirche darauf würde einstellen müssen, durch Haus und Gemeinde den biblischen Stoff an die Kinder heranzubringen[22].

Doch dann verzögerte sich wiederum die Angelegenheit. Die Kirchenleitung schrieb auf eine Anfrage J. Erbs vom Silvester 1938, daß ihr die Hände gebunden seien und daß unter den derzeitigen Verhältnissen keine Aussicht auf die Einführung einer neuen biblischen Geschichte im öffentlichen Schulunterricht bestehe. Die Kirchenleitung machte den Vorschlag, J. Erb möge im Einvernehmen mit ihr das Buch zusammenstellen und im Bärenreiter-Verlag in Kassel herausbringen. Man wolle sich für die Verbreitung des Buches einsetzen. Eine weitergehende Verpflichtung könne man aber nicht übernehmen.

In dieser Situation ergab sich ein Kontakt zur Kammer für kirchlichen Unterricht der Bekennenden Kirche. Dort ließ man den Plan einer eigenen Bearbeitung einer Biblischen Geschichte durch Samuel Rothenberg fallen und stellte sich hinter das von Jörg Erb und Paula Jordan geplante Buch. Im Februar 1941 kamen die ersten Exemplare heraus: „Schild des Glaubens. Geschichten der Bibel des Alten und Neuen Testaments samt einem Auszug aus dem Psalter und den Briefen der Apostel, dargeboten von Jörg Erb, mit Zeichnungen von Paula Jordan."[23] Die Bücher gingen rasch weg. Sie wurden nach dem Druck sofort ausgeliefert und über das Frauenhilfswerk verteilt, um einer

---

[20] Zum folgenden vgl. *T. Mayer*, Biblische Geschichten im evangelischen Religionsunterricht in Baden, in: *H. Erbacher* (Hrsg.), Vereinigte Evangelische Landeskirche in Baden 1821-1971. Dokumente und Aufsätze, Karlsruhe 1971, S. 392-477, hier: S. 468ff.

[21] Zitiert nach *T. Mayer*, ebd., S. 469.

[22] Ebd., S. 470.

[23] Kassel: Stauda-Verlag, 1. Auflage 1941. 206 S.

möglichen Beschlagnahmung zu entgehen. Am Ende fiel daher nur ein kleiner Rest der Auflage in die Hände der Gestapo. Die Auflage betrug insgesamt 14.000 Exemplare. Versuche zu einer zweiten Auflage und einer weiteren Drucklegung im Elsaß scheiterten freilich.

Als das Buch erschienen war, wollte der Oberkirchenrat in Karlsruhe es den Pfarrern, Kinderschwestern und Kindergottesdiensthelferinnen in die Hand legen. Aber das Buch war bereits ausverkauft, als es gelungen war, die entsprechenden Gelder locker zu machen. Dazu kann Traugott Mayer nur resümieren: „In Baden entstanden, für Baden geschrieben und in Baden nicht angekommen!“[24]

4. Zur Geschichte der Bearbeitung

Mit dem Büchlein „Unser Heiland“ hatte J. Erb erstmals seine Fähigkeiten zur Bearbeitung biblischer Geschichten unter Beweis gestellt. Im „Schild des Glaubens“ fanden seine Bemühungen ihre weitere Fortsetzung[25]. Aber auch mit der 1. Auflage dieses Buches hatte die biblische Geschichte noch nicht jene Gestalt gefunden, die seinem Autor letztendlich vorschwebte. So verwundert es nicht, daß er sich nach Kriegsende wiederum an die Arbeit macht. Er selbst schreibt dazu:

„Ich war aus dem Krieg mit dem Gelöbnis heimgekommen, dem 'Schild' die Gestalt zu geben, deren er nach meiner Erkenntnis bedurfte ... Zwar hatte ich dem Alten Testament einen wesentlich größeren Umfang eingeräumt, als ihn der Oberkirchenrat für nötig und möglich gehalten hatte; trotzdem war es nicht zu seinem Recht gekommen. Es fehlten die Psalmen, die wir beten gelernt hatten, die Königsgeschichten waren unvollständig, die Propheten als kühne Glaubenszeugen mußten ausführlicher zu Wort kommen. Nicht minder als die Evangelien sind die Briefe der Apostelschriften kerygmatischen Charakters; aber welche Rolle spielten sie in der Unterweisung? Ich war der Überzeugung, man könne sich die Briefe bei entsprechender Darstellung aneignen wie Geschichten und müsse sich bestimmte Stellen daraus wie Liedstrophen einprägen; darum wollte ich sie in das Buch aufnehmen. Ich ließ mich von theologischen Freunden beraten; aber mit der Kirchenbehörde verhandelte ich nicht. Ich wollte mein Gelübde erfüllen.“[26]

---

[24] Ebd., S. 471.

[25] *J. Erb* schildert in dem Band „Es reut mich nicht“, Lahr-Dinglingen 1968, S. 162-190, sehr ausführlich die Werdensgeschichte der Biblischen Geschichte „Schild des Glaubens“. - Dieser Text ist erneut abgedruckt in: *J. Erb*, Ich bleibe dabei, Lahr-Dinglingen 1985.

Im Jahre 1948 wurde für die Bedürfnisse der badischen Landeskirche eine fotomechanisch hergestellte zweite Auflage möglich. Die Drucklegung von Büchern wurde in Deutschland in der Zeit nach dem Zweiten Weltkriege in starkem Maße durch Papierlieferungen ermöglicht, die als Spende seitens der Lutherischen Kirche der amerikanischen Missouri-Synode zur Verfügung gestellt wurden. Doch zuvor fand eine inhaltliche Prüfung der jeweils für den Druck vorgesehenen Bücher statt.

Es wurde in diesem Falle Prof. Graebner von der Missouri-Synode bestimmt, das Manuskript des „Schild des Glaubens“ sorgfältig zu überprüfen. Die Durchsicht endete mit dem positiven Gesamturteil: „Ein schönes Buch; Gott segne verfasser und Leser.“ Daß die Überprüfung des Textes kein rein formaler Vorgang war, sondern eine wirklich kritische Durchsicht darstellte, zeigt sich daran, daß eine Reihe von erwünschten Anregungen gegeben wurde, deren Berücksichtigung anheimgestellt wurde, und eine Reihe von Auflagen gemacht wurde, deren Einarbeitung als unerläßliche Voraussetzung für die Förderung des Druckes durch die Missouri-Synode bezeichnet wurde. J. Erb machte sich an die Arbeit. Ende Mai 1949 konnte die Auslieferung der dritten, nun wesentlich erweiterten Auflage beginnen. Es kam bald zur Approbation des Buches für die Verwendung als Unterrichtsbuch in der Schule durch die badische und pfälzische Synode. Im Jahre 1954 wurde das Buch auch durch die Schulbehörde in der Stadt Hamburg eingeführt. In Mitteldeutschland wurde es ein zentrales Buch für die „Christenlehre“-Praxis. Etwa ein Drittel der Gesamtauflage wurde immerhin in Ostberlin gedruckt.

J. Erb verweist darauf, daß das Buch zahlreichen Theologen nicht systematisch genug war und daß die Kritik auf die Formel gebracht wurde: „ein Hausbuch, aber kein Lehrbuch“[27]. Erb hielt aber eine solche Aussage für ein höchstes Lob für ein Lehrbuch, wenn es zugleich als Hausbuch geschätzt wird, „denn ausschlaggebend ist nicht die Systematik - sie hervorzuheben ist Sache des Lehrers -, sondern das Interesse und die freudige Anteilnahme, die das Buch zu wecken vermag.“[28] Im Jahre 1967 wurde das Buch auf Antrag der badischen Landessynode noch einmal daraufhin durchgesehen, ob durch die Darstellung der Passion nicht unterschwellig der Antijudaismus begünstigt werde, es solle eine rechte Würdigung Israels erfolgen[29].

---

[26] Es reut mich nicht, aaO., S. 180.
[27] Ebd., S. 185.
[28] Ebd.

5. „Schild des Glaubens" - eine Biblische Geschichte von Rang

Im letzten Teil sei die Konzeption des Werkes noch hinsichtlich des Titels, seiner Intention, im Blick auf dem Wortlaut des Textes, das Verhältnis von Wort und Bild, die Funktion des Spruch- und Liedgutes sowie seiner pädagogischen Orientierung charakterisiert.

Der *Titel des Werkes* ist Programm. Die Bezeichnung „Schild des Glaubens" geht zurück auf Eph 6,16, wo es heißt: „Vor allem aber ergreift den Schild des Glaubens, mit dem ihr auslöschen könnt alle feurigen Pfeile des Bösen." Der Wortlaut des Titels war immer wieder Anlaß zu Anfragen. Aber Erb war in dieser Frage zu keinerlei Kompromiß bereit. Sicherlich ist der Titel nicht zuletzt auch Ausdruck jener Zeit im Nationalsozialismus, in der diese Biblische Geschichte entstanden ist. Zugleich wird in ihr aber auch etwas festgehalten von der Gewißheit des Glaubens - angesichts aller Anfechtungen im täglichen Leben.

In der ersten Auflage ist ein Geleitwort enthalten, das über die Intentionen von J. Erb Auskunft gibt. Am Anfang heißt es, daß dieses Werk den Müttern ans Herz gelegt wird[30]: „Den Müttern lege ich dieses Buch ans Herz, denn sie sind wie einst so auch heute Hüterinnen des Heiligtums, Wahrerinnen des Glaubens. Sie lehren ihre Kinder beten, sie erzählen ihnen die Geschichten der Bibel, sie lehren sie aufblicken und vertrauen auf den Vater im Himmel, sie legen den Grund zum Glauben; und das ist not."

Hier wird deutlich, daß den Müttern eine Schlüsselstellung für die christliche Erziehung zugeschrieben wird. Ihnen soll für diese ihre Tätigkeit Unterstützung zuteil werden. Hierin spiegelt sich zugleich die Einschätzung, daß der Religionsunterricht in der Schule nicht mehr das leisten kann, was er früher einmal konnte: Einführung in den Glauben und Hinführung zur Gemeinde zu sein.

Ungewöhnlich ist der folgende Hinweis, daß der Mensch die Geschichten der Bibel nur einmal in seinem Leben lerne, nämlich in der Jugend, nicht. Was er da nicht lerne, gehe ihm später nur sauer ein. Bemerkenswert ist allerdings die Aussage über die *Sprache*, die dann folgt: „Darum ist es notwendig, daß

---

[29] Auf S. 186-189 wird über die vorgenommenen Änderungen eingehend berichtet. Das Buch erschien dann im Jahre 1968 in der veränderten 47. Auflage. Mit der 59. Auflage gemäß der Gesamtzählung brach der Verkauf Anfang der 70er Jahre ab. Es war religionspädagogisch eine neue Zeit gekommen. Es ging viel stärker um den Lehrbuchcharakter von Schulbüchern. Dies war sicherlich ein wesentlicher Grund dafür, daß der „Schild des Glaubens" nicht mehr gefragt war.

[30] Schild des Glaubens, Kassel 1941, Zum Geleit.

der Mensch früh Gottes Wort in sein Herz aufnimmt in einer Sprache, die dem kindlichen Verständnis entgegenkommt, zugleich aber auch der Hoheit des göttlichen Wortes entspricht und nicht nur dem Kinde, sondern auch dem Manne wohl ansteht. Diese Grundsätze haben Form und Sprache der Geschichten bestimmt."

Hier wird nämlich die Angemessenheit im Blick auf das kindliche Verständnis herausgestellt und zugleich deutlich formuliert, daß dieses so geschehen muß, daß man später nichts zurücknehmen muß. Ein richtiges, aber schwieriges Programm! Wie weit ist es gelungen?

Bei der konkreten Ausarbeitung hat Erb sich an den Luther-Text gehalten. Er hat diesen dann im einzelnen verkürzt, geglättet und schwierige Begriffe teilweise ersetzt. Er folgt damit einem Verfahren, wie wir es von Johann Hübners, Zweymal zwey und funffzig Auserlesene Biblische Historien, die 1714 in Leipzig erschienen waren, kennen und bekanntlich eines der erfolgreichsten und auflagenstärksten Biblischen Geschichtenbücher darstellt. Bei seinem ersten Versuch einer biblischen Geschichte, die den Titel „Unser Heiland" trägt, hatte der Autor zunächst eine Zeit lang damit experimentiert, eine sprachlich vollkommen neue und eigenständige Fassung der biblischen Geschichten zu erarbeiten, war dann aber nach einer Reihe von Versuchen zum Luther-Text zurückgekehrt. Insofern liegt hier eine bewußte Entscheidung vor. Dabei kann man feststellen, daß in der Art und Weise, wie der Luther-Text bearbeitet worden ist, auch die musikalischen Fähigkeiten und liturgischen Interessen des Autors eingegangen sind. Die Texte sind angenehm zu lesen. Sie haben eine eigene Sprachmelodie.

Im Blick auf das *Verhältnis von Wort und Bild* wird deutlich erkennbar, daß Jörg Erb besonderen Wert auf die Bilder legt. Beobachtungen belegen, wie

wichtig die Zeichnungen von P. Jordan für die Wirkungsgeschichte des Werkes sind. So schreibt Bernhard H. Bonkhoff in seinem Geleitwort zur 60. Auflage, daß den Kindern die Zeichnungen oft noch wichtiger gewesen seien als der Text. Diese seien auch das gewesen, was alle Auflagen verbunden hätte[31]. Daß es sich bei einer solchen Perspektive nicht um ein Mißverständnis handelt, sondern um einen integralen Bestandteil des didaktischen Konzeptes, belegt eine Passage bei J. Erb selbst:

„Das Wort wird in diesem Buch durch die Bilder ergänzt. Sie wollen dem Worte dienen, wollen Gottes Handeln an den Menschen vor Augen stellen, daß man sich betend darein versenke. Sie wollen eine Hilfe sein zum Einprägen der Geschichten nicht nur ins Gedächtnis, sondern auch ins Herz und ins Gemüt; darum gehört zum Erzählen immer das Anschauen der Bilder dazu."
An anderer Stelle formuliert Erb das in noch zugespitzterer Form, wenn er davon spricht, daß die Zeichnungen von Paula Jordan unverwechselbar zum „Schild des Glaubens" dazugehören und ihm augenfälliger als der Text das Gepräge geben. Darum habe er Wert darauf gelegt, daß mit wenigen Ausnahmen alle Geschichten Zeichnungen erhielten[32].

Ein weiteres Spezifikum stellen die *Lieder und Sprüche* dar, die den biblischen Geschichten zugeordnet wurden. Dabei handelt es sich darum, daß der gesamte vierstufige Spruchplan, wie er von Martin Albertz und Heinrich Forck im Auftrag der Kammer für kirchlichen Unterricht der Bekennenden

[31] *J. Erb*, Schild des Glaubens, Lahr [60]1993, S. 6.
[32] *J. Erb*, Es reut mich nicht, aaO., S. 189.

Kirche erarbeitet worden war, in die Biblische Geschichte eingearbeitet wurde. J. Erb schreibt dazu, daß Pfarrer Adolf Brandmeyer in Potsdam, der Leiter der Evangelischen Reichsfrauenhilfe, ihm bei der Zuordnung des Lied- und Spruchgutes geholfen habe. Zur Intention bemerkt er: „Diese Auswahl und Zuordnung geschah mit großer Sorgfalt; wer dieses Gut wohl beachtet, der hat eine gute Anleitung für die betende Betrachtung der Geschichten; wer sich die Sprüche und Lieder einprägt, besitzt einen köstlichen Schatz aus Bibel und Gesangbuch, davon er zehren kann sein Leben lang.“

Für die Zuordnung des Spruch- und Liedgutes sei als Beispiel die Geschichte von Maria und Martha geboten, um zu zeigen, wie jeweils durch den hinzugefügten Bibelvers (es können auch zwei oder drei sein) und ein entsprechendes Lied die biblische Geschichte z.T. gebündelt und vertieft wird, z.T. aber durchaus - wie bei der Perikope von Maria und Martha - auch in ihrem Verständnis noch einmal deutlich akzentuiert wird.

70. Maria und Martha Luk. 10, 38-42

Eines Tages kam Jesus mit seinen Jüngern in das Dörflein Bethanien. Da war eine Frau mit Namen Martha, die nahm ihn in ihr Haus. Und sie hatte eine Schwester, die hieß Maria; die setzte sich zu Jesu Füßen und hörte seiner Rede zu. Martha aber machte sich viel zu schaffen, um ihm aufzuwarten und zu dienen. Und sie trat hinzu und sprach: Herr, fragst du nicht darnach, daß mich meine Schwester allein dienen läßt? Sage ihr doch, daß sie auch angreife! Der Herr aber antwortete und sprach zu ihr: Martha, Martha, du hast viel Sorge und Mühe; eins aber ist not. Maria hat das gute Teil erwählt; das soll nicht von ihr genommen werden.

*

Nehmet das Wort an mit Sanftmut, das in euch gepflanzt ist, welches kann eure Seelen selig machen. Seid aber Täter des Worts und nicht Hörer all.

Jak. 1,21 u. 22

Mein schönste Zier und Kleinod bist / auf Erden du, Herr Jesus Christ, / dich will ich lassen walten / und allezeit / in Lieb und Leid / in meinem Herzen halten.

Man fühlt sich durch die Beifügung der Sprüche und Lieder wiederum an Johann Hübners Verfahren in seinen Zweymal zwey und funffzig Auserlesenen Biblischen Historien, Leipzig 1714, erinnert. Dort liegt eine eindrückliche Bibeldidaktik vor, die insgesamt in folgende vier Schritte untergliedert ist: Biblischer Text - Deutliche Fragen - Nützliche Lehren - Gottselige Gedanken. In der Hübnerschen Bibeldidaktik gibt es einen klaren Zusammenhang und eine innere Abfolge, die vom biblischen Text über die Wiederholung der Textinhalte hin zur Glaubenslehre und zum Frömmigkeitsaspekt der gottseligen Gedanken, die in Form einer meditativen Reflexion gehalten sind, führt.

Demgegenüber haben wir im „Schild des Glaubens“ nur einen Dreischritt vor uns, der erstens den biblischen Text, sodann einen oder mehrere Sprüche sowie schlielich einen oder mehrere Liedverse umfaßt. Dabei wird dieser Dreischritt nicht so konsequent durchgeführt, wie das bei Hübner der Fall ist. Jeder einzelnen biblischen Geschichte werden nicht immer ein Spruch bzw. mehrere Sprüche und ein Liedvers zugeordnet. Es kann geschehen, daß mehrere Geschichten (z.B. Jüngerberufungen oder ein größerer Erzählzyklus wie z.B. beim Propheten Jeremia) zusammengenommen werden und daß erst am Ende Spruch und Liedvers eingefügt werden. Das Gefälle und die Funktion dieser Sprüche sind aber offensichtlich in der Weise gemeint, daß die zentralen Aussagen der Bibel festgehalten und auf diese Weise gegenwärtig gehalten werden sollen. Auf dieseWeise erfolgt eine Bündelung der inhaltlichen Aussage der jeweiligen biblischen Geschichte. Die Lieder dienen der Verdeutlichung im Blick auf das eigene Leben und stellen eine Brücke zur eigenen Frömmigkeit dar, welche Aufgabe in Hübners Didaktik den Gottseligen Gedanken zukommt.

Dieses Biblische Geschichtenbuch ist im Ganzen sehr existentiell ausgerichtet. Es ist von der Konzeption her stärker ein „Hausbuch für die Familie“ als ein Lehrbuch im eigentlich schulischen Sinne. Von daher war in der Geschichte der Religionspädagogik sein Schicksal sozusagen zu dem Zeitpunkt besiegelt, als der Religionsunterricht, wie das Anfang der siebziger Jahre der Fall war, stärker in seiner schulpädagogischen Verankerung, seiner curricularen Strukturierung und der problemorientierten Ausrichtung reflektiert und rekonstruiert wurde. Jedenfalls liegt auch in dieser Hinsicht eine Parallelität zu Johann Peter Hebels Biblischen Geschichten vor. Denn auch dies Buch war ebenfalls primär kein schulisches Lehrbuch, sondern ein Hausbuch für die Familie.

Daß J. Erb ein Lehrer „aus Leidenschaft“ war, wurde bereits zuvor deutlich, wenn oben von Wilhelm Stählins Information darüber berichtet wurde, wie er seine Schülerinnen und Schüler die Entscheidung darüber fällen ließ, welche Variante einer Textfassung, die er verfaßt hatte, die sachgemäßere sei. Dem entspricht, daß Erb seit der dritten Auflage im Jahre 1949 dem „Schild des Glaubens“ eine Anrede an das Kind (nicht mehr an die Mütter!) vorausschickt. Darin heißt es u.a.:

„Liebes Kind!
Es gibt viele Dinge in der Welt, und manches ist der Liebe wert; eines aber nur kann dir den Weg zur Seligkeit weisen und dein Trost im Leben und im Sterben sein. Das ist das göttliche Wort, das teure Bibelwort Alten und Neuen Testaments. Das fasse in dein Herz, dem schenke deine Liebe!

Was du in der Jugend deinem Herzen einprägst, das wird dein unverlierbarer Besitz, das arbeitet an deinem Geist und an deiner Seele, das wird dir zu einer Lebenskraft ...

Darum sollst du Fleiß und Liebe daran wenden, dir beizeiten einen reichen Schatz aus Gottes Wort zu erwerben, daß du daraus schöpfest in Glück und Not und dich wehrest in aller Anfechtung und Bedrängnis; denn das Wort unseres Gottes ist die wahre Speise der Seele und die rechte Waffe wider alle Angriffe des bösen Feindes ...

Ob du nun andächtig die Bilder betrachtest, die dir das Wort vor Augen malen, ob du liesest oder lernst, so behüte dich Gott an Leib, Seele und Geist, daß du bewahrt bleibest zum ewigen Leben durch Jesus Christus unsern Herrn.

Jörg Erb"

Jörg Erb geht es darum, den Verheißungscharakter des Wortes Gottes herauszustellen. Dabei ist es bemerkenswert, daß er nicht jener Argumentation, die sich in der Zeit nach 1945 beobachten läßt, man brauche für Zeiten der Not ein biblisches Grundwissen, folgt, vielmehr spricht er von *Glück* und *Not*. Zudem ist es für jene Zeit keineswegs die selbstverständliche Verfahrensweise, sondern eher ein ungewöhnlicher Weg, wenn der Autor eine solche Anrede an das Kind an den Buchanfang stellt. Viel eher sind es die Eltern und Lehrerinnen und Lehrer, die in solchen Anreden angesprochen wurden. Ich denke, hier scheint noch einmal etwas auf von dem pädagogischen Eros des Lehrers J. Erb, von seiner Zuwendung zu den Kindern.

Es wäre gewiß eine eigene Untersuchung wert, näher auf das Verhältnis der beiden Biblischen Geschichten, die von Jörg Erb und Johann Peter Hebel[33] erarbeitet worden sind, einzugehen und herauszuarbeiten, wo die Gemeinsamkeiten liegen und worin sie sich und in welcher Weise unterscheiden. Jörg Erb hat Johann Peter Hebel sehr geschätzt. Dies kommt in der folgenden Textpassage zum Ausdruck, mit der er seinen Bericht über die Geschichte des „Schild des Glaubens" abschließt:

„Zum Schluß will ich dem Leser gern gestehen, daß ich Johann Peter Hebel liebe und mich redlich bemüht habe, von ihm zu lernen, was noch heute bei

---

[33] Vgl. dazu *R. Wunderlich*, Johann Peter Hebels „Biblische Geschichten" (ARP 7), Göttingen 1990.

ihm gelernt werden kann, auch im Hinblick darauf, wie man die Geschichten der Bibel erzählen kann und soll. Zum Beweis dessen steht in der Geschichte von der treuen Ruth eine Wendung, die der Eingeweihte ohne weiteres als Hebelsches Gut erkennen kann. Daß ich insoweit in seinen Fußstapfen stehe, als es mir gleich ihm vergönnt war, eine Biblische Geschichte zu schaffen, die über das Gebiet der heimatlichen Landeskirche hinaus Bedeutung erlangte, rechne ich zum Schönsten, was mir Gott in meinem Leben hat gelingen lassen."[34]

---

[34] *J. Erb*, Es reut mich nicht, aaO., S. 190.

Das christliche Menschenverständnis und die Arbeit mit Menschen mit Behinderungen

„Wie wird das Bemühen um Normalisierung den Bedürfnissen menschlicher Existenz gerecht?"

Das 21. Martinstift-Symposium in Gallneukirchen wandte sich den zukünftigen Aufgaben institutioneller Behindertenarbeit zu. Mein Part waren Überlegungen aus theologisch-anthropologischer Sicht.

1. Ein Blick zurück

Im Jahre 1969 legte der Schwede Bengt Nirje in seinem Beitrag „Das Normalisierungsprinzip und seine Auswirkungen in der fürsorgerischen Betreuung" die erste systematische Darstellung zum Normalisierungsprinzip vor[1]. Das Normalisierungsprinzip war bereits im Jahre 1959, also bereits ein Jahrzehnt zuvor, in dem dänischen Gesetz über die Betreuung von Menschen mit geistiger Behinderung als grundlegendes Prinzip formuliert worden. Dort heißt es: „Unter Normalisierung versteht man: *Anerkennung* des geistigbehinderten Menschen und seiner Behinderung; Gleichstellung des Behinderten mit anderen Bürgern des Landes; das Recht der Behinderten auf Behandlung, Unterricht und Ausbildung, die dem jeweiligen Behinderungsgrad anzupassen sind, damit sie sich optimal entwickeln können."[2]

Von dieser Position ging Signalwirkung aus. Ich erinnere mich noch sehr genau, wie seinerzeit das Normalisierungsprinzip ansteckend wirkte, wie es das Denken und Handeln in Bewegung brachte. Vor allem in Schweden wurde es in breitem Maße rezipiert. In den USA breitete es sich sozusagen im Laufschritt aus. Damals ging es vor allem darum, die Änderung der ökonomi-

---

1 In: *R.B. Kugel/W. Wolfensberger* (Eds.), Changing Patterns in Residential Services for the Mentally Retarded, Washington, D.C. 1969. - Dt. Ausgabe: *dies.* (Hrsg.), Geistig Behinderte - Eingliederung oder Bewahrung?, Stuttgart 1974, S. 33-46.

2 *N.E. Bank-Mikkelsen*, Das Normalisierungsprinzip, in: Zur Fortbildung 1972, Heft 2, S. 30 (Hervorhebung von mir.)

schen Lebensbedingungen, die Verbesserung der Ausbildungssituation und die Gleichstellung in rechtlicher Hinsicht zu erreichen.

Wolf Wolfensberger hat in seiner Entfaltung des Normalisierungsprinzips drei Aktionsebenen und zwei Handlungsdimensionen unterschieden. Bei den Dimensionen für das Handeln geht es einerseits darum, was Menschen mit Behinderungen selbst betrifft, und andererseits um die Art und Weise, wie sie in den Augen der Umwelt erscheinen bzw. der Umwelt präsentiert werden[3]. Hinsichtlich der drei Aktionsebenen geht es um die Personen, die sozialen Bezugsgruppen und die gesellschaftlichen Systeme.

(1) Dementsprechend wurden die Akzente auf der personalen Aktionsebene auf die Normalisierung durch Beeinflussung und Veränderung des einzelnen Menschen mit Behinderungen gelegt, daß er bzw. sie es lernt, sich in der Weise zu bewegen, wie es gesellschaftlich akzeptabel erscheint.

(2) Auf der Aktionsebene der primären und sozialen Bezugsebene geht es um die Normalisierung durch Beeinflussung und Veränderung von Institutionen und Gruppen, mit denen und in denen Menschen mit Behinderungen leben. D.h. konkret: Angemessene Wohnungen bereitstellen, die Umgebung so gestalten, daß Kontaktaufnahmen mit Menschen möglich sind usw. Kurzum: Es geht um die Veränderung der institutionellen Gegebenheiten.

(3) Auf der Aktionsebene der gesellschaftlichen Systeme geht es um Normalisierung durch Beeinflussung und Veränderung der Gesellschaft allgemein. Dies bedeutet z.B. die mögliche Veränderung von Schulsystemen, die Neuformulierung von Gesetzen und die Neudefinierung von Devianz.

Die Sonderpädagogin Heidemarie Adam schreibt dazu: „Durchschnittliche und gesellschaftlich akzeptierte Bürger müssen ermutigt und dazu angeregt werden, ihre Vorstellungen von dem, was als ‘normal’ gilt, zu verändern ... Allen Mitgliedern der Gesellschaft muß klargemacht werden, daß wir selbst festlegen, was als ‘andersartig’ gilt. Es ist nötig, sich dafür einzusetzen, Unterschiede in Haartracht, Kleidung, Sprache, Hautfarbe, Rasse, Religion, Nationalität, Alter, Geschlecht, Intelligenz und Ausbildung im größeren Maße als bisher zu tolerieren. Ebenso muß man sich dafür einsetzen, Behinderungen aller Art zu akzeptieren. Es ist wichtig, daran zu erinnern, daß sich Reaktionsweisen auf Andersartigkeit generalisieren.“[4]

---

[3] Siehe dazu *H. Adam*, Normalisierung als Leitidee der Schule für geistig Behinderte, in: *dies.*, Liebe macht erfinderisch. Ausgewählte Studien zur Geistigbehindertenpädagogik, Würzburg ²1994, S. 25.

[4] *H. Adam*, aaO., S. 28.

Im Rückblick muß man dankbar feststellen: Es ist damals und seitdem viel erreicht worden. Auch die evangelische Diakonie verdankt dem Normalisierungsprinzip vielfältige Anstöße in ihrer Arbeit[5]. Zugrunde lag diesem Aufbruch ein bestimmtes Verständnis des Menschen, eine Sicht seiner Stellung in der Gesellschaft. Es ist keineswegs zufällig, daß damals von den Menschenrechten her argumentiert wurde, d.h. von einem Verständnis des Menschen her, das davon ausgeht, daß alle Menschen gleich sind, gleichen Wert und gleiche Rechte haben. Es sei in diesem Zusammenhang daran erinnert: Die Schrittmacherfunktion der evangelischen Diakonie im 19. Jahrhundert in der Behindertenfrage war auch von einem bestimmten Verständnis des Menschen geleitet: dem biblischen Menschenbild. An solchen Aufbruchsituationen wird deutlich: Die Frage nach dem Menschenbild ist stets wichtig gewesen und bleibt auch für uns heute und für unsere Arbeit mit Menschen mit Behinderungen eine entscheidende Frage. Im Blick auf die Normalisierungsfrage hat es an vielen Stellen das Mißverständnis gegeben, als ob es darum gehe, Menschen mit Behinderungen zu „normalen Menschen zu machen", indem man sie einfach an die geltenden Normen der Gesellschaft anpaßt. Dahinter steht die Überlegung, daß man die Gesellschaft mehrheitlich als „normal" ansieht und ihre Lebensformen bzw. Institutionen auf diese Normalität hin ausrichtet. Dann müssen von der Norm abweichende Menschenals behindert definiert werden und als förderungsdwürdig im Sinne der Normanpassung gelten. Das führt zu einem „Terror" der Normalität, zu einem „Wahn" der Normalität. Ich darf aber daran erinnern, was ich vorhin zitiert habe: „Unter Normalisierung versteht man: Anerkennung des geistigbehinderten Menschen usw."[6]

---

[5] Für eine Erörterung der Bedeutung des Normalisierungsprinzips in unterschiedlichen Hinsichten sei auf die auch heute noch lesenswerte Studie von *H. Adam*, Normalisierung als Leitidee der Schule für geistig Behinderte, aaO., S. 21-38, verwiesen. Dabei wird zwar auf die Schule Bezug genommen, aber letztlich ist in den Ausführungen die gesamte Behindertenarbeit im Blick, wie die folgenden Sätze am Ende des Beitrages verdeutlichen: „Das Normalisierungsprinzip hat den Vorteil, daß es die gemeinsame Basis aller auf Menschen mit Behinderungen bezogenen Bemühungen bilden kann. Denn Normalisierung umschließt alle Bereiche. Es kann nicht nur für die pädagogischen Bemühungen als Prinzip gelten, sondern ebenso für die rechtlichen, gesellschaftlichen und alle weiteren Aspekte der Arbeit mit Menschen mit geistigen Behinderungen" (S. 38).

[6] S. Anm. 2. – Dazu schreibt *H. Adam*, Normalisierung als Leitidee, aaO., S. 37, was m.E. auch heute noch gilt: „Es ist zu fragen, ob nicht der Begriff der Normalisierung durchaus geeignet ist, das Integrationsziel wirksam und verständlich in die gesellschaftliche Umwelt hineinzuvermitteln. Weil er einerseits einfach und andererseits umfassend ist, scheint er mir anderen möglichen Leitbegriffen überlegen zu sein, um vorhandene Konzepte der Behindertenarbeit zu integrieren und Neues anstoßen zu können."

Es geht also nicht um Anpassung, sondern um Anerkennung von Menschen mit geistiger Behinderung und um ihre Gleichstellung mit den übrigen Bürgern und Bürgerinnen des Landes. Die Definition spricht am Ende davon, daß die jeweiligen Aktivitäten und Vorgehensweisen „dem jeweiligen Behinderungsgrad anzupassen" sind. Es geht also um eine Anpassung in der umgekehrten Richtung. Normalisierung bezeichnet demnach einen Prozeß, nicht einen statischen Zustand - etwa im Sinne genau festgelegter Normen. Im letzteren Fall würden wir von vornherein ein fest umrissenes Bild haben, auf das hin Menschen mit Behinderungen „ausgerichtet" werden sollen. Die Rede vom Prozeß meint vielmehr: Es gilt, danach zu fragen, welche Schritte als nächste zu gehen sind und welches die Ziele sind, die als nächste realistischerweise ins Auge zu fassen sind.

Ausgehend von dieser kurzen Rückerinnerung möchte ich dem Zusammenhang von Normalisierung und den Bedürfnissen menschlicher Existenz weiter nachgehen, indem ich (2) nach den menschlichen Bedürfnissen und dem Bedarf des Menschen nach Anerkennung frage, sodann (3) Aspekte des christlichen Menschenbildes herausstelle, (4) den Blick darauf richte, was das im Blick auf die künftigen Aufgaben der Behindertenarbeit bedeutet und schließlich (5) das Ganze noch einmal bündele in dem Satz: „Normal ist es, verschieden zu sein."

Wenn wir heute danach fragen, was mit Normalisierung gemeint ist, so tun wir das im Kontext unterschiedlicher gesellschaftlicher Entwicklungen, ja gegenäufiger Trends. Auf der einen Seite ist festzustellen, daß in den letzten Jahren im pädagogischen Bereich in der Integrationsfrage entscheidende Schritte nach vorne getan worden sind. Auf der anderen Seite ist unsere Situation durch Schlagworte wie „Neue Behindertenfeindlichkeit", „Singer-Debatte" und „Gentechnologie" zu kennzeichnen. Damit haben wir einen neuen Kontext, in dem die Normalisierungsfrage weiter zu bedenken ist. Wobei wir hier wieder Fragen aufnehmen müssen, die wir eigentlich als erledigt betrachtet hatten.

2 Menschliche Bedürfnisse und der Bedarf nach Anerkennung

Wie ist das nun eigentlich mit den menschlichen Bedürfnissen? Wenn wir uns dem Begriff „Bedürfnis" zuwenden, so ist es interessanterweise so, daß weder in der griechischen Sprache noch in der lateinischen Sprache dafür ein Äquivalent vorhanden ist. Es ist ein relativ junger Begriff, der erst im 18./19. Jahrhundert in Gebrauch gekommen ist. Es zeigt sich, daß wir nicht davon reden können, daß es natürliche Bedürfnisse gibt, die einfach offen am Tage liegen. Was hier bei uns in Europa als legitimes Bedürfnis gilt, muß noch längst nicht in Japan oder Indien z.B. als ein solches anerkannt sein oder umgekehrt. Insofern sind Bedürfnisse nicht einfach natürliche, naturgegebene Bedürfnisse. Sie sind auch nicht einfach universale Bedürfnisse. Vielmehr gilt: Bedürfnisse sind immer schon kulturell geprägt. D.h. sie bedürfen der Gestaltung und Begrenzung durch ein Ethos. Wir müssen mit ihnen verantwortlich umgehen. Wir sprechen darum nicht ohne Grund von legitimen und illegitimen Bedürfnissen. Es ist darum sinnvoll, danach zu fragen, wieweit sie dem Menschen angemessen und für ein gelingendes Leben förderlich sind. So kommen wir dazu, die Bedürfnisse zu interpretieren und bewerten. Dabei kommt die Frage unserer Überzeugungen ins Spiel. Überzeugungen sind selbst ebenfalls nicht einfach etwas Naturwüchsiges, sondern sie bilden sich aufgrund von Erfahrung und Überlieferung. Sie sind auf Überlieferungen angewiesen.

Nun gibt es ganz unterschiedliche Ausformulierungen dessen, was Bedürfnisse sind. Man kann etwa zwischen grundlegenden Bedürfnissen (Raum und Zeit), personengebundenen Bedürfnissen (biologischen, psychologischen, geistigen), umweltbezogenen Bedürfnissen (sozialen, politischen, ökologischen) und religiösen Bedürfnissen (Sinnsuche, Orientierungssuche) unterscheiden. Ich möchte hier aber kein System entwickeln, sondern einige wichtige Bedürfnisse, die für menschliches Leben bedeutsam sind, nennen: Der Mensch ist auf *Zuwendung* und Anregung, Herausforderung und Anerkennung angewiesen; er ist lebenslang auf der Suche nach *Sinn*; er ist *Individuum*; er möchte etwas *bewirken* bzw. vollbringen; er will immer wieder seine *Vereinzelung überwinden*; er entwickelt *Perspektiven* und Hoffnungen[7]. Solche Formulierungen sind deswegen hilfreich und weiterführend, weil sie wesentliche Aspekte des Menschseins ansprechen. Es ist deutlich erkennbar, daß darin auch Überzeugungen und Grundannahmen über den Menschen enthalten sind.

Ich möchte den ersten Aspekt, daß der Mensch auf Zuwendung und Anerkennung angewiesen ist, weiter vertiefen, weil in der am Anfang des Referates zitierten Definition von Normalisierung, ja eben diese grundlegende Prämisse enthalten ist, daß es zum Menschsein gehört, daß er anerkannt wird: „Unter Normalisierung versteht man: Anerkennung des geistigbehinderten Menschen und seiner Behinderung.“ Hier wird ein Anerkennungsbedarf des Menschen festgestellt. Es ist gewiß nicht zufällig, daß diese Bestimmung gerade auch als erste genannt wird. Ihr kommt in der Tat eine Schlüsselstellung zu.

---

[7] Vgl. dazu *D. Fischer*, Ich setzte meinen Fuß in die Luft - und sie trug. Leben und Lernen mit behinderten Menschen, Bd. 1, Würzburg 1992, S. 79.

Ich bin auch der Auffassung, daß hier ein wesentliches „Bedürfnis anthropologischer Art“ in den Blick kommt, das zugleich auch eine theologische Anschlußmöglichkeit bietet, wenn wir von der Rechtfertigung des Menschen als der Annahme des Menschen, und das heißt ja seiner Anerkennung, reden.

Auf die alte Vokabel „Rechtfertigung“ verstehen wir uns heute offenbar kaum noch. Wir tun uns schwer damit. Auf die Sache verstehen wir uns wohl umso besser. Denn seien wir ehrlich: Ertappen wir uns nicht immer wieder dabei, daß wir uns selbst rechtfertigen, uns selbst anerkennen? Und zwar in allen Bereichen, seien es nun Wirtschaft oder Politik, Sport oder Kunst, Wissenschaft oder Technik. Wir bringen nur zu gerne unsere eigenen Leistungen zur Sprache. Wir rufen uns ständig zu, wie herrlich weit haben wir Menschen es doch gebracht. Hier holen wir Menschen uns heute unsere Anerkennung. Zwischenfrage: Wer verlangt das eigentlich von uns? Gerhard Gloege hat diesen Sachverhalt einmal auf die Formel gebracht: „Das alles tun wir deswegen, weil wir Menschen nicht existieren können ohne Bestätigung durch andere. Wir bedürfen der Rechtfertigung, um atmen zu können. Wir sind als Menschen auf Rechtfertigung angelegt.“[8]

War in früheren Jahrhunderten das Jüngste Gericht der Horizont und das Forum, vor dem es sich zu verantworten galt, so sind heute an diese Stelle innerweltliche und innermenschliche Instanzen getreten, die uns beurteilen und verurteilen. Sie sind schwer zu orten und doch nicht weniger mächtig als der frühere Gerichtsgedanke. Es sind die Wertmaßstäbe unserer Gesellschaft, an denen wir gemessen werden, „allen voran der Wert der Tüchtigkeit, das Leistungsprinzip. Sie sind zwar nur von Menschen formuliert, aber vielleicht auch darum so letztgültig, weil kein göttlicher und gnädiger Richter mehr über ihnen steht.“[9]

Offensichtlich ist die Sicht des Menschen, das Menschenbild, das in unserer Gesellschaft weitestgehend leitend ist, eben dieser Richterstuhl des Leistungsprinzips: Leistet Du was, so bist Du wer! Anna-Katharina Szagun beschreibt zutreffend die Konsequenzen für Menschen mit Behinderungen: „In einer Gesellschaft, in der weitgehend die wirtschaftlich produktive Leistungsfähigkeit

---

[8] Vgl. *G. Gloege*, Gnade für die Welt, Göttingen 1964, S. 31f. - Ebenso formuliert *R. Lachmann*: „Wir können nicht leben, ohne daß andere Menschen uns anerkennen, unseren Wert bestätigen, unsere Leistungen achten, uns zeigen, daß sie etwas von uns halten. Kein Mensch kann ohne Resonanz, ohne das Gefühl akzeptiert zu werden, wirklich leben. Ein Blick auf unser alltägliches Leben und Verhalten bestätigt das: Was tun wir nicht alles, um das zu erreichen?“ (Grundsymbole christlichen Glaubens, Göttingen 1992, S. 94).

[9] *P. Siber*, Angenommen durch Christus (Glaubensseminar für die Gemeinde 8), Zürich 1992, S. 10.

als Kriterium von Lebensbewertung, Daseinsberechtigung und persönlicher Sinnerfüllung überhaupt gilt, muß sich der Behinderte als Mensch ständig in Frage gestellt sehen: Dispensiert von den für 'Normale' gültigen Normen, abgeschnitten von Lebenserwartungen und in der Regel isoliert als Folge der Vermeidungstendenzen der Nichtbehinderten, direkt oder indirekt ständig konfrontiert mit den problematischen Einstellungen ihm gegenüber, erlebt sich der Behinderte als nicht voll gesellschafts- und kommunikationsfähig und damit als menschlich diskriminiert."[10]

Wenn dieses alles richtig ist, ist offensichtlich ein Umdenken erforderlich, um Menschen mit Behinderungen eine unverkürzte Sicht ihrer selbst und eine größtmögliche Teilnahme am gesellschaftlichen Leben zu ermöglichen. Wenden wir uns nun mit unserer Frage nach dem Menschenbild der Bibel zu.

3. Aspekte des christlichen Menschenbildes

Man muß fragen, ob es überhaupt so etwas wie ein biblisches oder gar das biblische Menschenbild gibt. In den biblischen Büchern findet sich wohl insgesamt kein statisches Menschenbild. Sie verzichten, so hat es der Bibelwissenschaftler Gerhard von Rad einmal ausgedrückt, bewußt auf jedes statische Bild vom Menschen zugunsten einer Sicht, die den Menschen grundsätzlich im geschichtlich-konkreten Gegenüber zu Gott versteht[11]. Das ist die eine Seite, die kritische Seite. Die Bibel leitet uns an, nicht ein festumrissenes Menschenbild mit Wesenszügen und festgelegten Verhaltensweisen auszuformulieren, sondern sie will ein Verständnis des Menschen, der immer unterwegs ist und immer wieder neu auch herausgefordert wird. Ohne Anspruch auf Vollständigkeit seien einige Aspekte skizziert[12]:

Erstens: Das biblische Menschenbild ist realistisch und spiegelt die menschliche Schwäche.

Kain tötet seinen Bruder Abel und erhält doch Hilfe zum Leben. Jakob betrügt seinen Bruder Esau und wird selbst von seinem Schwiegervater hintergangen. Jona will seinen Auftrag nicht ausführen und flieht. Ahab nimmt sich Naboths Weinberg. Diese Reihe von Antihelden ließe sich noch beliebig fortsetzen. Es werden hier Menschen beschrieben mit guten und schlechten Seiten. Sie wirken am Heilsplan mit, trotz der vielen Fehler und Schwächen, die sie haben.

---

10 Behinderung, Göttingen 1983, S. 32.

11 *G. von Rad*, Theologie des Alten Testaments, Bd. 2, München 1975, S. 369f.

12 Vgl. dazu *G. Adam/H. Adam*, Den andern mit den Augen Christi sehen, in: *Diakonisches Werk der EKD* (Hrsg.), Danken und dienen, Stuttgart 1991, S. 41-43.

Das Alte Testament präsentiert keine phantastischen Supermänner, wie sie uns in den griechischen und germanischen Sagen begegnen. Das Heil wird nicht von den Starken erwartet, sondern gerade von den Schwachen. Ich erinnere nur an den bekannten Jesaja-Text, an dem diese Tendenz deutlich wird. „Er hat keine Gestalt noch Schöne. Wir sahen ihn, aber da war keine Gestalt, die uns gefallen hätte. Er war der aller Verachtetste und Unwerteste, voller Schmerzen und Krankheit, er war so verachtet, daß man das Angesicht vor ihm verbarg. Darum haben wir ihn nicht geachtet“ (Jes 53,2-3).

Diese Tendenz verstärkt sich in den Texten des Neues Testamentes. In den Evangelien gehört Krankheit zur Bestimmung des wirklichen Menschen. Wo Jesus erscheint, kommen die Kranken und Ausgestoßenen zum Vorschein. Bei Jesus findet sich der ganze Jammer der Menschheit: Besessene, blinde, taube und lahme Menschen tauchen auf, Menschen, die krank sind an Leib und Seele kommen in den Blick. Jesus sieht die inneren und äußeren Behinderungen der Menschen. Er begreift die Menschen - und damit ja auch uns - nicht von der Sonnenseite her, wo sie bzw. wir stark und tüchtig sind, sondern von der Schattenseite her, wo die Schwächen liegen.

Das biblische Bild vom Menschen ist äußerst realistisch. Nichts Menschliches ist der Bibel fremd. Krankheit, Leiden, Außenseitertum führen nicht zum Ausschluß aus der Gemeinschaft, sondern zur Integration. Krankheit im weitesten Sinn gehört zur Wirklichkeit. Der ganze Mensch wird angenommen. Sätze wie „Dein Glaube hat Dir geholfen“ zeigen, daß nicht nur Symptome therapiert werden, sondern daß sich der ganze Mensch mit seinen Ängsten, Wünschen und Hoffnungen in der Begegnung mit Jesus verändert.

Zweitens: Jedes Leben ist auf seine Art göttliches Leben.

Die biblische Sicht des Menschen zeigt uns einen positiven Ansatz, der für unser Denken und Tun von weitreichender Bedeutung ist. Wir sagen: Jeder Mensch ist das Ebenbild Gottes. Das Heil wird nicht von einem erwartet, der stark und mächtig ist. Vielmehr gilt, daß die Menschwerdung Gottes, die wir im Leben, im Leiden und Sterben Jesu erkennen, für jeden Menschen in unterschiedsloser Weise Trost und Heil bringt. „Wir Menschen, die wir nach unseren Idealvorstellungen urteilen, meinen zwar, ein blindes oder taubes oder gehbehindertes oder geisteskrankens Leben sei ein ‘reduziertes Leben’, sei weniger Leben als anderes. Gott aber liebt jedes menschliche Leben ... Jedes Leben ist auf seine Art göttliches Leben und muß als solches erfahren und geachtet werden.“[13]

In der beachtenswerten gemeinsamen Erklärung christlicher Kirchen in Deutschland mit dem Titel „Gott ist ein Freund des Lebens“ wird in gleicher

[13] *J. Moltmann*, Befreit Euch - nehmt einander an, in: Zur Orientierung 1982, S. 14.

Weise das unbedingte Lebensrecht jedes einzelnen Menschen herausgestellt. Es wird deutlich der Anspruch abgewiesen, daß etwa jemand anders inhaltlich definieren und festlegen könnte, was das Leben, eigenes oder fremdes, ausmacht. „Und schon gar kein Recht kann es beanspruchen, an der eigenen Vorstellung vom Wert oder Unwert des Lebens andere messen zu wollen, um ihnen daraufhin gegebenenfalls den Lebenswert, die Qualität zu leben, als das Recht zu leben abzusprechen.“[14] Es wird herausgestellt, daß in theologischer Sicht „die Anerkennung des Menschen durch Gott den Menschen als Person (konstituiert). Das mitmenschliche und gesellschaftliche Verhalten macht und setzt darum nicht die personale Würde des anderen; es anerkennt sie.“[15]

Man darf in diesem Zusammenhang auch daran erinnern, daß bereits auf der staatlichen Ebene grundsätzliche juristische Fixierungen von der Unantastbarkeit der Menschenwürde, wie sie sich in Länderverfassungen finden, Zuschreibungen darstellen, die von keinen Bedingungen und Leistungen abhängig zu machen sind. Damit ist festgehalten, daß für ein freies menschliches Gemeinwesen die Unverletzlichkeit und Unantastbarkeit der Würde eines jeden Menschen eine entscheidende Voraussetzung darstellt.

Angesichts der Tendenzen zu einem Menschenbild jenes rationalen, zweckbestimmten Zuschnitts, das Peter Singer ausformuliert hat, und das das Menschsein von einem Höchstmaß an Lebensglück und einem Mindestmaß an Leiden und Schmerz abhängig machen will, ist es unsere Aufgabe, uns in das Gespräch der Zeit einzuschalten und jenes Angebot eines Verständnisses menschlichen Lebensrechtes ohne jede Bedingung und ohne Auflagen von Leistungen einzubringen, um das es der Bibel geht.

Drittens: Die Bibel sieht den Menschen ganzheitlich.

Das biblische Menschenbild ist weiterhin dadurch gekennzeichnet, daß es den Körper und Geist, den Leib und die Seele nicht auseinanderreißt. Ja, nicht nur nicht auseinanderreißt, sondern nicht einander unterordnet der Körper dem Geist, der Leib der Seele. Es ist ja nicht zufällig, daß in 1 Kor 15 die Leiblichkeit als das Ziel aller Wege Gottes beschrieben wird, daß in der Auferstehung der Mensch nicht ein Geistwesen ist, sondern einen neuen Leib bekommt. Dies ist eine Sicht, die auch in der Geschichte des Christentums nicht immer durchgehalten wurde. Diese ganzheitliche Sicht des Menschen, die wir

---

[14] *Kirchenamt der EKD/Sekretariat der Dt. Bischofskonferenz* (Hrsg.), Gott ist ein Freund des Lebens. Herausforderungen und Aufgaben beim Schutz des Lebens. Gemeinsame Erklärung des Rates der EKD und der Deutschen Bischofskonferenz in Verbindung mit den übrigen Mitglieds- und Gastkirchen der Arbeitsgemeinschaft christlicher Kirchen in der Bundesrepublik Deutschland und Berlin (West), Gütersloh 1989, S. 41.

[15] Ebd., S. 42.

aus der Bibel gewinnen könnten, hat heute einen neuen, einen kulturkritischen, einen gesellschaftskritischen Sinn. Nur ein ganzheitliches Verständnis des Menschen, nur ein ganzheitliches Menschenbild kann dem Menschen gerecht werden. Dies ist ein theologisch-anthropologisch grundlegender Zusammenhang, der für unser praktisches Tun von weitreichender Bedeutung ist.

Viertens: Weitere Aspekte.

Ich bin überzeugt, dab uns mit dem christlichen Verständnis des Menschen nach wie vor eine Perspektive gegeben ist, die für unser Handeln in unseren diakonischen Einrichtungen wie für die Lebensbegleitung von Menschen mit Behinderungen nicht nur hilfreich, sondern grundlegend ist. Von da aus werden wir etwa auch zu Sätzen folgender Art befähigt:

- Gut, dab es Dich gibt (Gottesebenbildlichkeit).
- Ich verstehe, Du möchtest frei sein (der Mensch als ein Wesen der Freiheit).
- Du darfst sagen: Ich kann nicht mehr (der Mensch als jemand, der scheitern kann).
- Wir können in die Zukunft gehen, auch wenn es oft schwer ist (Gottes Treue hält uns).

Mit den anthropologischen Perspektiven, die sich in solchen exemplarisch gemeinten Sätzen ausdrücken, können wir uns an unsere verantwortungsvolle Aufgabe begeben, ohne von ihrer Gröbe erdrückt zu werden.

Das spezifisch Christliche ist in diesem Sinne als ein Sinn- und Lebenshorizont zu verstehen und stellt keinen empirischen Befund dar. Das christliche Verständnis vom Menschen, das die Menschwerdung des Menschen im Sinne und im Zusammenhang der Geschichte Gottes mit uns Menschen begreift, wird so nicht ein für allemal in eine überzeitlich fixierende Definition gefabt, sondern ist im Sinne eines christlichen Sinnhorizontes des Menschseins zu verstehen. Solche Perspektiven können im Alltag zum Tragen kommen, indem sich daraus Impulse für das gemeinsame Leben und den Umgang miteinander ergeben.

4. Christliches Menschenverständnis und die Arbeit mit Menschen mit Behinderungen

Vielleicht beschleicht den einen oder die andere nun die bange Frage: Wie kann ich einem solch hohen Standard gerecht werden? Ist es nicht ein zu hoher Anspruch so von der Menschenwürde und dem Wert des Menschen zu reden? Auch wenn - gemäß der thematischen Aufgabenverteilung, die uns als Referenten sinnvollerweise vorgegeben wurde - in den übrigen Referaten dieses

Symposiums stärker die Konkretionen im Blick sind, möchte ich doch nicht ganz darauf verzichten, an einigen Beispielen aufzuzeigen, wie sich das christliche Menschenbild im Handeln, im Umgang, in der Begegnung und im Leben mit Menschen mit Behinderungen konkretisiert. Bei den Beispielen sind die Aktionsebenen der Personen, der Institution sowie der Gesellschaft berücksichtigt[16].

(1) Wo Menschen mit Behinderungen - seien sie Kinder, seien sie ein Mädchen oder ein Junge, seien es Jugendliche oder Erwachsene - nicht mehr Objekt unserer Fürsorge sind, Gegenstand der Diagnostik oder der Förderung, sondern wenn sie einen Namen haben, mit dem sie angesprochen und so angemessen beachtet werden: als Frau Meier oder Herr Becker, als Klaus oder Hans - da lassen wir Menschen mit Behinderungen die angemessene Aufmerksamkeit zukommen und werden so den Bedürfnissen menschlicher Existenz gerecht.

(2) Wo die vitalen Bedürfnisse als Ausdruck menschlicher Lebendigkeit gesehen werden, wo die Leiblichkeit und die Sinnlichkeit unter Einschluß des erotischen und sexuellen Erlebens wahrgenommen und akzeptiert werden als Weg für Gesundheit, Wohlbefinden und Begegnung - da tragen wir der Ganzheitlichkeit menschlichen Lebens Rechnung und werden so den Bedürfnissen menschlicher Existenz gerecht.

(3) Wo wir den einzelnen und die einzelne als jemanden sehen, der oder die das Anrecht hat, sich als Person zu erleben und sich nicht als Objekt von Förder- und Pflegemaßnahmen zu erfahren - da lassen wir den Menschen mit Behinderungen wirkliche Wertschätzung zukommen und werden so den Bedürfnissen menschlicher Existenz gerecht.

(4) Freilich gibt es auch eine Geringschätzung von Menschen mit Behinderungen, die sich darin zeigt, daß man sie nicht hinreichend fordert. Fördern heißt ja zugleich immer auch etwas fordern. Solche Geringschätzung kann sich etwa so zeigen: Manche Menschen mit Behinderungen benehmen sich anderen Menschen gegenüber unangemessen. Wenn man hier versucht, eine Änderung herbeizuführen, wird häufig gesagt: „Ach, lassen Sie ihn doch. Er versteht es ja nicht besser. Bei dem macht es mir nichts aus. Der ist ja geistig behindert.“ - Wo wir angemessenen Erwartungen Ausdruck geben und angemessene Forderungen an Menschen mit Behin-

---

[16] Anregungen für die folgenden Beispiele verdanke ich *D. Fischer*, Ich setzte meinen Fuß in die Luft - und sie trug. Leben und Lernen mit behinderten Menschen, Bd. 3, Würzburg 1992, S. 147. - Vgl. auch *H. Adam*, Menschenbild und Behindertenpädagogik, in: *dies.*, Liebe macht erfinderisch, Würzburg 1990, S.187f.: Partner - Sein - Fördern - Betreuen.

derungen stellen, werden wir den Bedürfnissen menschlicher Existenz gerecht.

(5) Wo wir den Wert eines Menschen, seine Anerkennung, seine Wertschätzung nicht in unmittelbare Abhängigkeit bringen von Leistung und eines Kosten-Nutzen-Denkens, nicht von biologistischen oder noch genauer soziobiologistischen und rassistischen Denkkategorien her ansehen, sondern wo wir den einzelnen und die einzelne das bleiben lassen und erfahren lassen, was sie von vornherein zunächst einmal sind: Gottes geliebte Kinder, Gottes geliebte Töchter, Gottes geliebte Söhne - da achten wir Menschen mit Behinderungen und werden so den Bedürfnissen menschlicher Existenz gerecht.

(6) Wo der Tages-, Wochen- und Monatsablauf vom Gesichtspunkt der Normalisierung her gestaltet werden und die Schlafenszeiten für Erwachsene sich nicht nach den Zu-Bett-Gehzeiten der Kinder richten, wo wir nicht alles aus unserer Sicht vorentscheiden, sondern uns bemühen, ein Stück weit gemeinsame Entscheidungen zu treffen - da praktizieren wir zumindest teilweise partnerschaftlichen Umgang mit behinderten Menschen und werden so den Bedürnissen menschlicher Existenz gerecht.

(7) Menschenbilder konkretisieren sich auch in und durch Sprache. Schauen wir doch einmal bei uns selbst nach, wie sich unser Verständnis vom Menschen in unserer Sprache niederschlägt. Ich erinnere mich noch an die Zeit Anfang der siebziger Jahre, als in den diakonischen Einrichtungen die Bewohnerinnen und Bewohner noch durchgehend mit Du und dem Vornamen angeredet wurden. Das war einerseits Ausdruck einer vertrauten Beziehung, aber auf der anderen Seite war damit doch eine Herabsetzung verbunden, zumal dann, wenn man noch von Heiminsassen und „unseren Deppen“ sprach.
Auch heute wird in unserer Gesellschaft immer wieder von der oder dem „Behinderten“ gesprochen. Diese Redeweise wirkt eindeutig stigmatisierend. Angemessen ist es, von dem „behinderten Menschen“ oder noch besser vom „Menschen mit Behinderungen“ zu sprechen. Gerade durch die zuletzt genannte Formulierung wird deutlich zum Ausdruck gebracht, daß die Behinderung keine Totalbezeichnung darstellt, sondern ein Spezifikum der entsprechenden Person. Wo wir so von Menschen mit Behinderungen reden, werden wir den Bedürfnissen menschlicher Existenz gerecht.

Ich komme zum Schluß:

5. Der Blick nach vorn

In den siebziger Jahren gab es in der Behindertenarbeit eine große Aufbruchstimmung. Es ging in vieler Hinsicht in äußerlichen Fragen sichtbar voran. Ebenso aber auch im finden neuer Wege. Der Arbeit mit Menschen mit Behinderungen fehlt heute oft der mitreißende Schwung jener Jahre. Manches schleppt sich müde dahin, erweckt oft den Eindruck des Überfordertseins oder ist Ausdruck von Überfordertsein. Es ist auch nicht zu verhehlen, daß Rückschläge festzustellen sind, die man nicht beschönigen sollte. Aber man lebt nicht immer in Zeiten des Aufbruchs. Es gibt auch Phasen der Stagnation bzw. des langsameren Vorankommens, Zeiten der kleinen Schritte.

Dennoch - oder vielleicht gerade deshalb - sollten wir zur Kenntnis nehmen, daß der Würzburger Sonderpädagoge Andreas Möckel in seiner „Geschichte der Heilpädagogik“[17] die Integration von Menschen mit und ohne Behinderungen als historisch folgerichtige und notwendige Entwicklung dargestellt hat. Er schreibt, „daß es keinen Weg zurück zu einer naiven Integration geben wird, wie sie vor 200 Jahren in Dörfern und kleinen Städten bestanden haben mag, wo Behinderung und Armut in die ständische Hierarchie integriert waren. Die Integrationsforderung zielt vielmehr auf eine in die Zukunft gerichtete Umwandlung von Normen der Gesellschaft, die mit der Heilpädagogik vor 200 Jahren begonnen hat, aber erst an ihr Ziel gekommen sein wird, wenn das Besondere der Sonderpädagogik nicht mehr als solches empfunden wird.“

Ich möchte mit diesem Hinweis nicht auf das Morgen vertrösten und gegenwärtig alles beim alten gelassen wissen, sondern deutlich machen, daß wir schon ein erhebliches Stück vorangekommen sind. Diese geschichtliche Perspektive ist wichtig, weil sie m.E. zurecht erkennen läßt, daß es hier um einen historisch notwendigen Prozeß geht, der in seiner Gesamtrichtung unumkehrbar ist. Gewiß, die neue Behindertenfeindlichkeit, die erneute Diskussion über den Wert des menschlichen Lebens stehen dem entgegen, scheinen einer solchen Perspektive zu widersprechen. Aber gleichzeitig blickt die Integrationsbewegung inzwischen auf beträchtliche Erfahrungen und Erfolge zurück. Zunehmend wird Behinderung in ihrer unterschiedlichen Ausprägung als Erscheinungsform menschlichen Lebens anerkannt. In diesem Sinne ist die Frage der Normalisierung, deren Kern in der Anerkennung des geistig behinderten Menschen liegt, fortzuschreiben.

---

[17] Stuttgart 1988, S. 243.

Hieß es früher, es geht um ein Leben, das so normal wie möglich ist, gilt es heute, nachdem vieles bereits erreicht worden ist, zu der Formel voranzuschreiten: *„Normal ist, verschieden zu sein“*[18] Damit wird dem Prozeß der Erweiterung der Normen in unserer Gesellschaft - oder um mit A. Möckel zu sprechen: der Umwandlung der Normen in unserer Gesellschaft - deutlicher Rechnung getragen. Diese Aussage ist in ihrer kulturkritischen und gesellschaftskritischen Dimension und Zielrichtung zu sehen. Zugleich ist sie freilich auch eine Frage an jeden einzelnen Christen und jede einzelne Christin persönlich wie im Blick auf die Wirklichkeit in unseren christlichen Gemeinden und diakonischen Einrichtungen, daß wir reflektieren, wie unsere Menschenbilder sich als lebensförderlich erweisen.

Daß wir in unseren Gemeinden zunehmend „durchmischte“ Gemeinden werden, für die nicht der Grundsatz des Philosophen Aristoteles gilt „Gleich und gleich gesellt sich gern“, sondern wo das biblische Verständnis von Gemeinschaft praktiziert wird, daß gleich und ungleich unter dem Namen Christi zusammenkommen, ist weithin noch eine einzulösende Aufgabe. Denn: Normal ist es, verschieden zu sein, weil wir von daher leben, daß wir alle Gottes Söhne und Töchter sind.

Aus christlicher Sicht ist die Formel „Normal ist es, verschieden zu sein“ eine realistische Lebensperspektive, weil der letzte Maßstab für den Wert des Lebens in Gott liegt. Heute gilt es erneut, gegenüber gegenwärtigen Gefährdungen entschieden Anwalt und Lobby von Menschen mit Behinderungen zu sein und in der Frage nach dem Recht auf Leben nicht nachzugeben.

Lassen Sie mich schließen mit einer Passage von D. Bonhoeffer. In seiner „Ethik“ heißt es: „Wo sollte auch, außer in Gott, der Maßstab für den letzten Wert eines Lebens liegen? In der subjektiven Lebensbejahung? Darin vermag manches Genie von einem Idioten übertroffen werden. In dem Urteil der Gemeinschaft? Hier würde sich alsbald zeigen, daß das Urteil über sozial wertvolles oder wertloses Leben dem Bedarf des Augenblicks und damit der Willkür ausgesetzt wäre und daß bald diese, bald jene Gruppe von Menschen von dem Vernichtungsurteil getroffen würde. Die Unterscheidung von lebenswertem und lebensunwertem Leben zerstört früher oder später das Leben selbst.“[19]

---

[18] S. dazu auch *G. Adam u.a.* (Hrsg.), „Normal ist, verschieden zu sein.“ Das Menschenbild in seiner Bedeutung für religionspädagogisches und sonderpädagogisches Handeln. Dokumentationsband des Vierten Würzburger Religionspädagogischen Symposiums, Münster 1994.

[19] *D. Bonhoeffer*, Ethik, München 1949 = [11]1985, S. 174.

Der Geist und die Geister

Die Rede vom Heiligen Geist in Luthers Katechismen und ihre gemeindepädagogische Relevanz

Peter Constantin Bloth wußte immer etwas davon, wie wichtig es für die theologische Arbeit wie für die christliche Existenz ist, Konsens zu finden und zu formulieren. Er wußte immer um die Notwendigkeit, daß Glaube auf Bildung angewiesen ist und der Fähigkeit zur Unterscheidung bedarf. Von daher ist es kein Zufall, daß ihm die Katechismusfrage wichtig wurde. Sie hat in seinem praktisch-theologischen Denken einen Stellenwert, der deutlich über dem „Normalstandard“ der letzten zwei Jahrzehnte religions-pädagogischen Nachdenkens im deutschsprachigen Raum liegt.

Ich nenne als Beleg nur den Aufsatztitel „Für die gemeinsamen Lernprozesse“[1], bei dem im Untertitel bereits auf die Notwendigkeit, Martin Luthers Kleinen Katechismus neu auszusagen, hingewiesen wird. Es ist daher kein Zufall, sondern liegt in der Linie dieser Einschätzung der Katechismusfrage, daß P.C. Bloth Mitglied der Arbeitsgruppe war, die im Rahmen der VELKD-Bemühungen um die „Katechismusfamilie“ ein zeitgemäßes Konfirmandenbuch mit dem Titel „Leben entdecken. Ein Buch für Konfirmanden“[2] erarbeitet hat.

Es ist aufschlußreich, daß im Inhaltsverzeichnis dieses Buches den fünfzehn thematischen Einheiten jeweils explizit Abschnitte aus Luthers Erklärung des dritten Artikels, wie sie sich im Kleinen Katechismus findet, zugeordnet sind. Bloth hatte ein „Beispiel für theologisch-didaktische Erschließung eines Katechismusstoffes“[3] liefern wollen, und dieser Versuch geriet dann zum Gliederungs- und Strukturprinzip für das gesamte Konfirmanden-

---

1 In: LM 18, 1979, S. 149f. - Vgl. auch die Ausführungen von *P.C. Bloth* zum Thema „Katechismus und Pluralismus. Eine religionsdidaktische Reflexion“, in: Von der Reformation zur Aufklärung. Vorträge ... anläßlich des 60. Geburtstages von Martin Schloemann, hrsg. von *W. Eckey*, Wuppertal: Bergische Universität/Gesamthochschule Wuppertal 1991, S. 58-75.

2 Hrsg. von *H. Reimer* und *H. Reller*, Gütersloh (1981) ^{8}1992.

3 *P.C. Bloth*, Was will „Leben entdecken - ein Buch für Konfirmanden“?, in: KU-Praxis H. 17, 1982, S. 100-104, hier: S. 103.

buch. Beachtenswert ist dabei, daß die Erklärung Luthers das „curriculum fidei“ mit dem „curriculum vitae“ verknüpft. „‘Lebenslauf’ und ‘Glaubenslauf’ geraten durch den Heiligen Geist in wesentlichen Eckdaten zueinander - vom Kommen zu Jesus Christus als ‘meinem Herrn‘ in der Taufe bis zum ‘in Christus ewigen Leben’ nach dem ‘Jüngsten Tage’. Der darin eröffnete und in ein eschatologisches ‘zuletzt’ mündende Weg aber ... ist nach Luthers Einsicht gangbar für das Ich des einzelnen Christen wie für das Wir der ‘ganzen Christenheit’ und ‘aller Gläubigen’.“[4]

Damit wird zutreffend herausgestellt, was Intention des Lutherschen Katechismuskonzeptes war: eine an den Grundfragen christlicher Existenz orientierte Zusammenstellung wesentlicher Grundelemente des christlichen Glaubens zu bieten, um so die eigene selbständige Urteilsbildung in Glaubensfragen zu ermöglichen[5].

Die folgenden Ausführungen wollen den Aussagen Luthers über den Heiligen Geist in seinen Katechismen nachgehen und sie unter Einbeziehung von paulinischen Aussagen unter der Fragestellung bedenken, welche Kriterien für die theologische Urteilsbildung heutigen Gemeindegliedern damit an die Hand gegeben werden. Die Ausführungen basieren auf den Erfahrungen bei einer zum Thema durchgeführten Lektorentagung. Ihre gemeindepädagogische Relevanz ist also nicht nur Postulat. Angesichts der vielerlei Geister in der heutigen Welt - und auch in der Christenheit - sind die Bildung und Erneuerung der Urteilskraft ein dringendes Desiderat.

1. Woran denken wir bei der Rede vom „Geist“?

Unmittelbar fällt manchem Leser oder mancher Leserin vielleicht das Wortfeld Geist - Begeisterung - Heiliger Geist ein. Möglicherweise wird einem etwas unwohl bei diesen Begriffen, weil man mit Geist und Begeisterung Erfahrungen alltäglicher Art verbinden kann, während einem bei „Heiliger Geist“ unalltägliche Vorgänge einfallen. So stieß etwa ein Schüler mit geistiger Behinderung, als im Unterricht die Rede auf den Heiligen Geist kam, ein „Huch“ aus und brachte damit erkennbar zum Ausdruck, daß er das Wort Gespenst assoziierte.

Vielleicht denken wir bei dem Wort „Geist“ an besondere Menschen, die wir als „vergeistigte Existenzen“ ansehen. Dabei handelt es sich vielleicht um

---

4 Ebd.

5 Vgl. dazu *G. Adam*, Der Unterricht der Kirche. Studien zur Konfirmandenarbeit (GTA 15), Göttingen ^{3}1984, S. 26f. – S. auch o. S. 153ff.

Personen, deren besonderes Kennzeichen darin besteht, daß die Hochschätzung des Geistes einhergeht mit einer Abwertung des Körpers. Im Blick auf die Geschichte des Christentums mag einem einfallen, daß der christliche Glaube auf weite Strecken hin leibfeindlich gewesen ist. Daß die menschliche Sinnlichkeit, die Sexualität zumal, einen bevorzugten Ort der Sünde darstelle, ist leider auch heute noch keineswegs nur als eine vergangene historische Auffassung zu konstatieren.

Oder wir denken an Johann Wolfgang von Goethes Ballade „Der Zauberlehrling" mit dem Einstieg „Und nun sollen seine Geister/Auch nach meinem Willen leben" und dem verzweifelten Satz „Die ich rief, die Geister,/Werd ich nun nicht los."

In der Alten Kirche waren etwa die Gnosis, die Astrologie sowie die Mysterienreligionen als geistige Strömungen der Zeit vorhanden und stellten für das Christentum eine enorme Herausforderung dar. Heute sind es überraschenderweise teilweise analoge, teilweise aber auch andere, moderne geistige und religiöse Strömungen, zu denen Menschen sich hingezogen fühlen. Der Zeitgeist konkretisiert sich in vielerlei Formen. Ich nenne einige Stichwörter: Pluralismus, New Age, Esoterik, Utilitarismus, Nationalismus, Postmodernismus. In der Praxis christlicher Gruppierungen stoßen wir auf Geistphänomene bei charismatischen Gemeindebewegungen, speziellen Hauskreisen, Heilungshandlungen in gottesdienstlichen Versammlungen, den verschiedensten Spielarten von religiösen Gruppierungen bis hin zu den Sekten.

Bisweilen hat man gefragt, ob die Verlegenheit im Blick auf die Frage nach dem Heiligen Geist auch damit zusammenhängen könnte, daß dies Thema in der klassischen Dogmatik weithin stiefmütterlich behandelt wurde. Die Konzentration auf die Christologie schien keinen Platz mehr für die Pneumatologie zu lassen. Im letzten Jahrzehnt wurde das Thema freilich intensiv behandelt. Ich nenne stellvertretend nur die Namen von Hans-Joachim Kraus[6], Jürgen Moltmann[7] und Michael Welker[8]. Walter J. Hollenweger[9] hat all die Fragen auf den Tisch gelegt, die uns heute im Zusammenhang der Frage nach dem Wirken des Geistes in besonderem Maße bewegen.

In der gemeindlichen Praxis begegnet dem Predigthörer und der Predigthörerin das Thema des Geistes eher selten, wenn man einmal von den Pfingstfeiertagen absieht. All dies provoziert die Frage: Welche Kriterien gibt es zur

6 Heiliger Geist. Gottes befreiende Gegenwart, München 1986.
7 Der Geist des Lebens. Eine ganzheitliche Pneumatologie, München 1991.
8 Gottes Geist. Theologie des Heiligen Geistes, Neukirchen-Vluyn 1992.
9 Geist und Materie (Interkulturelle Theologie 3), München 1988.

Unterscheidung und Klärung dessen, was heiliger Geist und Ungeist in unseren Tagen sind?

2. Heiliger Geist - das heißt: Gott ist in Bewegung

Bereits im Glaubensbekenntnis von Nicaea aus dem Jahre 325 wird der Heilige Geist erwähnt. Im Glaubensbekenntnis von Konstantinopel (381) wird eine Reihe von erläuternden Aussagen hinzugefügt. Von besonderer Bedeutung ist die erste Hinzufügung: „der da lebendig macht". Dadurch wird herausgestellt, daß der Heilige Geist der Ursprung des Lebens, genauer: allen Lebens, ist. In der uns vom sonntäglichen Gottesdienst her vertrauten Form des Apostolischen Glaubensbekenntnisses findet sich die Rede vom Heiligen Geist im dritten Artikel.

2.1 Der Text in Luthers Kleinem Katechismus

Martin Luther war der erste, der das Apostolikum in einen Katechismus aufnahm. Seine Erklärung des dritten Artikels im Kleinen Katechismus ist klar gegliedert. Ja, man muß sagen: in einem erstaunlichen Maße klar gegliedert[10].

Zunächst geht es um die Grundlegung des Heilsgeschehens insgesamt und dann um die Entfaltung desselben. Luther gliedert seine Ausführungen in einen Satz mit zwei Hauptteilen. Im Strukturschema auf der folgenden Seite sind diese mit I und II gekennzeichnet. Diese Hauptteile sind jeweils wiederum zweifach untergliedert sind. Im Strukturschema ist dies mit den Buchstaben (a) und (b) markiert. Dabei werden das erste und letzte Glied wiederum zweifach ausgestaltet. Im Struktuerschema mit den Ziffern 1. und 2. hervorgehoben. Auf diese Weise gelingt es, in Kürze doch alle Aussagen des dritten Artikels zur Geltung zu bringen. Mit Albrecht Peters läßt sich diese Struktur in folgender Weise darstellen:

„I. Das grundlegende Glaubensgeschehen sowohl für den einzelnen Bekenner als auch für die gesamte Christenheit: Der Geist heiligt mich wie die gesamte Christenheit, indem er durch das Evangelium im Glauben zu Christus bringt und bei ihm erhält.

(a) 1. [negativ] Mein Christusglaube [kommt] nicht aus eigener Vernunft noch Kraft,

---

[10] Zu den folgenden Ausführungen vgl. insgesamt *A. Peters,* Kommentar zu Luthers Katechismen, Bd. 2. Der Glaube: Das Apostolikum, Göttingen 1991, S. 175ff.

2. [positiv] sondern durch Berufung, Erleuchtung, Heiligung und Erhaltung durch den Geist,

(b) sowie Berufung, Sammlung, Erleuchtung, Heiligung und Erhaltung der Christenheit.

II. Eschatologische Entfaltung des Glaubensgeschehens für den Bekenner in der Christenheit: Der Geist schenkt jetzt die Vergebung, dereinst die Auferweckung und das ewige Leben:

(a) in der Christenheit hier täglich mir und allen Gläubigen die Vergebung,

(b) dereinst am Jüngsten Tage:

1. mir und allen Toten die Auferweckung,
2. mir und allen Gläubigen das ewige Leben."[11]

Luther hat auf diese Weise mit einem Kunstgriff die gesamten Glieder des Artikels dem Wirken des „Heiligmachers" als Mittel zu- und eingeordnet. Freilich geht es ihm nicht um die Etablierung einer Heilsordnung (ordo salutis), vielmehr ist die Struktur des Katechismus dadurch bestimmt, daß Luther die Menschen im Sinne eines Glaubensweges in den christlichen Glauben einführen will.

Interessanterweise wird nun aber der dritte Artikel ebenso wie der erste Artikel nicht nur vom zweiten Artikel her bestimmt, sondern beide Artikel werden als eigenständige Einheiten entwickelt und dem zweiten Artikel zugeordnet. Dabei öffnet eine „ständig vertiefende Weiterführung den Ausblick auf das eschatologische Ziel unseres Glaubensringens mit den Todesgewalten, nämlich auf die eschatologische Gottesherrschaft durch Christus im Heiligen Geist."[12]

2.2 Luthers Interpretation

In seiner Erklärung des dritten Artikels formuliert Luther im Großen Katechismus: „So lerne nun diesen Artikel aufs deutlichste verstehen." Dies wird im folgenden im einzelnen versucht (1) hinsichtlich des Verständnisses von Kirche als Gemeinde, (2) im Blick auf die Gemeinde als Gabe Gottes, (3) hinsichtlich seines äußeren und inneren Wirkens und (4) im Blick auf das „Einmaleins der christlichen Gemeinde".

2.2.1 Der Heilige Geist ist der Heiligmacher

„Wenn man fragt: Was meinst du mit den Worten: 'Ich glaube an den Heiligen Geist?', daß du könnest antworten: 'Ich glaube, daß mich der Heilige Geist heilig machet, wie sein Name ist.' Womit tut er aber solches, oder was ist sei-

---

[11] Ebd., S. 182f.
[12] Ebd., S. 49.

ne Weise und Mittel dazu? Antwort: 'Durch die christliche Kirche, Vergebung der Sünden, Auferstehung des Fleisches und das ewige Leben'."[13]

Luther verweist sodann darauf, daß die Kirche die Mutter eines jeden Christen sei, die den Christen „zeugt und trägt durch das Wort Gottes, welches er offenbart und treibt, die Herzen erleuchtet und anzündet, daß sie es fassen, annehmen, daran hängen und dabei bleiben." Der Reformator bindet den Heiligen Geist ganz eng an Christus, die Predigt und die Sakramente. „Denn wo man nicht von Christus predigt, da ist kein Heiliger Geist, welcher die christliche Kirche macht, beruft und zusammenbringt, außer[halb] welcher niemand zu dem Herrn Christus kommen kann."

Weil der Begriff „Kirche" im deutschen Sprachgebrauch mehr auf das Kirchengebäude gehe, plädiert er dafür, statt von Kirche von einer „christlichen Gemeinde oder [Ver]sammlung" oder sprachlich noch eindeutiger von der „heiligen Christenheit" zu sprechen. Ebenso schlägt er vor, das lateinische Wort „communio" nicht mit „Gemeinschaft", sondern mit „Gemeinde" zu übersetzen, weil dieses im deutschen Sprachgebrauch klarer sei[14]. In seiner Bibelübersetzung hat Luther dementsprechend das griechische Wort ekklesia stets mit „gemeine" (= Gemeinde) übersetzt. In seiner Schrift „Von den Konziliis und Kirchen" (1539) tritt er ebenfalls dafür ein, das „blinde" Wort Kirche durch „Christenheit" oder „christlich Volk" zu ersetzen.

Luther stellt weiter heraus, daß der Heilige Geist bewirkt, daß - ob wir gleich Sünder sind - die Sünde uns doch nicht schaden kann, weil wir in der Christenheit sind, wo es „eitel Vergebung der Sünde" gibt in der doppelten Weise, daß Gott uns vergibt und wir Menschen einander vergeben, tragen und aufhelfen[15].

2.2.2 Der Heilige Geist ist der Gott der Nähe

Der Heilige Geist ist Gottes Gabe an uns. Er ist darin sozusagen der „Gott in uns". Freilich bleibt er gleichzeitig der freie Herr. Es gibt in der Schrift vielerlei Geister. Es gibt den menschlichen Geist. Es gibt himmlische und satanische Geistesmächte. Aber es wird nur ein Geist als der Heilige bezeugt[16]. Allein er wird als lebendiger, als lebendigmachender Geist angerufen. Luther beschränkt sich in seiner Auslegung - so wie das Apostolikum - auf den Innenbereich des geistlichen Regimentes, aber er unterstreicht die eschatologische Ausrichtung des Glaubens. „Der Geist bringt uns zu Christus; in der

---

[13] *M. Luther*, Großer Katechismus, in: BSLK, S. 654f. (Schreibweise modernisiert).
[14] Ebd., S. 656f.
[15] Ebd., S. 658.
[16] Ebd., S. 653.

Gewißheit unserer Glaubenszuversicht ist er uns so nahe, daß wir sein Zeugnis im Herzinnersten spüren."[17] Der Heilige Geist zeigt sich so als die Nach-Geschichte Jesu Christi.

In den weiteren Ausführungen wahrt Luther die notwendige Dialektik in der Sache, indem er davon redet, daß die Heiligkeit gewiß begonnen hat und weiter zunehme, daß ihre Vollendung aber erst „in einem neuen ewigen Leben" vollzogen werde. Er schlägt in sprachlicher Hinsicht vor, statt von „Fleisch", wobei man im Deutschen primär an Fleischerläden denke, besser von der „Auferstehung des Leibes oder Leichnams" zu reden. Es wird deutlich herausgestellt, daß die drei eng zusammengehören: der Vater und seine Gnade, der Sohn Jesus Christus und der Heilige Geist. „Denn wir könnten nimmermehr dazu kommen, daß wir des Vaters Huld und Gnade erkennten, ohne durch den Herrn Christum, der ein Spiegel des väterlichen Herzens ist, außer welchem wir nichts sehen, denn einen zornigen und schrecklichen Richter. Von Christus aber könnten wir auch nichts wissen, wo es nicht durch den Heiligen Geist offenbart wäre."[18]

Der Heilige Geist hat bei Luther drei Gesichter: „Er erweist sich als gütiger Spender der Charismen, als heiliger Gesetzgeber und als gnädiger Wirker des Christusglaubens; in diesen seinen unterschiedlichen Wirkweisen ist und bleibt er jedoch der eine und selbe Spiritus creator, vivificator, sanctificator."[19] Es geht also um das grundlegende Thema des Lebens. Wir haben uns nicht selber geboren. Unser Leben steht nicht in unserer Macht. Wir können es nicht selber machen oder gar erzwingen, daß der Anruf des Gebotes uns ins Herz trifft und für die Gnade öffnet. Wir haben das Evangelium von unserer Errettung nicht von uns aus ersonnen. Wir können uns auch nicht selber vom Tode auferwecken. Dies alles ist allein Werk des Heiligen Geistes. Es ist daher zwischen einer objektiven Seite und einer subjektiven Seite der Geisteswirkung zu unterscheiden. Konkret bedeutet dies: Der Geist wirkt äußerlich durch das Wort und die Sakramente und innerlich durch den Glauben und die Charismen.

2.2.3 Äußeres und inneres Wirken des Heiligen Geistes

Der Heilige Geist schlägt die Brücke zwischen dem Christusgeschehen damals und meiner Existenz heute, indem er mich durchs Evangelium beruft. Dieses spannungsreiche Ineinander von damals und heute wird im Katechismus nur angedeutet. Der Ruf des Evangeliums steht am Anfang. Hierzu be-

---

[17] *A. Peters*, aaO., S. 191.
[18] BSLK, S. 660.
[19] *A. Peters*, aaO., S. 194.

dient sich Gott der Menschen als seiner Mithelfer. Gott hat sich selber an seine Gnadenmittel gebunden, so daß er dadurch Wort und Sakrament, vor allem die Predigt des Evangeliums, als unumgänglich etabliert hat. Gleichwohl bleibt der Herr frei. Er schenkt den Glauben, „wo und wann er will". Das äußere Wirken geschieht durch die Predigt.

Das innere Wirken des Geistes beschreibt Luther mit „Erleuchtung". Der Gottesgeist erleuchtet die Herzen und zündet sie an, daß sie das Wort fassen. Dabei wird die Erleuchtung nicht mit dem Verstand, sondern mit dem Herzen verbunden, wobei Herz als Sitz des Empfindungslebens, des Verstandes und des Willens begriffen wird.

Interessant und wichtig ist weiterhin, daß Luther im Kleinen Katechismus allein den Glauben heraushebt und ihn damit von den übrigen Geistesgaben unterscheidet, welche nicht weiter entfaltet werden. „Allein und ausschließlich der Heilsglaube und die ihm entspringende selbstlose Liebe reichen in die Dimension der eschatologischen Errettung hinein. Alle übrigen Charismen, selbst der Berge versetzende Wunderglaube (1 Kor 13, 2; Mt 17,20), verbleiben im Irdisch-Zweideutigen; wo sie nicht durchpulst sind von jener zentralen Gabe des Geistes, da verfallen sie Gottes eschatologischem Gericht."[20]

Diese Vor- und Überordnung des Glaubens wird durch die Wendung „im rechten Glauben geheiligt und erhalten" im Text des Kleinen Katechismus unübersehbar unterstrichen. Der rechte Glaube unterscheidet die durch den Geist gewirkte Heiligung von jedem Versuch des Menschen, sich aus eigener Vollmacht und Kraft heraus neu zu schaffen.

Damit wendet sich Luther gegen die Werkfrömmigkeit des Spätmittelalters und hält an dieser Stelle die Rechtfertigungsaussage klar durch. Es ergeben sich somit ein subjektives und ein objektives Kriterium. Zum einen: Die Kontinuität der Christenheit ist durch die Kontinuität des Wortes begründet. Diese können wir nicht in unsere eigene Regie nehmen, etwa durch eine apostolische Sukzession, d.h. eine ununterbrochene Kette bischöflicher Handauflegungen. Es gilt somit das Kriterium: Die Kontinuität der Kirche gründet im qualifizierten und qualifizierenden Wort des Evangeliums. Der Zusammenhang von Wort und Geist ist damit thematisch zentral. Zum andern ergibt sich als grundlegendes inneres Kriterium der Glaube. Er ist als „Medium" der Aneignung wesentlich. Eine zentrale Frage ist dabei, wie sich Glaube als „Vorgabe" des Heiligen Geistes und die Aneignung des Glaubens durch die glaubenden Personen zueinander verhalten.

---

[20] *A. Peters*, aaO., S. 204.

2.2.4 Zum Verständnis der Kirche

In den ersten Glaubensbekenntnissen der Christenheit fehlte die Kirche zuerst ganz, später wird sie als Zusatz zum Glauben an den Heiligen Geist hinzugefügt. In der Alten Kirche sind es vor allem vier Kennzeichen, die der Kirche zugeordnet werden.

- Es gibt *eine* Kirche. Das heißt: bei aller Vielfalt von Ausprägungen des christlichen Glaubens und Lebens gibt es doch eine Einheit, die ihren Grund in Weg und Werk Jesu Christi hat.
- Die Kirche ist *heilig*. Das heißt: Hier sind nicht besonders fromme Menschen im Blick, sondern eine Gemeinschaft von Menschen, die sich dadurch auszeichnet, daß sie mit Gott verbunden ist. Sein Geist ist ihr Lebensgrund und Quelle ihres Mutes zum Leben.
- Sie ist *katholisch*. Das heißt: Diese Gemeinschaft zielt auf den ganzen Erdkreis, auf die erneuerte Menschheit, die neue Schöpfung.
- Die Kirche hat ihre Wurzeln in den ersten Jüngern, den Aposteln, insofern wird sie *apostolisch* genannt. Das heißt: Sie hat einen geschichtlichen Hintergrund, der klar und deutlich auszumachen ist.

Wir können bei der Auslegung Luthers feststellen, daß er in dieser Frage in der gemeinsamen Tradition mit der Tradition der Alten Kirche verbleibt. Er verwendet aber nicht das Adjektiv „catholica", sondern spricht an dieser Stelle von „christlich". Damit tritt er in eine Tradition ein, welche sich im 15. Jahrhundert herausgebildet hat, derzufolge man statt von der „catholica ekklesia" von der „christlichen Kirche" sprach.

Im Jahre 1537 hat Luther in den Schmalkaldischen Artikeln geschrieben: „Denn es weiß gottlob ein Kind von 7 Jahren, was die Kirche sei, nämlich die heiligen Gläubigen und 'die Schäflein, die ihres Hirten Stimme hören' (Joh 10,3); denn also beten die Kinder: 'ich gläube eine heilige christliche Kirche.' Diese Heiligkeit [be]stehet ... im Wort Gottes und rechtem Glauben."

In wenigen Sätzen ist hier das Einmaleins der christlichen Gemeinde zusammengefaßt. Wie steht es eigentlich bei uns damit? Können wir sagen, daß gottlob bereits ein Kind mit sieben Jahren dieses weiß? Wir müssen heute sagen: Es weiß gottlob ein Kind von vierzehn Jahren, was die Kirche sei. Denn: Das Alter von sieben Jahren bezeichnete damals die unterste Grenze der Selbständigkeit. Bei uns gilt rechtlich das Alter von vierzehn Jahren als Alter der Religionsmündigkeit. Der Text der Schmalkaldischen Artikel schlägt als Einmaleins der christlichen Gemeinde vor: *Zum ersten:* Die christliche Gemeinde wird aus der Predigt geboren. *Zum zweiten:* Diese Predigt ist Rede von Jesus Christus. *Zum dritten:* Diese Rede von Christus führt Menschen zusammen als die Gemeinde der Glaubenden. Das Wesen der Kirche wird sichtbar in jenem Gefälle: Wort - Christus - Gemeinde.

2.2.5 Ertrag: Was ist ein Christ?

Luthers Katechismus-Auslegung des dritten Artikels ist m.E. geeignet, die theologische Urteilskraft von Christen und Christinnen auch heute noch zu bilden hinsichtlich der grundlegenden Frage danach, was Christsein meint. Die Erklärung im Kleinen Katechismus ist von elementarer, eindrücklicher und einprägsamer Sprachkraft wie kaum eine andere Katechismuspassage: „Ich glaube, daß ich nicht aus eigener Vernunft noch Kraft an Jesus Christus, meinen Herrn, glauben oder zu ihm kommen kann; sondern der Heilige Geist hat mich durch das Evangelium berufen, mit seinen Gaben erleuchtet, im rechten Glauben geheiligt und erhalten." Dieser Text ist m.E. auch heute in der Erwachsenenbildung gut verwendbar als Kristallisationpunkt für das Fragen nach und das Gespräch über den Heiligen Geist. Dabei konzentriert der Reformator sich auf das Konstitutive der Theologie, auf das grundlegende Geschehen, was den Glauben betrifft. Luther macht deutlich, daß der Glaube an Jesus Christus nicht eine Sache eigener Entschlußfreudigkeit ist und auch nicht das Ergebnis eigener denkerischer Bemühungen darstellt.

Es besteht immer wieder die Gefahr, daß man die Frage danach, was ein Christ ist[21], mit einer Reihe von Bedingungen zu beantworten versucht, die ein Mensch tun muß, um ein Christ zu sein: etwa daß man sich beim Einwohnermeldeamt mit der Religionszugehörigkeit deklariert, daß man seinen Kirchenbeitrag leistet, daß man einen Taufschein vorweisen kann, daß man durch frommes Verhalten wie Gottesdienstbesuch und Liebestätigkeit sich als Christ erweist. Doch bei Luther können wir etwas lernen, er dreht die Frage um. Er fragt nicht: Was ist ein Christ?, sondern er fragt danach, was einen Menschen zum Christen macht, wie ein Mann Christ wird, wie eine Frau Christin wird, „nicht was ein Christ alles macht, vielmehr was einen Menschen zum Christen macht."[22]

In dieser Frage geben die Katechismen klare Auskunft. Luther versteht diesen Vorgang, was einen zum Christen macht, als „nicht aus eigenen Kräften". Der Christ ist am Punkte der Konstitution des Glaubens ein Empfangender. Nicht durch Tun kommt Christsein zustande, sondern durch Hören. Es ist kein eigenes Werk, sondern Gottes Handeln. In diesem Sinne konnte Luther dann auch davon reden, daß er lebenslang ein Katechismusschüler bleibe. Luther will also nicht alles mögliche schmückende Beiwerk zum Christsein benen-

---

[21] Vgl. zum folgenden *G. Ebeling*, Der Mut zum Christsein, in: ZThK 90, 1993, S. 59ff.
[22] *G. Ebeling*, aaO., S. 59.

nen, sondern das eine, was notwendig ist, um den Ursprung des Christseins herauszustellen. Er kann darum sagen, der Christ heißt so von Christus[23]. Hier ist der Schlüssel für die Frage enthalten, was Christsein ausmacht. Freilich darf die passive Konstitution des Glaubens durch Gottes Handeln nicht getrennt werden von der Realisierung dieses Glaubens durch unsere menschliche Tätigkeit. In diesem Sinne bedürfen die Lutherschen Katechismusaussagen der weiteren Konkretisierung hinsichtlich der aktuellen Problemstellungen, wie das für den Reformator im Blick auf seine Zeit auch ganz selbstverständlich war.

3. Weitere Aspekte einer Kriteriologie des Heiligen Geistes

Im Neuen Testament wird gesagt, daß der Geist auf die Gemeinde, auf das Volk übergeht, ja sogar sich der Menschheit bemächtigt.

3.1 Ein Geist - viele Charismen

Luther und Paulus sind sich darin einig, daß alle Christinnen und Christen den Heiligen Geist empfangen. Für die Reformation war dies vom Ansatz des Priestertums aller Gläubigen eine logische Folge.

Freilich scheiden sich die Geister der Menschen, wenn es um den Geist Gottes geht. In der Geschichte und in der Gegenwart gibt es darum immer wieder Entwicklungen, die Klärungen erforderlich machen. Joachim von Fiore, der etwa in der Zeit 1130-1202 in Italien lebte und wirkte, trennte den Geist von Vater und Sohn und verteilte ihn auf eine geschichtliche Entwicklung. Er stellte eine Lehre von den drei Reichen auf. Auf das Zeitalter des Alten Testaments (Gott Vater) sei das Zeitalter der Kirche (Christus als Gottes Sohn) gefolgt, und nun beginne das dritte Zeitalter, das Zeitalter des Heiligen Geistes. Damit wurde der theologische Grundsatz durchbrochen, daß nach außen die Werke der Trinität nicht zu trennen sind. Und es wurde die Bindung des Geistes an das Wort, wie sie Luther herausstellte, außer acht gelassen.

Thomas Müntzer, der von 1468 bis 1525 lebte, war ein Zeitgenosse Luthers. Er hat die Zuordnung von Glaube und Geist ebenfalls in einer anderen Weise vorgenommen, indem er ein Prinzip der inneren Erleuchtung vertrat und den Geistesglauben an die Stelle der Lutherschen Verhältnisbestimmung von Geist und Buchstaben setzte.

Wir erleben auch gegenwärtig nicht nur am Rande der Kirche Bewegungen, die ganz besonders den Geist herausstellen und sich auf die unmittelbare Wir-

---

[23] WA 17/I, S. 470, 18-20.

kung des Geistes berufen. Insbesondere stellen die pfingstlerischen Bewegungen vor große Fragen hinsichtlich der Einordnung der Phänomene von Glossolalie, Geistestaufe und anderen Geisterfahrungen. Nun gibt es in anderen Kulturen, die sich völlig anders als unsere westeuropäischen Kulturen entwikkelt haben, spezifische Geisterlebnisse in religiösen Zusammenhängen. Das muß man zunächst einmal zur Kenntnis nehmen, auch wenn man selbst dies für sich nicht nachvollziehen kann. Innerhalb der charismatischen Bewegungen reklamieren aber heute auch Menschen bei uns offensichtlich analoge Erfahrungen[24]. Wenn man sich verdeutlicht, daß die klassische und neue Pfingstbewegung sowie die charismatische Bewegung zusammen etwa 300 Mill. Mitglieder umfassen[25], wird die Größe des Problems deutlich.

Dabei ist gewiß eine Frage besonders im Blick zu behalten. In pfingstlerischen Kreisen und Kirchen möchte man die Rechtfertigung und die Heiligung nicht nur unterscheiden, sondern voneinander trennen - in dem Sinne, daß die Heiligung auf die Rechtfertigung folgt und daß sie eine nachfolgende (höhere) Stufe darstellt. Ich denke, wo immer dieses passiert, daß die Heiligung der Rechtfertigung übergeordnet wird, muß entschieden widersprochen werden. Hier liegt ein zentraler Punkt, an dem recht zu unterscheiden, aber gerade nicht zu trennen ist, denn sonst würden entscheidende Erkenntnisse der Reformation, der lutherischen zumal, preisgegeben. Wer glaubt, bleibt auch weiterhin Gott gegenüber ein Sünder, der immer wieder auch auf des Heiligen Geistes Ermutigung angewiesen ist. Er bleibt Sünder wie auch der Nichtglaubende neben ihm.

Der *eine Heilige Geist* versieht die einzelnen Christen mit *verschiedenen Charismen*. Dabei geht es darum, daß diese Gaben sich gegenseitig ergänzen. Unter diesen Charismen finden sich ganz natürliche, alltägliche Fähigkeiten, aber auch außergewöhnliche Begabungen. Aus den Gaben, die als Dauerfunktion erforderlich waren, haben sich im Laufe der Zeit die kirchlichen Ämter entwickelt. Die Fülle der Gaben, von denen wir in den Gemeinden zu Rom und Korinth hören, ist freilich erstaunlich. Paulus stellt eine Rangfolge auf. Aber er betont, daß alle diese Begabungen auf ein und denselben Geist Gottes zurückgehen.

Freilich geht es nicht darum, eine vollständige, ein für allemal abgeschlossene Liste der Charismen aufzustellen. Die Angaben des Apostels Paulus va-

---

[24] Eine gute Übersicht bieten die Beiträge von *H.-D. Reimer*, Die pfingstlerischen Bewegungen, und *R. Hempelmann*, Glossolalie in den Pfingstbewegungen, in: Orientierungen und Berichte Nr. 20, Stuttgart: Evangelische Zentrale für Weltanschauungsfragen 1994. Siehe ferner die materialreichen Kap. I. (Geist und Leib), II. (Geist und Geister) und V. (Geist und Kirche) bei *W.J. Hollenweger*, Geist und Materie, aaO.

[25] Nach *W.J. Hollenweger*, Art. Pfingstkirchen, in: EKL Bd. III, ^{3}1992, Sp. 1162.

riieren in den unterschiedlichen Listen. Das signalisiert aber eine Offenheit dergestalt, daß durchaus auch neue Charismen hinzukommen können. Dabei sind manche Charismen umstritten. Dies ist z.B. bei der Zungenrede der Fall. In 1 Kor 14,19 wird darauf verwiesen, daß Paulus in der Gemeinde lieber fünf Worte mit verständlichem Sinn reden wolle als zehntausend Worte in Zungenrede. Hier wird in eindrücklicher Weise deutlich: Es ist bei Paulus eine große Nüchternheit im Blick auf die Charismen vorhanden. Der Heilige Geist und die Alltäglichkeit gehören offensichtlich unübersehbar zusammen.

Das Apostolikum und Luthers Aussagen verdeutlichen dies, wenn sie die Gemeinschaft der Heiligen und die Vergebung der Sünden verknüpfen. Die Gemeinschaft der Heiligen ist nicht aus sich selbst heilig. Mit R. Leuernberger läßt sich daher sagen: „Dies stand Paulus vor Augen, als er von den 'Früchten des Geistes' in auffallend unreligiösen Worten redete, in solchen einer nüchternen und dennoch innigen Menschlichkeit: 'Liebe, Freude, Friede, Langmut, Freundlichkeit, Gütigkeit, Treue, Sanftmut, Enthaltsamkeit' (Gal 5,22).“[26] Fazit: Alle haben den einen Geist, aber jeder hat seine besonderen Gaben.

3.2 Unterscheidung der Geister - theologische Urteilsfähigkeit

Zu den Charismen, die in der Gemeinde ihren Platz haben, gehört auch die Geistesgabe der Unterscheidung. Ansatzpunkt für die Überlegung sind dabei jene aussagen, die Paulus in 1 Kor 12,10 macht. Dort wird dieses Charisma ausdrücklich erwähnt. Der Apostel verweist darauf, daß sich die Fülle des Geistes nicht sosehr in Verzückung, Ekstase und Glossolalie zeige, sondern es bedürfe vielmehr eines Kriteriums, um beurteilen zu können, ob sich in einem geistbegabten Menschen der Gottesgeist zeige oder nicht.

G. Holotik stellt dazu heraus: „Paulus bezieht sich in seinen Darlegungen auf frühere Erfahrungen der Korinther, daß nämlich die heidnische Ekstase den Menschen zum willenlosen Werkzeug, der Geist Gottes hingegen frei mache; als 'objektives' Kriterium nennt er das Bekenntnis zu Christus ... sowie schließlich die Liebe, die am Aufbau der Gemeinde mitwirkt und sich nicht über andere erhebt. Dabei spielt die Kritik der 'Lehre', ja überhaupt der Verantwortlichen in der Gemeinde eine große Rolle; doch letztlich eignet allen urteilsfähigen Gemeindemitgliedern ein gewisses Gespür für das Wesentliche des christlichen Glaubens.“[27]

---

[26] *R. Leuenberger,* Glauben, Zürich 1993, S. 125.

[27] *G. Holotik,* Spiritualität und Moraltheologie - Pneumatologie und Ethik, in: Pneumatologie und Spiritualität.Theologische Berichte, Bd. 16, Zürich 1987, S. 157-181, hier: S. 175.

Insofern wird man grundsätzlich jedem Getauften die Befähigung zuerkennen dürfen, Klarheit über das für das eigene Heil Nötige gewinnen zu können. Das war auch der Reformation wesentliche. Dabei kann man nun zwischen objektiven und subjektiven Kriterien unterscheiden. Hierbei ist die Vorgabe des Evangeliums wesentlich, wie wir von Luther lernen können. In der Rückfrage nach dem, was das Evangelische in bezug auf und zugleich im Unterschied zu den christlichen Gestaltungsformen ist, ist das grundlegende „objektive" Kriterium gegeben.

Dies ist die grundlegende evangelische Position sein, daß der Geist an das Wort gebunden ist. Sie unterscheidet sich von der katholischen insoweit, als dort das grundsätzliche Festhalten an der Lehre der Kirche und die aktive Eingliederung in die kirchliche Gemeinschaft als objektive Kriterien der Geistunterscheidung herausgestellt werden. Wird im evangelischen Verständnis der Geist als an das Wort gebunden gesehen, so bildet katholischerseits letztlich die Bindung des Geistes an die Kirche und an das Priesteramt den wesentlichen Horizont für das Verstehen.

Hinsichtlich der subjektiven Seite ist herauszustellen, daß es eine personale Fülle, eine geistliche Ausrichtung und konkrete Erfahrbarkeit gibt. Dabei ist im besonderen erkennbar und der theologischen Reflexion zugänglich, was man als Frucht des Geistes im engeren Sinne bezeichnet. „Den Antrieben des Schöpfergeistes ist gefolgt, wer etwas von dem damit geschenkten neuen Leben ausstrahlt: Wer also absichtslos liebt; wer Verständnis für andere hat und nicht zwanghaft auf die eigenen Gedanken fixiert ist; wer seinen eigenen Gefühlen mit einer gewissen Freiheit und Gelöstheit gegenübersteht; wer daher Kritik verträgt und deswegen nicht gleich am Boden zerstört ist; wer gegen alle 'Eindimensionalität' prophetisch seine Stimme erhebt; wer engagiert die als richtig erkannten Ziele verfolgt und sich nicht entmutigen läßt. Ein entscheidendes Kriterium der Echtheit dürfte sein, daß man bei jemandem den Eindruck gewinnt, er stimme in seinem Reden und Tun mit seiner inneren Einstellung überein, und zwar bis zu den spontanen - und daher unkontrollierbaren - Reaktionen."[28]

In jedem Falle sind die Aussagen in 1 Kor 12,4-11 mit der Rede von einem Geist und der Vielfalt der Geistesgaben wichtig für die Lösung heutiger Gemeindekonflikte. In der Begabung des einzelnen Christen, der einzelnen Christin wird ein Beitrag für die Bezeugung des Glaubens gesehen. Dabei ist deutlich, daß die Gaben nicht gegeneinander abgewogen werden, sondern füreinander bestimmt gedacht und gesehen werden.

---

[28] *G. Holotik*, aaO., S. 181.

Die heutigen charismatischen Bewegungen stellen ohne Zweifel ein Stück Wirkungsgeschichte der neutestamentlichen Botschaft dar[29]. Sie berufen sich ja auch unmittelbar auf die Schrift. Sie sind eine Anfrage an die klassischen Kirchen, auch wenn zu fragen bleibt, ob hier nicht zu einseitig die Gemütskräfte gegen die Vernunft ausgespielt werden, und ob nicht das unmittelbare Erlebnis zu einseitig gegen die Überlieferung herausgestellt wird. Das Bestehen auf klaren Unterscheidungen, das unablässige Bemühen um Versöhnung und die „Forderung nach produktivem Zusammenwirken aller Kräfte und Gaben des Menschen im Geiste Jesu Christi könnten als heilsames Korrektiv wirken."[30]

4. Bildung der theologischen Urteilskraft als gemeindepädagogische Aufgabe

Die Erneuerung und Ausbildung der theologischen Urteilskraft sind heute angezeigt. Hier liegt eine wichtige Aufgabe für die evangelische Erwachsenenbildung in ihrem stärker gemeindebezogenen Handeln[31]. Wer etwas für die Bildung der Urteilskraft in Sachen Heiliger Geist tun möchte, der kann zusätzlich zu Luthers Erklärung des dritten Artikels auf eine Ausarbeitung des Instituts für Erwachsenenbildung der Evangelisch-Reformierten Kirche in Zürich „Glaubensseminar für die Gemeinde" zurückgreifen. In diesem Rahmen haben Matthias Krieg und Samuel Jakob vier Hefte zum Thema „Leben aus der Kraft des Geistes" vorgelegt. Thematisch geht es um: (1) Heiliger Geist - Gott in Bewegung, (2) Leben in des Geistes Gegenwart, (3) Kirche - Gemeinschaft in der Kraft des Geistes, und (4) Jetzt und Zuletzt: Hoffnung auf Liebe[32].

---

[29] Eine Gesamtübersicht bietet die Heidelberger Dissertation von *O. Föller*, Charisma und Unterscheidung. Systematische und pastorale Aspekte der Einordnung und Beurteilung enthusiastisch - charismatischer Frömmigkeit im evangelischen und katholischen Bereich, Wuppertal/Zürich ²1995.

[30] *H. Jetter u.a.* (Hrsg.), Evangelischer Erwachsenenkatechismus, Gütersloh ⁵1989, S. 228f.

[31] Zum Profil evangelischer Erwachsenenbildung insgesamt vgl. *G. Adam,* Evangelische Erwachsenenbildung. Ansätze – Begründungen – Perspektiven, in: *ders.,* Religiöse Bildung und Lebensgeschichte. Beiträge zur Religionspädagogik, Bd. 2, Würzburg ²1999, S. 303-313; sowie *ders.,* Theologische Bildung im Erwachsenenalter, in: ebd., S. 287-302.

[32] *M. Krieg* (Hrsg.), Glaubensseminar für die Gemeinde. Eine Publikation des Instituts für Erwachsenenbildung der Evangelisch-Reformierten Landeskirche des Kantons Zürich, Zürich 1992. Dazu kommt ein Leiterheft, Zürich 1992. Die Ausführungen zu den vier genannten Heften finden sich auf S. 115-161.

Zum andern ist hinzuweisen auf den „Evangelischen Gemeindekatechismus“[33], mit dessen Hilfe es ebenfalls möglich ist, ein Gemeindeseminar zum Thema des Heiligen Geistes zu gestalten[34].

Zum Abschluß sollen die bisherigen Überlegungen nicht einfach in Thesen gebündelt werden. Dies Verfahren würde den falschen Eindruck erwecken, als wären auf diesem Wege alle Fragen ein für allemal abschließend zu lösen. Vielmehr seien drei wichtige Fragen herausgestellt, um Wege zu zeigen, auf denen die anstehenden Fragen zu lösen sind.

4.1 Zentrales Kriterium: Der Heilige Geist ist der Geist Jesu Christi

In der Katechismusauslegung Luthers ist ein Kriterium deutlich erkennbar. Dem Heiligen Geist wird eine besondere Funktion zugeschrieben. Er ist weder irgendeine obskure, namenlose religiöse Macht oder göttliche Kraft, noch ist er einfach eine Verdoppelung des Geistes Jesu Christi. Es wäre dann überflüssig, in besonderer Weise vom Heiligen Geist zu reden. Aber es gilt, der Heilige Geist ist der Geist Jesu Christi. Dadurch gewinne ich einen konkreten *Maßstab, um die Geister zu prüfen und zu unterscheiden.* Denn der Heilige Geist hat nun einen Namen und ist konkret auszumitteln.

In diesem Sinne formuliert Hans Küng: „Gottes Geist ist völlig eindeutig der Geist Jesu Christi. Und das heißt ganz konkret und praktisch: Keine Hierarchie und auch keine Theologie und auch kein Schwärmertum, die sich über Jesus hinweg auf den ‘Heiligen Geist’ berufen wollen, können den Geist Jesu Christi für sich in Anspruch nehmen. Da findet jedes Amt, jeder Gehorsam, jedes Mitmachen in Theologie, Kirche und Gesellschaft seine Grenzen!“[35]

Angesichts mannigfacher heutiger charismatischer und pneumatischer Bewegungen festzuhalten ist, daß dieser Geist nie meine Möglichkeit ist, sondern immer eine Kraft darstellt, die im glaubenden Vertrauen als Geschenk Gottes zu ergreifen ist. Das beinhaltet eine Unterscheidung und, wo nötig, auch Abgrenzung gegenüber einem unheiligen Zeitgeist, kirchlich-hierarchischen Amtsgeist oder schwärmerischen Geist.

---

[33] Hrsg. von *H. Reller u.a.,* Gütersloh (1979) [5]1994. Auf S. 333-387 finden sich die Ausführungen zum Heiligen Geist, wobei jeweils auch die einschlägigen Texte aus *Luthers* Katechismen am Rande zitiert werden. Zur Methode der Arbeit mit dem Evangelischen Gemeindekatechismus s. *G. Adam*, Theologische Bildung im Erwachsenenalter, aaO., S. 297-300.

[34] Materialreich ist auch *W.J. Hollenweger u.a.,* Heiliger Geist (Fernkurs Alltag und Glaube), Hannover: Evangelische Arbeitsstelle Fernstudium der EKD 1993.

[35] *H. Küng,* Credo, München 1992, S. 206.

Hören wir noch einmal auf H. Küngs Überlegungen: „Er ist immer der heilige Gottesgeist, ... der sich zu einem überhaupt nicht eignet: zur Rechtfertigung absoluter Lehr- und Regierungsmacht, unbegründeter dogmatischer Glaubensgesetze oder auch eines frommen Fanatismus und falscher Glaubenssicherheit. Nein, niemand - kein Bischof und kein Professor, kein Pfarrer und kein Laie - 'besitzt' den Geist, aber jeder darf immer wieder neu bitten: 'Komm, Heiliger Geist'."[36]

4.2 Der Geist und die Geister - Kriterien zur Beurteilung der Zeitgeister

Es war bereits mehrfach darauf Bezug genommen worden, daß der Zeitgeist und die Geister der Gegenwart eine wesentliche Herausforderung darstellen, die zur Unterscheidung der Geister nötigt. Samuel Jakob hat für die Frage der Beurteilung der Zeitgeister einige Kriterien formuliert, die mir im Blick auf Veranstaltungen zu dieser Thematik mitteilenswert erscheinen. Er verweist darauf, daß Paulus offenbar im Einzelfall nichts vorschreibe (z.B. in der Frage des Götzenopferfleisches), sondern auf die Mündigkeit und die individuelle Geschöpflichkeit der einzelnen Person vertraue. Ich denke, daß er damit in der Tat ein wesentliches evangelisches Moment in dieser Frage festgehalten hat. Er schlägt folgende Kriterien vor:

„- Wird darin die Bedeutung von Jesus Christus geschmälert?
- Dient etwas zum Guten, insbesondere für den Mitmenschen?
- Dient die Erkenntnis der Liebe?
- Werden andere verurteilt?
- Wird Freiheit eröffnet?
- Werden von den Repräsentanten der einzelnen Systeme die eigenen Grenzen ('Stückwerk') zugunsten des Übergreifenden ('Glaube, Hoffnung, Liebe') gesehen - oder treten sie mit einem Absolutheits- und Endgültigkeitsanspruch auf?"[37]

4.3 Das Wahrheitskriterium und der Pluralismus

Auch die Thematik der Unterscheidung der Geister konfrontiert uns mit der brennenden Frage, wie sich Wahrheit und Pluralismus zueinander verhalten. Wir können nicht übersehen, daß sich in der evangelischen Theologie und in der Gestaltung der christlichen Lebensstile gegenwärtig ein deutlich erkenn-

---

[36] Ebd.
[37] *S. Jakob*, Kirche - Gemeinschaft in der Kraft des Geistes (Glaubensseminar für die Gemeinde 11), Zürich 1992, S. 11.

barer Prozeß der Pluralisierung vollzieht. Dieser Vorgang macht die Frage danach drängend, was denn nun unter Christen und Christinnen gelten soll. Das reicht bis hin zu der Frage, wieviel Synkretismus künftig „legitim" ist.

Ich denke, wir können von der Bibel lernen, wie in unserer Situation ein gangbarer Weg aussehen kann. Bereits das Alte Testament ist im Blick auf die Kernaussage des Glaubens erstaunlich konsequent und zu keinen Kompromissen bereit. Es sieht das Zentrum im Glauben an den einen Gott. Dies läßt es nicht zu, daß daneben auch nur noch ein weiterer Gott Platz hätte. Schaut man sich aber die Geschichte des Gottesvolkes durch die Jahrhunderte genau an, so wird man gleichwohl feststellen, daß es möglich war, bei den religiösen Gestaltwerdungen, die aus diesem Gottesglauben folgten, vielerlei Verbindungen mit Phänomenen der umgebenden Welt einzugehen. Solche Gestaltwerdungen sind teilweise durchaus als synkretistisch zu bezeichnen.

Man besaß eine erstaunliche Freiheit und war zu einer großen Offenheit im Blick auf die Zeit und den Zeitgeist, die Umwelt und deren religiöse Praktiken fähig, solange klar blieb, daß der Gottesglaube nicht angetastet wurde. Wo man sich seines Gottesglaubens gewiß war, gewann man von daher eine große Freiheit im Umgang mit den Phänomenen der Zeit und im Blick auf die Gestaltung der eigenen Religiosität. Das gleiche gilt im Blick auf das Neue Testament, wo die Auslegung Gottes durch Jesu Reden und Handeln noch einmal in einer ganz neuen, alle Völkergrenzen überschreitenden Weise deutlich gemacht hat, was das Evangelium von der Menschenfreundlichkeit Gottes bedeutet.

Von daher ergeben sich natürlich auch Abgrenzungen, möglicherweise sogar Konfrontationen. Aber von daher ergibt sich auch die Freiheit für neue, vielleicht sogar überraschende Perspektiven und Handlungsweisen im Dialog über den Heiligen Geist, der heute innerchristlich[38] wie auch interreligiös[39] zu führen ist. Angesichts dieser Situation erhält der Satz von Wilhelm Dantine neue Plausibiltät, wenn er schreibt:

„Der Dialog sieht, bildlich gesprochen, die Wahrheit 'vorn', nämlich als Frucht der Begegnung mit dem Partner. Hier wird nicht mit dem Rücken an der Wand und mit geschlossenem Visier eine längst fertige geistige Ware ver-

---

[38] Es sei nur an die Diskussionen erinnert, die der Vortrag auslöste, den Frau *Chung Hyun Kyung* zum Thema „Komm, Heiliger Geist - erneuere die ganze Schöpfung" (Wiedergabe des Textes in der in Anm. 34 genannten Veröffentlichung) am 8. Februar 1991 auf der Vollversammlung des Ökumenischen Rates der Kirchen in Canberra/ Australien hielt.

[39] Zu dieser spannenden Frage vgl. die Ausführungen bei *S. Wisse,* Das Geistwirken in nichtchristlichen Religionen, in: Theologische Berichte, Bd. 16, Zürich 1987, S. 121-156.

teidigt. Vielmehr wird in einer, die eigene geistige, sprachliche und geschichtliche Situation wie die des Partners berücksichtigenden Offensive der Versuch unternommen, der angestrebten und zugesagten Wahrheit ein bislang unbekanntes Terrain zu erobern, um auf diese Weise sich selbst und dem Gegenüber zu neuer Klärung zu verhelfen."[40] Auch in diesem Sinne reimen sich dann hoffentlich Geist und Freiheit, wie Paulus in 2 Kor 2,19 schreibt: „Wo aber der Geist des Herrn ist, da ist Freiheit."

[40] *W. Dantine*, Der heilige und der unheilige Geist, Stuttgart 1973, S. 163.

Zur Frauenfrage in der Kirchengeschichte

Einführende Bemerkungen und nachdenklich stimmende Texte

Die Beobachtungen und Zitate dieses Artikels wurden als Einstiegsüberlegungen zu einem Studientag zur Frauenfrage in der Kirchengeschichte vorgetragen. Die Arbeitsergebnisse des Studientages sind inzwischen dokumentiert worden[1].

1. Warum und wozu (Kirchen-)Geschichte im Unterricht?

Es gibt zumindest vier grundsätzliche Ansätze bei der Behandlung (kirchen-)geschichtlicher Themen im Unterricht[2]:

(1) die *traditionelle Geschichtsdidaktik*, die einen mehr oder weniger feststehenden Kanon von historisch bedeutsamen Themen herausstellt;

(2) die *fachwissenschaftlich geleiteten Ansätze*, bei denen die wissenschaftliche Bearbeitung als Hauptaufgabe des Kirchengeschichtsunterrichts gesehen wird;

(3) *gegenwarts- und gesellschaftsbezogene Ansätze*, die Geschichte als ein Konstrukt der jeweils lebenden Generationen sehen;

(4) die *schülerorientierten Konzeptionen*, bei denen es um die Bedürfnisse der jungen Menschen geht, deren Persönlichkeitswerdung gefördert werden soll.

So wenig es im schulischen Unterricht angesichts der tatsächlich vorhandenen Zeit darum gehen kann, übergreifende Gesamtüberblicke über die wesentlichen Stationen der Kirchengeschichte zu geben, so wenig kann es auch einfach um eine apologetische Geschichtsdarstellung gehen, bei der die kirchliche Vergangenheit nur in hellem Licht erscheint. Es verbietet sich zudem eine Beschränkung auf die Darstellung von Institutionen sowie auf die Ge-

---

1 In: SchR 16, 1997, S. 273-337.

2 Zur Kirchengeschichtsdidaktik ausführlicher: *G. Adam*, Umgang mit der Kirchengeschichte, in: SchR 15, 1996, S. 13ff.

schichte großer Personen. Die Lebens- und Glaubenswirklichkeit der „normalen" Christen darf nicht ausgeklammert werden. Vielmehr ist auch die „Perspektive der kleinen Leute" wichtig. Ebenso gilt es die Frauen-Perspektive, die in der Kirchengeschichte bislang weitgehend unberücksichtigt geblieben ist, wahrzunehmen. Regine Oberle und Michael Raske haben in einer Analyse, wie Frauen in kirchengeschichtlichen Unterrichtswerken vorkommen, als Ergebnis herausstellen müssen: „übersehen und übergangen"[3]. Damit ist leider ein nach wie vor zutreffender Grundtenor formuliert, wenn man nach der Didaktik der Frauengeschichte fragt.

2. Didaktik der Frauengeschichte – Eine kritische Analyse

Dies läßt sich sowohl für die Geschichtsdidaktik wie die Kirchengeschichtsdidaktik feststellen. Dies sei mit jeweils einem Text zur Analyse von (2.1) Geschichts- und (2.2) Religionsbüchern sowie zum Stand der (2.3) Geschichts- und (2.4) Kirchengeschichtsdidaktik dokumentiert.

2.1 Analyse von Geschichtsbüchern

Bodo von Borries hat sich seit 1975 in einer Reihe von Veröffentlichungen sich mit der Frauenfrage im Geschichtsunterricht beschäftigt. Im Handbuch der Geschichtsdidaktik resümiert er seine Ergebnisse und stellt als empirischen Befund heraus, daß in den Schulbüchern für das Fach Geschichte die Geschichte der Frauen quantitativ unzureichend dargestellt wird. Nur etwa 1 % bis 3 % des Textes und der Bilder handeln tatsächlich von Frauen. Der gesamte Rest bezieht sich zwar nicht ausdrücklich auf Männer, aber über ein Drittel des Textes und der Bilder erlaubt kaum eine geschlechtsspezifische Zuordnung. Es ist aber zu bedenken:

„Da ... das zurechenbare Material zu weit über 90 % männlich geprägt ist, dürfte auch beim 'neutralen' Teil zuerst an Männer gedacht werden. So stellt sich automatisch die Assoziation von Geschichte und Männlichkeit ein. Auch qualitativ ist die Darstellung von Frauengeschichte unbefriedigend. Frauenhandeln beschränkt sich auf ganz wenige 'typisch weibliche' Rollen (Hausfrau und Mutter: Adelheid; Begleiterin und Helferin: Königin Luise; Pflegerin und Fürsorgerin: Elisabeth von Thüringen; Leidtragende und Verfolgte: Hexe) und zwei problematische Rollenüberschreitungen (Versagerin und Verderberin: Kleopatra, Maria Antoinette; Ersatzmann und Ersatzpolitiker: Jean-

---

[3] Übersehen und übergangen. Frauen in kirchengeschichtlichen Unterrichtswerken, in: KatBl 115, 1990, S. 261ff.

ne d'Arc, Elisabeth I.). Gerade die Art der Behandlung beweist, daß das Schema für Auswahl und Wertung männlich geprägt ist.

Ebenso typisch ist das Fehlen anderer frauengeschichtlicher Themen. Wenn auch abgeschwächt, 'machen' in den Schulbüchern noch immer 'große' Männer die Geschichte. Das heißt 'einfache Menschen' einschließlich Frauen ('große' Frauen sind ja so viel seltener als 'große' Männer!) kommen kaum vor. Spezifische Frauenprobleme und fundamentale Frauenleistungen, die selbst aus Männersicht kaum zu übersehen sind (z.B. Matriarchatsproblem, Rolle in der Neolithischen Revolution, Frauenbenachteiligung in christlicher Tradition, Frauenwahlrecht, Frauenbildung, Frauenberufstätigkeit), fehlen fast ganz ... Marginale Verbesserungen im letzten Jahrtzehnt erfüllen allenfalls eine Alibifunktion."[4]

Dies ist ein höchst unbefriedigender Befund für den Bereich der Geschichtsbücher.

2.2 Analyse von Religionsbüchern

Freilich stellt sich die Situation im Blick auf die katholische wie die evangelische Religionsdidaktik kaum anders dar. Für den katholischen Bereich sei auf das Resümee, das bei Anm. 2 zitiert ist, verwiesen. Für den evangelischen Bereich ist festzustellen, daß die Religionsbücher die Bibel und die Kirchengeschichte noch ärmer an Frauentraditionen machen, als sie es ohnehin schon sind. Das faktisch spärliche Vorkommen von Frauen in der biblischen Überlieferung wird durch die Selektion der Religionsbücher noch weiter reduziert:

„Das gilt sowohl für spezifische Frauenthemen wie für die gerechte Berücksichtigung von Frauen innerhalb der herkömmlichen Lehrplanthemen. Einige Beispiele:

Wo wird das positive Verhalten Jesu zu Frauen thematisiert? Wo kommt die Dignität von namentlich genannten Frauen als Zeuginnen der Auferstehung Christi vor (Mk 15,47-16,8)?

Wo wird von der eigenständigen Arbeit der Frauen in frühen christlichen Gemeinden berichtet? Am Schluß seiner Briefe läßt Paulus die Verantwortlichen grüßen; etwa ein Viertel von ihnen sind namentlich bekannte Frauen. Wer kennt Euodia, Julia, Junia, Maria, Persis, Phöbe, Priska, Syntyche, Tryphäna, Tryphosa? Ein Blick in die Apostelgeschichte vermehrt die Liste wichtiger Frauen. Warum fehlt die Auseinandersetzung über die Rolle der Frau in den Gemeinden der zweiten und dritten Generation?

---

[4] *B. von Borries*, Didaktik der Frauengeschichte, in: *K. Bergmann u.a.* (Hrsg.), Handbuch der Geschichtsdidaktik, Seelze - Velber [4]1992, S. 325.

Wo kommen in den Vätergeschichten Sara, Hagar und die Mägde mit ihren Kinder vor? Selbständige und mutige Frauen der hebräischen Bibel – Noomi und Rut, Tamar, Rizpa, Ester und andere – werden ebenso übergangen wie Frauen als Opfer, z.B. Jiftachs Tochter.

Welches Religionsbuch kennt auch weibliche Metaphern für Gottes Wirken in Bild und Text neben den bekannten maskulinen Bildworten?

Selbst die Religionsbücher der späten achtziger Jahre dokumentieren noch nicht die inzwischen von den meisten evangelischen Kirchen proklamierte 'Gemeinschaft von Frauen und Männern in der Kirche' auf allen ihren Ebenen. Schließlich darf die notwendige Selbstkritik an der Behandlung von Frauen in der Geschichte der Kirchen und des Christentums nicht mehr länger fehlen."[5]

Wenden wir uns nach diesem analytischen Ergebnis der Ebene der Fachdidaktik sowohl im Blick auf das Fach Geschichte wie das Fach Religionslehre zu.

2.3 Befunde zur Geschichtsdidaktik

Auch hier zeigt sich kein anderes, vielmehr das gleiche Bild. Die Geschichtsdidaktik ist auf das Thema Frauengeschichte und das Problem Mädchensozialisation kaum eingegangen:

„Nach NS-Zeit und Krieg ... gab es eine kurze intensive Diskussion über spezifische Bildungswerte der Frauengeschichte und besondere gesellschaftliche Leistungen der Mädchensozialisation. Dabei wurden allerdings die herkömmliche Geschlechterpsychologie und ein konservatives Gesellschaftsbild vorausgesetzt. Seit dem Sieg der Koedukationsschule und dem Abklingen intensiver Faschismusbewältigung hat die Debatte aufgehört. So ergibt sich eine erstaunliche Verkehrung der Fronten: Konservative Geschichtsdidaktiken widmen den Bereichen Frauengeschichte und Mädchensozialisation meist ungefähr drei Seiten (allerdings im Sinne der biologistischen Geschlechterpsychologie), während die neueren Konzeptionen fast ausnahmslos das gesamte Problem vergessen oder ausklammern."[6]

---

[5] *D. Meyer/C. Reents/G. Ulrich*, Zum Bild der Frau in evangelischen Religionsbüchern, in: *F. Johannsen/H. Noormann* (Hrsg.), Lernen für eine bewohnbare Erde. FS Ulrich Becker, Gütersloh 1990, S. 50.

[6] *B. von Borries*, Didaktik der Frauengeschichte, aaO., S. 325.

Es überrascht jetzt sicherlich nicht weiter, sondern steht schon zu erwarten, daß auch im Blick auf die Kirchengeschichtsdidaktik weitgehend Fehlanzeige zu konstatieren ist[7].

2.4 Befunde zur Kirchengeschichtsdidaktik

In der Tat, im bisherigen Kirchengeschichtsunterricht waren Frauen unterrepräsentiert, so urteilen die renommierten Kirchengeschichtsdidaktiker Godehard Ruppert und Jörg Thierfelder:

„Wo sie berücksichtigt wurden, erschienen sie eher in traditionellen Rollen, z.B. der des Dienens und Helfens. Die Befunde entsprechen den Befunden im Geschichtsunterricht. Danach handeln nur etwa 1 % bis 3 % des Textes und der Bilder in Geschichtsschulbüchern von Frauen und weit über 90 % des Materials ist männlich geprägt. Gründe dafür sind zahlreich und vielfältig. In der kirchengeschichtlichen Grundlagenliteratur kamen Frauen eher am Rand vor. Angesichts der patriarchalen Dominanz in der Kirche haben die Männer auch tatsächlich viel stärker Einfluß auf die Entwicklungen genommen bzw. wurde der Einfluß der Frauen eben nicht dargestellt. Hinzu kommen androzentrische Redaktion und Interpretation.

Was *v. Borries* für die bisherige Geschichtsschreibung konstatierte, gilt eben auch für die Kirchengeschichtsschreibung: 'Die bisherige Geschichtsschreibung behandelt (fast) nur die Geschichte einer Hälfte der Menschheit und beschränkt sich auf entsprechende Auswahlkriterien und Bezugsrahmen'."[8]

2.5 Ergebnis der Analyse

Diese Analysenergebnisse lassen noch einmal zur Frauengeschichte rückfragen. Es soll hier keine ausführliche Erörterung der Frauengeschichtsforschung geboten werden. Es kann nur um ein paar Hinweise gehen. Die Frauengeschichtsforschung geht auf die Anfänge der organisierten Frauenbewegung im 19. Jahrhundert zurück. In den USA wurde sie seit den 20er Jahren kontinuierlich betrieben. In der Bundesrepublik Deutschland hat sie sich erst seit Anfang der 70er Jahre durchzusetzen begonnen, in Österreich eher noch

---

7 Vgl. zur Thematik insgesamt auch die Dokumentation einer Ringvorlesung an der Universität Frankfurt a.M.: *L. Siegele-Wenschkewitz u.a.* (Hrsg.), Frauen Gestalten Geschichte. Im Spannungsfeld von Religion und Geschlecht, Hannover 1998. In dem Band werden Spuren verschütteter Frauentradition mit den Methoden der Frauen- und Geschlechterforschung herausgearbeitet.

8 *G. Ruppert/J. Thierfelder*, Umgang mit der Geschichte – Zur Fachdidaktik kirchengeschichtlicher Fundamentalinhalte, in: *G. Adam/R. Lachmann* (Hrsg.), Religionspädagogisches Kompendium, Göttingen [5]1997, S. 316.

etwas später. Man muß feststellen, daß die Repräsentanz von Frauen in üblichen Standardwerken zur Geschichte in Deutschland und in Österreich relativ gering ist und daß im öffentlichen Geschichtsbewußtsein ebenfalls ein relativ geringer Grad von Bewußtsein vorhanden ist. Hier hat sich bislang noch nicht die konstant anzeigende Zahl von Publikationen zur Frauengeschichte niedergeschlagen.

Es sei daher in Erinnerung gerufen: „Konsens besteht innerhalb der Frauengeschichte darüber, daß alle Geschichte eine Geschichte von Geschlechterbeziehungen darstellt und daß entsprechend das *Geschlecht* nicht als eine 'natürliche', sondern nur als eine *historisch-soziale* Kategorie zu begreifen ist. Ebenfalls wird allgemein anerkannt, daß die herrschende Geschichtsschreibung die arbeitende Lebensweise von Frauen entweder *unsichtbar* gemacht oder ideologisch zur *Geschlechterstereotype* verformt hat.“[9]

Sowohl in Deutschland wie in Österreich wurde das Verhältnis von Klassen- und Geschlechterfrage und die Entstehung von Geschlechterrollen in der Forschung nur zögerlich aufgegriffen. Daran haben die mündliche Geschichtsforschung (oral history) und die Zuwendung zur Volkskunde einen erheblichen Anteil. Der Mangel an geschichtstheoretischer Fundierung wie an empirischer Forschung wirkt sich negativ auf die Verstärkung von Frauengeschichte in schulischen und außerschulischen Lernprozessen aus.

3. Beispiel: Frauenfrage und Reformation

Die kritische Analyse ist eine notwendige Seite, aber die Frage, was sich aus dem negativen Analyseergebnis im Blick auf konstruktive Vorschläge zur Veränderung ergibt, ist die andere Seite der Medaille. Dies ist die spannendere Frage, denn den Ist-Zustand erhebt man ja doch, um Änderungen in Gang zu setzen, wenn und wo dies nötig ist. Daß im vorliegenden Fall der Ist-Zustand nicht befriedigen kann, liegt auf der Hand. Im Bereich der Bibeldidaktik geht es darum, verstärkt auf die vorhandenen Frauengestalten im Alten und Neuen Testament zu achten und sie im Rahmen der Geschichte Israels wie des Urchristentums zur Geltung zu bringen. Einige Beispiele in jüngsten Schulbüchern lassen erste erfreuliche Anfänge erkennen.

Ich möchte ein paar Hinweise zur Behandlung der Frauenfrage in der Reformationsgeschichte geben, um exemplarisch zu verdeutlichen, daß es durchaus Ansatzpunkte einer positiven Aufnahme der Thematik im Kirchengeschichtsunterricht gibt.

---

9 *A. Kuhn,* Frauengeschichte, in: *K. Bergmann u.a.* (Hrsg.), Handbuch, aaO., S. 175f.

3.1 Die reformatorische Fraueneinschätzung

Die Hamburger Kirchenhistorikerin Inge Mager hat im Blick auf die Einschätzung der Frauen in der Reformationszeit aufgrund ihrer Forschungen folgende Bilanz gezogen[10]:

„Martin Luther hat durch intensives Bibelstudium die gerechtsprechende und gerechtmachende Gerechtigkeit Gottes für alle glaubenden Menschen und damit die Gleichheit und Freiheit aller vor Gott wiederentdeckt. Gleichzeitig riß er die Mauer zwischen Laien und Klerikern durch das in der Taufe begründete Priestertum aller Gläubigen nieder und stieß zu Folgerungen vor, die vieles bis in seine Zeit Gültige auf den Kopf stellten. So konnte er 1520 sagen, der Glaube an das stellvertretende Priestertum Christi mache alle Männer zu *pfaffen* und alle Frauen zu *pfeffynn* (WA 6,370f.), so daß auch die letzteren im Notfall entgegen dem paulinischen Schweigegebot für Frauen in der Gemeinde (1 Kor 14,34; 1Tim 2,12) predigen und die Sakramente spenden dürften (WA 8,497f.). Doch wie er sich in der Realität dann doch nicht zu einem männlichen Laienpredigertum durchringen konnte, sondern auf Beruf und Amt pochte, so nahm er auch die Frauen aus der Legitimation zum kirchlichen Dienst wieder heraus und teilte ihnen statt dessen die Ehe als das ihrem Wesen und Auftrag angemessenste Wirkungsfeld zu."

Entgegen der mittelalterlichen Verächtlichmachung der Ehe betrachtete Luther die Ehe als eine Schöpfungsordnung mit großen Verheißungen. Der widernatürliche Zölibat leiste dagegen einem falschen Heiligkeits- und Heilsverständnis Vorschub. Gegenüber der in zahllosen Pamphleten und Karikaturen verbreiteten Meinung von der zänkischen, herrschsüchtigen Frau als notwendigem Übel stellte Luther Spr 18,22 gegenüber:

„*Wer eine Ehefrau gefunden hat, der hat etwas Gutes gefunden,* (Luther) begrenzte ihr Wirkungsfeld auf Haus und Familie und würdigte den Ehestand als *göttlichen Orden* (WA 10/II, 293f., 297). Trotzdem hielt er an der selbstverständlichen Herrschaft des Mannes über die Frau fest und nahm auch an der im 10. Gebot vollzogenen Einreihung der Ehefrau unter die Besitztümer des Mannes keinen Anstoß. Hatte er doch auch 1. Mose 2,18 ganz in diesem Sinne frei übersetzt: *Es ist nicht gut, daß der Mensch allein sei; ich will ihm eine Gehilfin machen, die um ihn sei,* obgleich es dem Urtext gemäß hätte heißen müssen: *Ich will ihm eine Hilfe schaffen als sein Gegenüber.* Gleichwohl betonte er Liebe und Partnerschaftlichkeit im Ehealltag und erwartete auch

[10] *I. Mager*, Die Rolle der Frauen in der Reformation, in: 450 Jahre Reformation in Osnabrück, hrsg.v. *K.G. Kaster/G. Steinwascher*, Bramsche: Rasch Verlag 1994, S. 144. – Vgl. auch den Forschungsbericht von *C. Ulbrich*, Frauen in der Reformation, in: *L. Siegele-Wenschkewitz u.a.* (Hrsg.), Frauen Gestalten Geschichte, aaO., S. 71-86.

von einem Mann im Ausnahmefall die Verrichtung von Frauenarbeit bis hinab zum Windelnwaschen. Ebenfalls empfahl er Scheidungs- und Wiederverheiratungserleichterungen gerade für Frauen und verbesserte die Stellung von Frauen im Erbrecht, indem er Katharina von Bora in seinem eigenen Testament zur Alleinerbin und zum Vormund für seine Kinder einsetzte (WAB 9, 572-574). So befreite die Kunde von der Vergeblichkeit der Gelübde und von der reformatorischen Aufwertung der Ehe manche ohne ihren Willen in ein Kloster verbannte Nonne und räumte ihr in der Familie ein neues, dem Heil dienlicheres Wirkungsfeld ein.“[11]

Über Leben und Wirken einer Reihe von Frauen besitzen wir genauere Kenntnis, so daß eine Basis für eine unterrichtliche Behandlung gegeben ist:

- Katharina von Bora (1499-1552);
- Ursula von Münsterberg (geb. 1491/1495);
- Argula von Grumbach (1492-1568?);
- Katharina Zell (1497-1562);
- sowie aus Österreich Dorothea Jörger (1492-1556).

3.2 Frauen im Reformationszeitalter

Zunächst ist auf den Sammelband des amerikanischen Kirchenhistorikers Roland H. Bainton, „Frauen der Reformation. Von Katharina von Bora bis Anna Zwingli. 10 Porträts“[12] zu verweisen. Die entsprechenden Passagen zur Reformation in der von Annette Kuhn herausgegebenen „Die Chronik der Frauen“[13] bieten (wie auch zu anderen Zeiten) ausgezeichnetes Material. Informativ ist auch der Beitrag von H. Zschoch „Bileams Eselinnen. Frauen in der Publizistik der Reformation“[14].

Was Katharina von Bora betrifft, so hat sie zweifellos im Schatten ihres Mannes, des Reformators, gestanden. Andererseits haben wir viele liebevolle Äußerungen Martin Luthers über seine Frau Katharina. Sie hatte in ihrem Leben mancherlei Anfeindungen, insbesondere von katholischer Seite (wegen ihrer Flucht aus dem Kloster) zu ertragen. Im 19. Jahrhundert wurde sie im Zuge der Lutherrenaissance neu entdeckt und als willkommene Leitfigur für die Rolle der Ehefrau und der Mitbegründerin des evangelischen Pfarrhauses in die bürgerlichen Idealvorstellungen eingepaßt.

---

[11] *I. Mager*, Die Rolle der Frau, aaO., ebd.
[12] (GTB 1442), Gütersloh ³1996.
[13] Dortmund 1992.
[14] In: Arbeitshilfe für den evangelischen Religionsunterricht an Gymnasien, hrsg. von der Gymnasialpädagogischen Materialstelle der Ev.-Luth. Kirche in Bayern, (Gelbe) Folge II/1994, S. 4-25.

Es gibt in der Literatur gegenwärtig eine Reihe von Veröffentlichungen, die für unterrichtliche Zwecke hilfreich sein können. Ich nenne zum einen die Tischrede der Katharina Luther in Christine Brückner, Wenn du geredet hättest, Desdemona[15]. Zum andern: Asta Scheib, Kinder des Ungehorsams. Die Liebesgeschichte des Martin Luther und der Katharina von Bora, München 1990. Zum dritten: Ursula Sachau, Das letzte Geheimnis. Das Leben und die Zeit der Katharina von Bora, München 1991. Zum vierten: Angelika Schmidt-Biesalksi, Katharina von Bora. Ein Brief an die Tochter[16]. Fünftens: Eva Zeller, Die Lutherin. Spurensuche nach Katharina von Bora. Stuttgart 1996.

Unter den Frauen, die für die Reformation schreibend eintraten, ist Katharina Zell (1497-1562) an vorderster Stelle zu nennen. Sie ist eine Straßburger Pfarrfrau und „Kirchenmutter", wie sie sich selbst nannte. Sie hat ihren Ehemann, den Münsterprediger Matthäus Zell, in der Verkündigung wie auch in der Seelsorge tatkräftig unterstützt und hat sich durch ihre umfassenden gemeindepflegerischen Dienste einschließlich ihrer beherzten und einfallsreichen schriftstellerischen Aktivitäten um die Straßburger Reformation sehr verdient gemacht. Sie hat als Laientheologin durchaus weiblich gedacht, wie ihre Vaterunser-Meditation verdeutlicht, in welcher sie dem Vatersein Gottes auch mütterliche Züge zuschreibt. So kann Gott für sie ebenso mit einer Mutter verglichen werden, welche die Qualen der Geburt und die Freude des Stillens kennengelernt hat[17].

Ein weiteres Beispiel für die Umsetzung reformatorischer Impulse in die Praxis durch eine Frau ist Dorothea Jörger (1497-1556), eine Förderin der Reformation in Österreich. Von ihr sind die meisten Briefe Luthers an eine Frau erhalten. „In einigen von ihnen ging es um die Stiftung über 500 Gulden zum Wohle mittelloser Wittenberger Theologiestudenten. Die begüterte Witwe hatte verstanden, daß fromme Stiftungen zur Sicherung des eigenen Seelenheils oder zur Verkürzung der Fegfeuerstrafen der neuen Rechtfertigungsbotschaft widersprachen. Gleichwohl wollte sie etwas für die Sache Gottes tun. Da gut ausgebildete Prediger für das Gelingen der Kirchenreform am nötigsten waren, stellte Dorothea einen Teil ihres Vermögens in den Dienst der evangelischen Nachwuchsförderung. So lebte das vorreformatorische Stiftungswesen in Gestalt von freiwilligen Zuwendungen zu Bildungs- und Sozialzwecken fort."[18]

---

[15] Ungehaltene Reden ungehaltener Frauen, Frankfurt/Berlin ^{8}1991, S. 31-49.
[16] In: *E. Achtnich* (Hrsg.), Frauen, die sich trauen. Ein Vorlesesbuch, Lahr 1991, S. 106-116.
[17] *I. Mager*, Die Rolle, aaO., S. 147f. Ferner: *H. Zschoch*, aaO., S. 12-18.
[18] Ebd., S. 148.

Mit Argula von Grumbach begegnet eine Laientheologien, die mit acht deutschen Flugschriften für die Reformation eintrat[19]. Ursula von Münsterberg hatte heimlich reformatorische Schriften gelesen, selbständig verarbeitet und rechtfertigte theologisch ihren Schritt, das Kloster in Freiberg zu verlassen[20].

3.3 Verfahren zur Bearbeitung der Frauenfrage

Für die Behandlung der Frauenfrage kommen Verfahren in Frage, die auch sonst in der kirchengeschichtlichen Arbeit üblich sind. Zum Beispiel:

- Thematische Längsschnitte: die Frau in der mittelalterlichen Kirche, die Frau in der Reformationszeit
- Ansätze bei gegenwärtigen Fragestellungen: z.B. kirchliche Stellungnahmen zur Frauenfrage, die Rolle der Frau in den kirchlichen Berufen, reformatorische Positionen zur Frauenfrage
- Epochenspezifischer Querschnitt/epochaler Durchblick: die Frage der Bildung von Frauen, z.B. im Mittelalter, in der Reformationszeit, im 19. Jahrhundert etc.
- Sozialbiographisches Verfahren. Hier wird eine einzelne Person in ihrer Eingebundenheit in die jeweilige Zeit thematisiert. Das ist freilich etwas anderes als die traditionelle Methode der Lebensbilder. Es ist ausgesprochen wichtig, bei einem solchen Vorgehen einerseits die Gefahr der Heroisierung auszuschließen. Es ist andererseits auch deutlich, daß die Geschichte nicht ohne Personen zu thematisieren ist. Mögliche Themen sind hier: Katharina von Bora, Religiöse Erziehung, die Bildung von Frauen, Luthers Stellung zu dieser Frage, Frauen im Pietismus etc.
- Interviews in Familie und Bekanntenkreis sowie im Umfeld der Schule: Was wissen sie über Katharina von Bora? Wie schätzen sie die Bedeutung von Florence Nightingale ein? Welche Frauennamen fallen Ihnen unmittelbar im Zusammenhang mit Kirche ein? usw.

Von besonderer Bedeutung für die Bearbeitung der Fragestellungen ist zweifellos die sozialbiographische Methode.

---

[19] Ebd., S. 147. Ferner: *S. Halbach*, Argula von Grumbach als Verfasserin reformatorischer Flugschriften (Europäische Hochschulschriften Reihe XXIII, Bd. 468), Frankfurt a.M. 1992 sowie *H. Zschoch*, aaO., S. 20-25.

[20] Ebd., S. 147. S. ferner *R.H. Bainton*, aaO. sowie *H. Zschoch*, aaO., S. 9f.

4. Impulse zur Revisionsarbeit

Zum Abschluß seien noch zwei Textauszüge wiedergegeben, in denen Aufgaben und Kriterien formuliert werden im Hinblick auf die Fragen, die zur Bearbeitung anstehen. Der erste Text bezieht sich auf die Neugestaltung von Religionsbüchern generell, im zweiten Text geht es um die Frage der Berücksichtigung der Frauenfrage in kirchengeschichtlichen Zusamenhängen im besonderen.

4.1 Zur Neugestaltung von Schulbüchern

Die Autorinnen D. Meyer, C. Reents und G. Ulrich ziehen aufgrund ihrer Analysen im Blick auf die künftige Gestaltung von Religionsbüchern folgendes Fazit, das allen Schulbuchmacherinnen und -machern ins Stammbuch geschrieben sei:

„Bei der gerechten Neugestaltung von Religionsbüchern müssen folgende Gesichtspunkte berücksichtigt werden:

- Das quantitativ und qualitativ ausgewogene Verhältnis von Frauen und Mädchen gegenüber Männern und Jungen in Texten und Bildern bezüglich der Größe, der Position, der Gefühle, der Tätigkeiten und Situationen.
- Die Gleichstellung von Frauen und Mädchen gegenüber Männern und Jungen in der Arbeitswelt, in den Kirchen, in der Ökumene und Diakonie, in der Familie und Freizeit im Sinne einer partnerschaftlichen Verteilung der Verantwortung mit allen Pflichten, Rechten und Privilegien.
- Rollenübergreifende Identifikationsangebote für Jungen und Mädchen.
- Die Überprüfung aller Bibeltexte am Original hinsichtlich der vergessenen, unbekannt gebliebenen Frauen und soweit möglich ihre namentliche Berücksichtigung.
- Die Überprüfung der kirchengeschichtlichen Teile hinsichtlich der vergessenen Frauen – z.B. Frauen im Kirchenkampf – und hinsichtlich der versäumten Selbstkritik der Kirchen.
- Die Überprüfung aller Themen hinsichtlich ihrer Relevanz für Frauen und Mädchen sowie die Aufnahme geschlechtsspezifischer Themen.

Die Revision der Religionsbücher und darüber hinaus des Konfirmanden materials sowie der Fortbildungs- und Ausbildungsangebote ist unabweisbar. Was können wir hier ‚von der Ökumene lernen'?“[21]

---

[21] *D. Meyer/C. Reents/G. Ulrich*, Zum Bild der Frau, aaO., S. 50f.

4.2 Zur Beseitigung geschlechtsspezifischer Defizite

Im Blick auf die kirchengeschichtsdidaktische Situation fordern Godehard Ruppert und Jörg Thierfelder eine Aufarbeitung der geschlechtsspezifischen Defizite. Sie schreiben:

„Die RL (= Religionslehrer/innen) fordern nun zu Recht immer deutlicher die Behandlung von Frauengestalten der Kirchengeschichte im Unterricht. Nicht zuletzt geht es ihnen auch um ein angemessenes Identifikationsangebot für die Schüler und besonders für die Schülerinnen. Bei einer vor wenigen Jahren durchgeführten Untersuchung zum Lehrplan für den evangelischen RU forderten die RL Themen wie: 'Frauengestalten aus der neueren Kirchengeschichte, Frauenrechte/Gleichberechtigung, die Rolle der Frau in der Kirche – früher und heute, Frauen im Widerstand (Evangelische Kirche im 3. Reich).' Nachdem bis jetzt Lehrer sich zu Recht über Mangel an Unterrichtsmaterial beklagt haben, mehren sich Darstellungen, die Material zur Bearbeitung entsprechender Themen liefern.

So werden im künftigen Unterricht sicher stärker als bisher Frauenorden, mittelalterliche Frauengestalten wie Hildegard von Bingen und Elisabeth von Thüringen, Frauen der Reformation wie Margaretha Blarer und Katharina Zell, Frauen im Widerstand gegen das Dritte Reich wie Gertrud Luckner, Elisabeth von Thadden und Sophie Scholl Berücksichtigung finden."[22]

Es ist in jedem Falle die Frauenfrage im Pietismus zu ergänzen. Das mag für manche Leser oder Leserinnen überraschend sein, aber diese kirchengeschichtliche Phase ist durchaus dazu geeignet, fündig zu werden. Das belegen zwei neuere Publikationen: J. Taege-Bizer „Weibsbilder im Pietismus"[23] gibt einen Einblick in die Rolle von Frauen im frühen lutherischen Pietismus im Umfeld Frankfurts. Es werden dabei behandelt: A.E. Kißner, J.E. von Merlau, J. Baur von Eyseneck und E.C. Schütze geb. Bartels. M.H. Jung schreibt über „Frauen des Pietismus. Von Johanna Regina Bengel bis Erdmuthe Dorothea von Zinzendorf. Zehn Porträts"[24].

Diese Beispiele zeigen, daß noch manches Material einer Aufarbeitung und didaktischen Bearbeitung im Blick auf die unterrichtliche Verwendung harrt.

---

[22] *G. Ruppert/J. Thierfelder*, Umgang mit der Geschichte, aaO., S. 316f. – Zu „Schicksal und Arbeit von Frauen in der Kirche zwischen 1933 und 1945" (so der Untertitel) s. die Veröffentlichung: *S. Hausammann* (Hrsg.), Frauen in dunkler Zeit, Köln: Rheinland-Verlag 1996. Hinsichtlich der Geschichte der Religionspädagogik im 20. Jahrhundert ist zu verweisen auf *A. Pithan* (Hrsg.), Religionspädagoginnen im 20. Jahrhundert, Göttingen/Zürich 1997.

[23] In: *L. Siegele-Wenschkewitz u.a.* (Hrsg.), Frauen Gestalten Geschichte, aaO., S. 109-136.

[24] (GTB 1445), Gütersloh 1998.

Wahrnehmung des Anderen

Zu Theorie und Praxis interreligiösen Lernens

„Bloß isolierte einzelne leben ohne Bedeutung, ohne Sinn ...Wir müssen einen Weg finden, die Wahlchancen der modernen Welt zu verbinden mit einem Sinn für Zugehörigkeit und Bedeutung. Und das ist wahrscheinlich das Thema des nächsten Jahrzehnts."

Ralf Dahrendorf[1]

Der Dialog der Religionen hat gegenwärtig eine neue Phase erreicht. Anfang der siebziger Jahre war im schulischen Religionsunterricht ein enormer Schub dahingehend zu verzeichnen, daß das Thema der nichtchristlichen Religionen im Religionsunterricht breit rezipiert wurde. Etwa ein Jahrzehnt später, also um das Jahr 1980, verwandelte sich in Deutschland die sog. Ausländerpädagogik in eine Pädagogik interkulturellen Lernens. Die Entwicklung verlief so, daß dafür kein eigenes schulisches Fach eingerichtet wurde, sondern die vorhandenen Fächer sollten im Sinne eines Unterrichtsprinzips die Aufgabe kulturellen Lernens mitwahrnehmen. Insofern war es nicht ausgeschlossen, daß sich von daher ein neuer kräftiger Schub im Blick auf die Beschäftigung mit den nichtchristlichen Religionen hätte einstellen können. Doch die Fragen und Projekte des interkulturellen Lernens wurden weitgehend ohne Berücksichtigung, ja unter deutlicher Absehung der religiösen Aspekte bearbeitet[2].

Die gesellschaftlichen Entwicklungen (Migrationsbewegung, Seßhaftwerden der ursprünglich sog. Gastarbeiter), die tiefgreifenden Veränderungen der religiösen Situation in Europa sowie die Globalisierungstendenzen, die unser Leben zunehmend bestimmen, machen weitere Reflexions- und Entwicklungsschritte erforderlich. Es ist Peter Schreiner zuzustimmen, wenn er

---

1 In: Die Zeit Jg. 1993, Nr. 36 (vom 3.9.1993), S. 3.

2 Vgl. dazu insgesamt *M. Jäggle*, Religionspädagogik im Kontext interkulturellen Lernens, in: *H.-G. Ziebertz/W. Simon* (Hrsg.), Bilanz der Religionspädagogik, Düsseldorf 1995, S. 243-258. Ferner: *G. Orth*, Interkulturelles Lernen als Dimension evangelischen Religionsunterrichts - Einige Hinweise, in: *H.H. Reich/U. Pörnbacher* (Hrsg.), Interkulturelle Didaktiken, Münster/New York 1993, S. 85-95.

schreibt, daß es eine Schlüsselfrage für die Zukunft Europas sei, wie Mehrheiten und Minderheiten in kulturell und religiös pluralen Situationen miteinander leben können[3]. In den Ansätzen interkulturellen und interreligiösen Lernens geht es um Antworten auf diese Fragen.

1. Zur Zielsetzung interreligiösen Lernens

Das interreligiöse Lernen stellt den Teil des interkulturellen Lernens dar, der auf die Religionen bezogen ist. Es wäre allerdings ungut, wenn man das interreligiöse Lernen in der Schule nur einem Fach, dem Religionsunterricht, zuschreiben wollte, wiewohl es hier seinen Schwerpunkt haben wird. Interreligiöses Lernen ist m.E. im Zusammenhang mit dem interkulturellen Lernen eine Aufgabe, die zum Auftrag der Schule als Ganzer gehört. Zumindest die Erziehung zur Toleranz ist in Verfassungen und Schulgesetzen festgeschrieben als eine Aufgabe für die Schule als Ganze. Dabei ist ja noch keineswegs ausgemacht, wie diese Erziehung zur Toleranz im einzelnen geschieht und konkretisiert wird. Toleranz kann zunächst im kritisch abwehrenden Sinne gemeint sein, daß man etwas toleriert, zuläßt, duldet. In der Formulierung der Erziehung zur Toleranz steckt freilich mehr: Es geht dabei um eine aktive Toleranz, derzufolge die Menschen und ihre Lebensweise anerkannt und respektiert werden.

Hinsichtlich der Ziele muß man beachten, daß sie auf unterschiedlichen Ebenen angesiedelt und dementsprechend zu formulieren sind. Karl Ernst Nipkow hat auf drei Ebenen aufmerksam gemacht. Zum einen hat er die Ebene der konkreten Ziele im Blick auf das praktische Lehren und Lernen genannt. Zum andern gibt es die Ebene, bei der es um die Festlegung übergreifender Aufgabenstellungen und um allgemeine Zielformulierungen geht. Bei der dritten Ebene von Zielformulierungen geht es um Voraussetzungen, die außerhalb des unmittelbaren pädagogischen Handelns liegen, wo gleichwohl wichtige Vorentscheidungen fallen.

Für diese Voraussetzungsebene ist etwa zu verweisen auf die Stellungnahme der Kommission der EKD zu Fragen des Religionsunterrichts aus dem Jahre 1971. Dort heißt es: „Die 'Grundsätze der Religionsgemeinschaften' schließen in der gegenwärtigen Situation die Forderung ein, sich mit den verschiedenen geschichtlichen Formen des christlichen Glaubens (Kirchen, Den-

---

[3] *P. Schreiner*, Interkulturelles und interreligiöses Lernen in Europa, in: EvErz 46, 1994, S. 316-328, hier: S. 316. - Vgl. auch *Ch.Th. Scheilke/P. Schreiner* (Hrsg.), Schule in multikultureller und interreligiöser Situation. Beiträge eines interdisziplinären Kolloquiums (Materialien und Berichte), Münster: Comenius-Institut 1994.

ominationen, Bekenntnisse) zu befassen, um den eigenen Standpunkt und die eigene Auffassung zu überprüfen, um Andersdenkende zu verstehen und um zu größerer Gemeinsamkeit zu gelangen. Entsprechendes gilt für die Auseinandersetzung mit nichtchristlichen Religionen und nichtchristlichen Überzeugungen."[4] Hier wird von einer sehr weitgehenden Einbeziehung der nichtchristlichen Religionen und nichtchristlichen Überzeugungen in die Lernprozesse des Religionsunterrichts gesprochen. Damit wird der interreligiöse Dialog nicht nur von den gesellschaftlichen Anforderungen und von den Interessen der Heranwachsenden, sondern auch von seiten der Selbstinterpretation der christlichen Religionsgemeinschaft legitimiert. Jedenfalls ist deutlich, daß das Thema des interreligiösen Lernens von wachsender Relevanz ist.

Der französische Philosoph Emmanuel Lévinas hat in seiner „Philosophie des Anderen" Gesichtspunkte geltend gemacht, die an dieser Stelle weiterführend sind. In seinen Schriften überschreitet er die Phänomenologie, von der er herkommt, auf eine „Philosophie des Anderen" bzw. eine Philosophie der zwischenmenschlichen Verantwortung hin. Der Andere ist weder ein Objekt noch ein bloßes Mosaiksteinchen, er ist einzig durch sich selbst, er ist „Ausdruck und unabhängige Quelle des Sinnes"[5]. Erfahrbar wird der Andere über das Antlitz. Im Antlitz zeigt er sich in seiner Unbeholfenheit und Armut, ja entblößt und als der, der eben nicht anverwandelt werden soll, sondern gerade in seiner Andersheit bestehen bleiben und in dieser Weise Anerkennung finden soll. Anstelle der Autonomie des Subjekts, so formuliert Lévinas, rufen der Andere und seine Not uns in die Verantwortung. Verantwortung entsteht in der Beziehung zum Anderen. Durch diese Fassung des Verhältnisses von Ich und Du wird festgehalten, daß über das offenbarende und einfordernde Antlitz des Anderen hingewiesen wird auf die Andersheit und Fremdheit, ja letztlich den Geheimnischarakter des Menschen.

An dieser Stelle greift der Gedanke einer Anerkennungskultur, wie sie Johann Baptist Metz herausgestellt hat. Die Menschen fremder Religionen sind als echtes Gegenüber ernst zu nehmen. Es geht dabei um eine Grundhaltung der Achtung, des Willkommenheißens und des Offenseins. Metz spricht von der „*Kultur der Anerkennung der Anderen in ihrem Anderssein*". „Die Nächsten im biblischen Zentralgebot der Nächstenliebe sind ja nicht primär die Nahen, sondern die Anderen, die fremden Anderen."[6] Dabei zielt solches Anerkennungsdenken nicht auf eine Verklärung des Andersseins der Anderen,

---

4 *EKD-Kirchenamt* (Hrsg.), Die Denkschriften der Evangelischen Kirche in Deutschland, Band 4/I. Bildung und Erziehung, Gütersloh 1987, S. 56-63, hier: S. 60 („Grundsätze der Religionsgemeinschaften" nach evangelischem Verständnis).

5 *E. Lévinas*, Die Spur des Anderen, Freiburg/München ^{3}1992, S. 26.

6 *J.B. Metz*, Solidarische Freiheit, in: Concilium 28, 1992, S. 182.

sondern diese Sicht ermöglicht es, mit dem Fremden anders umzugehen, als das bisher in überwiegendem Maße der Fall war, indem man sich oft nur den Weg der Assimilation vorstellen konnte.

Es ist aber wichtig, zu bedenken, in welchem Alter die Begegnung mit dem Fremden, dem Anderen schwerpunktmäßig ihren Platz haben kann und soll. Dazu kann man keine generell verbindlichen Angaben machen, weil die schulischen und gemeindlichen Situationen vor Ort sehr unterschiedlich sind. In einer Schulsituation, in der beispielsweise ein großer oder gar der überwiegende Teil der Schülerinnen und Schüler muslimischen Glaubens ist, wird es notwendig sein, die Begegnung mit dem Islam bereits sehr früh in intensiver Weise anzusetzen. Anders sieht es aus in einer Schule, wo nur ganz wenige Schüler einer nichtchristlichen Glaubensrichtung vorhanden sind.

Man kann als eine generelle Linie festhalten: Islam und Judentum werden eher zu behandeln sein als Hinduismus und Buddhismus. Die Beschäftigung mit Islam und Judentum gehört eher in die Kindheit und das beginnende Jugendalter (Grundschule und Anfangsklassen der Sekundarstufe I). Es ist angemessener, Buddhismus und Hinduismus eher im späteren Jugendalter (obere Klassen der Sekundarstufe I und Sekundarstufe II) zu behandeln.

Für den Umgang mit den Inhalten der anderen Religionen und für die konkrete Begegnung im Unterricht ist es sinnvoll, sich Rechenschaft zu geben, in welchem „Geiste“ man miteinander umgeht. Ich halte dabei die vorgeschlagene Unterscheidung zwischen einem interreligiösen Dialog, der für die Schülerinnen und Schüler in der Schule im Sinne eines propädeutischen Unterrichts seinen Platz haben soll, und einem Glaubensdialog der Erwachsenen für schwer durchführbar. Interreligiöser Dialog und Glaubensdialog dürfen nicht auseinandergerissen werden. Sie gehören zusammen[7].

2. Wege und Formen interreligiösen Lernens

Daß der interreligiöse Dialog ein sehr sensibler Bereich ist, liegt auf der Hand. Hier ist es leicht möglich, daß es zu (unnötigen) Verletzungen kommt. Die Ansätze und Wege interreligiösen Lernens richten sich nach den jeweils gegebenen Möglichkeiten. Eine personale Begegnung ist dabei einer Arbeit an Texten überlegen, weil sie in der Regel lebendiger gestaltet werden kann und weil so die Verankerung der Religion im Leben von Menschen sehr klar herauskommen kann.

---

[7] Ausführlicher habe ich die grundsätzlichen Fragen behandelt in meinem Art. Interreligiöses Lernen, in: DtPfBl 96, 1996, S. 359-363.

Wo in einer Klasse eine multikulturelle Situation gegeben ist, eröffnet der Dialog in der Klasse selber eine Reihe beachtlicher Möglichkeiten. Freilich ist auch in einer solchen Situation der gesamte Unterricht nicht allein durch Begegnung zu bestreiten. Die Arbeit an Texten hat auch hier ihren guten Sinn und darf nicht fehlen.

Dort wo eine hohe Homogenität in der Klassenzusammensetzung gegeben ist, gibt es gewiß auch Anknüpfungspunkte im Leben und in den Erfahrungen der Schülerinnen und Schüler. Aber hier ist ein vergleichsweise höherer Aufwand zu leisten, um so etwas wie eine Dialogsituation aufzubauen. Bei der Thematik des interreligiösen Lernens spielen mehr als bei anderen Themenbereichen die jeweiligen lokalen Gegebenheiten und die regionalen Möglichkeiten eine Rolle. - Für die Durchführung des interreligiösen Lernens ist eine Reihe von organisatorischen Modellen geeignet[8]:

- Da ist zunächst das interreligiöse Lernen im *Klassenverband*. Hier beteiligen sich alle Schülerinnen und Schüler, einschließlich der Muslime und Konfessionslosen. Der Unterricht wird von einer oder mehreren Lehrkräften koordiniert. Ausgehen kann man von der Sinnfrage und ihrer Bearbeitung in den verschiedenen Religionen. Oder man stellt die Frage nach dem Leben und seiner Sicht in den verschiedenen Religionen in den Mittelpunkt.
- Interreligiöses Lernen kann im *fächerübergreifenden Projektunterricht* mit mehreren Wahlmöglichkeiten stattfinden. Interessierte Schülerinnen und Schüler bearbeiten dabei zusammen mit einem oder mehreren Fachlehrkräften (z.B. Religionslehrer und Geschichtslehrerin) ein Spezialthema aus dem Bereich der Religionen.
- Interreligiöses Lernen im Wechsel von *Klassen- und Gruppenunterricht*. Die jeweiligen Gruppen werden dabei - unabhängig von ihrer Religion - nach den Neigungen und Wünschen der Schülerinnen und Schüler zusammengesetzt. Sie erarbeiten ein Unterrichtsthema selbständig, und stellen die Ergebnisse im Plenum vor.
- Interreligiöses Lernen durch *Expertengespräche*. Bei diesem Verfahren lädt die Schule außenstehende Expertinnen und/oder Experten aus unterschiedlichen Religionen zu Gespräch, Kurzvorträgen, Begegnungen und Befragungen ein.
- Weiterhin sind *Unternehmungen mit religiöser Dimension* möglich. Es ist hierbei an den Besuch einer Synagoge, einer Kirche und Moschee gedacht. Ebenso sind Klassenfahrten oder andere Exkursionen denkbar.

---

[8] Dazu s. *S. Leimgruber*, Interreligiöses Lernen, München 1995, S. 63.

- Als Ausnahmefall wird wohl ein *Religionskurs in der Sekundarstufe II* zu gelten haben, an dem Schülerinnen und Schüler teilnehmen, die in der jüdischen, christlichen (evangelischen und katholischen), muslimischen, evtl. auch buddhistischen Religion beheimatet sind. Das unterrichtliche Verfahren bestünde dann darin, daß die jeweiligen Religionsangehörigen den anderen Kursmitgliedern ihren Glauben verständlich zu machen haben.
- Die Frage von *Beheimatung in der eigenen Religion und Praxis des interreligiösen Dialogs* ist in einer besonderen Weise gelöst in der Juliana-von-Stolberg-Schule in Ede/Niederlande[9]. Diese Schule wird von muslimischen und christlichen Kindern besucht. Pro Woche gibt es eine Stunde Unterricht in der eigenen Religion und eine zweite Stunde, die gemeinsam für die christlichen und muslimischen Kinder stattfindet. Diese „Erkennungsstunden", wie sie genannt werden, beabsichtigen, „die überraschende Erfahrung von der WiederErkennung des Andersseins eines anderen zustand zubringen."[10]

  Hier handelt es sich um ein interessantes Konzept. Freilich wird es aus schulorganisatorischen Gründen nur schwer übertragbar sein. Ein zentrales Problem stellt dabei die Akzeptanz seitens der Eltern dar, wie sich auch am Beispiel der Schule in Ede zeigt, wo bei muslimischem Übergewicht der Schülerinnen und Schüler die evangelischen Eltern ihre Kinder zunehmend zu anderen Schulen schicken.

Nach dem Aufzeigen dieser positiven Möglichkeiten ist freilich auch auf Grenzen hinzuweisen. Zum einen ist die Unterschiedlichkeit der Lernorte im Auge zu behalten. Ein Teil der zuvor genannten Begegnungs-Möglichkeiten ist am institutionalisierten Lernort Schule nur als Ausnahmefall möglich. D.h. nicht, daß dies damit unmöglich ist, aber man sollte realistischerweise bedenken, daß - abgesehen von den innerhalb der Schule durch die Zusammensetzung der Schülerpopulation gegebenen Möglichkeiten von Begegnung, die man sich selbstverständlich zunutze machen sollte - die Thematik der anderen Religionen in der Regel „nur" als Unterrichtsgegenstand in medial vermittelter Form zum Zuge kommen kann. Ich sage dies so deutlich, um die Schule von überzogenen Erwartungen zu entlasten.

Zum andern ist im Auge zu behalten, worauf Ulrich Körtner hingewiesen hat. Begegnung ist nicht eo ipso ein positiver Begriff. Begegnung ist als „das

---

[9] Vgl. die entsprechende Darstellung im Themaheft „Interreligiöse Schule. Ein Vorbild aus den Niederlanden": Iserlohner Con-Texte, Nr. 13, 1995, S. 4-44.

[10] Ebd., S. 26.

zeitweilige Entstehen eines personalen Verhältnisses zu verstehen, das gegenseitige Anerkennung nicht zur Voraussetzung hat."[11] Aus der Begegnung kann ein dauerhaftes Verhältnis entstehen, sie kann aber auch flüchtig sein und wieder beendet werden.

3. Impulse für die Begegnung Christen - Juden

Das Judentum ist nicht einfach unter die „anderen Religionen" zu subsumieren. Das Verhältnis zwischen Juden und Christen ist aus theologischen, geschichtlichen und anderen Gründen ein besonderes. Gleichwohl ist das Judentum auch eine Religion. So gehört es auch in den Bereich interreligiösen Lernens und wird deshalb hier nicht ausgelassen[12].

Im Verhältnis von Juden und Christen hat sich nach 1945 ein radikaler Wandel vollzogen. In der Studie der EKD „Christen und Juden II. Zur theologischen Neuorientierung im Verhältnis zum Judentum"[13] sind wesentliche Ergebnisse dieses Lernprozesses Christen – Juden festgehalten. Im übrigen ist vor allem auch auf das Freiburger Projekt „Lernprozeß Christen Juden" hinzuweisen. Eine übersichtliche, gleichwohl knappe und praktikable Zusammenfassung der Ergebnisse des Freiburger Projektes und die sich daraus ergebenden „Anregungen und Kriterien zu einem angemessenen Sprechen von der jüdischen Tradition, vom Judentum und Verhältnis Christen - Juden" sind in der Veröffentlichung „Christen und Juden. Von den Wurzeln her verbunden. Leitlinien, Kriterien, Anregungen und Empfehlungen für die Verkündigung, die Erwachsenenbildung und den Religionsunterricht"[14], die vom Katechetischen Institut des Bistums Aachen herausgegeben wurde, greifbar.

In der *Grundschule* legt es sich nahe, Kindern einen narrativen Zugang zum Leben, Brauchtum und Selbstverständnis des Judentums zu vermitteln[15]. Dabei wird darauf zu achten sein, daß Jesus dargestellt wird als der, der als Kind

---

[11] *U. Körtner*, Einander ertragen - einander annehmen, in: religionen unterwegs 1, 1995, H. 3, S. 13.

[12] Insgesamt vgl. *G. Adam*, Zur christlichen Rede vom Judentum, in: *ders.*, Glaube und Bildung (StTh 6), Würzburg ²1994, S. 163-178.

[13] Im Auftrag des Rats der EKD hrsg. vom *Kirchenamt der EKD*, Gütersloh 1991.

[14] Aachen ²1989. Hier findet sich auf S. 70ff. ein Verzeichnis der Medien, Literatur und didaktischen Materialien und auf S. 81-83 ist eine Zusammenstellung von Unterrichtsmodellen enthalten. S. auch „Judentum und Juden im Dialog" sowie „Unterrichtsmodelle", in: *M. Kwiran u.a.* (Hrsg.), Dialog der Religionen im Unterricht, Münster 1996, S. 126-156 bzw. S. 157-163.

[15] *M.* und *U. Tworuschka* (Hrsg.), Vorlesebuch Fremde Religionen. Für Kinder von 8-14, Bd. 1. Judentum-Islam, Lahr/Düsseldorf 1988.

jüdischer Eltern aufgewachsen ist. Es ist ferner zu beachten, daß die Gemeinsamkeit der Wurzeln von Christen und Juden im Alten Testament und die Gemeinsamkeit des einen Gottes in den Blick kommen.

Im *Sekundarbereich* legt es sich nahe, etwa in der 7./8. Klasse eine Einheit über die jüdische Geschichte nach der Tempelzerstörung vorzusehen, um das hier vorhandene „Loch“ in Bewußtsein und Wissen auszufüllen. Die Möglichkeit zu Besuchen von Kirche und Synagoge, von christlichen und jüdischen Friedhöfen, die gegenseitige Einladung zu Gesprächen - da, wo dies möglich ist -, das Beschäftigen mit jüdischen Personen, z.B. dem Tagebuch der Anne Frank, das Eingehen auf Riten im Lebenslauf[16], das Ansehen von Bildern[17] - all das hat hier seinen Platz. Eine ausgezeichnete Zusammenstellung von Materialien und Modellen hat Albrecht Lohrbächer unter dem Titel „Was Christen vom Judentum lernen können“[18] herausgegeben.

In der *Sekundarstufe II* geht es um eine vertiefte Beschäftigung mit dem Judentum. Hier kann Lessings Ringparabel in „Nathan der Weise“ thematisch werden. Hier hat die unterschiedliche Interpretation Jesu in Judentum und Christentum ihren Platz. Die Aussagen von Martin Buber über die „Zwei Glaubensweisen“ sowie von Schalom Ben Chorin über „Bruder Jesus. Der Nazarener in jüdischer Sicht“[19] sind hier einschlägig. Für den Unterricht in der Sekundarstufe II sei noch auf zwei hervorragende Veröffentlichungen hingewiesen: Ein Lesebuch mit einschlägigen Texten und ein Unterrichtsmodell, das aus einem Basiskurs zum Lernprozeß Christen - Juden mit insgesamt neun Themenbereichen und zwei Aufbaukursen zu den Themen „Volk“ und „Land“ besteht. Es handelt sich dabei um: Günter Biemer/Albert Biesinger/Peter Fiedler u.a. „Was Juden und Judentum für Christen bedeuten. Eine neue Verhältnisbesinnung zwischen Christen und Juden. Lehr - Lerneinheiten für die Sekundarstufen“[20] sowie: Peter Fiedler/Ursula Reck/Karl-Heinz Minz (Hrsg.), „Lernprozeß Christen - Juden. Ein Lesebuch“[21].

---

[16] Hilfreich *E. Röhm* (Hrsg.), Fest und Feier im Judentum. Beschneidung, Bar - Mizwa, Hochzeit, Stuttgart 1987 (Videokassette). – S. auch unten den Abschnitt 5.2 „Den Lebenszyklus begleiten“.

[17] Ausgezeichnetes Bildmaterial findet sich bei *H. Halbfas*, Judentum. Glaube, Geschichte, Gegenwart (Religionen der Welt): 32 Dias mit Begleitheft, Düsseldorf 1994. Ferner: *R. Then*, Das Judentum. Teil A. 45 Farbfolien. Teil B. Eine kultur- und religionsgeschichtliche Einführung, Regensburg: Religionspädagogisches Seminar der Diözese ²1994.

[18] Freiburg u.a. ²1984.

[19] München 1967.

[20] Freiburg/Basel/Wien ²1984. - Hilfreich auch *I. Grill*, Das Judentum, Göttingen 1992.

[21] Freiburg i.Brsg. 1984.

Abschließend sei auf die von Herbert Schultze u.a. herausgegebene kommentierte Dokumentation „Unterrichtshilfen zum Thema Judentum“[22] hingewiesen, die nach wie vor hilfreich ist.

4. Zum Lernprozeß Christen - Muslime sowie Christentum - Fernöstliche Religionen

Aufgrund der vorhandenen Zahl der (vor allem türkischen) Muslime sind gegenwärtig in Deutschland die Aufgabe der Information über sowie das Gespräch und die Begegnung mit den Muslimen dringlich.

4.1 Impulse für die Begegnung Christen - Muslime

Wenn man bedenkt, daß sich gegenwärtig schätzungsweise ca. 700 000 Kinder und Jugendliche islamischen Glaubens im deutschen Ausbildungssystem in Schule und Ausbildung aufhalten, wird deutlich, wie groß die hier anstehende Aufgabe ist.

Dabei muß man beachten, daß von muslimischer Seite auf christliche Dialogbemühungen unterschiedlich reagiert wird. Man kann etwa vier Gruppen herausstellen[23]. Da ist zunächst die Gruppe der Fundamentalisten und Traditionalisten, die keinerlei Interesse an Begegnung und Gespräch haben. Es handelt sich letztlich um eine vergleichsweise kleine Gruppe. Eine ebenfalls kleine Gruppe hält interreligiöse Begegnungen für überflüssig, weil für sie der Islam nach dem Koran die einzig wahre Religion darstellt. Eine größere Gruppe ist willens, mit den Christen ins Gespräch zu kommen und auch von ihnen zu lernen, wenn dabei klar ist, daß keine Missionierungsversuche unternommen werden. Das Leben in einer überwiegend christlichen Umgebung legt es nahe, sich mit den Fragen des Christentums zu beschäftigen.

Hier sind die Lehrlinge sowie die Arbeiterinnen und Arbeiter zu nennen, die am Arbeitsplatz Menschen anderen Glaubens begegnen. Auch die große Zahl der Schülerinnen und Schüler muß täglich mit zumeist deutschen Altersgenossen zusammenleben. Da stellt sich ganz unmittelbar die Frage, wie man sich verhält. Nicht wenige verlassen ihre überkommene religiöse Beheimatung oder verlieren die Kraft, das Eigene ihres Glaubens festzuhalten. Viele arrangieren sich mit dem status quo und akzeptieren eine möglichst konfliktfreie Konvivenz. Eine letzte, eher wiederum kleine Gruppe von Muslimen ist sehr dialoginteressiert. Hier sind etwa die Mitglieder von Gremien (Islami-

---

[22] Bd. I - III, Münster 1987-1989.

[23] Zum folgenden siehe *S. Leimgruber*, aaO., S. 98f.

scher Weltkongreß etc.) zu nennen. Dabei steht oft die Frage im Mittelpunkt nach den Konvergenzen in Christentum und Islam im Blick auf den Monotheismus, die biblische Tradition, die Einstellung zur Schöpfung etc.

Für die didaktische Grundlegung und die konkrete Ausarbeitung von Unterrichtsentwürfen ist als Grundlagenwerk auf die Veröffentlichung von Johannes Lähnemann „Weltreligionen im Unterricht, Teil 2. Islam“[24] hinzuweisen. Für die lehrgangsartige Behandlung findet sich in Schulbüchern und Unterrichtsmodellen eine größere Zahl von Veröffentlichungen.

Eine Übersicht zu den vorhandenen Materialien hat Herbert Schultze in dem Band „Bildungsinhalt: Weltreligionen“[25] vorgelegt. Es sei noch ergänzend auf eine gute und zudem preiswerte Veröffentlichung hingewiesen, die vom Religionspädagogischen Seminar der Diözese Regensburg herausgegeben wurde: „Der Islam. Folienfarbbilder. Erklärungen. Text und Bildauswahl: Barbara Huber“[26].

Bei hohem Anteil von Kindern muslimischen Glaubens ist es in der *Grundschule* notwendig, das Thema zu behandeln. Dafür liegt ein Modell von J. Lähnemann „Entgrenzung der Horizonte: Interreligiöse und interkulturelle Begegnungen in der Grundschule am Beispiel Christentum - Islam“[27] vor.

In der *Sekundarstufe* sollte der Religionsunterricht eine systematische Einführung in den Islam vermitteln. Die verschiedenen zugelassenen Schulbücher bieten dafür ausreichende Modelle. Das interreligiöse Lernen kommt zum Zuge, wenn situationsbezogene Elemente aus Glauben und Leben des Islam aufgenommen werden. Es legt sich nahe, im vergleichenden Vorgehen zunächst das Gemeinsame herauszuarbeiten, um anschließend die Differenzen (etwa in bezug auf Bibel und Koran, das Gottesbild, die Propheten, das Gebet und das Fasten) zu besprechen. „Gemeinsame Besuche von Kirchen und Moscheen mit Vorbereitung, Gespräch mit einem Priester und Iman sowie Nachbereitung können zu nachhaltigen Ergebnissen führen. Direkte interreligiöse Begegnungen sind ferner durch Gespräche mit einem älteren Schüler oder einer älteren Schülerin der je anderen Religion denkbar. Sie können aus

---

[24] Göttingen 1986 = ^{2}1996. – Ferner „Islam und Muslime im Dialog“ und „Unterrichtsmodelle“ in: *M. Kwiran u.a.* (Hrsg.), Dialog der Religionen, aaO., S. 165-200 bzw. S. 201-207.

[25] In: *M. Kwiran/H. Schultze* (Hrsg.), Bildungsinhalt: Weltreligionen. Grundlagen und Anregungen für den Unterricht, Münster: Comenius-Institut 1988, S. 60ff.

[26] Regensburg: Religionspädagogisches Seminar der Diözese 1994.

[27] In: *H. Müller-Bardorff* (Hrsg.), Religiöse Erziehung in der Grundschule - Vergessene Dimension?, München 1993, S. 46-58; *ders.*, Mohammed, Mekka und die „5 Säulen“, in: EvErz 46, 1994, S. 348-358. - Ferner: *M.* und *U. Tworuschka* (Hrsg.), Vorlesebuch Fremde Religionen, Bd. 1. Judentum und Islam, Lahr/Düsseldorf 1988.

ihrer Kultur und Religion erzählen, Fragen beantworten und dadurch verständnisvolles Zusammenleben fördern."[28]

In der *Sekundarstufe II* bietet sich die Möglichkeit des exemplarisch-vertiefenden Lernens an. Es sei an besondere Themen erinnert: die Gottesfrage, die Bedeutung Jesu und Mohammeds, Marias und Moses sowie das Phänomen der Prophetie in Bibel und Koran. Dabei legt sich auch hier nahe, die reichlich vorhandenen Möglichkeiten der Begegnung zu nutzen, um lebendiges Lernen zu ermöglichen.

Dem Einfallsreichtum und der Kreativität sind keine Grenzen gesetzt, denn Christentum und Islam haben eine lange gemeinsame Geschichte. Ein Zugang besteht z.B. darin, nach dem Islambild des Schriftstellers Karl May und unserem Islamverständnis zu fragen. Gewiß: Es ist ein ungewohnter Zugang, die Frage des Verhältnisses von Islam und Christentum durch die Lektüre von Karl Mays Werken anzugehen. Aber vielleicht ist es ein motivierender Zugriff. Karl May hat aber nicht nur beim Bild der nordamerikanischen Indianer, sondern auch beim Islambild prägend gewirkt.

Die Überlegenheit des Christentums bildet für ihn eine Voraussetzung seines Denkens. Doch war Karl May zugleich sehr positiv vom Islam eingenommen. In seinen Orientbänden taucht die Beziehung zwischen Kara ben Nemsi und Hadschi Halef Omar ben Hadschi Abul Abbas Ibn Hadschi Dawuhd al Gossarah auf. Er ist ständiger Begleiter und Weggefährte von Kara ben Nemsi in einer Mischung aus Freund und Diener. In den Werken wird immer wieder der Vergleich zwischen den beiden Religionen deutlich. Karl May hat im Blick auf den Islam jedenfalls detaillierte Informationen geliefert. Dabei wird die Gemeinsamkeit ethischer Grundanschauungen herausgestellt. Sicher gibt es auch manche Mißverständnisse (z.B. die Verwendung des Begriffes „Mohammedaner"). Es wäre möglich, Schüler und Schülerinnen untersuchen zu lassen, welches Bild vom Islam in den Karl-May-Bänden sichtbar wird, um diese Sicht mit dem heutigen Islam-Verständnis zu konfrontieren.

4.2 Zum Lernprozeß Christentum - Fernöstliche Religionen

Die fernöstlichen Religionen üben gegenwärtig eine große Faszinationskraft aus. Der Dalai Lama ist sehr populär. Meditation ist „in". Es gibt viele neue religiöse Gruppierungen, die sich in den letzten Jahren entwickelt haben. Hinduismus und Buddhismus haben viele Gemeinsamkeiten, zumal der Buddhismus eine Reformbewegung ist, die aus dem Hinduismus heraus entstanden ist. Deswegen werden sie hier in einem Abschnitt gemeinsam behandelt. Allerdings liegt ein großer Unterschied im Gotteskonzept vor.

---

[28] *S. Leimgruber,* aaO., S. 110.

Auch für diesen Bereich ist als Grundlagenwerk eine Veröffentlichung von Johannes Lähnemann „Weltreligionen im Unterricht, Teil 1. Fernöstliche Religionen“[29] zu nennen. Ergänzend sei noch auf eine Folienmappe mit Textheft von Regina Gröger u.a. „Hinduismus“[30] hingewiesen. Eine Zusammenstellung der Modelle und Unterrichtshilfen bietet Herbert Schultze[31].

Das intensive interreligiöse Lernen empfiehlt sich bei den fernöstlichen Religionen im wesentlichen erst im Sekundarbereich, es sei denn, konkrete Anlässe machen eine frühere Behandlung erforderlich. Anknüpfungspunkte sind Gespräche, Meditationsübungen sowie deren Hintergründe und verschiedene Techniken. Auch hier sind persönliche Kontakte hilfreich. Die mediale Vermittlung ist hier aber eher der Regelfall. „Zunächst sollte man sich mit Bildern und Symbolen an diese Religionen herantasten, um später zu den Quellentexten vorzustoßen. Zu erkunden gibt es die Grundlehren und Denkweisen dieser Religionen, ihre Ethik und sozialen Strukturen, ihre Riten, Gottesdienste und Feste.“[32] Der Zugang über die Symbole ist hilfreich, weil das Symbolisieren eine grundsätzliche Möglichkeit des Menschen (Werner Jetter) darstellt.

5. Zeiten gestalten – Den Lebenszyklus begleiten

5.1 Zeiten gestalten: Die Feste der Religionen

In der pädagogischen Reflexion der letzten Jahre wurde wieder herausgearbeitet, daß Räume und Zeiten für menschliches Leben von entscheidender Bedeutung sind. Den Festen liegt ein anderes Zeitverständnis zugrunde als das chronologische. In ihnen zeigen sich zentrale Anliegen und Inhalte der jeweiligen Religion. Sie sind - aufgrund ihres ganzheitlichen und anschaulichen Charakters - eine bereits für kleine Kinder geeignete Weise, zu einem Verständnis von Religion und Glauben hinzuführen.

In England hat die SHAP Working Party schon seit Jahren einen umfangreichen religiösen Festkalender herausgebracht. Eine entsprechende Übersicht in deutscher Sprache bietet auf einem zwei DIN A-4 Seiten umfassenden Blatt der für den Gebrauch in Schule und Gemeinde konzipierte „Ökumenische Festkalender“[33]. - Eine ausführlichere Übersicht und weitere Informatio-

---

[29] Göttingen 1986 = ^{2}1994.

[30] München: Deutscher Katecheten-Verein 1995.

[31] In: *M. Kwiran/H. Schultze*, Bildungsinhalt: Weltreligionen, aaO., S.87ff. Ferner „Hinduismus und Hindus im Dialog“ und „Unterrichtsmodelle“ in: *M. Kwiran u.a.* (Hrsg.), Dialog der Religionen, aaO., S. 209-245 bzw. 246-249 sowie „Buddhismus und Buddhisten im Dialog“ und „Unterrichtsmodelle“, in: ebd., S. 251-256 bzw. S. 257-260.

[32] S. *S. Leimgruber*, aaO., S. 126.

[33] Bezug über: Verlag B. Christmann, Postfach 263, 31236 Ilsede.

nen bietet der Interreligiöse Kalender mit einer synoptischen Übersicht in der Veröffentlichung von Reinhard Kirste/ Herbert Schultze/Udo Tworuschka „Die Feste der Religionen“[34]. Unterrichtlich gut verwendbar sind auch die verfremdenden Interpretationen des Künstlers und Religionslehrers Hartmut R. Berlinicke zu den jüdischen Festen[35] und zum christlichen Festzyklus[36].

5.2 Den Lebenszyklus begleiten: Riten und Feiern

Alle Religionen haben in der einen oder anderen Weise Riten zur Begleitung des Lebenslaufes. Am Beginn des Lebens, an Knotenpunkten im Lebenslauf, am Ende des Daseins finden sich Feiern für die Betroffenen und ihre Angehörigen, Freunde und Nachbarn. Auch dies ist ein Zugang, der anschaulich ist und viel von der Lebenswirklichkeit einer Religion sichtbar macht. Darüber hinaus sind hier natürlich viele Fragen, die im Zusammenleben von Menschen unterschiedlichen Glaubens auftauchen: Wie verhalte ich mich bei einer Einladung? Was ist der Sinn einer Feier, einer Handlung? usw.

Zur Konkretion sei ein Auszug aus dem „Leitfaden für Begegnung und Dialog mit anderen Religionen“[37] wiedergegeben, der aus dem praktischen Zusammenleben in der Evangelisch-Reformierten Kirche Bern - Jura durch einen Ausschuß erarbeitet wurde. Dort finden sich im Abschnitt III. instruktive Texte zu Geburt, Eheschließung und Tod/Beerdigung. Die Ausführungen sind hilfreich im Blick auf Fragen der Kasualien und den Umgang damit. Die Passagen zur Frage der Geburt wird ungekürzt, diejenige zur Eheschließung teilweise abgedruckt:

„RITEN UND FEIERN: GEBURT

Judentum

Nach der Geburt wird der Vater des Kindes in der Synagoge feierlich zur Tora aufgerufen und ein spezieller Segen für Mutter und Neugeborenes gesprochen. Bei einem Sohn ist der Vater verpflichtet, diesen am achten Tag nach der Geburt zu beschneiden, bzw. ihn von einem Mohel („Beschneider“) beschneiden zu lassen. Dies ist kein Aufnahmeritual (auch unbeschnittene Juden sind Juden), sondern ein Zeichen des Bundes (s.a. Gen 18).

---

34 (GTB 771) Gütersloh 1995.

35 In: Jüdische Feste - Wurzeln des Glaubens. Bilderzyklus von *H.R. Berlinicke* (Die Weisse Reihe), Braunschweig: Amt für Religionspädagogik 1994 (mit Informationen, Farbdias und Unterrichtsvorschlägen); sowie *ders.*, Jüdischer Festkalender, in: SchR 16, 1997, S. 45-69 und: *ders.*, Jüdische Feste/Christliche Feste, Delmenhorst 1995.

36 *H.R. Berlinicke*, Die christlichen Feste, in: CL 44, 1991, S. 514-528 sowie in: SchR 14, 1995, S. 119-145 und: *ders.*, Jüdische Feste/Christliche Feste, Delmenhorst 1995.

37 Bern: Kirchliche Zentralverwaltung 1990 = ^{2}1991. Texte: ebd., S. 15ff.

Islam
Der Islam kennt die Beschneidung (schon nach einigen Wochen nach der Geburt, aber auch zu einem späteren Zeitpunkt). Es gibt keine vergleichbare 'Taufzeremonie'. In der Erziehung des Kindes ist der Islam aber strenger als das Christentum: Hier gibt es kein Entweder/Oder.

Hinduismus
Die Vorbereitung beginnt schon vor der Geburt eines Kindes und geht über in die Geburtsriten. Das geborene Kind wird 30 Tage nach seiner Geburt zu einer Art 'Darbringung' in den Tempel getragen. Der Priester betet und segnet das Kind.

Buddhismus
Es gibt keine Zeremonien bei der Geburt. Es kann aber eine Art Initiation stattfinden, wenn das Kind bereits grösser ist und schon versteht, um was es geht. Es wird einen zusätzlichen buddhistischen Namen erhalten. Der Mönch vollzieht diesen Ritus und gibt ihm fünf Regeln auf seinen Weg. Sie lauten dahin: kein lebendes Wesen zu töten, nicht zu stehlen, nicht Ehebruch zu begehen, nicht zu lügen, keinen Alkohol zu trinken.

Überlegungen im Blick auf kirchliche Dienste
Eine Taufe wird immer Zeichen der Zugehörigkeit zu Christus und der Aufnahme in die christliche Kirche bedeuten. Sie kann folglich nur an Personen oder Kindern von Familien vollzogen werden, denen diese Zugehörigkeit ein Anliegen ist und die auch entsprechend vorbereitet werden.

Andrerseits ist es denkbar, dass ein kirchlicher Beauftragter auch mitwirkt, z.B. bei einer Bitt- und Segenshandlung an einem Neugeborenen. Es ist nicht einzusehen, warum ein Pfarrer oder eine Pfarrerin bei einem solchen Zeremoniell nicht beten kann für eine Familie oder ein Kind. - Sein/ihr Gebet wird sich an den Gott richten, der Vater aller Menschen ist."

RITEN UND FEIERN: EHESCHLIESSUNG

Eine gemeinsame Feier mit Angehörigen anderer Religionen wird in häufigerem Maße bei einer Hochzeit vorkommen, da die Frage der Religion als ein „Ehehindernis" zunehmend abgenommen hat. Daß Mischehen über die konfessionellen Grenzen innerhalb des Christentums hinweg geschlossen werden, ist heute eine Selbstverständlichkeit geworden. Mischehen über die Grenzen der Religion als solcher hinweg sind im Zunehmen begriffen und stellen eine Folge unserer multikulturellen Situation dar. Anders als bei der

Taufe stellt die Eheschließung zunächst einmal eine standesamtliche Angelegenheit dar, der der religiöse Akt folgt. Im genannten Leitfaden wird dazu ausgeführt:

„*Judentum*
In der Trauungszeremonie verkündet das Brautpaar vor Zeugen seinen Willen zum partnerschaftlichen jüdischen Leben, und die Gemeinde erbittet dafür Gottes Segen. In einem Ehevertrag (Ketuba) werden die Rechte der Ehefrau festgelegt. Scheidung ist möglich. Mischehen (d.h., wo der nichtjüdische Partner nicht Jude wird) sind zahlreich, was in manchen Kreisen zu grosser Besorgnis Anlass gibt. Es gibt kaum einen Rabbiner, der bei einer Mischehe mitwirkt. Nach der Halacha (dem jüdischen Religionsgesetz) sind alle Kinder einer jüdischen Mutter Juden, wenn aber nur der Vater Jude ist, sind sie Nichtjuden.

Hinduismus
Die Heirat findet heute auch vielfach im Tempel statt. Im Tempel kann auch gekocht und gegessen werden. Der Mann gibt am Hochzeitstage ein Versprechen ab, dass er für die Frau bis zu seinem Tod sorgen will. Häufig sagt der Priester, wann der günstigste Termin für die Heirat ist.

Buddhismus
Die Heirat findet normalerweise im Haus statt. Die Eltern verheiraten die Kinder, sie leiten die Zeremonien vor den Ahnen. Erst danach geht man aufs Zivilstandsamt. Es gibt jetzt auch einige Fälle von Trauungen in der Pagode, mit der Begründung, dass die Ahnen die Heirat akzeptieren sollen (Vermutung: hier liegt ein Phänomen der Anpassung an die christlichen Normen vor). Ein Priester oder Mönch ist beim Ritual der Eheschliessung nicht unbedingt erforderlich.

Islam
Für Muslime ist es durchaus möglich, an einer christlichen Trauung teilzunehmen, solange nicht das trinitarische Gottesverständnis angesprochen und Jesus als Gottessohn erwähnt wird. Deshalb ist auch eine Teilnahme am Abendmahl undenkbar. Die Verbindung von Mann und Frau ist für den Islam kein Sakrament. Es gibt kein islamisches Eheritual, sondern einen Partnerschaftsvertrag (fast wie zwischen zwei Firmen). Allerdings gibt auch der Geistliche (Iman) seinen Segen zur Ehe. Hochzeit im christlichen Gottesdienst ist möglich, aber die Feier muss 'taktvoll' sein und die religiösen Gefühle der Moslems nicht verletzen.“

6. Toleranz und Wahrheitsgewißheit

Die Frage danach, was die Wahrheit ist und was als verbindlich gelten soll, ist angesichts der multikulturellen Situation heute unausweichlich gestellt. Die Begegnung von Menschen verschiedener Religionszugehörigkeit stellt eben vor das Problem, wie man sich verstehen soll und wie man miteinander umgehen kann.

Mit der Studie „Religionen, Religiosität und christlicher Glaube“[38] liegt ein interessanter Text zur Frage der theologischen Sicht der nichtchristlichen Religionen vor. Er wurde von einer Arbeitsgruppe der beiden kirchlichen Zusammenschlüsse VELKD und Arnoldshainer Konferenz erarbeitet. In ihm wird herausgestellt, daß zu Gottes Welthandeln auch und zumal die Religionen gehören. Man wundert sich, daß diese Tatsache in den Besprechungen des Welthandelns Gottes fast niemals erscheint, und führt aus:

„Die Religionen sind wie alle öffentlichen und privaten Ereignisse aus Gottes schöpferischer Vollmacht hervorgegangen. Damit gewinnen der Islam wie der Hinduismus wie andere Religionen einen neuen Beurteilungshintergrund. Auch durch sie handelt Gott an den Menschen. Gott ist ihnen nicht fern, wie allen menschlichen oder geschichtlichen Ereignissen. Man kann sie nicht einfach in Bausch und Bogen als menschliches Gemächte abtun, obwohl sie wie alles Geschichtliche daran teilhaben, daß der Mensch immer wieder Bedingtes zum Unbedingten macht und somit dämonisiert. Auch in den Religionen und hinter ihnen taucht Gott in seinem Welthandeln auf mit dem Ziel, daß die Menschheit ihn findet, Gott steht mit seiner Gottheit im Zielpunkt aller Religionen, wie er ihren Ursprung fügt; zugleich verkehren die Menschen das Handeln Gottes nach ihrem Willen.“[39]

Dieser Sicht der Religionen entspricht eine Charakterisierung des Handlungsverhältnisses zwischen dem christlichen Glauben und den Religionen unter den Stichworten von Mission, Dialog und Konvivenz. Theodor Sundermeier hat die Konvivenz in dreifacher Weise charakterisiert: als gegenseitige Hilfeleistung, als wechselseitiges Lernen und als gemeinsames Feiern. „Die drei Bewegungen - Mission, Dialog und Konvivenz - sind aber tatsächlich ein zusammengehöriges Geschehen. Es gibt keine Mission ohne den Dialog und ohne die Konvivenz, wie der Dialog und die Konvivenz Mission sind: Die Jünger Jesu ‘sind’ das ‘Salz der Erde’ und das ‘Licht der Welt’. So sollten die christlichen Kirchen in all ihrem Tun nicht mit sich selbst befaßt oder auf sich selbst bezogen sein. Sie sind in aller menschlichen Gebrochenheit der ge-

---

[38] Hrsg. i.A. der *VELKD und der Arnoldshainer Konferenz*, Gütersloh 1991.
[39] Ebd., S. 126.

schichtliche Ort des Heilshandelns Gottes an der Welt, die Träger des Kommens Gottes zur Welt für die Welt."

Von daher stellt sich die Toleranzfrage für uns heute noch einmal neu. Wir haben den Unterschied zwischen Rechtfertigung und Heiligung zu beachten. In der Rechtfertigungs- und d.h. Heilsfrage kann es keine alle Unterschiede nivellierende Position geben, vielmehr liegt es im Wesen zumindest der monotheistischen Religionen intolerant zu sein im Sinne der Unüberbietbarkeit des jeweiligen Glaubens[40]. „Die Rechtfertigung ist unlösbar von der Intoleranz, von der den Menschen coram Deo richtenden und darin rettenden Intoleranz der Offenbarung." In der Heiligung geht es dagegen um die Verwirklichung der christlichen Freiheit als eines freien Dienstes in der Mitmenschlichkeit. „Hier ist gerade von der Intoleranz der Offenbarung her Toleranz gefordert, Anerkennung des Mitmenschen und seiner Freiheit als eines von Gott Geschaffenen, für den Christus gekreuzigt wurde."

Damit wird deutlich: Einerseits ist Toleranz praktizierbar, andererseits findet sie ihre Grenze am Offenbarungsanspruch und der diesem korrespondierenden Wahrheitsgewißheit des Glaubens. Wilfried Härle hat im Blick auf die Situation konkurrierender Wahrheitsgewißheiten herausgestellt, daß Wahrheitsgewißheit im christlichen Verständnis Resultat eines dem Menschen unverfügbaren Erschließungsgeschehens darstellt, das weder von anderen Menschen eingefordert noch ihnen aufoktroyiert werden darf.

„D.h., wer begriffen hat, was Wahrheitsgewißheit ist und wie sie zustande kommt, kann sich nur die Forderung zu eigen machen: Menschen mit unterschiedlichen Wahrheitsgewißheiten müssen einander in diesen unterschiedlichen Wahrheitsgewißheiten tolerieren.

Weiter zeigt sich vom Gedanken des Dialogs zwischen den Religionen her, der seinerseits eine Konsequenz der Toleranzforderung ist, daß ein solcher Dialog nur sinnvoll ist, wenn in ihm die Gesprächspartner je zu ihrer Wahrheitsgewißheit stehen und von daher auch einander den respektvollen Widerspruch nicht schuldig bleiben. Insofern schließt der im Geist der Toleranz geführte Dialog die Mission als Bezeugung des Glaubens nicht aus, sondern ein."[41]

Zudem verweist Härle darauf, daß das christliche Verständnis von Toleranz auch eine Wurzel im Gebot der Feindesliebe hat. - Schließlich „zeigte auch Luthers Grundsatz: 'Der Glaube duldet nichts, die Liebe duldet alles', daß die

---

[40] *E. Wolf*, Toleranz nach evangelischem Verständnis, in: *ders.*, Peregrinatio, Bd. 2, München 1965, S. 296, die beiden Zitate: ebd.

[41] *W. Härle*, Der Toleranzgedanke im Verhältnis der Religionen, in: *E.E. Müller/H.R. Schulz (Hrsg.)*, Theologie und Aufklärung. FS G. Hornig, Würzburg 1992, S. 337.

Toleranz (der Liebe) nur möglich ist, wenn sie selbst in der Wahrheitsgewißheit (des Glaubens) gründet, die für sich keine Kompromisse duldet, insofern also intolerant ist. Die alte Einsicht, daß Toleranz, die auch noch gegen Intoleranz tolerant wäre, sich selbst zerstören würde, taucht bei Luther in der modifizierten Form auf, daß der Toleranzgedanke selbst in der (intoleranten) Wahrheitsgewißheit des Glaubens wurzeln muß, wenn er sich nicht selbst auflösen soll."[42]

Diese Position bezeichnet Härle als „positionellen Pluralismus"[43]. Er führt dafür folgende, m.E. einleuchtende Argumentation ins Feld: Es geht einerseits um einen Pluralismus als eine grundsätzlich anerkannte Vielfalt von religiösen Positionen. „Und sie meint andererseits einen Pluralismus, der aus der Position des christlichen Glaubens gewonnen und abgeleitet ist, genauer: aus der Lehre vom Heiligen Geist als Geist Gottes, der in einem Menschen den Glauben weckt, den der Mensch nicht von sich aus hervorbringen kann."

Der positionelle Pluralismus beansprucht nicht, über die Wahrheit anderer Religionen negative oder positive Aussagen machen zu können. „Er weiß, daß wir nur in Gedanken versuchen können, aus der uns erschlossenen Wahrheitsgewißheit herauszutreten. Und er weiß, daß wir uns nicht willkürlich (also durch Entschluß) eine andere Wahrheitsgewißheit zu eigen machen können. Wir haben nicht die Möglichkeit, den Wahrheitsanspruch einer anderen Religion zu bestätigen, dazu müßte er sich uns erschlossen haben. Wir haben aber auch keinen Grund, diesen Anspruch zu bestreiten. Denn dazu müßte er sich uns zunächst erschlossen und schließlich doch als falsch erwiesen haben." Zum ernsthaften Austausch zwischen den Religionen gehört die Bezeugung der eigenen Religion notwendigerweise hinzu. Die positionell-pluralistische Position sei abschließend noch einmal festgehalten:

„Die eigene Wahrheitsgewißheit besitzt unbedingte Geltung; fremde Wahrheitsansprüche verdienen unbedingte Achtung."

---

[42] *W. Härle*, ebd., S. 338.

[43] *W. Härle*, Aus dem Heiligen Geist. Positioneller Pluralismus als christliche Konsequenz, in: ZdZ/LM 1, 1998, H. 1, S. 21-24, Zitate ebd., S. 23f. Der Autor teilt die möglichen Verhältnisbestimmungen von Christentum und anderen Religionen hinsichtlich des Wahrheitsanspruches in vier Typen ein. Typ 1 nimmt an, daß die Religionen nicht auf Wahrheit basieren. Insofern ist die Wahrheitsfrage von „selbst" erledigt, weil irrelevant. Für Typ 2 (relativistische Religionstheorie) enthalten alle Religionen jeweils Aspekte von Wahrheit. Der 3., sog. fundamentalistische Typ hält nur die eigene Religion für wahr, während die anderen Religionen sich im Irrtum befinden. Typ 4 versucht einen Weg jenseits der Alternativen von Typ 2 und 3.

III. Anhang

Abkürzungsverzeichnis

AKK	Arbeitskreis Katholischer Katechetikdozenten
AuG	Amt und Gemeinde, Wien
BSLK	Die Bekenntnisschriften der Ev.-Luth. Kirche, Göttingen ^{4}1959
CL	Die Christenlehre, Berlin (jetzt Leipzig) 1947ff.
CID	Comenius-Institut Dokumentation, Münster
CpB	Christlich-pädagogische Blätter, Wien
DIFF	Deutsches Institut für Fernstudien an der Universität Tübingen
DtPfBl	Deutsches Pfarrerblatt, Stuttgart u.a. 1897ff.
EKD	Evangelische Kirche in Deutschland
EKiÖ	Evangelische Kirche in Österreich
EKL3	Evangelisches Kirchenlexikon, Göttingen ^{3}1985ff.
EvErz	Der Evangelische Erzieher, Frankfurt/M. 1948ff.
EvKomm	Evangelische Kommentare, Stuttgart
EvTh	Evangelische Theologie, München 1948ff.
GTA	Göttinger Theologische Arbeiten, Göttingen 1975ff.
GluL	Glaube und Lernen, Göttingen 1986ff.
JRP	Jahrbuch der Religionspädagogik, Neukirchen-Vluyn 1985ff.
KatBl	Katechetische Blätter, München 1875ff.
KESH	Korrespondenzblatt Evangelischer Schulen und Heime
LM	Lutherische Monatshefte
NELKB	Nachrichten der Ev.-Luth. Kirche in Bayern, München 1946ff.
ÖRF	Österreichisches Religionspädagogisches Forum, Wien
PrTh	Praktische Theologie, Gütersloh 1994ff.
PTh	Pastoraltheologie, Göttingen 1981ff.
RGG3	Die Religion in Geschichte und Gegenwart, Tübingen ^{3}1957ff.
ruru.	Zeitschrift für die Praxis des Religionsunterrichts, Stuttgart/ München 1971ff.
StTh	Studien zur Theologie, Würzburg 1987ff.
ThEx	Theologische Existenz heute, Mnschen 1933ff.
TRE	Theologische Realencyklopädie, Berlin 1977ff.
WA	Luthers Werke: Weimarer Ausgabe, 1883 ff.
ZP	Zeitschrift für Pädagogik, Weinheim 1955ff.
ZdZ/LM	Zeichen der Zeit/Lutherische Monatshefte, Hannover 1998ff.
ZThK	Zeitschrift für Theologie und Kirche, Tübingen

Quellennachweise

Teil I

„Bildungsverantwortung wahrnehmen im ausgehenden 20. Jahrhundert. Überlegungen aus der Sicht der evangelischen Religionspädagogik“
Erheblich veränderte Fassung des Beitrages gleichen Titels in: *W. Scharl/ F. Pöggeler* (Hrsg.), Gegenwart und Zukunft christlicher Erziehung. FS Hubert Henz, Würzburg 1994, S. 330-348.

„Evangelische Bildungsverantwortung wahrnehmen in Gemeinde, Schule und Gesellschaft“
Erstveröffentlichung in: saat. evangelisch-lutherische kirchenzeitung für Österreich. sondernummer „bildungs-synode“, Wien Oktober 1995, S. 9-15.

„Religiöse Bildung der Individuen im Spannungsfeld von Gesellschaft, Schule und Kirche“
Überarbeitete Fassung. - Erstveröffentlichung in: Wiener Jahrbuch für Theologie 1, 1996, S. 207-229.

„‘Freier Dienst an einer freien Schule’- Oskar Hammelsbecks Wahrnehmung evangelischer Bildungsverantwortung“
Erstveröffentlichung unter dem Titel „Oskar Hammelsbeck als Anwalt des Humanum. Eine Skizze zu seiner Wahrnehmung evangelischer Bildungsverantwortung“ in: *M. Ambrosy u.a.* (Hrsg.), Divinum et Humanum. Religionspädagogik zwischen Theologie und Humanorientierung. FS Günter R. Schmidt, Frankfurt a.M. 1996, S. 11-23.

„Schulen als ‘Werkstätten der Menschlichkeit’ – Vom Beitrag des Religionsunterrichts zur schulischen Bildungsaufgabe“
Erweiterte Fassung. - Erstveröffentlichung in: Das Wort 1993/94, Heft 3, S. 11-15.

„Ethische Bildung als Herausforderung für die Schule"
Bearbeitete Fassung. - Erstveröffentlichung in: Österreichisches Religionspädagogisches Forum 5, 1995, S. 15-20.

„Ethische Bildung im Spannungsfeld von Tugendlehre und Verantwortungsethik"
Durchgesehene Fassung. - Erstveröffentlichung unter dem Titel „Ethische Bildung als Aufgabe von Schule und Religionsunterricht" in: Schulfach Religion 16, 1997, S. 161-174.

„Schule gestalten im Spielraum der Freiheit. Überlegungen zur evangelischen Bildungsverantwortung im Blick auf die evangelische Schule und den gymnasialen Fächerkanon"
Erweiterte Fassung des Beitrages gleichen Titels in: *Evangelisches Schulwerk Oberschützen* (Hrsg.), 150 Jahre Höhere Schulen Oberschützen, Oberschützen 1995, S. 69-80.

„Die religiöse Dimension im Unterricht der Schulfächer wahrnehmen und reflektieren. Eine Skizze zum Profil evangelischer Schulen"
Erstveröffentlichung in: Amt und Gemeinde 45, 1994, S. 26-35.

Teil II

„Die Katechismen von Martin Luther und Petrus Canisius – Konvergenz und Divergenz der Konfessionen"
Durchgesehene Fassung des Artikels „Katechismen - Entwürfe religiöser (Unter-) Weisung: Konvergenz und Divergenz der Konfessionen" in: *kardinal könig haus/Canisiuswerk* (Hrsg.), Petrus Canisius in Wien. Dokumentation des Ökumenischen Symposiums vom 23.-26.10.1997, Wien: Erzdiözese Wien 1998, S. 95-104.

„'Erziehung um der Freiheit des Menschen willen' - Zu Oskar Hammelsbecks Leben und Vermächtnis"
Durchgesehene Fassung des Beitrags „Oskar Hammelsbeck (1899-1975)" in: *H. Schröer/D. Zilleßen* (Hrsg.), Klassiker der Religionspädagogik. FS Klaus Wegenast, Frankfurt a.M. 1989, S. 236-249.

„Jörg Erb als Autor religiöser Literatur“
Erweiterte Fassung. - Erstveröffentlichung unter dem Titel „Jörg Erb als religiöser Autor. Ein Kapitel aus der jüngsten Geschichte der Religionspädagogik“ in: *F. Wintzer/H. Schröer/J. Heide* (Hrsg.), Frömmigkeit und Freiheit. Hans-Dieter Bastian zum 65. Geburtstag, Rheinbach/Merzbach 1995, S. 23-37.

„Das christliche Menschenverständnis und die Arbeit mit Menschen mit Behinderungen“
Erstveröffentlichung unter dem Titel „Wie wird das Bemühen um Normalisierung den Bedürfnissen menschlicher Existenz gerecht?“ in: Normalisierung überdenken und neu gestalten. Zukünftige Aufgaben institutioneller Behindertenarbeit. 21. Martinstift-Symposium 1993, veranstaltet vom Evangelischen Diakoniewerk Gallneukirchen o.J. (1994), S. 17-31.

„Der Geist und die Geister. Die Rede vom Hl. Geist in Luthers Katechismen und ihre gemeindepädagogische Relevanz“
Erstveröffentlichung in: *J. Henkys/B. Weyel* (Hrsg.), Einheit und Kontext. Praktisch-theologische Theoriebildung im gesellschaftlichen Umfeld. FS Peter C. Bloth (StTh 14), Würzburg 1996, S. 1-22.

„Zur Frauenfrage in der Kirchengeschichte – Einführende Bemerkungen und nachdenklich stimmende Texte“
Bearbeitete Fassung des Beitrags gleichen Titels in: Schulfach Religion 16, 1997, S. 261-271.

„Wahrnehmung des Anderen – Zu Theorie und Praxis interreligiösen Lernens“
Erheblich erweiterte Fassung. - Erstveröffentlichung unter dem Titel „Wahrnehmung des Anderen. Religionspädagogische Perspektiven und Materialien zum interreligiösen Dialog und zu konstruktiver Toleranz“ in: Glaube und Lernen 11, 1996, Heft 1, S. 83-95.

Namenregister

Namen von Autoren, die Bestandteil des Titels einer Festschrift sind, wurden nicht in dieses Register aufgenommen.

A

Achtnich, E. 243
Adam, G. 23ff., 33, 43f., 46, 56, 58ff., 66, 79, 81, 83, 99f., 112f., 120, 131, 133, 184, 190, 207, 214, 216, 229f., 235, 239, 253
Adam, H. 202f., 207, 211
Albers, B. 67f., 167, 169, 176
Albertz, M. 190, 197
Althamer, A. 150
Ambrosy, M. 268
Angel, H.-F. 150
Antoinette, M. 236
Aquin, Th. v. 160
Aristoteles 66, 166, 214

B

Baacke, D. 46f.
Baethge, N. 46
Bainton, R.H. 242, 244
Bank-Mikkelsen, N.E. 201
Baron, R. 112, 125f.
Barth, K. 18, 168, 170
Bartmann, P. 108
Bauer, H. 86, 146
Baur v. Eyseneck, J. 246
Bayer, O. 155
Beck, U. 47f.
Becker, C.H. 169
Beck-Gernsheim, E. 48
Behnken, I. 49
Ben-Chorin, S. 254
Benner, D. 129
Berg, H.-C. 120, 131
Bergau, W. 47
Berger, P.L. 63, 121, 140
Bergmann, K. 237, 240
Berlinicke, H.R. 259
Biehl, P. 18ff., 36ff., 58, 140
Biemer, G. 254
Biesinger, A. 254
Birk, G. 56
Biser, E. 134
Blarer, M. 246
Bloth, P.C. 180, 215
Bohne, G. 120, 172
Bohne, J. 112, 114, 116, 120, 131, 143
Bohnsack, F. 47
Bonhoeffer, D. 68, 76, 111, 114, 128, 165, 170f., 175, 214
Bonkhoff, B.H. 189, 195
Bora, K. v. 242ff.
Borries, B. v. 236ff.
Bottigheimer, R.P. 184
Brandmeyer, A. 197
Brenz, J. 156
Brezinka, W. 97, 107f.
Brückner, Ch. 243
Brunner, E. 18
Buber, M. 67, 169, 254

C

Canisius, P. 150f., 156ff.
Chung, H.K. 232
Comenius, J.A. 30, 61, 86, 121, 125
Comte-Sponville, A. 103
Cordes, R. 184
Crimmann, R.P. 167

D

Dahm, K.-W. 135
Dahrendorf, R. 247
Dantine, W. 232f.
Dieterich, V.-J. 140
Dietz, W. 145
Dietzfelbinger, H. 74
Dipper 74
Dosick, W. 105
Drehsen, V. 135

E

Ebeling, G. 133, 224
Echter, J. 157
Eckey, W. 215
Elisabeth I. 237
Elisabeth v.Thüringen 236, 246
Engels, D. 137
Englert, R. 27, 85
Erb, J. 183ff., 190ff., 200
Erbacher, H. 191

F

Fauth, D. 90
Feifel, E. 122, 141
Feige, A. 46
Fellsches, J. 108
Ferchhoff, W. 46
Fiedler, P. 254
Fiore, J. v. 225
Fischer, D. 125, 205, 211
Fleckenstein, W. 141
Fliegenschnee, G. 113
Flitner, A. 73
Flitner, W. 13f., 68, 129, 169
Föller, O. 229
Forck, H. 197
Fraas, H.-J. 44, 155
Frank, A. 254
Führ 74

G

Gabriel, K. 48
Geißler, K.H. 55
Gerber, U. 56
Gerth, G. 120, 131
Giebeler, K. 53
Gilligan, C. 106
Gleißner, A. 88
Glock, Ch. 134ff.
Glöckel, H. 67
Gloege, G. 170, 206
Goltzen, H. 188
Goßmann, K. 14, 25, 81, 129
Graebner 193
Greer, C. 106
Grill, I. 254
Gröger, R. 258
Groppe, L. 156
Grünberg, W. 164
Grumbach, A. v. 242, 244

H

Haag, K.F. 94, 110
Härle, W. 263f.
Halbach, S. 244
Halbfas, H. 254
Hammelsbeck, O. 57, 65ff., 165ff., 181
Hanselmann, J. 24
Haub, R. 160
Hausammann, S. 246
Hebel, J.P. 198f.
Heide, J. 269
Heidegger, M. 88
Heine, S. 144
Heitger, M. 134, 144
Hemel, U. 137, 150
Hempelmann, R. 226
Henkys, J. 270
Henz, H. 13
Herbert, K. 106
Herion, H. 141
Hild, H. 142
Hildegard v. Bingen 246
Hilger, G. 49
Hollenweger, W.J. 217, 226, 230
Holotik, G. 227f.
Horn, H. 65f., 69, 71f., 103, 107, 166f., 169
Huber, B. 256
Huber, H. 94f., 97, 107
Huber, N. 68
Huber, W. 19, 37
Hübner, J. 198
Humboldt, W. v. 34

I

Iwand, H.J. 170

J

Jäggle, M. 247
Jakob, S. 229, 231
Jank, W. 34, 52
Jaspers, K. 67, 165f., 168f.
Jeanne d'Arc 237
Jetter, H. 229
Jetter, W. 258
Johannsen, F. 238
Jordan, P. 184, 189f., 191, 195
Jörger, D. 242f.
Josuttis, M. 134
Jüngel, E. 19f., 36f., 64
Jung, M.H. 246

K

Kant, I. 66, 166
Kaster, K.G. 241
Kaufmann, F.-X. 108
Kaufmann, H.-B. 123, 134, 143
Kehrer, G. 135
Killy, W. 154f.
Kilpatrick, W. 104, 106
Kirste, R. 259
Kißner, A.E. 246
Kittel, H. 73f., 167
Klafki, W. 18, 52, 145
Klemm, U. 125, 128
Kleopatra 236
Kohl, H. 106
Kohlberg, L. 106, 109

Körtner, U. 108, 252f.
Kraliner, W. 150
Kratochwil, E. 10
Kraus, H.-J. 217
Krieg, N. 229
Krobath, Th. 42, 53
Kromer, I. 46
Krüger, H.-H. 46
Kugel, R.B. 201
Kuhn, A. 240, 242
Küng, H. 230f.
Kunig, P. 79
Kwiran, M. 253, 256, 258

L

Lachmann, R. 23, 43, 67, 77, 79, 184, 206, 239
Lähnemann, J. 256, 258
Lange, E. 23, 50f., 58, 61, 123, 142f.
Langer, W. 88
Leimgruber, S. 251, 255, 257f.
Lessing, G.E. 254
Leuenberger, R. 227
Lévinas, E. 249
Liedtke, K. 23
Liedtke, M. 164
Lochner, R. 65
Luckmann, Th. 63
Luckner, G. 246
Luther, M. 16, 19, 29f., 36, 38, 60, 149ff., 160ff., 168, 215f., 218ff., 230, 241f., 244, 264

M

Mack, H. 10
Mager, I. 241, 243
Mayer, T. 191f.
Matthes, J. 50, 135
Meister Eckart 34, 52
Melanchthon, Ph. 30, 159
Merlau, J.E. v. 246
Mertens, D. 52
Metz, J.B. 249
Meyer, D. 238, 245
Meyer, H. 34, 52
Minz, K.-H. 254
Möckel, A. 213f.
Moltmann, J. 208, 217
Mühleck, K. 159
Müller, E.E. 264
Müller-Bardorff, H. 256
Münsterberg, U. v. 242ff.
Müntzer, Th. 225

N

Neuenzeit, P. 130
Neumann 168
Nightingale, F. 244
Nipkow, K.E. 14ff., 18, 21f., 43, 47, 51, 67, 111, 113, 119ff., 129, 131f., 137, 156, 178, 248
Nirje, B. 201
Noormann, H. 238

O

Oberle, R. 236
Oncken 168
Orth, G. 247
Orthey, F.M. 55
Oswald, J. 156, 160

P

Pannenberg, W. 18
Paul, E. 156f., 160f.
Pestalozzi, J.H. 34
Peter, A. 155
Peters, A. 218, 221f.
Peukert, H. 18
Pithan, A. 246
Pöggeler, F. 268
Pörnbacher, U. 247
Potthast, K.H. 120, 131
Preul, R. 18, 167, 174, 184

R

Rad, G. v. 207
Rang, M. 172
Raske, M. 236
Ratschow, C.H. 24, 80, 85
Reck, U. 254
Reents, Ch. 184, 238, 245
Reich, H.H. 247
Reilly, G. 49
Reimer, H. 215
Reimer, H.-D. 226
Reingrabner, G. 113
Reller, H. 215, 230
Rendtorff, T. 137
Rickert, H. 168
Ricoeur, P. 27, 85
Riemer, G. 53
Ritter, W.H. 104, 124, 144f., 168
Röhm, E. 254
Rössler, D. 137ff.
Rosenstock-Huessy, E. 67, 169
Rothenberg, S. 191
Rothgangel, M. 104
Rummel, P. 156, 160
Rupp, H.F. 52
Ruppert, G. 239, 246

S

Sachau, U. 243
Sartre, J.-P. 48
Scharl, W. 268
Scheib, A. 243
Scheilke, Ch.Th. 25, 79, 125, 248
Schelander, R. 10
Schleiermacher, F.D.E. 34, 123, 143, 155f.
Schmidt, H. 100
Schmidt-Biesalksi, A. 243
Schnorr v. Carolsfield, J. 183
Scholl, S. 246
Schreiner, M. 125
Schreiner, P. 247f.
Schröder, B. 19
Schröder, H. 129f.
Schröer, H. 56, 66, 269
Schütze, E.C. 246
Schultz, H.J. 155
Schultze, H. 255f., 258f.
Schulz, H.R. 264
Schweitzer, F. 46, 59, 79, 99f., 137, 156
Seibert, N. 59
Serve, H.J. 59
Siber, P. 206
Siegele-Wenschkewitz, L. 239, 246
Simon, W. 247
Singer, P. 209
Spitz, O. 170
Spranger, E. 169
Stählin, W. 185, 187

Stark, R. 134
Stark, W. 56
Steinwascher, G. 241
Sundermeier, Th. 263
Szagun, A.-K. 206

T

Taege-Bizer, J. 246
Thadden, E. v. 246
Then, R. 254
Thierfelder, J. 239, 246
Tillich, P. 134
Tödt, H.E. 19, 37
Treml, A.K. 88
Trensky, M. 184
Tworuschka, M. 253, 256
Tworuschka, U. 253, 256, 259

U

Ulbrich, C. 241
Ulreich, J. 124
Ulrich, G. 238, 245
Unell, B.C. 105

V

Veit, E. 183
Villegas, D.O. de 150

W

Weber, A. 67, 165, 168
Weishaupt, W. 167
Weismann, C. 151
Welker, M. 217
Weniger, E. 67, 169, 177
Westphalen, K. 59
Weyel, B. 270
Weyrauch, E. 154
Wiebe, H.-H. 46
Wintzer, F. 269
Wisse, S. 232
Wolf, E. 263
Wolfe, G. 104
Wolfe, S.M. 104
Wolfensberger, W. 201f.
Wurm, Th. 171
Wyckoff, J.L. 105

Z

Zehetmair, H. 95, 103
Zell, K. 242f., 246
Zeller, E. 243
Ziebertz, H.-G. 247
Zilleßen, D. 56, 66, 269
Zinnecker, J. 49
Zöpfl, H. 95, 103
Zschoch, H. 242ff.

Sachregister

Dies Register ist nach inhaltlichen Gesichtspunkten erarbeitet worden. Darum erscheint nicht in jedem Falle der im Sachregister verwendete Begriff explizit im laufenden Text.

A

Antijudaismus 193
Arbeit(swelt) 16, 53, 55, 58
Autonomie 19, 21, 34, 37, 48, 62, 164

B

Bekennende Kirche
- Kammer für kirchlichen Unter-richt 171, 190f.
- Katechetisches Seminar 68, 170
- u. Bildung 74
- u. Schulfrage 179

Behinderung
- Umgang mit 117, 126, 211f.
- u. Integration 211ff.

Bibel
- u. Katechismus 161
- u. Pädagogik 177

Bildung
- allgemeine 34
- Aufgabe 16f., 70f., 79ff., 86
- Begriff 18ff., 34ff., 51f., 149ff.
- b. Luther 29f.
- dritter Weg 22f.
- EKD-Synode (1958) 14, (1971) 14f., (1978) 15-17
- EKiÖ-Synode (1966), 29ff.
- ethische 87ff., 96f., 99ff., 109 *(s.a. Ethikunterricht)*
- ganzheitliche 17, 40, 57f., 116f.
- lebensbegleitende 50ff., 59
- u. berufliche Qualifikation 30, 53, 57
- u. Erziehung 35, 174
- u. Frömmigkeit 133
- u. Gemeinschaft 35
- u. Glaube 20f., 37ff., 174f.3
- u. Offenbarung 174f.
- u. österreich. Protestantismus 30
- u. Qualifikationsbegriff 56
- u. Zukunft 40f.

Bildung, ethische
- fächerübergreifende Aufgabe 94f., 100, 109
- u. Ethikunterricht 100
- u. österreichische Schule 102
- u. Religionsunterricht 100

Bildung, religiöse
- als schulische Aufgabe 25-28, 80ff.
- d. Individuen 43ff.
- drei Grundaufgaben 58-60
- lebensbegleitende 50ff.
- u. Lebenszyklus 50-52
- u. Menschenbild 28

Bildungsdilemma 142

Bildungstheorie
- griechische 51f., 71f., 174
- klassische 34f., 52
- u. Rechtfertigungstheologie 36ff.

Bildungsverantwortung
- evangelische 13ff., 29ff., 65ff.

- gesellschaftliche Mitverantwortung 40, 72ff.
- Leitlinien evangelischer B. 17f.
- Theorie evangelischer 17, 21-23, 33f.
Biographie
- Bastelbiographie 48
- Wahlbiographie 25
Buddhismus 257f., 260f.

C

Charakterbildung 104ff.,
Charismen 222f., 225ff.
Christsein 224f.
Christentum 72, 89, 133, 137-140

D

Denkkultur, neue 26, 120f., 144
Dialog
- interreligiöser 60, 247-264
- m. Buddhismus/Hinduismus 257f.
- m. Islam 255ff.
- m. Judentum 253f.
Dimension, religiöse 25f., 82, 90, 101, 120f., 128-146

E

EKD
- Bildungssynoden 14ff.
- Denkschrift (1994) 92ff.
- Entschließung "Erziehung zum Leben" (1978) 15f.
- Kammer für Bildung 17
- Schulwort (1958) 14, 69, 73, 179
Erfahrung 20, 37f., 136, 142
Erwachsenenbildung 34, 41, 61f.
Erziehung *(s. a. Bildung)*
- Definition 17f.
- evangelische 69
- ev. Lehre v.d. Erziehung 176ff.
- u. Bildung 35, 52, 174
- u. Gottesdienst 74
Erziehung, ethische: *s. Bildung, ethische*
Ethikunterricht
- als Fach 101
- als schulische Aufgabe 98
- Begrifflichkeit 91f.
- Fächergruppe RU/EU 93, 102f.
- u. Bezugswissenschaften 101
- u. Religionsunterricht 93
Ethos, allgemeines 94f.
Evangelium 16, 19, 23, 25, 32f., 44, 58, 61, 76, 82, 134, 175
Evangelische, Das 125 ff.
Evangelische Unterweisung 180f.

F

Familie 49, 241f.
Frauenfrage
- i. d. Kirchengeschichte 235-246
- i. d. Reformation 240ff.
- in Schulbüchern 236ff., 245
- u. Geschichtsdidaktik 238
- u. Kirchengeschichtsdidaktik 239f.
- u. Pietismus 246
Freiheit 13, 19, 34-37, 39f., 48, 58f., 61-63, 70-78, 98, 108, 115, 125, 178, 181
Frieden 59

G

Gebete 187
Gemeinde 214, 220
Gemeindekirche 173
Gemeindepädagogik 22, 32, 43, 181
Gemeinschaft 35, 117
Gerechtigkeit 59, 126
Glaube
- als Vertrauen 39
- denkender 26f., 30, 61, 137
- Phasen des Glauben-Lernens 27f., 85
- u. Bildung 20ff., 37ff., 174f.
- u. Bildungsreform 30
- u. Erziehung 181
- u. Kultur 134
- u. Religion 133f.
Gottebenbildlichkeit 19, 36f., 115, 208, 210, 212
Gottesbilder 20, 38, 180
Gottesdienst 74

H

Hl. Geist
- u. Gemeindepädagogik 215ff.
- b. Luther 218ff.
- Kriteriologie 219, 225ff.
- u. Wort 228
Hinduismus 257f., 260f.
Humanität 34, 57, 70, 103, 124, 145, 176-178

I

Identität 27, 51, 59, 61, 63, 85, 93, 101
Indidividualisierung 25, 39, 47f.
Individualität 39, 116
Islam 255f., 260f.

J

Judentum 253f., 259, 261
Jugendliche
- Individualisierung 25, 47f.
- Jugendforschung 46-50
- Pluralisierung 25, 48f.
- Wahlbiographie 25

K

Katechetik 31
Katechismus
- Begriff 149ff.
- b. Brenz 156
- b. Canisius 156ff.
- b. Luther 153ff., 215ff.
- b. Schleiermacher 156
- Gestaltungskriterien 163f.
- Heidelberger 156
- Methode 149f.
- Vergleich 160ff.
Kinderbibel
- Schild d. Glaubens 183f., 190-200
- u. Bilder 183, 195f.
- v. J. Erb 183f., 190-200
- v. E. Veit 183
Kirche
- Bildungsmitverantwortung 40-42
- Grundauftrag 33f., 36
- Kirche für andere 77, 84
- pädagogische Kompetenz 114
- systematisch-theologisch 223f.
- u. Lehrer/Lehrerinnen 75

Kirchenlieder 187, 197
Komunnikation
- d. Evangeliums 23, 25, 32f., 82
- dialogischer Vorgang 23f., 25
Konfessionalität 73, 82, 93, 113
Konvivenz 263

L

Leben 15, 22, 41, 110
Lebensgeschichte 20, 38
Lebenszyklus 58, 259-262
Lehrerinnen/Lehrer
- Mündigkeit 77
- Umgangsstil 119, 130
- Weiterbildung 119
LER 89f.
Lernen
- interreligiöses 60, 247ff.
Lernort(e)
- d. Glaubens 27
- Familie 32, 42
- Gemeinde 24, 32
- Kindergarten 24, 41
- Konfirmandenunterricht 43
- Schule 24ff.
Liebesgebot 115
Lehrplanfrage 123f., 144
Luther
- Frauenfrage 241
- Katechimus 153ff., 215ff.
- Schulschriften 29f.

M

Mensch *(s.a. Person)*
- Anerkennungsbedarf 204ff.
- Menschlichkeit 134
- Menschwerdung 28, 35, 58, 128
- m. Behinderungen 201-214
Menschenbild
- biblisches 203ff., 207ff.
- b. Singer 209
- evangelisches 208
- u. Erziehung 115f., 127, 181
- u. Schule 113
Menschenwürde 71-73, 117, 127, 174, 179, 210
Mission 263f.
Moderne 49f., 54-56, 63
Moralerziehung
- entwicklungsorientierte 107, 109
- tugendorientierte 104ff.
- wertorientierte 97f., 105ff.
Mündigkeit 34, 70f., 77

N

Naivität, zweite 27, 85
Namenkalender, evangelischer 187
Natur 59, 133, 141
Normalisierungsprinzip 201ff.

P

Pädagogik
- Autonomie 177
- i. ev. Verantwortung 70, 77f.
- u. Evangelium 177
- u. Theologie 31, 57, 70, 77f., 129f., 176f., 181
Person 17, 28, 31, 35f., 39, 76f., 78, 114f., 128
Persönlichkeitsbildung 54f.

Pluralisierung 25, 48f.
Priestertum, allgemeines 30, 151

R

Rechtfertigung
- Rechtfertigungslehre 19
- u. Anerkennung 205f.
- u. Heiligung 20f., 37f., 227, 263f.
Reformation
- u. Bildung 29ff.
- u. Frauenfrage 240ff.
Religion
- theologisch 133f.
- u. Evangelium 173
- u. Feste 258
- u. Lebenszyklus 259-262
- u. Modernisierungsprozesse 49f.
Religionspädagogik 22, 31, 43f.
Religionsunterricht
- Aufgaben 25-28, 79-84, 86, 101
- Dienst a.d. Gesellschaft 81ff.
- EKD-Denkschrift 92ff.
- Fächergruppe RU/EU 93, 102f.
- konfessionell-kooperativer 93
- Lebenshilfe 27
- Ort d. Dialogs 81ff.
- Profil 24-28, 82ff.
- rechtlich 89f.
- u. Ethikunterricht 89f., 93
- u. ethische Bildung 87ff., 96f., 99ff.
- u. Konfessionalität 73, 82, 93, 113, 126
- u. schulischer Bildungsauftrag 26f., 79ff.
Religiosität
- Dimensionen 134-137
- Formen 45f.
Rituale
- Eheschließung 135, 261f.
- Geburt (Taufe) 136, 259f.

S

Schlüsselprobleme 34, 124, 145
Schlüsselqualifikationen 52-56
Schülerinnen/Schüler
- Jugendliche 46-50
- mehrperspektivisches Sehen 82, 120, 122f., 131, 143ff.,
- ohne religiöses Bekenntnis 100f.
- Subjekte, selbständige 127
- u. nichtchr. Religionen 250ff.
Schulbuch 189, 193, 236-238, 245
Schule
- Aufgabe 17, 86, 101, 146
- evangelische 42, 111-127
- Gemeinschaftsschule 72, 178ff.
- gute 111f., 126
- i. ev. Verantwortung 178ff.
- Konfessionsschule 72, 178ff.
- pädagogische Kultur 116, 119
- u. ethische Bildung 94ff., 100, 109f.
- u. Freiheit 77
- u. Gemeinde 32f.
- u. interreligiöses Lernen 247ff.
- u. Religionsunterricht 25-27, 61, 83
- Vernetzung der Fächer 145
Schule, evangelische
- Konzeption 111-127, 128-146
- Lehrerinnen/Lehrer 119
- Neugründungen 112
- Proprium 111f., 119-121
- Schulwerk Oberschützen 111ff.
- Schulzentrum Leipzig 114ff.

-Stellungnahme d. EKiÖ 126f.
- u. Behinderte 117, 126
- u. Eltern 112, 117
- u. Evangelium 114f.
- u. ganzheitliche Erziehung 116f.
- unter dem Evangelium 179
- Vernetzung der Fächer 119ff., 144ff.
Schulleben 100, 110, 130
Schulwort d. EKD 14, 69, 73, 179
Sinnfrage 15f., 22, 28, 40, 46, 117f., 128, 130
Subjektsein/-werden 19f., 21, 31, 37, 39f., 58f., 116

T

Theologie
- natürliche 121f., 140f.
- praktische 139, 180
- u. Naturwissenschaften 141
- u. Pädagogik 13ff., 31, 44, 57, 70, 77f., 129f., 176f., 181
- u. Religionsunterricht 101
Toleranz 84, 117, 262ff.
Traditionsabbruch 39
Transzendenz 121, 130, 140, 143
Tugenden
- Definition 104f.
- geschichtlich 108
- Kataloge 95, 103-106
- u. Erziehungskonzeption 104
- u. Verantwortungsethik 107f.
- Wiederkehr d. 103ff.

U

Überlieferung, biblische 25f.
Unterricht, kirchlicher 171ff.
Urteilsbildung
- d. Christen 151, 154
- ethische 59, 98, 109f.
- theologische 25, 27, 30, 59f., 216, 224, 227f., 222ff.
- u. Katechismus 154

V

Verantwortlichkeit 62
Verantwortung 58, 108
Verheißung 19, 37

W

Wahrheitsanspruch 84
Wahrheitsgewißheit 262ff.
Weltreligionen 253ff.
Weltsicht 82
Weltverständnis 135

Z

Zukunft 40f., 115

Studien zur Theologie

Herausgegeben von Gottfried Adam - Universität Wien
Rainer Lachmann - Universität Bamberg

Band 1: Kurt Liedtke
Wirklichkeit im Licht der Verheißung
Der Beitrag Ernst Langes zu einer Theologie kirchlichen Handelns
Würzburg 1987, 612 Seiten (ISBN: 3-9800234-1-9)

Band 2: Wolfram K. Kurz
Die sinnorientierte Konzeption religiöser Erziehung, Würzburg 1989, vergriffen

Band 3: Eckart Schwerin
Evangelische Kinder- und Konfirmandenarbeit. Eine problemgeschichtl. Untersuchung der Entwicklungen auf der Ebene des Bundes der Ev. Kirchen in der DDR von 1970-1980
Würzburg 1989, 168 Seiten (ISBN: 3-9800234-3-5)

Band 4: Wolfgang Fleckenstein
Außenseiter als Thema und Realität des katholischen Religionsunterrichts
Inhaltsanalyse religionsdidaktischer Unterrichtsmaterialien und ihre innovatorischen Konsequenzen orientiert am Beispiel Gastarbeiter
Würzburg 1989, 612 Seiten (ISBN: 3-9800234-4-3)

Band 5: Wolfram K. Kurz
Suche nach Sinn, Würzburg 1991, vergriffen

Band 6: Gottfried Adam
Glaube und Bildung
Beiträge zur Religionspädagogik I
Würzburg (1992) ²1994, 304 Seiten (ISBN: 3-9800234-8-6)

Band 7: Hans-Joachim Petsch
Reflexion und Spiritualität
Evangelische Erwachsenenbildung als Ort der Moderne in der Kirche
Würzburg 1993, 368 Seiten (ISBN: 3-927974-00-1)

Band 8: Klausjürgen Heinrich
Die Wiedergewinnung einer theologischen Ästhetik und ihre Bedeutung für die Liturgie
Eine fundamental-liturgische Positionsbestimmung
Würzburg 1994, 191 Seiten (ISBN: 3-929734-7-8)

Band 9: Robert Schelander
Religionstheorie und Reformbewegung
Eine Untersuchung zur liberalen Religionspädagogik
Würzburg 1993, 237 Seiten (ISBN 3-9800234-9-4)

Band 10: Gottfried Adam
Religiöse Bildung und Lebensgeschichte
Beiträge zur Religionspädagogik II
Würzburg (1994) ²1999, 334 Seiten (ISBN: 3-9800234-6-X)

Band 11: Reinhard Wunderlich
Neologische Heilsgewißheit und Romanform der Spätaufklärung
Christian Gotthilf Salzmanns Roman „Carl von Carlsberg oder über das menschliche Elend" (1783-88)
Würzburg 1994, 113 Seiten (ISBN: 3-929734-00-1)

Band 12: Rainer Lachmann
Religionsunterricht in der Weimarer Republik
Zwischen liberaler und deutscher Religionspädagogik
Würzburg 1996, 218 Seiten (ISBN: 3-929734-04-4)

Band 13: Martin Rothgangel
Was Erwachsene glauben
Umfrage und Analyse
Würzburg 1996, 168 Seiten (ISBN: 3-929734-05-2)

Band 14: Jürgen Henkys/Birgit Weyel (Hrsg.)
Einheit und Kontext. Praktisch-theologische Theoriebildung und Lehre im gesellschaftlichen Umfeld. Festschrift zum 65. Geburtstag von Peter C. Bloth
Würzburg 1996, 403 Seiten (ISBN: 3-929734-06-0)

Band 15: Gottfried Adam
Bildungsverantwortung wahrnehmen, vorliegender Band

Band 16: Rainer Lachmann/Godehard Ruppert (Hrsg.)
Theologie und ihre Didaktik
Zum Stellenwert theologischer Disziplinen in der Lehramtsausbildung
Würzburg 1997, 171 Seiten (ISBN: 3-929734-09-5)

Band 17: Manfred L. Pirner
Zwischen Kooperation und Kampf
Evangelischer Religionsunterricht und christliche Erziehung in bayerischen Schulen während der Zeit des Nationalsozialismus
Würzburg 1998, 136 Seiten (ISBN: 3-929734- 10-9)

Verlag: Stephans-Buchhandlung Matthias Mittelstädt KG
Stephanstr. 6, D-97070 Würzburg,
Tel.: (09 31) 5 65 51, Fax: (09 31) 5 63 51